ビジネス視点で説く
入門
eマネジメントの戦略

古川 勝 著
Furukawa Masaru

Strategy for Gaining
e-Management Success

日刊工業新聞社

ら、資料やアイデア、助言、そして「面白い」「すごく分かりやすい」「断片的な知識が整理できた」などの読後感をいただいた。さらに、第1章では会社法改正（新会社法）に伴う原稿の差し替えが必要となり、急遽、公認会計士の千田篤先生に助けていただいた。最後に、日刊工業新聞社の奥村功氏には企画段階から出版まで、およびその他関係者の方々に大変お世話になった。おかげで本書は、大学在学中の一人息子に恥じることのない、著者として満足できる仕上がりになった。これらの方々のご助力がなければ、本書が日の目を見ることはなかったであろう。ここに記して、感謝の意を表することにしたい。

　2006年3月

　　　　　　　　　　　　　　　　　　　　　　　　　　　　古川　勝

目　次

序　章　ビジネスの企画・*1*

第 1 章　ビジネスと企業組織

1.1　経営資源・*6*
1.2　ビジネスの基本・*7*
1.3　管理と組織構造・*8*
1.4　会社の設立・*13*
　　1.4.1　会社組織にするメリット・*13*
　　1.4.2　新会社法・*14*
　　1.4.3　会社設立の手順・*16*
キーワード・*17*
経営課題・*17*
章末問題1・*17*

第 2 章　資源としての「金」

2.1　利潤獲得競争・*20*
2.2　利潤の概念と配分・*22*
2.3　経営計画と損益分岐点分析・*26*
2.4　経営と会計・*32*
　　2.4.1　財務管理の基礎知識・*33*
　　2.4.2　財務諸表・*34*
　　2.4.3　キャッシュフロー会計・*37*
2.5　投資の意思決定・*42*
　　2.5.1　正味現在価値・*42*
　　2.5.2　財務モデルを用いた投資計画・*45*
キーワード・*48*

経営課題・*48*

章末問題2・*49*

第3章　資源としての「モノ」

3.1　モノ造りの歴史・*54*
　3.1.1　モノ造りへの科学的アプローチ・*54*
　3.1.2　科学的管理法・*57*
　3.1.3　ホーソン実験・*58*
　3.1.4　人間疎外と職務充実・*59*
　3.1.5　セル生産方式・*61*

3.2　制約理論（TOC）・*63*
　3.2.1　ドラム・バッファ・ロープ・*63*
　3.2.2　スループット会計・*67*
　3.2.3　サプライチェーン・マネジメント（SCM）・*72*

3.3　顧客満足経営・*78*
　3.3.1　顧客満足・*78*
　3.3.2　CRM・*83*

3.4　地球環境と企業経営・*86*
　3.4.1　エコロジー志向の企業経営・*86*
　3.4.2　地球温暖化対策・*89*

キーワード・*91*

経営課題・*91*

章末問題3・*91*

第4章　資源としての「人」

4.1　やる気のメカニズム・*98*
　4.1.1　モチベーション・*98*
　4.1.2　人間の欲求段階・*99*
　4.1.3　X理論とY理論・*100*
　4.1.4　組織と個人の統合・*102*
　4.1.5　衛生理論・*104*

4.2 職務の設計・*106*
  4.2.1 リーダシップと管理スタイル・*106*
  4.2.2 職務設計の変遷・*109*
4.3 目標管理・*112*
  4.3.1 目標による管理・*112*
  4.3.2 目標管理への期待・*113*
4.4 評価と育成・*116*
  4.4.1 成果主義・*116*
  4.4.2 年俸制・*117*
  4.4.3 ストックオプション・*118*
  4.4.4 コンピテンシー・*119*
  4.4.5 多面評価制度・*120*
キーワード・*122*
経営課題・*122*
章末問題4・*122*

第5章 マネジメントの戦略

5.1 続・顧客満足経営・*128*
  5.1.1 現代企業の状況・*128*
  5.1.2 市場に対する企業の姿勢・*129*
5.2 企業環境と成長戦略・*132*
  5.2.1 企業レベルの戦略概念・*132*
  5.2.2 事業単位の戦略計画・*141*
5.3 新しいパラダイムの形成・*153*
  5.3.1 リエンジニアリング・*153*
  5.3.2 ナレッジ・マネジメント・*159*
5.4 バランス・スコアカード・*165*
  5.4.1 目的と特徴・*165*
  5.4.2 新戦略導入の枠組み・*166*
  5.4.3 基本的な実施手順・*168*
キーワード・*173*

経営課題・*173*

　　章末問題5・*173*

第6章　情報資源の戦略

　6.1　システムの概念・*178*

　6.2　生産と販売の情報システム・*183*

　　6.2.1　商店の情報化・*183*

　　6.2.2　工場のデジタル化・*188*

　　6.2.3　コミュニケーション革命・*203*

　6.3　情報資源の戦略・*209*

　　6.3.1　経営環境の変化と競争優位・*209*

　　6.3.2　変化への対応・*212*

　　6.3.3　情報化の留意点・*215*

　6.4　情報社会の組織と技術・*220*

　　6.4.1　組織の情報システム・*220*

　　6.4.2　戦略的役割・*224*

　　6.4.3　組織と情報システム・*229*

　　6.4.4　意思決定支援・*237*

　キーワード・*243*

　経営課題・*244*

　章末問題6・*245*

第7章　eコマースとeビジネス

　7.1　eコマース・*248*

　　7.1.1　新ビジネスの企画・*248*

　　7.1.2　顧客獲得コストの分析・*250*

　　7.1.3　ウェブサイト訪問者の分析・*252*

　　7.1.4　ウェブ広告の有効性評価・*255*

　　7.1.5　グローバルなウェブサイトの計画・*257*

　　7.1.6　eコマースのためのコンピュータ負荷計画・*259*

　7.2　eビジネス・*265*

7.2.1 生産と販売の業務統合・*265*
7.2.2 全社共通のデータ標準・*268*
7.2.3 インターネット接続サービスの選択・*273*
7.2.4 エージェンシー・コストの削減・*275*
7.2.5 知識イントラネットの生産性・*278*
7.2.6 投資に関する意思決定・*281*
7.2.7 ソフトウェアパッケージの価格・*284*
7.2.8 ERPシステムの評価・*286*
7.2.9 従業員のインターネット利用管理・*288*

キーワード・*292*

第8章 ERPシステムの構築

8.1 システム計画・*294*
 8.1.1 コンピュータ利用の歴史・*294*
 8.1.2 システム計画の策定手順・*302*
8.2 データ中心アプローチ（DOA）・*306*
 8.2.1 プロジェクト体制・*306*
 8.2.2 エンティティ分析・*308*
 8.2.3 データ体系の構築・*318*
8.3 システム再構築・*319*
 8.3.1 事業部の業務課題・*319*
 8.3.2 先行すべき改善活動・*327*
 8.3.3 新システムの概要・*329*
 8.3.4 システムの設計手順・*335*
8.4 まとめ・*335*

キーワード・*336*

参考文献・*337*
索　引・*341*

序章
ビジネスの企画

　あなたは、いま、なにか新しいビジネスを始めなければいけない立場にいます。そう、最近のベンチャービジネスの起業です。あなたは、アントレプレナー[1]、つまりそのベンチャー企業の創業社長にならなければいけないのです。

　あなたは、どのような手順で、何を検討し、何を準備すればよいか、すらすらと言えますか。検討事項として非常に基本的な内容を質問形式で列挙してみました。

　これらの質問の回答を第三者に対して自信を持って説明することができるなら、あなたのビジネスプランを説得力のある本格的な企画書としてまとめ上げ、出資者を募るための具体的な行動を起こすことにしましょう。

　まずは、質問を順番に眺めてみることにします。

> 　あなたは、新しいビジネスを始めなければならない。そこで、あなたが得意とする（あるいはこれから学ぶ）専門分野の技術を用いて開発可能な製品あるいはサービスを考えることにします。

■ あなたが販売する商品（製品、サービス）は何ですか。商品名とその概要を説明しなさい（商品は、1種類に限定した方が、簡単です）。
■ あなたが販売しようと思っている商品と競合する商品はありますか。その競合商品とそれを取り扱っている企業（あるいは商店）を数種類、列挙してください。

> 　つぎに、それらの企業と、どこをどう違わせれば、あなたの商品の特徴をアピールできるかを考えます。

■ 商品が売れるのは、いつ、どこで、どのような状況ですか。
■ あなたのビジネスが失敗するとしたら、どのような状況だと思いますか。

[1] アントレプレナー［entrepreneur］：企業家。企業家精神の持ち主。

序章　ビジネスの企画

- ライバル企業に対するあなたの会社の「強み」と「弱み」を整理しなさい。
- 商品と市場について考えます。下記のそれぞれの質問について、具体的に説明しなさい。
  - 何年後に、どのような会社にしたいですか。
  - その目標を達成するために、市場をどのように区分し、区分したそれぞれの市場でどのようにして販売を増やしますか。
- これまでの質問を総合した結果として、あなたが採択するビジネス戦略はどのようなものですか。簡潔かつ総合的に説明しなさい。

> それでは、あなたのビジネスに必要な経営資源についての具体的な検討に入ることにしましょう。

- どんな特技を持った人を集めますか。
- 商品の製造や販売に必要な設備備品、労働力、原材料、そしてそれぞれに必要な金額を列挙しなさい。
- どこから、どのようにして、資金を調達しますか。

> 確実に利益を獲得できる会社にするために、経営計画を立てる必要があります。そこで、損益分岐点分析を用い経営資源や販売数量についての詳しい分析を行うことにします。

- 発足から3年間で、会社経営を軌道に乗せたい（黒字経営にしたい）。損益分岐点分析をした上で、3年間の経営計画を作りなさい（ただし、①現金購入した備品などは5年間の定額償却とし残存簿価は考慮しない、②利益率を30%とする）。
  - 商品の販売単価を2種類設定しなさい。
  - それぞれについて、損益分岐点での販売数量を計算しなさい。
  - 販売計画を考えた場合、どちらの販売単価が現実的か、あるいは販売価格をさらにどうすべきか。あなたの考えを説明しなさい。

> 最後に、あなたの会社のイメージを整理してください。あなたは、自分の会社をどのような会社にしたいですか。

- あなたは、社長です。どのようなリーダーシップ・スタイルで経営しますか。その理由も述べなさい。
- あなたの会社の顧客（お客さん）に対する基本姿勢は、どのようなものかを述べなさい。
- 従業員にとってやり甲斐のある職場にしたい。どうすればよいか説明しなさい。
- 新ビジネスを会社組織として発足させたい。どのような会社形態を選択するか。その理由も述べなさい。

質問は以上です。

本書は、これらの質問に対して何をどのように考えればよいかを、経営資源に焦点を当てた視点で整理しています。

経営資源とは、ビジネスに必要な「人、モノ、金」のことです。そして、これらを有効に活用するためには、第4の経営資源と称される「情報」を駆使しなければいけません。さらには、「情報」を処理するための情報通信技術[2]（ICT）や情報システム[3]（IS）についても学ぶ必要があります。

次章から、本論が始まります。上記の質問内容を念頭に置きながら、企業経営を経営資源の視点で整理し、最近の戦略的経営の概念に基づいたインターネット時代のマネジメント・システムについて勉強することにしましょう。

---

[2] ICT: Information and Communication Technology
[3] IS: Information System

第1章
ビジネスと企業組織

学習目標

- ■ 企業の目的を確認し、目的を達成するための方法を理解する。
  - 経営資源（人・モノ・金）の意味を具体的に理解する。
  - 第4の経営資源としての経営情報の意味を理解する。
  - ビジネスの基本として、お金儲けの基本原理を理解する。
- ■ 企業において階層組織ができる理由を理解する。
  - 管理とは何か，PDCAサイクルを通して、どのように管理するのかを学ぶ。
  - 組織における階層の意味を「管理の限界」との関係で理解する。
  - 責任と権限の意味を組織階層との関係で理解する。
- ■ 会社を設立するための方法を理解する。
  - 会社設立のメリットを理解する。
  - 1円の資本金で会社を設立できることのメリットとデメリットを理解する。
  - 新会社法では、有限会社が廃止され、株式会社のさまざまな制約（資本金など）が緩和されたことを知っておく。

1.1 経営資源

> 　自分のお店を持ちたいと思う。しかし、一人では、どうすればいいのか分からない。そこでまず、親しい友人や知人に集まってもらい、相談を持ちかけることにした。自分がやりたいお店の取扱商品やイメージを集まってくれた仲間に説明した後、みんなでお店の開店に必要な道具や材料をリストアップした。
> 　リストアップした道具や材料は無償では手に入らない。それらを用意するためには、開店資金が必要である。そこで、集まった仲間でお金を出し合うことにした。これで、開店資金は何とか用意できたわけだ。
> 　さて、道具や材料を、どこで、どのようにして用意したらいいのだろうか。店舗は、借りることにする。しかし、必要な資材は、どこで売っているのだろう。もちろん、安い方がいいに決まっている。しかし、どうすれば安く手に入れることができるのだろうか。

　お店の開店準備に集まってくれた友人や知人は、「人」である。お店の開店に必要な道具や材料は、「モノ」である。そして、開店資金は、「金」である。これら「人・モノ・金」の3つを総称して経営資源と呼び、これらに関する「情報」があってはじめて経営資源を有効に活用できる。この「情報」のことを第4の経営資源と呼んでいる。

　大企業であれ個人商店であれ、起業してうまく経営していくためには、「いつ（when）、どこで（where）、誰が（who）、何を（what）、なぜ（why）、どのようにして（how）」という情報（5W1H）が不可欠である。

1.2 ビジネスの基本

> お店を開店することになった。目的は、お金儲けである。さて、どうすればお金儲けができるのだろうか。

(1) 経営目的
　企業を興しこれを経営する目的は、利潤の獲得、要するにお金儲けである。そして、この目的は、経営資源である「人・モノ・金」を有効に活用して初めて達成することができる。

(2) 経営情報
　人を有効に活用するためには、社内の人事（人的資源に関する）情報が必要である。また、モノを効率よく造り、販売するためには、市場動向・顧客注文・技術・生産・在庫などの生産と販売に関する情報が必要である。そして、金を有効に使って利潤を効率よく生み出すためには、資金調達・回収・支払などの財務や経理に関する情報が必要である。
　経営資源を有効に活用するために必要な情報を総称して、**経営情報**と呼ぶ。

(3) 利潤獲得の3原則
　ビジネスの目的は、利潤の獲得である。したがって、ビジネスの基本は、「安く仕入れて、高く売る」ということになる。製造業の場合には、「安く作って、高く売る」と言い換えることができる。情報を意識すれば、「安いときに安い所で仕入れて、高く売れる時、高く売れる所で売る」と表現できる。
　つぎの式を見ると、仕入単価と販売単価との差である利幅を大きくすれば、お金儲けの効率が良くなることが分かる。

　　　利幅＝販売単価－仕入単価

　この式を見れば明らかだが、利幅を大きくするためには、販売単価を高くするか仕入単価を低くする必要がある。こうすれば、利幅がマイナスでない限り、売れば売るほど儲かる。これは1つの商品についての話であるから、販売数量が多くなればなるほど利潤が増加することになる[1]。

---
[1] 利益をうすくして品物を多く売ることを「薄利多売」という。

利潤 ＝（販売単価 − 仕入単価）× 販売数量

この式から、利潤を大きくするには、つぎの3つの方法があることが分かる。
① 販売単価を大きくする　　➡　販売単価の最大化
② 仕入単価を小さくする　　➡　仕入単価の最小化
③ 販売数量を多くする　　　➡　販売数量の最大化

本書では、これら3つの方法を「利潤獲得の3原則」と呼ぶことにする。

1.3　管理と組織構造

> お店が大きくなり、従業員も増えてきた。最近雇った従業員の顔と名前が一致しない。従業員の数が増えると、誰が何をしているのか目が届かなくなってきた。誰が何をしているのか分からなくなると、都合の悪いことがあるのだろうか。ここでは、管理について考える。

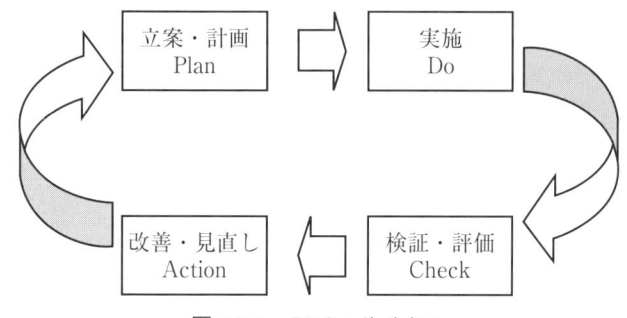

図1.3.1　PDCAサイクル

（立案・計画 Plan → 実施 Do → 検証・評価 Check → 改善・見直し Action）

（1）管理とは

管理とは、「好ましい状態に維持すること」である。ビジネスにおいて好ましい状態とは、利潤獲得という目的達成に向けて、経営者と従業員が分担したそれぞれの役割を、日々、効率よく行っている状態である。従業員の仕事の状況が把握できていないと、ある従業員が担当している仕事に修復できないトラブルが発生し、それが全体の仕事に影響することが予想されるとしても、だれも対処できない。「トラブルが発生しても、すぐに修復できるように常に準備

されている状態」を**管理された状態**といい、図 1.3.1 に示す Plan（立案・計画）− Do（実施）− Check（検証・評価）− Action（改善・見直し）の構成要素から成る PDCA サイクルを通して実現される。

(2) 管理の限界

管理者は、仕事全体がうまくいくように、一人ひとりの部下の状況を把握しなければならない。しかし、一人の管理者が把握できる部下の人数には、限界がある。この把握できる限界を**管理の限界**（span of control）という。部下の数が管理の限界を超えたならば、部下をいくつかのグループに分ける必要が生じる。

【例】 従業員 1,000 人の企業で管理の限界が 10 人だと考えてみよう。この場

組織の階層

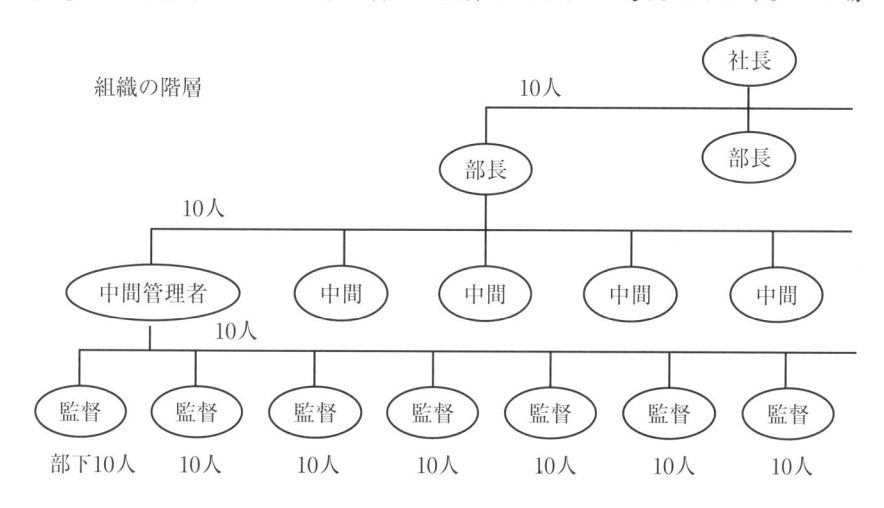

表 1.3.1 組織の階層

従業員数	組織階層	備　考
1 から 11	1	管理者一人に、部下 10 人まで ≦ (10 + 1) = 11
12 から 111	2	管理者一人に、(10 + 1) の 10 グループまで ≦ (10 + 1) × 10 + 1 = 111
112 から 1,111	3	管理者一人に、{(10+1)×10+1} の 10 グループまで ≦ {(10 + 1) × 10 + 1} × 10 + 1 = 1,111
1,112 から 11,111	4	管理者一人に、{〔(10+1)×10+1〕} の 10 グループまで ≦ {〔(10 + 1) × 10 + 1〕} × 10 + 1 = 11,111

合、組織の階層は、何階層になるだろうか。

　管理できる人数の限界は、上司の管理能力によって決まるが、仮に誰でも同じだと仮定して単純に考えてみると、組織の階層は表1.3.1に示すように計算可能である。

(3) 責任と権限

　管理者には、仕事全体がうまくいくようにする責任がある。部下をいくつかのグループに分けた場合として、それぞれのグループの仕事をうまくいかせる責任は管理者にある。さて、この管理者は、責任を全うするために、例えば、お金を使ったり各人の仕事の内容を変更したりする権限を持っている。そこで、各グループにリーダーを任命し、彼に管理者の責任の一部を持たせる代わりに権限も譲り渡す。これを**権限の委譲**という。ここで、権限がリーダーに委譲さ

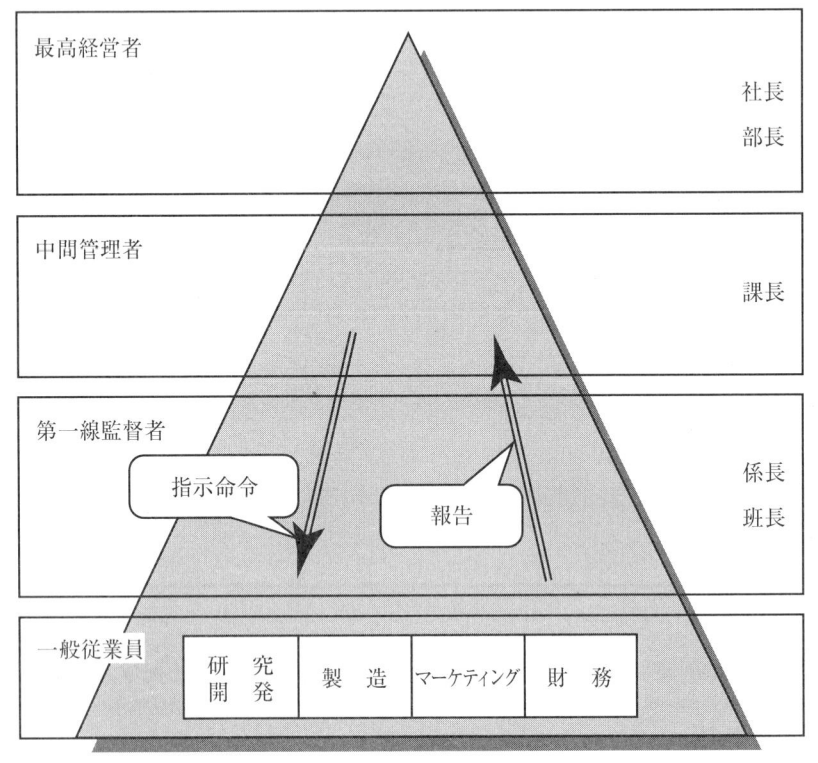

図1.3.2　階層型組織の構造

1.3 管理と組織構造

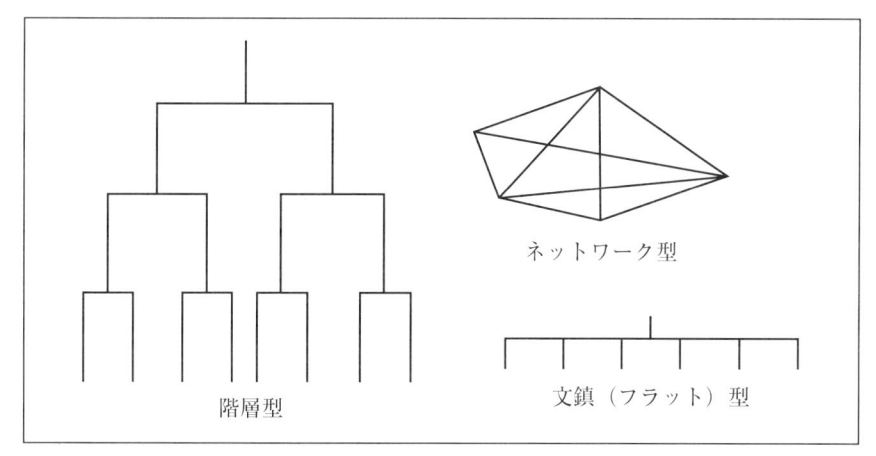

ネットワーク組織[2]、文鎮（フラット型）
図 1.3.3(a)　組織構造の例

れることにより、リーダーは管理者に対して責任と報告義務を負うが、仕事全体の管理責任を管理者が放棄することはできない。

(4) 階層型組織

社長は、会社全体の仕事に責任を負っている。従業員の数が増えると、いくつかのグループを作らなければならないが、さらに人数が増えると、今度はグループの数を増やさなければならなくなる。この結果、図 1.3.2 に示すような階層型の組織ができることになる。

(5)　組織階層と情報伝達

組織において、仕事の指示や命令は上から下へ、仕事の状況や結果の報告は下から上へ、情報として伝達される。一般従業員から社長までの管理階層が深くなると、この情報伝達が迅速・正確に行えなくなるという不都合が生じる。これは、各管理階層での情報収集と判断や意思決定に時間がかかること、複数

---

[2]　ネットワーク組織：情報技術の進展によって可能となった新しい組織形態のこと。組織内の問題との関わりでいうと、イントラネットなどの情報技術を導入することで、階層構造の簡素化をはかり、意思決定の権限を自立的なチームへと委譲したような組織形態がこの形態の1つ。組織間のレベルでいうと、特定の機能や能力に特化した複数の企業同士がネットワークを構築することにより、それぞれに特化した技術や知識などを相互に活用していくという形態はネットワーク組織の典型的なものと考えられている。ここで注意すべきは、この形態は、系列のように支配従属関係が成立するわけではないという点である。個々の組織の自律性を認めつつ、ゆるい形の連結関係が成り立っているということが、特徴である。

第1章　ビジネスと企業組織

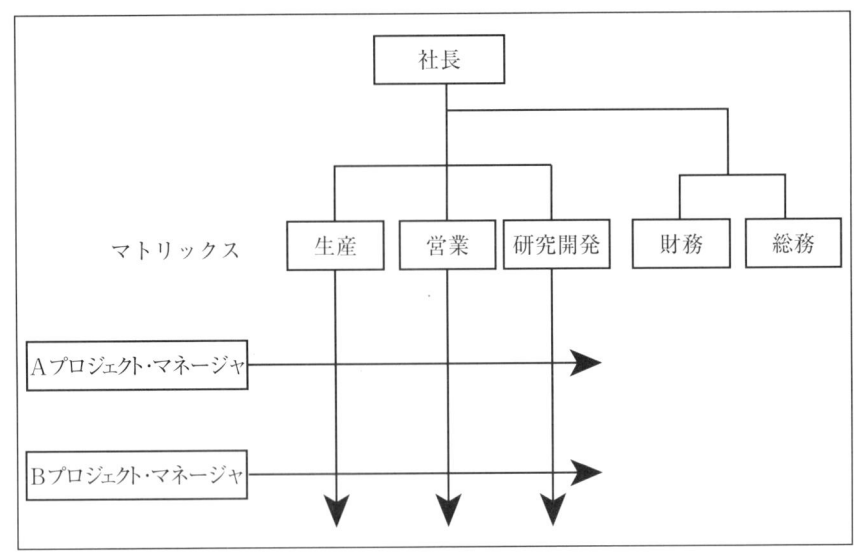

```
                         社長
          ┌──────┬──────┼──────┬──────┐
マトリックス  生産   営業   研究開発  財務    総務
          │      │      │
Aプロジェクト・マネージャ ──────────────▶
          │      │      │
Bプロジェクト・マネージャ ──────────────▶
          ▼      ▼      ▼
```

マトリックス組織[3]、プロジェクト・チーム[4]、タスク・フォース[5]
図1.3.3(b)　組織構造の例

部門に関係する業務の場合、関係部門すべての統括責任者の判断を待たねば業務が停滞する、などの理由による。

　こうした問題を解消するため、さまざまな組織形態が考え出されてきている。最近の情報通信技術の進歩と組織への普及浸透によって、管理の限界が拡大しつつあり、文鎮（フラット）型により近い組織の実現が期待される。図1.3.3に、組織構造の例を示す。

---

[3] マトリックス組織：商品（製品とサービス）、事業、地域、職能などを軸とした2ボス・マネージャ制により、複数の命令系統が存在する組織。アメリカの航空宇宙産業の企業において考案された。この組織は、職能別の部門化が行われる職能部制組織と、製品別・地域別といった目的別の部門化が行われる事業部制組織の両方のデメリットを補完しつつ、それぞれのメリットを生かそうとした組織形態である。

[4] プロジェクト・チーム：特定のプロジェクト（企画）やタスク（課業）を計画・執行するために特別に編成された比較的少人数の機動的な組織のことをいう。タスク・フォースとも呼ばれる。これはある特定のまとまった企画について、その仕事が完成するまでの活動を行うために編成されるものであり、完成すればチームは解散する。仕事の担当者のモラールを高めるという効果をもつ。

[5] タスク・フォース：特定任務遂行のために編成する部隊。機動部隊。調査特別委員会。専門調査団。プロジェクト - チーム。（広辞苑）

1.4 会社の設立

　店舗の数も増えてきた。そろそろ個人商店ではなく、世間からいっぱしの企業家として認めてもらえるよう、会社組織にしたい。
　そこで法務局の近くにあった看板をたよりに会社設立の事務所を見つけ出し、会社設立を依頼しようと思って話を聞いてみて驚いた。
　「こんなにお金がかかるのか」。
　仕方がないので、市販の書籍「会社設立のハウツウもの」を購入し、何とか自分で会社設立の登記書類を作ることにした。

1.4.1 会社組織にするメリット

　なぜ、個人商店（個人企業）のままよりも会社（法人企業[6]）の方がいいのだろうか。一般的に、法人企業は、社会的信用、責任、そして税制の点で有利であるとされ、つぎのように説明されている。

（1）社会的信用

　会社設立の手続きは、法律に基づいている。そして、会社に関する情報は法務局（登記所）で参照でき、財務状況を公表することが法律で義務づけられている。このため、取引の相手方に対して会社の内容や経営状態を確認できるという点で安心感を与えられる。

（2）責　任

　個人企業の場合：業績が悪化した場合、事業主の財産すべてを借金返済に充てなければならない。つまり、事業に失敗した場合、個人事業主は、すべての財産を失うことになる。

　法人企業の場合：出資者は自分の出資した金額の範囲でしか責任をとる必要がない（有限責任）。したがって、第三者が出資する場合、出資額以上のリスクを負う必要がないため、安心である。また、出資額に応じて配当（利益配分）

---

[6] 法人：人ないし財産から成る組織体に法人格（権利能力）が与えられたもの。理事その他の機関を有し、自然人（生物としての人）と同様に法律行為を含むさまざまな経済活動をなしうる（広辞苑）。

することができるため、出資者を募りやすい。

（3） 税 制

個人の場合は所得税、会社の場合には法人税を支払わなければならない。所得税は累進税[7]であり、所得税と住民税を合わせると、最高税率は50％になる。一方、会社の場合には、原則30％の均一課税であり、事業税を含めても約41％で済む。したがって、利益が多くなるほど、会社の方が有利である。また、会社の場合には、社長も給料や退職金を受け取ることができ、必要経費として認められる範囲が個人商店よりも広範なので、税制面で有利である。

1.4.2 新会社法

会社は、2006年4月以降、商法から会社関係の条文が摘出され、新たに創設された会社法（以下、新会社法）という法律に基づいて設立・運営されることになった。それまでは、株式会社と有限会社が主であり、それぞれに最低資本金が規定されていた。しかし、新会社法の「株式会社」では、資本金1円からでも会社設立が可能である。さらに、1人でも会社を設立でき、会社の成長に合わせて組織を拡大することもできるように法律が作られている。

以下、新会社法の要点を整理する。

（1） 資本金規制の撤廃

そもそも、会社が事業活動をするためには資本が必要であり、会社の財務基盤が安定していることの証として資本金を充実する必要がある、と考えられてきた。これが、最低資本金が設けられていた理由である。

しかし、これまでのように資本金として最低でも1,000万円集めなければ株式会社を作れないとなると、簡単には起業できない。そこで、新会社法ではベンチャー志向の人が起業しやすいように、資本金が1円でもよいことになった。また、子会社も作りやすくなり、資本金規制の撤廃は既存企業にとってもメリットがある。

とはいえ、1円資本金はあくまでも法文上の理想論である。実社会でそれ相応の信頼をかち得るには、元手としてしかるべき金額が必要であり、その辺り

---

[7] 累進税：課税標準をいくつかの段階に区分し、所得が増えるに従って高い税率を適用する仕組みの税。

をよく考えて資本金を決めなければならない。

（2） 有限会社の消滅

新会社法以前には、大規模で公開された会社として株式会社、小規模で非公開の会社として有限会社が想定されていた。そのため、それぞれ「商法」と「有限会社法」によって、最低資本金の額や取締役の人数が規定され、株式会社と有限会社は厳然と区別されていた。しかし、実態は、株式会社の多くが、資本金3,000万円未満の、しかも非公開の中小企業であると推定されている。そして、そうした株式会社では取締役会の設置義務など、大会社を前提とした規制が形骸化していた。そこで、2つの会社法を統合し、株式会社と有限会社を一本化することになった。

新会社法では、経営と所有が未分離[8]と考えられる**株式譲渡制限会社**においては、つぎの改正が加えられた。
- 取締役の設置義務がなくなり、取締役1名でもよい。
- 監査役の設置は任意。置かなくてもよい。
- 取締役・監査役の任期は、定款で定めれば、最長10年になる。

事業主イコール一人取締役の株式会社が可能になるので、経営の実態に近い構造の会社組織を選択できるようになったといえる。

（3） 経営の実態に会わせた会社組織

新会社法の施行前には、株式会社は取締役会の設置が義務づけられており、取締役も3人以上が必要であった。そのうえ、取締役会は3ヵ月に一度は開催し、その議事録を10年間保管することが義務づけられていた。

新会社法では、現在のほとんどの中小企業が該当する株式譲渡制限会社にとって、取締役会の設置義務がなくなった。つまり、一人だけが取締役という会社が可能になった。したがって、従来なら株式会社を作る際に、名前だけ借りて取締役や監査役の人数合わせをしてきたことが、今後は不要になった。これは、経営者にとって、おおきな負担の軽減となる改革である。

取締役会がないと、株主の権限が強くなる。しかし、事業主一人取締役なら、

---

[8] 経営と所有の分離：個人企業では、経営者と投資家が一体である。企業規模が拡大すると、能力のある第三者である経営者に投資資金を首尾よく運用してもらい、儲けの分配に与る方が、新たな出資者（株主）を集めやすい。これを経営と所有の分離と呼んでいる。

経営者による臨機応変の素早い意思決定が可能になる。

こうした改訂の結果、株主総会と取締役一人、という最も単純な構造から始め、会社の成長に合わせて、より適切な会社組織つまり取締役会を設けたり監査役を置いたりすることができるようになり、ベンチャー企業の創設が非常に便利になっている。

1.4.3 会社設立の手順

会社の設立は、法律で定められた手順に従って進めていかなければならない。手続きの流れは、会社法改正前と比べて制約が緩和されており、今後、慣行として実務的な蓄積がなされていくので、その中から身の丈にあった方法を採用すればよい。

会社設立を思い立ったなら、会社設立のハウツウものの書籍を購入するよりも、大き目の文房具屋さんへ行くことをお勧めする。そこには、株式会社だけでなく、会社の設立や経営に必要な「様式一式」と「設立の手引き」のセットがおいてある。

会社法は毎年と言っていいほど改正が加えられるが、このセットは、法改正の都度、適宜更新されている。設立したい会社のセットを購入し、手引きに従って書類を作成（必要項目を穴埋め）し、完成した書類を公証人役場や登記所に提出するだけで、希望の会社を設立することができる。

この方法なら、司法書士に高額の手数料を支払う必要はなく、印紙代だけで済む。書類記入で分からない時は、登記所なり公証人役場で聞くと、親切に教えてくれる。登記所なり公証人役場に訪れるのは、多分、1回では済まないだろう。その分、司法書士に頼むよりも、時間はかかる。しかし、お金はかからない。しかも、勉強になる。会社設立に際しては、よほど時間に制約がない限り、お金がかからなくて勉強にもなる、この方法を推奨する。

> **キーワード**
>
> 経営資源、第4の経営資源、経営情報、管理、PDCAサイクル、管理の限界、責任、権限、権限の委譲、階層型組織、マトリックス組織、プロジェクト・チーム、タスク・フォース、ネットワーク組織、文鎮（フラット）型組織、株式会社、株主総会、取締役会、株式譲渡制限会社、経営と所有の分離

> **経営課題**
>
> 　新ビジネスを会社組織として発足させたい。新会社法を参照し、設立する会社にどのような機関を設けるべきか、取締役や監査役をどうするか、考えなさい。

章末問題1

問題1　正誤問題：企業を経営する目的は、まず第1に、お金儲けである。

問題2　正誤問題：第4の経営資源とは、金のことである。

問題3　マッチング問題：つぎの経営情報に関する説明に対応するのはどれか。解答項目の中から選びなさい。

〔質問項目〕
1. 人に関する情報
2. モノに関する情報
3. 金に関する情報
4. 経営情報

〔解答項目〕
- A. 社内の人事情報。顧客や競合他社、研究機関などの有力者、友人・知人、地縁・血縁
- B. 利潤を効率よく生み出すための、資金調達・回収・支払などの財務や経理に関する情報
- C. 経営資源を有効に活用するために必要な情報の総称
- D. 市場動向・顧客注文・技術・生産・在庫などの生産と販売に関する情報

問題4　正誤問題：昔から、商いの基本にという方法がある。これは、利潤獲得の原則のうち、販売単価の最大化と販売数量の最大化の2つの原則で説明

できる。

問題5 正誤問題：管理とは，部下に勝手なことをさせないことである。

問題6 正誤問題：管理の限界を超えると生産性が下がるので，管理者が掌握可能なように部下の人数を制限しなければならない。しかし，そうすると管理階層が深くなり，経営上層部にオペレーショナル・レベル（生産，販売などの現業部門）の状況が正確・迅速に伝わらず，的確な経営判断が下せなくなるという不都合が生ずるようになる。

問題7 正誤問題：上司から権限が委譲されると，部下には受け取った権限と同等の責任が生じる。しかし，部下が失敗した場合に，上司は「知らなかった，部下が勝手にやった」といって責任を逃れることはできない。

問題8 正誤問題：管理階層が深くなると，複数部門に関係する業務の場合，関係部門すべての統括責任者の判断を待たねば業務が停滞する。

問題9 マッチング問題：創業・開業の企業形態として，個人企業と法人企業を考えることにする。それぞれの説明文は，個人企業と法人企業のどちらの説明か。

〔説明文〕
1. 出資者の地位の大きさは株式の持ち株数によって決まる
2. 商号（店名，屋号，事業所名）を決めるのが一般的
3. 業種によっては保険所、警察署などへの許可・認可，届出が必要
4. 単位当たりの出資金を有価証券化し，その権利を売買できる市場がある

〔解答項目〕
A．個人企業、B．法人企業

問題10 正誤問題：新会社法では、1円払えば、法務局に株式会社を登記することができる。

問題11 正誤問題：新会社法では、株式譲渡制限会社なら、取締役会を設けないという選択ができる。

第2章
資源としての「金」

学習目標

- ビジネスの形態をお金の流れで理解する。
  - 全てのビジネスが運営されている普遍的な原理原則を理解する。
  - 資本金として集めたお金は、どのように形態を変え、増えていくのかを理解する。
- 「利潤とは何か」「それは誰のもので、どれだけ必要なのか」について考える。
  - 著名な学説を学び、利潤の概念を理解する。
  - 社会主義と資本主義の違い、アメリカと日本の資本主義の違いについて考える。
- 損益分岐点分析とこれを利用した経営計画を理解する。
  - 儲かるようにするためには、どのように考え、何をどのように計画すればいいのかを理解する。
  - 財務会計の意味と仕組みを理解する。
  - 企業が自身の価値を増大させるために、資金調達を効率的に行い、調達した資金を事業へ効果的に投資できるように管理するための方法を学ぶ。
- キャッシュをベースに経営する方法を学ぶ。
  - 財務会計の抱える問題点を理解する。

2.1 利潤獲得競争

> 安く仕入れて高く売る。このお金儲けの基本を守って収益を上げ、従業員も増えて会社組織もできた。さて、世の中には、さまざまな形態のビジネスがある。すべてのビジネスが、同じ原則で経営されているのだろうか。そして、資本金として集めたお金は、どのように形を変え、増えていくのだろうか。ここでは、「利潤とは何か」について考えることにしよう。

（1） 利潤獲得プロセス

銀行業、商業、製造業の3業種における経済活動について考えることにする。銀行業は、顧客に資金を貸し付け、一定期間の後に、利子とともに貸し付けた資金（元本）を返済させることによって資本を増加させる。商業の場合は、所有している資本で商品を購入し、それを購入したよりも高く販売することによって利益を上げようとする。そして、製造業では、調達した資本で生産に必要な工場建物、機械設備、道具、原材料などの生産手段と労働力を商品として入手し、これらの生産要素を生産過程に投入して新たな商品形態を形成し、これを売却することによって利益を得ようとする（図2.1.1参照）。いずれの業種においても、経済活動の目的は、最大限可能な利潤の獲得である。

（2） 企業間競争

それぞれの企業は、最大限の利潤を獲得しようと努力する。その努力は、必然的に、激しい企業間競争を引き起こすことになる。企業間の競争要因（差別化要因）は、価格、品質、顧客サービスの3つである。顧客は、同じ商品なら安いものを、同じ値段なら品質の良いものを、品質も同じならよりサービスの良いところで購入する。

したがって、企業間競争は、価格の引き下げから始まる。これは、他の企業より安く商品を生産し、市場価格との差額を大きくしようとの意図である。商品の価格を引き下げるには、生産性[1]の向上、すなわち単位労働時間当たりの

---

[1] 生産性：一般に、生産する能力やその程度を示す尺度として用いられ、生産に投入される生産要素の量に対する製品産出量の比率を意味する。下位概念として、物的生産性、価値的生産性、付加価値生産性が用いられる。

2.1 利潤獲得競争

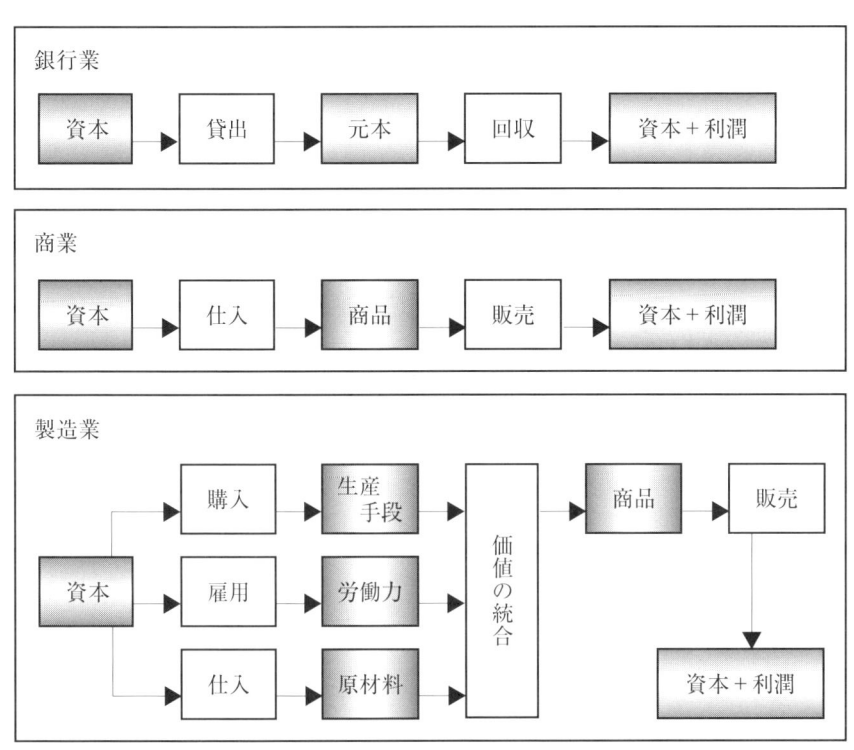

```
銀行業
資本 → 貸出 → 元本 → 回収 → 資本＋利潤

商業
資本 → 仕入 → 商品 → 販売 → 資本＋利潤

製造業
資本 →┬→ 購入 → 生産手段 ─┐
      │                    │
      ├→ 雇用 → 労働力 ──→ 価値の統合 → 商品 → 販売
      │                    │                    ↓
      └→ 仕入 → 原材料 ──┘                 資本＋利潤
```

（機械などの生産手段へ投資した資本の回収には、数年の長い時間がかかる）

図 2.1.1 利潤獲得のプロセス

産出量（生産量）を増やす必要がある。最新最良の生産機械を大規模に備えた近代的企業は、時代遅れの企業よりも商品を安価に生産することができる。これは、同一資本、同一労働時間当たりの産出量が大となり、その結果、商品の単価が下がるからである。

(3) 巨大化する資本

他社よりも高性能で大規模な生産設備を用意するには、さらに多くの資本投下が必要である。高生産性の生産機械を導入し、競争で優位に立っても、その優位は他社が追随するまでの一時的な優位にすぎない。他社が追随すれば、新たな追加投資が必要になる。すなわち、設備への投資を継続的に繰り返すことが、競争優位を維持するための条件となる。しかも、生産設備への投資は、労働力の機械設備への置き換えであるとともに、労働力や原材料と比べて回収期

間がはるかに長い[2]。したがって、企業間競争で優位に立つためには、大規模な資本を長期にわたって調達でき、その資本が有効に運用されることが前提となる。これが、資本の規模拡大化傾向が生ずる要因である。そして、資本の規模拡大化傾向は、個別資本、個別企業の枠を越え、企業間結合、さらには市場独占へと発展していくことになる[3]。

2.2　利潤の概念と配分

> 企業は、拡大路線をひた走りに走っていいものだろうか。そもそも、利潤とは何か。それは、誰のもので、どれだけ必要なのだろうか。著名な学説を概観してみよう。

(1)　利潤の発生源

企業が目指す利潤について、その概念は、企業が置かれた社会的環境の移り変わりとともに変化してきており、資本主義的な生産方式が支配的になるにつれ、次に示す学説が登場している。

① **労働価値説**：マルクス[4]によって体系化された考え方であり、搾取説とも呼ばれる。物的財貨は、市場では等価交換されるため、市場での取引

---

[2] 原材料は、日々、商品に変換され、商品の販売によって資本回収される。生産機械の場合、数年にわたって生産した商品の販売を継続しながら資本回収する。生産要素への投下資本の回収は、原材料、労働力、生産機械、建物の順に長期間を要する。資本回収の期間が長い生産機械への資本配分比率が増大（固定資産が増大すると資本回転率が低下し、資本の運用効率が低下すると、利潤率が低下する。利潤率を増大させるためには、より多くの資本が必要になる。

[3] 企業集中は、大別すると3つの方向で進められる。同一製品の生産（流通含む）過程の各段階を担当する企業が結合する垂直的結合、同一製品を生産する企業が結合する水平的結合、異なる企業が結合する多角的結合がある。伝統的な集中形態には、カルテル、トラスト、コンツェルンがあり、現代では銀行と巨大企業を中心とした株式持ち合いによる企業集団化、系列化などの形態がとられる。技術的・地域的に結ばれたものにコンビナートがある。最近では、異業種が複合したコングロマリットなどの巨大企業が国境の枠を越え、多国籍企業として世界で活躍している。

[4] マルクス［Karl Marx］(1818-1883)：ドイツの経済学者・哲学者・革命家。エンゲルスとともに科学的社会主義の創始者。ヘーゲルの観念的弁証法、フォイエルバッハの人間主義的唯物論を批判して弁証法的唯物論を形成。これを基礎にフランス社会主義思想の影響の下で古典派経済学を批判的に摂取、資本主義から社会主義へと至る歴史発展の法則を明らかにするマルクス主義を創唱。主著『資本論』（大辞林）

2.2 利潤の概念と配分

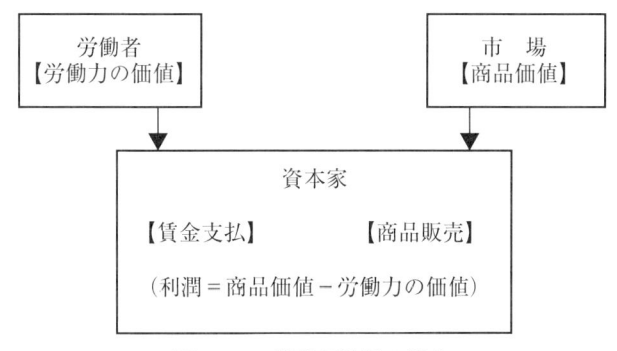

```
┌─────────────┐       ┌─────────────┐
│   労働者    │       │   市　場    │
│【労働力の価値】│       │【商品価値】  │
└──────┬──────┘       └──────┬──────┘
       │                     │
       ▼                     ▼
    ┌──────────────────────────────┐
    │          資本家              │
    │                              │
    │【賃金支払】    【商品販売】   │
    │                              │
    │ (利潤＝商品価値－労働力の価値) │
    └──────────────────────────────┘
```

図 2.2.1　労働価値説の概念

で利潤は生じない。本来、商品価値は、労働力の価値そのものである。利潤は、商品価値と労働力の価値である賃金との差から生じる。

利潤＝商品価値－労働力の価値（賃金）

すなわち、利潤の源泉は労働力であり、資本家は労働者から利潤を搾取している。図 2.2.1 に、この概念を示す。

② **資本危険負担説**：人間は、本来、危険を好まないものである。事業を興すには資本が必要だが、投資には危険を伴う。したがって、投資家は危険負担と相応する報酬が必要であり、利潤は投資家のものである。すなわち、利潤は、資本所有者の資本危険負担という職能に対する報酬である。

③ **企業家賃金説**：企業家すなわち経営者の仕事は、経営資源を調達し、管理運営することである。この仕事がうまくいけば利潤が生じ、企業家は報酬として利潤を得る。すなわち、利潤は、企業家報酬である。

④ **技術革新説**：企業間の競争要因は、価格、品質、顧客サービスである。価格を下げるには、生産性向上のための技術革新が必要である。この技術革新によって得られた競争優位は、競争相手が追随するまでの一時的なものである。したがって、継続的な競争優位のためには、たゆまぬ技術革新が必要である。すなわち、利潤は競争優位に立つことによって得られるものであり、技術革新の成果である。

ここで、「企業はだれのものか」という観点から、各説を眺めてみる。**労働価値説**は、企業は労働者のものとした社会主義の思想である。**資本危険負担説**

は投資家を、**企業家賃金説**は経営者を重視しており、この複合が株主配当や役員報酬が成功報酬として位置づけられている欧米型資本主義の価値観である。日本型資本主義では、株主が軽視され、役員の報酬も一般従業員と大きな差がない。これは、社会主義に近い特徴と見ることができる。しかし、株主総会で資本効率が追求されるようになってからは、欧米型に近づきつつある。最後の**技術革新説**は、資本主義社会における共通認識であると考えることができる。

(2) 利潤概念

企業活動が、社会的に大きな影響力を持つにつれ、種々の反作用や規制が生じ、ほしいままの利潤追求は不可能になってきている。企業あるいは経営者の行動規範として、次に示す利潤概念が提案されてきている。

① **極大利潤**：伝統的な利潤概念。可能な限り多くの利潤を獲得すべきであるとする考え方である。

② **適正利潤**：ディーン（J. Dean）の主張する利潤概念。企業活動に必要な資本の調達ができるだけの利潤であるとともに、消費者が適正と感じるだけの利潤を意味している。

商品を1つ販売した時の利潤は、つぎの式で表される。
■利潤＝販売価格－コスト（仕入価格）
「お客様あってのビジネス」という観点からは、この式をつぎのように変形して理解すべきである。
　　コスト（仕入価格）＝販売価格－利潤
この式の各項目の意味はつぎのとおりである。
■販売価格：顧客が納得できる価格
■利潤：企業活動に必要な利潤（適正利潤）
■コスト（仕入価格）：売価から利幅を差し引いた残り

---

③ **必要最低利潤**：ドラッカー[5]が提唱した利潤概念。企業は永遠に存続（ゴーイング・コンサーン）しなければいけない。そのためには、「新たなる顧客の創造」が必要である。この目的を達成するためには、消費者

---

[5] ドラッカー［P. F. Drucker（1909-2005）］：アメリカの経営学者。オーストリア生まれ。産業文明論を包含した経営管理論を展開。著書『断絶の時代』など。（大辞林）

や投資家が認めるだけの水準で、市場におけるステータス、技術革新、生産性、収益性および社会的責任を実現し維持しなければならない。こうするために要する費用をまかなえるだけの利潤が、必要最低利潤である。
④ **満足利潤**：行動科学が主張する利潤概念。極大利潤を得るための完璧な計画を作ったとしても、人間は不完全であり、計画どおりに実行できない。人間はしょせん、各自の満足基準に従った行動しかできない。このため、得られる利潤は満足基準を満たす程度のものにしかなりえない。これが満足利潤である。

(3) 付加価値と価値配分

現実には、種々の学説に関わらず、利潤の分配は企業経営に関わる利害関係者間の力関係によって決定されており、そのためにさまざまな不都合が生じてきている。その不都合を解消するための方策として、企業で新たに付加された価値（付加価値）を評価尺度として用いた成果配分の方法が用いられるようになってきた。

付加価値は、企業の内部要素、すなわち、労働、経営、資本の協働によって生み出された純粋な創造価値としてとらえられており、付加価値生産性は、生産性向上と成果配分の問題を解決するための、最も優れた指標であると考えられている。

企業の参加者の協働による純粋な創造価値としての付加価値は、個々の参加者に正当に配分されるべきであり、参加構成員である労働者に対しても価値配分がなされる。このことは、労働者のモラール向上に役立ち、結果として生産性向上に貢献することになる。

2.3　経営計画と損益分岐点分析

> 　準備も終わり、仲間とともに、いざ開店。この辺りでは割と評判がよく、お客さんも来てくれるようになってきた。しかし、果たして儲かっているのだろうか。儲かるようにするためには、どのように考え、何をどのように計画すればいいのだろうか。
> 　これらの問題を具体的に理解し検討するため、お好み焼き屋さんを例として話を進めることにする。

(1)　固定費と変動費

「図 2.1.1　利潤獲得のプロセス」の製造業を参考に、準備すべきものをつぎのとおりであるとしよう。

- 生産手段：店舗、厨房関係（調理機器、冷蔵庫、調理器具、など）、客室関係の備品（テーブル、いす）、食器類、など
- 労働力：調理人、接客係（ウエートレス）、など
- 原材料：小麦粉、鶏卵、キャベツ、カツオ節、調味料、・・・など

必要なものを列挙したら、つぎは見積もりである。

まず、生産手段を見積もることにする。

① 　店舗は、賃借料が月額 10 万円であり、毎月一定である。
② 　厨房設備や客室関係の備品は、食器や内装費用を含めて 300 万円である。これは、現金での一括払いとする。

つぎは、労働力である。厨房には自分が入り、ウエートレスを常時 1 名雇用したい。

③ 　これは、数名のアルバイトを使ってローテーションを組むこととし、月額 10 万円とする。

そして、最後が、原材料である。

④ 　1 人前売り上げるごとに、原材料は 1 人前分を消費する。つまり、販売数量に比例して、原材料が消費される。

ここで、①と③は、毎月固定額が費用として発生する。このような費用を**固定費**と呼ぶ。また、④は、販売数量に比例して費用が発生する。このような費

用を**変動費**と呼ぶ。

ところで、②であるが、これはつぎのように考えることにしよう。

起業目的は利潤の獲得であり、このための①から④の資材に、事前に用意した資本（お金）を投入する。当然ながら、投入した資本は、いずれ回収しなければならない。この回収は、一括払いした②の備品関係も同じである。そこで、それぞれの備品の耐用年数を考えて、その年数の間に、購入代金（資本）を回収し、そのお金で新しい設備や備品（資産）に買い換えることにする。

その耐用年数の間（この例では5年間＝60ヵ月）で、投入資本（300万円）を回収すると考えるならば、1ヵ月当たり5万円を回収すればよいことになる。

さて、本書では、利潤を下記の式で表している。

　　　利潤＝（販売単価－仕入単価）×販売数量

あるいは、

　　　利潤＝（販売単価－1個の原価）×販売数量

ここでの**1個の原価**には、回収すべき毎月の5万円が含まれていなければならない。しかも、毎月一定の金額であるから、固定費と同様の取り扱いとしてよい。この、資本で購入した資産を資本に戻していく方法を**減価償却**[6]という。

つぎに、**1個の原価**がどのような費用から成り立っているかを調べてみよう。

仮に1日の生産量を50個、1ヵ月の稼働日数を25日とすると、月産数（1ヵ月の生産量）は、下記の計算から1,250個になる。

　　　月産数＝50個×25日＝1,250個

まず、費用として毎月発生する**固定費**について計算してみるとつぎのとおりである。

　①　店舗の賃借料　➡　10万円/1,250個＝80円/個
　②　設備備品費　➡　5万円/1,250個＝40円/個
　③　労働力　➡　10万円/1,250個＝80円/個

したがって、固定費分の合計200円を**1個の原価**に含まなければならないことになる。なお、この計算は、1ヵ月の生産量が1,250個の場合であり、数量が変動すると1個の原価に含まれる固定費も変動する。図2.3.1は、固定費と生産数量の関係を表している。

---

[6] 減価償却には、定額法と定率法がある。計算方法は、簿記等の基本書を参照されたい。

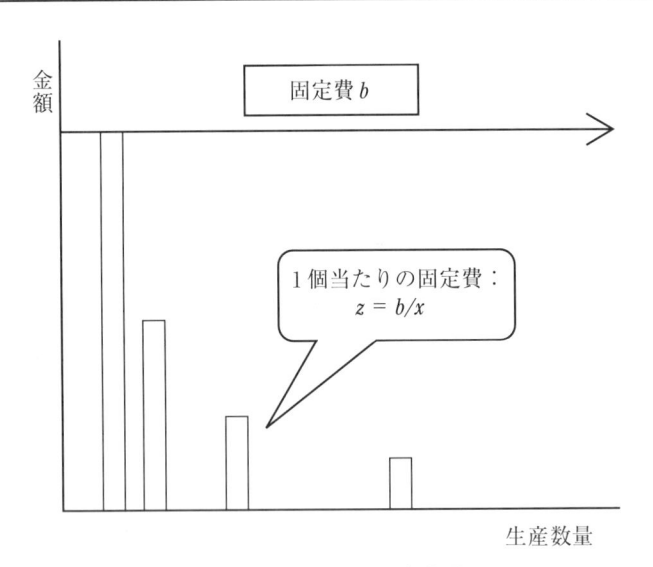

図 2.3.1　固定費と生産数量

（2）　損益分岐点分析

さて、**変動費**は、販売数量に比例して費用が発生する。1日の生産量である50個と④原材料費とには、特に関係がないように見える。原材料費は、どのように考えて決めればいいのだろうか。

原価は、上記の①から④があり、この内の①から③は固定費、④は変動費である。図2.3.2は、これを図解したものである。変動費が、販売数量に比例することから、一次関数で表すことができる。

原価をyとして、yは固定費と変動費の合計である。これは、yの式の傾き（1個当たりの原材料費）をa、固定費をbとして、販売数量xとの関係から、次式で表すことができる。

$$y = ax + b$$

ここで、利潤の式に戻って考えると、利潤を確保するためには、下記の条件が成り立たなければならない。

販売単価 − 1個の原価 ＞ 0

この関係は、売上金額zを販売数量xとの関係で考える場合、その傾きをcとすると、$c > a$でなければ利益を獲得することはできないことを意味してい

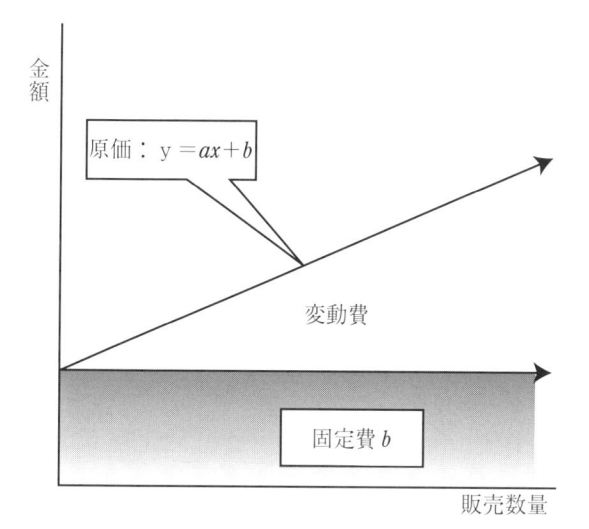

図 2.3.2　固定費と変動費

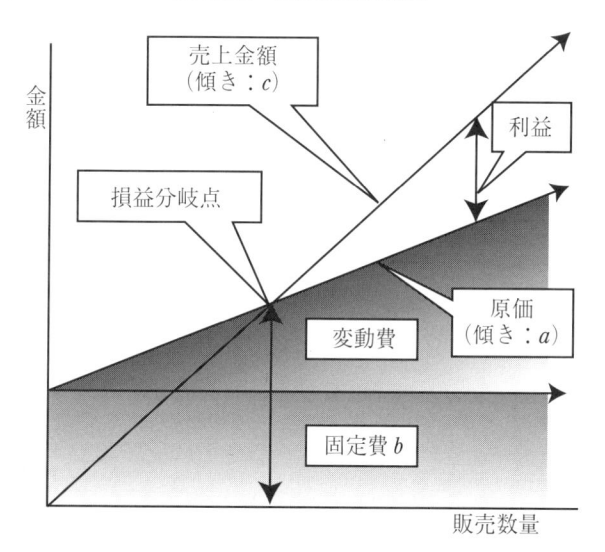

図 2.3.3　損益分岐点

る。図 2.3.3 は、この関係を表している。

$$z = cx \quad (ただし、c > a)$$

1個の原価を算定するためには、固定費と変動費の値を決定することが必要である。そこで、図 2.3.3 の損益分岐点が x 軸上のどの位置、つまりどれだけ

第 2 章　資源としての「金」

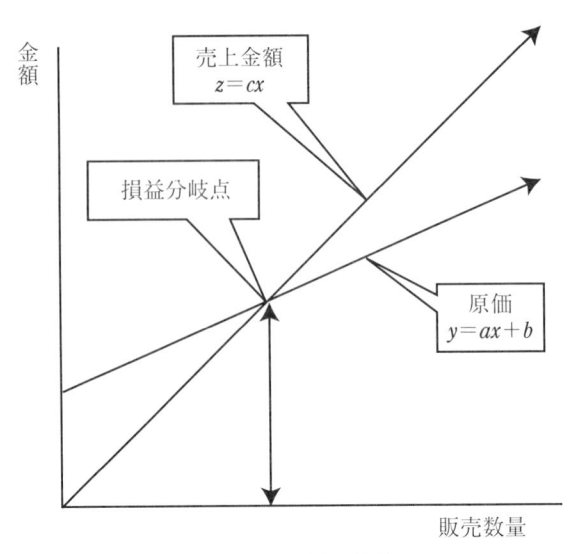

図中ラベル：
- 金額
- 売上金額 $z = cx$
- 損益分岐点
- 原価 $y = ax + b$
- 販売数量

図 2.3.4　損益分岐点

の販売数量の時に採算がとれるのかを見て確認する必要がある。この損益分岐点を見つけ出す方法を**損益分岐点分析**と呼ぶ。

前掲の例の数値を用いて具体的に計算してみると、つぎのようになる。

① 店舗は、賃借料が月額 10 万円であり、毎月一定である。

② 厨房設備や客室関係の備品などの設備備品費は、食器や内装費用を含めて 300 万円であり、5 年間での償却として減価償却費を毎月 5 万円とする。

③ 労務費は、数名のアルバイトを使って、月額 10 万円である。

④ 1 個売り上げるごとに、1 個分の原材料を消費する。つまり、販売数量に比例して、原材料が消費される。

これらの条件から、固定費 b は 25 万円になるため、原価 y を次の式で表す。

$$y = ax + b$$
$$ = ax + 25\,万円$$

ただし、ここでの固定費 b は、1 ヵ月当たりの換算値であり、

　　固定費 b = 賃借料 10 万円 + 減価償却費 5 万円 + 労務費 10 万円
　　　　　　= 25 万円

つぎに考えなければいけないことは、「お好み焼き 1 人前をいくらで販売す

2.3 経営計画と損益分岐点分析

るのか（300円か、500円か、1,000円か、あるいは5,000円か）」である。店舗で販売するのだから、1,000円が妥当かも知れない。そこで、販売単価を1,000円と仮定すると、売上金額 z は、傾き c が販売単価であるから、次式で表されることになる。

$z = cx = 1,000x$

次式の条件から、1個の原価は1,000円未満でなければならない。

販売単価 − 1個の原価 > 0

c が1,000円のときの**損益分岐点**を見つけ出すためには、変動費を表す下記の式の傾き a を決めてやればよい。図2.3.3をもとに考えると、傾き a を決定するためには、販売数量が分かっていなければならないことが分かる。この販売数量は、日々の累積数である。そこで、採算がとれるだけの数量を販売するためには1ヵ月で何個販売すればよいか、と考えるとよい。販売単価や利益率を変えながら、最も都合のよい値を探し出すこのような思考方法を**シミュレーション**[7]と呼ぶ。

上記の例では、1ヵ月当たりの損益を考えて、次の式に表した。

$y = ax + 25$ 万円

$z = 1,000x$

この連立方程式を解こうとすると、損益分岐点は $y = z$ となる点であるが、変数が x と a の2つである。式を変形すると、つぎのとおりである。

$ax + 5$ 万円 $= 1,000x$

$x = 25$ 万円 $/(1,000 - a)$

ここで、x は1カ月の販売数量である。求めたいのは変動費（原材料費）a であり、この値を増減させながら検討してみることにする。

この式で $(1,000 - a)$ は、1個当たりの粗利（固定費を考慮しない利益）であり、販売価格から原材料費を差し引いた値である。この粗利を販売価格1,000円の2割に仮定すると、原材料費 $a = 800$、販売数量 $x = 1,250$ とな

---

[7] シミュレーション［simulation］：最も良い（悪い）結果を得るためには、ある変数（ここでは a）がどんな値であればよいのかを、その変数の値を変えながら見つけ出す方法。得られるのは最適解ではなく、検討した中での相対評価である。一般的には、物理的あるいは抽象的なシステムをモデルで表現し、そのモデルを用いて実験することをいう。

る。1カ月の稼働日数が25日なので、原材料を1個当たり800円に押さえて、1日平均で最低50個売れれば、採算が合うことになる。

(3) 経営計画とその策定手順

起業しようとする場合、経営計画の策定に際して最初に考えなければならないのは、「何時までに黒字経営に転換するか」である。そこで、3年後の（36カ月で）黒字転換を目標として設定することにする。

そうすると、前掲の連立方程式は、固定費が変わるので、つぎのとおりである。

$$y = ax + 25万円 \times 36カ月 = ax + 900万円$$
$$z = 1,000x$$

粗利を販売価格1,000円の2割とすると、$a = 800$、$x = 11,250$となる。3年間の稼働日数が900日（25日×36カ月）なので、原材料を1個当たり800円に押さえて、1日平均で最低50個売れれば、黒字転換が可能である。

しかし、これはあくまでも平均での話である。たとえば、初年度は知名度の低さから広告宣伝費がかさむ割には売り上げが伸びず、赤字になるかも知れない。しかし、2年目で収支がバランスするようにがんばり、3年目は黒字となり、3年間の平均収支がバランスするように、3年間の推移を計画するのが現実的である。

〔設　問〕
　販売価格を1人前500円、利益率を3割とすると、1日当たり何個売らなければいけないか。それは、可能であると思うか。利益率を2割とするとどうか。4割ではどうか。どちらが現実的であると思うか。

2.4　経営と会計

企業は、存続し続けるために、必要な利潤を確保しなければならない。しかし、金庫に残っているお金を数えているだけでは、ビジネスを続ける上で必要な利潤が確保できているかどうか分からない。

ここでは、お金の出入りをどのように記録し、財産と利益をどのようにして管理すれば良いのかを財務管理の観点から学ぶことにする。

2.4.1 財務管理の基礎知識

(1) 財務管理とは

　財務管理とは、企業が自身の価値を増大させるために、資金調達を効率的に行い、調達した資金を事業へ効果的に投資できるように管理することである。

　企業運営には、経営資源が必要である。例えば、事務所、設備、機械などの固定資産が必要であり、業務を行う従業員も必要となる。これらを得るためには対価（事務所の場合は賃借料、設備・機械の場合は購入代金またはリース料。従業員に対しては給与）の支払が必要である。

　各種の経営資源を獲得し、それらを組み合わせて事業活動を行うことを**投資**という。投資に必要な資金を得ることを**資金調達**といい、企業の自己資金で賄う場合と、企業の外部から調達する場合とがある。外部調達の方法としては、株式発行（増資）、社債の発行、銀行借入などがある。

(2) 財務管理の役割

経営とは、利潤獲得などの企業目標達成を目的とした活動が上手く運営されるようにすることである。そこで、財務管理の担当者は、つぎの役割を果たさなければならない。

① **投資の意思決定**：原材料、設備資産、労働力、金融資産（有価証券）などの経営資源に対する投資配分の決定。

② **資金調達の意思決定**：投資に必要な資金をどのように賄うべきか、投下する資本をどこから調達するかの検討。投下すべき資本の調達に関する計画と執行。

③ **管理・統制**：設定された経営（年度）目標を達成するための、予算執行段階での統制（例えば、予算管理、在庫管理、資金管理など）。

　財務管理の重要性は、設備投資に関する意思決定が、財務部門だけではなく、製品開発、生産、マーケティングなどの業務部門の分析も参考にした上で、総合的な見地に立って行われること、大規模な設備投資プロジェクトなどの最終的な意思決定者は取締役会（社長）であること、などから推測できる。

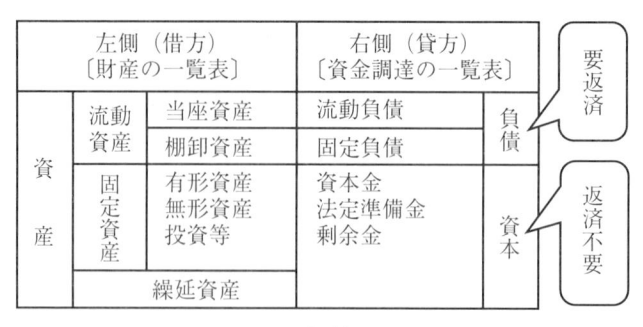

	左側（借方） 〔財産の一覧表〕		右側（貸方） 〔資金調達の一覧表〕		
資産	流動資産	当座資産	流動負債	負債	要返済
		棚卸資産	固定負債		
	固定資産	有形資産 無形資産 投資等	資本金 法定準備金 剰余金	資本	返済不要
	繰延資産				

図 2.4.1　貸借対照表の構造

2.4.2　財務諸表

　財務諸表は、企業の活動を会計のルールに基づいてまとめたものであり、「貸借対照表」と「損益計算書」がその代表的なものある。

　貸借対照表とは、一定時点における企業の財政状態を明らかにするために、企業の保有するすべての資産、負債および資本を記載したものである。お金持ちという言葉には、「現金を持っている」という意味のほかに、不動産（土地、建物）や有価証券（株券）などの資産を持っていることも意味している。したがって、貸借対照表は、その会社がお金持ちかどうか、どれだけの財産を持っているかを表したものと考えるとわかりやすい。

　貸借対照表では、左側（借方）に財産を記載し、右側（貸方）にはこの財産を形成するためにどこからお金を調達してきたかを示している。借方の財産のことを「資産」と呼ぶ。また、貸方の資金の調達先は、「負債（要返済）」と「資本（返済不要）」に分けて示される。貸借対照表では、必ず次の式が成り立つ。

　　　「**資産＝負債＋資本**」あるいは「**資産－負債＝資本**」

　図 2.4.1 は、貸借対照表の構造を表している。この表は、必ず左右（貸借）が一致するため、「バランス・シート（B/S：balance sheet）」とも呼ばれる。この図で用いられている用語の意味は、つぎのとおりである。

- **流動資産**：現金・預金など。決算日の翌日から一年以内に現金化される資産のこと。きわめて短期に換金可能な現金・預金、売掛金などの当座資産、商品・製品・原材料などの棚卸資産に分けられる。
- **固定資産**：販売を直接の目的とせず、企業の営業活動のために長期間にわ

たって使用（保有）されるもの。一般的に、建物、土地、機械設備などの有形固定資産、無形の収益獲得要因である営業権などの無形固定資産、長期的な株式投資およびその他の固定資産である投資等に区分される。
- **繰延資産**：すでに受けたサービスの支払額を全額その年度の費用とはしないで、数期間に分担して処理を行うための費用の繰越高をいう。具体的には、創立費、新株発行費、開発費、試験研究費などがこれにあたる。
- **負債**：返済が必要な資本で、いわゆる他人資本による調達を示す。おおむね1年以内に支払うべき債務である買掛金や短期借入金などの流動負債と、支払期限が決算日の翌日から1年を超える長期の債務である長期借入金などの固定負債に区分される。
- **資本**：出資者（株主）持分とされるもので、いわゆる自己資本額を表している。

【参　考】

　総資本（貸借対照表の右側全体の金額）に占める自己資本の割合を「自己資本比率」という。自己資本比率の善し悪しの基準はおおむね次のようになる。

【自己資本利益率】
　☆　40％以上：優良
　☆　30％台　：良
　☆　20％台　：普通
　☆　20％以下：問題あり

　図2.4.2は、同額の資産を保有する下記のA社とB社の貸借対照表である。A社は左側の資産を保有するための資金の多くを資本（自己資本）で賄っているのに対し、B社は負債（他人資本）を多く活用している。

　負債を多く活用することは、多額の投資活動が行えるというメリットがある。その反面、借入依存体質の度が過ぎると、金利の支払いによる利益の圧迫や元本の返済などの資金手当に追われる可能性がある。

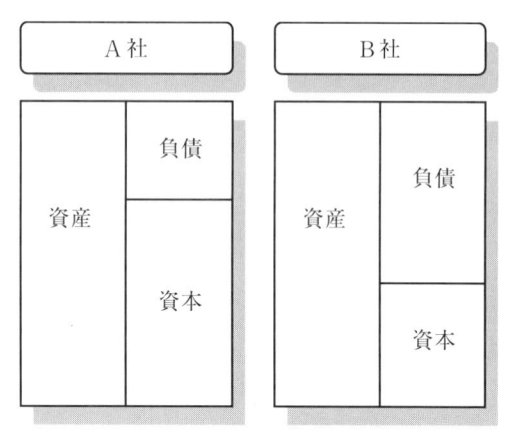

図 2.4.2　貸借対照表の比較

(2) 損益計算書

　企業は、年に1度、その年にどのくらいの儲けがあったかを計算し、**損益計算書**としてまとめなければならない。損益計算書とは、企業の経営成績を明らかにするため、一会計期間（会計年度）に発生したすべての収益とこれに対応するすべての費用とを記載し、当期純利益を示したものである。

　損益計算書の基本構造は、次のような計算から企業の儲け（利益）を算出する簡単な構造である。

損益計算書の基本構造
収益　…　商品の売上高
－　費用　…　売り上げるために支出した金額
利益　…　もうけ

　表2.4.1は、この計算から作成される損益計算書の内容を詳しく示したものである。

表 2.4.1 損益計算書の構造

売上高	
－）売上原価	●製品の製造、商品仕入れの費用
売上総利益	●製品やサービスそのものによる利益
－）販売費および一般利益	●営業活動にかかった費用
営業利益	●その企業の営業力を示す利益概念
＋）営業外収益	
－）営業外費用	●受入利息や支払利息など
経常利益	●その企業の総合力を示す利益概念
＋）特別利益	
－）特別損失	●臨時的で通常でない要因で発生した損益
税引前当期利益	●税金を算出するための基礎となる利益概念
－）法人税等	●国や自治体に納める税金
当期利益	●当期の最終成績となる利益概念
＋）前期繰越利益	●前期から繰り越される利益
当期未処分利益	●株主総会での処分額を示す利益概念（注）

（注）当期未処分利益は、決算後3ヵ月以内に行われる株主総会で利益処分される。利益処分とは、株主に対する配当をいくらにするか、内部留保（次期繰越利益）をどの程度にするかなどを決定することを指す。

2.4.3 キャッシュフロー会計

「経営と会計」については、京セラの創業社長である稲盛和夫氏の説明が分かりやすいので、氏の著書[8]を参考にキャッシュベースの経営について解説する。

高度な会計学を知らなくとも誰でも自然に身につけている収支計算がある。製品をつくり、お客さまに販売して代金をいただく。そのために使ったさまざまな費用をその中から支払う。利益とは、これら支払いのすべてが終わったあとに残ったお金を指すということは、誰でも知っている。事実、会計が生まれた中世イタリア商人の地中海貿易では、一つの航海が終わると収入からすべての費用を清算して、残った利益を分配していたそうである。つまり、現金収支の計算がそのまま損益の計算となっていたわけである。

しかし、現代の企業では、その連続する活動を暦で区分して年度ごとに決算を行わなければならない。そこで近代会計では、収入や支出を発生させる事実が起きたときに収益や費用があったものとして、一年間の利益を計算する。こ

---

[8] 稲盛和夫、『稲盛和夫の実学 経営と会計』、日経ビジネス人文庫、2000、pp.47-63 （抜粋、引用）

れが「発生主義」と言われる会計方法である。この方法をとると、お金の受け取りや支払いがなされるときと、それらが収益や費用となるときとが異なるようになる。その結果、決算書にあらわされる損益の数字の動きと、実際のお金の動きとが、直結しなくなり、経営者にとって会計というものが分かりにくいものになってきた。また、実際に社会が発展し、社会制度や商取引が複雑になると、それに従い会計も複雑にならざるをえない。どのような事実をもって収益や費用が発生したとするのかが、難しい問題となる。

そこで、会計の原点に戻るなら、本来もっとも重要な「キャッシュ」に着目し、それをベースに正しい経営判断を行うべきだということになる。

（1） 利益の所在

かつて稲盛氏は、（利益が出た）期末の決算報告を終えた経理部長に対して、「儲かったお金はどこにあるのか」と尋ねたそうである。すると彼は、「利益は売掛金や在庫、また設備など、さまざまなものに姿を変えているので、簡単明瞭にどこにあると言えるものではない」と答えた。そこでさらに踏み込んで、「利益から配当しなければいけないが、それだけの金がどこにあるのか」と聞いた。すると経理部長は、利益は手持ちの資金としてはなく、配当資金は銀行から借りる予定だと述べた。

儲かっているにもかかわらず銀行から借金するということに納得できない稲盛氏は、損益の数字の動きと、実際のお金の動きとを、はっきり結びつけて説明するように求めた。経理部長は、貸借対照表の各勘定の動きを追いながら、資金の源泉と使途を表した資金運用表をつくり、当期利益と減価償却から出てきた資金がどのようになったのかを説明した。

そこで、稲盛氏は、ようやく現金の収支のみから成り立つ会計であれば出てこないような、固定資産、棚卸資産、受取手形、売掛金などというさまざまな勘定科目がバランスシートに表されていることを理解した。そして、儲かったお金がどういう形でどこに存在するのか、ということをよく把握して経営する必要があると、痛感したそうである。

（2） 資産と費用の違い

つぎに示しているのは、「2.3　経営計画と損益分岐点分析」で例としたお好み焼き屋さんの諸費用である。

① 【賃借料】店舗は、賃借料が月額 10 万円であり、毎月一定である。
② 【備品費】厨房設備や客室関係の備品は、食器や内装費用を含めて 300 万円である。これは、現金での一括払いとする。
③ 【人件費】厨房には自分が入り、ウエートレスを常時 1 名雇用したい。これは、数名のアルバイトを使ってローテーションを組むこととし、月額 10 万円とする。
④ 【原材料費】1 人前売り上げるごとに、原材料は 1 人前分を消費する。つまり、売上数量に比例して、原材料が消費される。

この例では、①賃借料、③人件費、④原材料費は費用であり、②備品費は数年間にわたって利用でき、継続的に利益を生み出してくれるので、経費[9]ではなく、資産（財産）である。稲盛氏は、この費用と資産の意味と違いをバナナの叩き売りを例に挙げて、つぎのように説明している。

【前 提】
　仕入れ：青果市場でバナナを 1 箱仕入れる。1 房 50 円で 20 房を仕入れた。
　商売道具：近所の八百屋で、空いたリンゴ箱を 300 円で買う。リンゴ箱の上にかける大きな布を、隣の雑貨屋から 1 枚 1,000 円で買う。棒がないと叩き売りにならないので、200 円で手に入れる。
　仕入れたバナナの販売単価を 150 円とし、全部売れたとすると
　売上高 = 販売単価 150 円 × 20 房 = 3,000 円
　利益 = 売上高 3,000 円 − 仕入れ原価 1,000 円 = 2,000 円

ところが、リンゴ箱に 300 円、布に 1,000 円、棒きれに 200 円と道具に 1,500 円払っているので、手元には 500 円しか残っていない。

そこへ税務署が来て、「あなたは 2,000 円儲かったから、その半分の 1,000 円を税金として払え」と言う。手持ちの 500 円から、なぜ 1,000 円もの税金を払うことになるのか問うと、「リンゴ箱と布と棒は、費用ではなく資産だ」と言う。「1,500 円の資産と 500 円のお金で 2,000 円になり、それに税金がかかる」というのである。

---

[9] あること（何か）を行うのに必要な費用。

税務署は、リンゴ箱はりっぱな財産（資産）だというが、明日には次の土地に移るので捨てていかなければならない。リンゴ箱も布も棒きれも資産としての価値はないのである。

（3） 資金繰りとキャッシュ

いずれにしても、バナナを売るために買った道具が使い捨てなら、それらはすべて経費である。つまり、3,000円の収入を得るために、合計2,500円を支払ったので、残りの500円が手元に資金として存在している。これにかかる税金を払ったあとは、手元資金を自由に使える。しかし、「1,500円で買った道具は資産だから、儲けは合計2,000円だ」と考えて500円以上を使うと、資金繰りが行き詰まってしまう。したがって、支出されたものは、資産としてかかえ込まずにできるだけ早く費用として処理しなければならない。

（4） キャッシュフロー計算書

近代会計は「発生主義」に基づいて発展し、それによって会計そのものは非常に高度で複雑なものになった。ところが、そのために計算されて出てくる利益が、実際に手元にあるお金の動き、すなわち「キャッシュフロー」とすぐには結びつかないものになった。

しかし、最近この「キャッシュフロー」は、会計学でも非常に重視されるようになってきている。利益ではなく、「将来どれだけのキャッシュを生み出す力があるのかによって企業を評価すべきである」という考えに基づいたアプローチが、専門家の間ではすでに一般的なものになっている。特に米国では、貸借対照表や損益計算書と並んで、「キャッシュフロー計算書」が正規の決算報告を構成するものとして明確に位置づけられ、決算報告書には必ず含まれるようになっている。

わが国では、2000年3月期決算から、大会社（証券取引法[10]が適用される会社）に対して、作成が義務づけられている。

---

[10] 証券取引法：有価証券の発行・売買その他の取引を公正にし、その流通を円滑にすることにより、国民経済の適切な運営と投資者保護に資することを目的とする法律。1948年（昭和23）制定。（大辞林）

表 2.4.2　キャッシュフロー計算書の例

平成 18 年度キャッシュフロー計算書（間接法による）

(単位：100 万円)

区　分	前事業年度 （自　平成16年4月1日 至　平成17年3月31日）	当事業年度 （自　平成17年4月1日 至　平成18年3月31日）
I　営業活動によるキャッシュ・フロー		
税引前当期純利益	3,768	5,567
減価償却費	685	705
有形固定資産除去損	20	68
社債発行差金償却額	10	10
貸倒引当金の増減額（減少：△）	80	20
退職給与引当金の増減額（減少：△）	8,367	50
受取利息及び受取配当金	△708	△930
支払利息	460	598
為替差損益（減少：△）	10	35
売上債権の増減額（減少：△）	△869	△492
たな卸資産の増減額（減少：△）	820	923
仕入債務の増減額（減少：△）	△290	317
未払消費税の増減額（減少：△）	63	4
役員賞与の支払額	△200	△220
・・・・・・・・	xxx	xxx
小計	5,236	6,062
利息及び配当金の受取額	608	876
利息の支払額	△305	△455
・・・・・・・・	△xxx	△xxx
法人税等の支払額	△2,285	△3,782
営業活動によるキャッシュ・フロー	3,254	2,701
II　投資活動によるキャッシュ・フロー		
定期預金の預入による支出	△200	△400
定期預金の払戻による収入	200	100
有価証券の取得による支出	△760	△760
有価固定資産の取得による支出	△1,445	△667
・・・・・・・・	△xxx	△xxx
投資活動によるキャッシュ・フロー	△2,770	△5,448
III　財務活動によるキャッシュ・フロー		
短期借入金の純増加額	16	50
ファイナンス・リース債務の返済による支出	△90	△90
長期借入金の借入による収入	625	1,065
長期借入金の返済による支出	△180	△180
社債の発行による収入	750	1,000
株式の発行による収入	250	300
少数株主への株式の発行による収入	20	30
配当金の支払額	△1,000	△1,000
・・・・・・・・	xxx	xxx
財務活動によるキャッシュ・フロー	391	1,175
IV　現金及び現金同等物に係る換算差額	36	51
V　現金及び現金同等物の増加額（減少額：△）	911	△1,521
VI　現金及び現金同等物の期首残高	1,462	2,373
VII　現金及び現金同等物の期末残高	2,373	852

出典：『有価証券報告書作成の手引き（連結財務諸表を作成していない会社用）』、亜細亜証券印刷㈱、
　　　平成 17 年版 p.170 を一部改変

2.5 投資の意思決定

> さて、われわれがはじめたお好み焼き屋さんだが、店舗の数も増え、それぞれが高収益を達成し続けており、資金にある程度の余裕ができてきた。この余剰資金を金庫にしまっておいたのでは、もったいない。なぜなら、余剰資金を銀行に預けておけば、なにがしかの利子を生み出してくれるからだ。そこで、この資金の運用方法について、いくつかの代替案を考えてみることにした。
>
> ここでは、どの方法がもっとも有望な投資となりうるのかを評価するための方法について概観する。

2.5.1 正味現在価値

ある事業の投資判断を行う際の基準として、**正味現在価値**（NPV：Net Present Value）が一般的に用いられている。これは、将来のキャッシュフローを予測し、投資判断に活用するための方法である。

この方法を理解するには、まず、**割引率**という概念を理解する必要がある。

（1）割引率

つぎの2つのファンド、AとBがあると仮定する。

```
A：年率25％支払う約束の元本保証なしのファンド
B：年率5％支払う約束の元本保証付きのファンド
```

どちらが得なのか、考えてみよう。ファンドAは、そのリスク（保証の有無）の条件下で来年125万円もらえるという権利を、いま100万円で買うという選択である。ファンドBは、そのリスクの条件下で来年105万円もらう権利を、いま100万円で買うという選択である。これらのファンドが、来年100万円もらう権利であると考えたのが、下記の計算である。

```
A：(100万／125万)×100万 = 80.0万円
B：(100万／105万)×100万 = 95.2万円
```

この計算から、AとB、それぞれのリスクの条件下で、来年100万円もらう権利を割り引いた価格で、今購入するということが分かる。安く購入するので、その比率を割引率と呼ぶ。この例では、Aの割引率は25％、Bの割引率は5％である。これは、金利あるいは利子と呼ばれるものと同じである。

(2)　現在価値（PV）

　同じ金額を来年支払ってくれるという約束をしてもらっても、プロジェクトあるいは相手によって、いま払える金額は違っている。また、リスクの高い投資案件に対して持っている資金すべてを投資し、すべてを失うのは恐ろしい。したがって、リスクの高いものほど「割引率」が高くなるのは当然である。

　Aの割引率は25％、Bの割引率は5％。通常はこれを「r」と表記する。この割引率の条件下で、将来の収入に対していま支払える金額のことを**現在価値**（**PV** : Present Value）と呼ぶ。

(3)　正味現在価値（NPV）

　「現在価値（PV）」から、「投資額の現在価値」を差し引いた金額が正味現在価値（NPV）である。

$\text{NPV} = （ある事業から得られるキャッシュフローの現在価値）$
$\qquad\quad - （ある事業に要する投資額の現在価値）$

$\text{NPV} = \dfrac{投資1年後のキャッシュフロー(CF_1)}{投資1年後の割引率(1+r)} + \dfrac{CF_2}{(1+r)^2} + \cdots + \dfrac{CF_n}{(1+r)^n}$
$\qquad\quad - （ある事業に要する投資額の現在価値）$

$\qquad = \displaystyle\sum_{n=0}^{n} \dfrac{CF_n}{(1+r)^n} - （ある事業に要する投資額の現在価値）$

※　CF_n：n年後のキャッシュフロー、　　r：割引率

例1：「いま100万円預けていただければ、毎年10万円お支払いします」という3つのファンド、A($r=20％$)、B($r=10％$)、C($r=5％$) がある。
　それぞれのファンドの正味現在価値はいくらか。

　仮に、計算結果が次のとおりだとすると、A、B、Cのどれに投資するのが妥当だろうか。

第2章　資源としての「金」

　　　AのNPV ＝（ある事業から得られるキャッシュフローの現在価値）
　　　　　　　－（ある事業に要する投資額の現在価値）
　　　　　　 ＝｛(100 ＋ 10)万／(1 ＋ 0.2)｝－ 100万 ＝ － 83,333
　　　BのNPV ＝（110万／1.1）－ 100万 ＝ 0万
　　　CのNPV ＝（110万／1.05）－ 100万 ＝ ＋ 47,619

　常識的に考えると、NPVがプラスなら投資するが、マイナスなら投資しないというのが投資判断の原則ということになる。

(4) キャッシュフローと資本コスト

　NPVとは、ある事業から得られるであろう将来のキャッシュフローを**資本コスト**で割り引いた現在価値（ある事業から得られるキャッシュフローの現在価値）から、投資額の現在価値を差し引いた金額で表されたものである。

　NPVを活用すると、すべての投資案件をキャッシュフローという共通の軸で測定評価でき、資本コストを用いて時間の概念とリスクの概念を取り入れることができる。これは、例えばROI（Return on Investment）などの伝統的な投資判断手法ではできないことである。

　企業は、投資家のために単に利益を上げるだけではなく、投資家が求める最低限のリターン（資本コスト）を稼がなければならない。キャッシュフローを用いれば、会計基準に左右されない客観的な利益計算が可能であり、資本コストを用いれば、将来のリスクを投資判断に加えることができる。

(5) 投資判断

　NPVがプラスであれば、その事業は、投資家の要求するリターンを上回っていて、価値を生み出すであろうことを意味している。なお、NPVがゼロとなる割引率（r）のことを**内部利益率**（IRR：Internal Rate of Return）と呼ぶ。

　企業価値を高めるためには、資本コストを超過するキャッシュフローを上げなければならない。したがって、企業は価値創造のために、NPVがプラスの案件を採用しなくてはならない。NPVは、企業価値を高めるための投資判断を行う上での基本的な判断基準として普及してきている。

> **例2**：「いま100万円投資頂ければ、毎年10万円支払います」。
> このプロジェクトのIRRは、どれだけか。

例 1 では、$r = 10\%$ で NPV $= 0$ となっているので、このプロジェクトの IRR は 10 % である。

2.5.2 財務モデルを用いた投資計画

表 2.5.1 は、2002 年に情報システムを導入し、2007 年度までの 6 年間（システムの耐用年数）、そのシステムを運用したと仮定した場合の費用と便益をキャッシュフローとして計画したものである[11]。

このデータを用い、下記の 6 つの指標を計算した結果が表 2.5.2 である。

（1） 回収期間法

初期投資の回収期間の算定に用いられてきた方法（The Payback Method）である。シンプルで分かりやすく、一般的な手法である。特に、ハイリスクの

表 2.5.1 投資案件の費用と効果

	A	B	C	D	E	F	G	H	I	J	K
1	年				0	1	2	3	4	5	
2			数量	単価	2,002	2,003	2,004	2,005	2,006	2,007	
3	ハードウェア										
4		サーバー	3	20,000	60,000	10,000	10,000	10,000	10,000	10,000	
5		PC	300	3,000	900,000	10,000	10,000	10,000	10,000	10,000	
6		ネットワークカード	300	100	30,000	0	0	0	0	0	
7		スキャナー	6	100	600	500	500	500	500	500	
8											
9	通信										
10		ルーター	10	500	5,000	1,000	1,000	1,000	1,000	1,000	
11		ケーブル	1	150,000	150,000	0	0	0	0	0	
12		電話接続費	1	50,000	50,000	50,000	50,000	50,000	50,000	50,000	
13											
14	ソフトウェア										
15		データベース	1	15,000	15,000	15,000	15,000	15,000	15,000	15,000	
16		ネットワーク	1	10,000	10,000	2,000	2,000	2,000	2,000	2,000	
17		グループウェア	300	500	150,000	3,000	3,000	3,000	3,000	3,000	
18											
19	サービス										
20		語彙	1	50,000	50,000	50,000	50,000	50,000	50,000	50,000	
21		訓練（時間）	300	75	22,500	10,000	10,000	10,000	10,000	10,000	
22		システム管理者	1	100,000	100,000	100,000	100,000	100,000	100,000	100,000	
23		技術者	2	70,000	140,000	140,000	140,000	140,000	140,000	140,000	
24		トレーナー	1	50,000	50,000	0	0	0	0	0	
25											
26	総費用				1,733,100	391,500	391,500	391,500	391,500	391,500	3,690,600
27	便益										
28		伝票発行の効率化			300,000	500,000	600,000	600,000	600,000	500,000	
29		弁護士補佐費用の削減			50,000	100,000	150,000	150,000	150,000	150,000	
30		事務員の削減			50,000	100,000	100,000	100,000	100,000	100,000	
31		メッセンジャーの削減			15,000	30,000	30,000	30,000	30,000	30,000	
32		通信費の削減			5,000	10,000	10,000	10,000	10,000	10,000	
33		弁護士費用の効率化			120,000	240,000	360,000	360,000	360,000	360,000	
34											
35	総便益				540,000	980,000	1,250,000	1,250,000	1,250,000	1,150,000	6,420,000

---

[11] K. C. Laudon, J. P. Laudon, "Management Information Systems (8th Ed.)", Prentice Hall, 2004．第 13 節「システム評価と経営革新」の一部を翻訳して掲載。

表2.5.2 財務モデルの計算例

	A	B	C	D	E	F	G	H	I	J	K
1		年		0	1	2	3	4	5		
2		正味キャッシュフロー		540,000	588,500	858,500	858,500	858,500	758,500		<==総便益－総費
3		正味キャッシュフロー（含初期投資）		-1,133,100	588,500	858,500	858,500	858,500	758,500		
4											
5	(1)	回収期間2.5年		初期投資	正味キャッシュフロー		累積キャッシュフロー				
6				1,733,100	年0	540,000	540,000				
7					年1	588,500	1,128,500				
8					年2	858,500	1,987,000				
9					年3	858,500	2,845,500				
10					年4	858,500	3,704,000				
11					年5	758,500	4,462,500				
12											
13	(2)	会計的投資利益率									
14		Accounting Rate of Return ON Investment(ROI)						総便益	6,420,000		
15								総費用	3,690,600		
16		ROI＝[(総便益－総費用－減価償却)／有効期間]／総初期投資						減価償却	1,733,100		<==初期投資
17									996,300		
18		ROI= [(996,300/6)/1,733,100]*100				9.58%		耐用年数	6年		
19											
20	(3)	費用便益率(Cost Benefit Ratio)									
21		総便益／総費用＝				1.74					
22											
23											
24	(4)	正味現在価値(NPV: Net Present Value)									
25		=NPV(0.05,D2:I2)-1,733,100				2,001,529		(注)NPVは、Excelの関数			
26											
27	(5)	収益性指数(Provability Index)									
28		=NPV(0.05,D2:I2)/1,733,100				2.15					
29											
30	(6)	内部利益率(IRR: Internal Rte of Return)									
31		=IRR(D3:I3)				55%		(注)IRRは、Excelの関数			

プロジェクトでの意思決定に有効であるが、投資回収した時点でのキャッシュの価値を考慮していない。

$$投資回収期間（年数）＝\frac{初期投資}{年間の正味のキャッシュフロー}$$

(2) 投資利益率（ROI）

投資によって得られる会計上の概算の利益（会計的投資利益率：Accounting Rate of ROI）である。

　　　正味便益＝(総便益－総費用－減価償却)／有効期間
　　　ROI ＝正味便益／初期投資額

(3) 費用便益率

費用（cost）と便益（benefit）との比率（cost-benefit ratio）である。複数プロジェクトの相対比較に用いられる。

　　　費用便益率＝総便益／総費用

2.5 投資の意志決定

(4) 正味現在価値（NPV）

NPV ＝（ある事業から得られるキャッシュフローの現在価値）
　　　－（ある事業に要する投資額の現在価値）

(5) 収益性指数（Profitability index）

総キャッシュフローの現在価値を初期投資額で割った値である。代替投資案の採算性を比較する場合に用いる。

$$収益性指数 = \frac{キャッシュフローの現在価値}{投資額}$$

(6) 内部利益率（IRR）

NPV がゼロとなる割引率（r）のことである。（前項参照）

第2章　資源としての「金」

キーワード

利潤の発生源、労働価値説、労働危険負担説、企業家賃金説、技術革新説、極大利潤、必要最低利潤、適正利潤、満足利潤、付加価値、経営計画、損益分岐点分析、固定費、変動費、減価償却、シミュレーション、経営計画、投資、資金調達、財務管理、財務諸表、貸借対照表、損益計算書、流動資産、固定資産、繰延資産、負債、資本、キャッシュフロー、割引率、現在価値、正味現在価値、資本コスト、投資判断、内部利益率、回収期間法、投資利益率

経営課題

■あなたは、何を販売するビジネスを始めるつもりですか。
■そのビジネスを始めるに当たって、どんな特技を持った人をどの程度集め、どう組み合わせますか。
■あなたを含め、その人たちの毎月の人件費は、どの程度の金額が妥当であると考えますか。
■あなたのビジネスに必要な設備、資材、そしてそれぞれに必要な金額を列挙しなさい。
■ビジネスに必要な資金を、どこから、どのようにして、調達しますか。
■発足から3年間で、会社経営を黒字経営にしたい。つぎの手順で損益分岐点分析をした上で、3年間の経営計画を作りなさい（ただし、現金購入した備品などは5年間の定額償却とし残存簿価は考慮しない）。
.1　商品の販売単価を2種類設定しなさい。
.2　それぞれについて、損益分岐点での販売数量を計算しなさい。
.3　販売計画を考えた場合、どちらの販売単価が現実的か、あるいは販売価格をさらにどうすべきか。あなたは、どう考えますか。
.4　損益分岐点分析での販売数量に対して、初年度は−30％、2年目は＋15％として経営計画を作りなさい。

章末問題2

問題1 正誤問題：利潤獲得のプロセスを銀行業、商業、製造業について比較すると、現金だけで利潤を獲得できるのは製造業であり、もっとも単純な仕組みである。

問題2 正誤問題：企業間の競争要因（差別化要因）は、価格、品質、サービスの3つである。顧客は、同じ商品なら安いものを、同じ値段なら品質の良いものを、品質も同じならよりサービスの良いところで購入する。したがって、企業間競争は、価格の引き下げから始まる。

問題3 正誤問題：最新最良の生産機械を大規模に備えた近代的企業は、時代遅れの企業よりも商品を安価に生産することができる。これは、同一資本、同一労働時間当たりの産出量が少なくなり、その結果、商品の単価が下がるからである。

問題4 正誤問題：生産性は、一般に、生産する能力やその程度を示す尺度として用いられ、製品産出量に対する生産に投入される生産要素の量の比率（input/output＝生産要素の量／製品産出量）を意味する。

問題5 マッチング問題：利潤の発生源についての諸説を説明するそれぞれの文章を関連づけよ。

〔質問項目〕
1. 労働価値説
2. 資本危険負担説
3. 企業家賃金説
4. 技術革新説

〔解答項目〕
A．人間は、本来、危険を好まないものである。事業を興すには資本が必要だが、投資には危険を伴う。したがって、投資家は危険負担と相応する報酬が必要であり、利潤は投資家のものである。すなわち、利潤は、資本所有者の資本危険負担という職能に対する報酬である。

B．マルクス（K. Marx）によって体系化された考え方であり、搾取説とも呼ばれる。物的財貨は、市場では等価交換されるため、市場での取引で利潤は生じない。

C．経営者の仕事は、経営資源を調達し、管理運営することである。この仕事がうまくいけば利潤が生じ、企業家は報酬として利潤を

得る。すなわち、利潤は、企業家報酬である。
　D．企業間の競争要因は、価格、品質、サービスである。価格を下げるには、生産性向上のための技術革新が必要である。この技術革新によって得られた競争優位は、競争相手が追随するまでの一時的なものである。したがって、継続的な競争優位のためには、たゆまぬ技術革新が必要である。すなわち、利潤は競争優位に立つことによって得られるものであり、技術革新の成果である。

> 問題6　マッチング問題：利潤概念に関する用語のそれぞれに該当する説明を選べ。

〔質問項目〕
1. 極大利潤
2. 適正利潤
3. 必要最低利潤
4. 満足利潤

〔解答項目〕
　A．行動科学が主張する利潤概念。極大利潤を得るための完璧な計画を作ったとしても、人間は不完全であり、計画どおりに実行できない。人間は所詮、各自の満足基準に従った行動しかできない。このため、得られる利潤は満足基準を満たす程度のものにしかなりえない。これが満足利潤である。
　B．ドラッカーの主張する利潤概念。企業は永遠に存続しなければいけない（ゴーイング・コンサーン）。そのためには、「新たなる顧客の創造」が必要である。この目的を達成するためには、消費者や投資家が認めるだけの水準で、市場におけるステータス、技術革新、生産性、収益性および社会的責任を実現し維持しなければならない。こうするために要する費用をまかなえるだけの利潤が必要最低利潤である。
　C．ディーン（J. Dean）の主張する利潤概念。企業活動に必要な資本の調達ができるだけの利潤であるとともに、消費者が適正と感じるだけの利潤を意味している。
　D．伝統的な利潤概念。可能な限り多くの利潤を獲得すべきであるとする考え方である。

> 問題7　正誤問題：企業は、継続的・長期的に存在し、社会的な役割を果たす責任を持つ。そして、社会に存続し続けるためには、さまざまな利害関係者

(stake holder：ステークホルダー)に対して、継続的に貢献していく必要がある。

問題8 正誤問題：創造価値は、企業の内部要素、すなわち、労働、経営、資本の協働によって生み出された純粋な創造価値としてとらえられており、創造価値生産性は、生産性向上と成果配分の問題を解決するための、最も優れた指標であると考えられている。

問題9 マッチング問題：開店の前には、生産手段、労働力、原材料を準備しておく必要がある。つぎの質問文は、これらのどれの説明に相当するか回答欄から選べ。

〔質問項目〕
1. 調理人、接客係（ウエートレス）、など
2. 店舗、厨房関係（調理機器、冷蔵庫、調理器具、など）、客室関係の備品（テーブル、いす）、食器類、など
3. 小麦粉、鶏卵、キャベツ、鰹節、調味料、・・・など

〔解答項目〕 A．生産手段、B．労働力、C．原材料

問題10 多肢選択問題：【？】は、倉庫などで保管されているもので、それ自体が売り上げられなければ、利益を生まない。【？】を少なくできれば、その分のお金は運用可能である。

〔選択肢〕原材料、仕掛、在庫、中間組立品、製品

問題11 多肢選択問題：「黒字倒産」や「粉飾決算」をしてしまう会社は、大量に仕入れた商品の人気がなくなり、値引きなしでは競争力をなくしているにもかかわらず、取得価格で【？】計上して、貸借対照表上での資産を現実の金額より高く計上している。

〔選択肢〕損失、利益、在庫、資産

第3章
資源としての「モノ」

学習目標

- 産業革命以降の生産と市場の関係の変化を理解する。
  - 生産中心から市場中心、顧客中心への変化を理解する。
- 科学的管理法が生産現場をどのように変革したかを理解する。
- 高度に分業化された職場での人間疎外という問題について理解する。
  - フォードとボルボの生産方式の違いを理解する。
  - 生き甲斐のある仕事とは何か。どうすればそれを実現できるのかについて考える。
- 生産プロセスを中心に制約理論（TOC）を理解する。
  - 生産管理におけるTOCの適用方法を理解する。
  - 業績評価の方法として提唱されているスループット会計を理解する。
- 顧客の維持や関係の強化を行うための仕組みを構築する方法について考える。
  - 顧客満足の意味と重要性を理解する。
  - 顧客満足を実現するための仕事の仕組みや考え方を学ぶ。
  - ロイヤルティの高い顧客の増加を目的とし、顧客満足と企業収益の両立を目指すための考え方を理解する。
- 循環型社会、地球環境の問題について考える。
  - 企業は、この問題にどう取り組んでいくべきなのかを考える。

3.1 モノ造りの歴史

　18世紀半ば頃にイギリスで始まった産業革命[1]は、われわれに豊かな物質文明をもたらしてくれた。現在、われわれの家庭に少なくとも1台は保有する自動車も、この産業革命の贈り物である。

　しかし、この物質的豊かさとともに、生産の場面ではいろいろと困った問題が発生し、現在に至るまでさまざまな対策が考えられてきた。ここでは、生産の場面で、どのような問題が発生し、どのように対応してきたのかを概観する。

3.1.1 モノ造りへの科学的アプローチ

　生産に用いることができる動力は、人や牛馬、あるいは水車や風車などであった。モノ造りは家族による家内工業が主体の手作業で、生産性は低かった。商品の生産量が少ないため、モノ不足の時代である。商品は高価であり、少量の生産量でも十分に生活することができた。モノ造りの職人は、自分が造る品物や仕事のやり方に創意工夫を盛り込むことができ、自分の能力、技術、技能を向上させることができた。この時代には、人間らしい仕事と生活があった。

(1) 産業革命以前

　ほとんどの企業の仕事のスタイルやルーツは、1776年に出版された『国富論（諸国民の富）』の中でアダム・スミス[2]が叙述した原形的なピン工場にま

---

[1] 産業革命 [industrial revolution]：動力機械の発明と応用が生産技術に画期的な変革をもたらし、工場を手工業的形態から機械制大工場へ発展させ、その結果、社会・経済のあらゆる面に生じた変革と発展の総過程。18世紀半ば頃、イギリスに最も早く起こり、欧米諸国へ波及した。日本では、19世紀末から20世紀初頭にかけて、日清・日露戦争の間に遂行された（大辞林）。

[2] アダム・スミス [Adam Smith]（1723-1790）：イギリスの経済学者。古典派経済学の祖。その著『道徳情操論』で経済人の利己的な行為が「神の見えざる手」に導かれて自ら企図せざる結果を生むとした。また『国富論』で富の本質は日常的消費物資にあり、その源泉は労働にあるとして、それを保証する近代的所有権の確立が必要であることを主張、産業革命の理論的基礎を与えた（大辞林）。

3.1 モノ造りの歴史

```
                金額
                 │
一                │╲
個                │ ╲                  固定費 b
当                │  ╲      ┌─────────────────────┐
た                │   ╲     │  1個当たりの固定費   │
り                │    ╲    │     z = b/x          │
の                │     ╲__ └─────────────────────┘
固                │        ‾‾‾──___
定                │                 ‾‾‾───_____→
費                │
                 └─────────────────────────────────→
                                              生産数量
```

少種大量生産	製品Aの連続生産

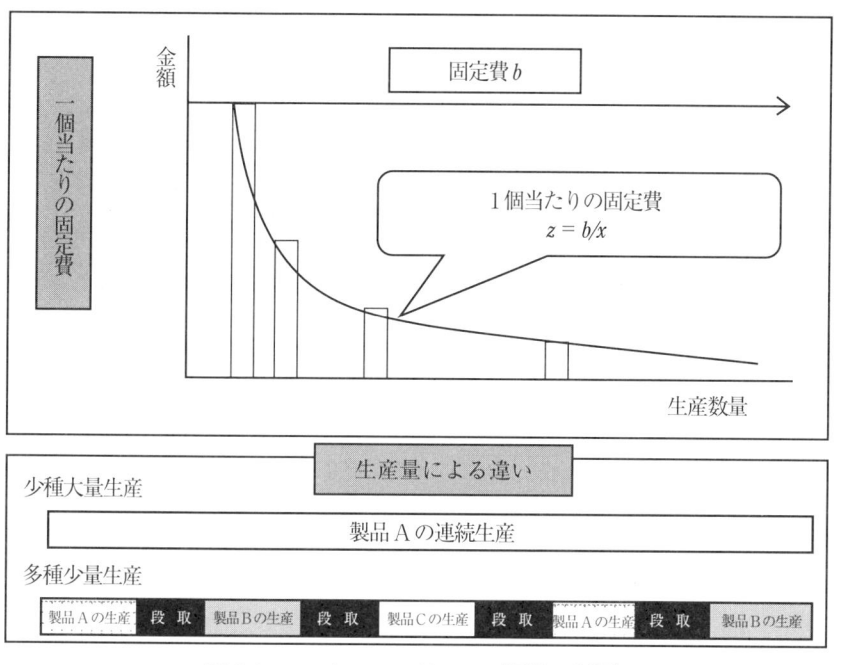

生産量による違い

多種少量生産								
製品Aの生産	段取	製品Bの生産	段取	製品Cの生産	段取	製品Aの生産	段取	製品Bの生産

図 3.1.1　スケールメリット（規模の利益）

でさかのぼることができる。哲学者でもあり経済学者でもあったスミスは、産業革命の技術が労働者の生産性を高め、その結果、商品コストを下げる絶好の機会をもたらしたことに気がついたのである。それによるコスト削減は、職人をもう少し速く働かせることによって得られるような小さな割合のものではなく、もっと大規模なものだった。

スミスの原則は、何人かの専門労働者にそれぞれピン製造の一工程を担当させると、同じ人数が一人でピン製造の全工程を担当した時よりもはるかに沢山のピンを製造できるという観察を具体的に表したものである。分業はピン製造業者の生産性を何百倍にも高めた。その理由を、スミスは、次のように指摘している。

- 個々の労働者の技巧が高められたこと
- 作業間の移動の際に失われる時間の節約
- 労働を促進し、時間を短縮し、大人数で行っていた仕事を一人でできるようにした数多くの機械の発明

（2） 産業革命以降

ワット[3]による蒸気機関の発明によって、人類は人や牛馬よりも遙かに効率のよい動力を手に入れた。そして、この新しい動力によって、生産の自動化が可能になった。とはいえ、しばらくはモノ不足の時代が続く。この時代もやはり、造れば売れた時代である。したがって、品物が人々に行き渡るまでの間、同じ品物（単一製品）をより多く生産し市場へ供給することが求められた。

モノ不足の時代には、販売価格が最大の企業間競争の要因である。市場価格よりも安く造れば、利潤は増加する。したがって、モノ造りの効率や生産性の向上が、最も重要な課題になった。

設備をより大規模で高効率なものにすれば、**スケールメリット**（図3.1.1）によって生産性が向上し、商品価格が低下する。こうして、生産側の論理による生産規模の拡大が進み、大量生産（mass-production）が行われるようになった。生産側の論理に基づく生産をプロダクト・アウト（product out）という。

（3） 現　在

人間は、贅沢である。モノが普及し市場が飽和状態になれば、人々は他人の持っていない自分だけのモノをほしがるようになる。こうして消費者のニーズが多様化し、市場が求める商品を市場へ送り出さなければ、消費者はそれを受け入れなくなる。このため、少種大量生産では立ち行かなくなり、多種少量生産によって多様なニーズに対応せざるを得なくなる。市場の論理による生産をマーケット・インと呼ぶ。高い生産性を維持しつつ、多様なユーザーニーズに応えて生産する方式をマス・カスタマイゼーション[4]と呼ぶ。デルの生産方式に端を発し、自動車の生産ラインにも応用されている。

現在の市場における競争要因は、価格、品質、顧客サービスによる差別化であるといわれている。マス・カスタマイゼーションは、コンピュータをフルに

---

[3] ワット［James Watt］（1736-1819）：イギリスの技術者。ニューコメン機関を改良して凝縮器を分離した蒸気機関を発明。また、圧力計・調速器・複動式機関を発明、イギリス産業革命の原動力となった（大辞林）。

[4] マス・カスタマイゼーション［mass customization］：大量販売を図るため、顧客の注文に応じて、個別化した仕様の製品を製造すること。パソコンの製造・販売などにみられる（デイリー 新語辞典）。

活用して顧客サービスを追求した現代の生産方式である。

3.1.2 科学的管理法

価格競争への対応策は、生産性の向上である。このための方策は、生産機械の性能向上だけでなく、労働者の作業を科学的に分析することからも見つけだされている。

(1) 時間研究による作業標準

科学的管理法はワーク・システム設計についての最初の近代的アプローチである。第1次世界大戦の頃にテーラー (F. W. Taylor)[5]が考案し、大量生産の台頭とともに発展し、1920年代に一般的なものとなった。

テーラーは、勤務していた製鋼会社でのショベルによる鉄鉱石・石炭などの積み下ろしや移し替え作業に注目し、仕事の成果に個人差があることに気がついた。そして、ストップウォッチを用い、作業時間を測定することにより、作業の効率化を試みた（時間研究）。

彼はまず、作業効率の良い熟練工の作業をもとに作業方法の標準化に着手し、多くの作業者の仕事ぶりを観察して、標準の動作とショベルの大きさを決定した。そして、ショベルは、重い物には小型のものを、軽い物には大型のものを用い、一すくいの重量が約9.5 kgで一定となるようにすれば、一人1日の作業量を最大にできることを明らかにした。こうして、大小のショベルを工具室に備え付け、それを工具係に管理させたり、作業者訓練によって標準作業を徹底させたりした。

さらに、1日の標準作業量を設定し、標準量を越えた出来高に対して賃金を上乗せすることで、作業者の努力を引き出そうとする**出来高刺激給**の仕組みや、経営者と作業者との利益配分の適正化などの改善を進めた。

(2) 科学的管理の効用

テーラーの方法の根底をなすものは、仕事をできる限り細かな課業に分解し、それぞれの課業を専門化された個人の職務に合うように設定することである。

---

[5] テーラーは、彼の著書『The Principles of Scientific Management (1911)』の中で、時間研究、工場組織、作業者訓練、賃金制度、利益配分などについて、当時としては画期的な科学的管理法の原理を述べている。

課業の1つ1つは、未熟練労働者でもできるようになっており、人為的な失敗や事故が起きる可能性や最終製品の品質に表れる個人の能力差は減少した。個人作業の単純化と、分業の発達により、テーラーの方式は、労働者をきめ細かく監督でき、出来高刺激給の採用も可能になった。また要求される技能水準が低くなったので、離職率の高い企業のコスト低減に役立った。

テーラーは、人間がお金によって動機付けられると信じていた。彼の出来高刺激給は、「いかなる労働者も、高給によって相応に動機付けられる」という信念に基づいている。彼のこの「人間は自己の利益のみを追求するもの」とみなす人間観は、現在では悲観的なものとして位置づけられているが、今日でも科学的管理法は、最も影響力のある職務設計思想として残っており、世界のほとんどの企業で、いまだに労働を組織化する方法として強い支持を得ている。現在の経営工学は、このテーラーの科学的管理法に端を発している。

3.1.3　ホーソン実験

メイヨーは、1927年から32年まで、シカゴにあるウェスタン・エレクトリック・コーポレーションのホーソン工場において、有名な実験(ホーソン実験)を行った。この実験は、例えば照明の明るさなどの職場環境が生産性にどの程度影響するかを明らかにしようとするものである。照明を徐々に明るくしていくと、それにつれて生産性の向上が認められた。しかし、少しずつ暗くしていっても、生産性が向上するという予期しない結果が得られた。詳しく調査してみると、生産性の向上は、作業者が実験の調査者を意識しつつ作業していた結果であることが判明した。そして、メイヨーは、この実験から、**人間関係論**を考案した。

メイヨーは、人間関係論の中で、人間が専ら金銭のみによって動機づけられるとするテーラーの人間観を否定し、社会的環境や、リーダーシップ・スタイル、認知、そして責任といったものによって、労働者の業績が左右されると提唱した。**人間関係学派**の学説は、4つの原理に基づいている。

　① 作業組織は、社会的環境である。そこには、そこで働く人々の要求や欲求がある。
　② 例えば、友人関係といった非経済的報酬も、経済的報酬と同様、大きな

動機づけとなる。
③　生産性は、管理者だけで向上できるものではない。高い生産性を達成するには、労働者の協力が必要である。
④　個々の労働者だけでなく、集団も、業務上の決定に影響を与える。

3.1.4　人間疎外と職務充実

（1）　フォードの生産方式

　今でこそ一家に1台は保有されている自動車も、20世紀初頭には1台1台手作りで生産されており、庶民には手の届かない高級品であった。GM（ゼネラル・モータース）、クライスラー、フォードをアメリカ自動車メーカーのビッグ・スリーと称するが、フォードは後発の弱小メーカーであった。創業者であるヘンリー・フォード（H. Ford）は、便利な自動車が多くの人々に広く行き渡ることを目標に、大衆車の開発を進めた。そして、部品を標準化し、高度に分業化された流れ作業で自動車を組み立てるという画期的な生産システムを導入し、高い生産性の実現に成功した。この流れ作業による大量生産で、低価格の自動車を市場に供給でき、自動車が広く一般家庭にまで普及することになった。
　この生産方式をフォード生産方式（ベルトコンベア方式）と呼ぶ。その特徴は、作業の単純化、専門化による徹底した分業化である。この結果、生産性が飛躍的に向上し、低価格の自動車を大量生産することができるようになった。

（2）　ボルボの生産方式

　フォードの成功に影響を受け、他の自動車メーカーもこの生産方式を導入した。スウェーデン最大の自動車メーカーであるボルボも、トルスランダ工場にこの方式を導入した。導入してしばらくは、同社でも、高い生産性を発揮することができた。しかし、徐々に、従業員の欠勤率と離職率の高さが問題になってきた。そして、1969年頃には、欠勤率が平均15〜16％（ベルトコンベア・ラインでは25％）、離職率が45〜50％に至り、工場の操業を維持できないほどの、企業経営にとって致命的な問題になってきた。
　同社としては、対策を講じなければならない。そのためには、問題発生の原因を明らかにし、この原因を排除する必要がある。調査したところ、ベルトコ

ンベア作業の単調さが、作業者に耐えられないほどの苦痛を与えていることが判明した。高度に分業化され専門化された生産ラインでは、作業者は生産設備の一部となり、人間らしさを感じることができない。この人間疎外の状況[6]が問題発生の根本原因であった。

表3.1.1　フォードとボルボの生産方式の比較

	フォードの生産方式	ボルボの（セル）生産方式
工具技術	単能工 （ひとつの作業に特化）	多能工 （多くの作業を担当）
必要技能	低	高
やり甲斐	生産ラインの一部	チームの一員
	単調	仕事に変化 自己成長の可能性
	人間疎外	職務充実
作業場所	ベルトコンベア	屋台型作業ブース
作業速度	遅い人にあわせる	助け合う
仕掛在庫コスト	大	小
ライン構築	遅	速
治工具	機械志向	人間志向
ロット	少品種大量生産向き	多品種少量生産向き

---

[6] 現代産業における人間疎外研究で有名なブラウナー（R. Blauner）は、疎外現象を次のように分類している。
- **創意工夫の欠如**：技術革新の進展により、工場の作業は機械化・自動化され、オフィスにおけるビジネスもまたコンピュータを用いた自動化が進展する。この過程では、作業の単純化、標準化が進み、機械に労働者の技術や技能が吸収されていく。この結果、労働者は創意工夫を生かす機会や度合いが低下する。
- **自由裁量・計画・判断の欠如**：高度の分業化が進むと、仕事の責任と権限、問題解決や意思決定の機会が、一般従業員の手から監督者、経営者へと吸収され、自由裁量や計画・判断の仕事がなくなってしまう。このため、仕事に無意味感が生じる。
- **成果・フィードバックの欠如**：労働者は、機械、設備、産出した製品に対する所有権を喪失し、生産の成果（利潤）から切り離され、生産組織そのものから、また目標からの孤立感を味わう。
- **人間関係の希薄化**：組織の巨大化・官僚化によって管理の距離が遠くなり、組織が制度的・機械的になる。こうした組織では人間関係が希薄化し、従業員は組織との一体感を喪失する。

対策として同社は、カルマールに、「人間性と仕事との調和」を目指して、ベルトコンベア作業を廃した新しい作業形態（馬の型の生産ライン）での自動車工場を建設した。表3.1.1は、フォードとボルボの生産方式（現在のセル生産方式）を比較整理したものである。

こうした人間疎外問題は、アメリカ産業界においてもGMのローズダウン争議として有名だが、1972年にアメリカ保険教育厚生省がまとめた「Work in America」というレポートによると、「極めて多くのアメリカ人労働者がそのQWL（Quality of Working Life）」に不満を持っており、こうした不満を誘発しているのが、意義の認められない仕事、チャレンジ機会の少ない仕事、単調な仕事などに起因する人間性の阻害である」と言明している。

人間と仕事の関係および職場における**従業員満足**（ES：employee satisfaction）の実現方法（職務設計）については、第4章で詳述する。

(3) ベルトコンベア方式の教訓

フォードのベルトコンベア方式は、テーラーの科学的管理法を発展させたものとして位置づけられる。しかし、フォードが過度の分業化という過ちを犯したことで、科学的管理の真の価値は薄らいでしまった。それにもかかわらず、テーラーの原理は、元来、理路整然としており、今日でも有効であることに何ら変わりはない。

ただし、フォードと同じ轍を踏まないためには、科学的管理法の導入にあたって、次の点に留意しなければならない。

① システムの設計や、作業標準の設定の際、技術や工学の専門家の意見を過度に強調してはいけない。
② 労働者の専門化を過度に細かく行ってはいけない。過度の専門化によって、労働者は進取的精神を失い、労働者自身の経験に基づく改善を不可能にしてしまう。

3.1.5 セル生産方式

組み立て工程において、部品の取り付けから組み立て、加工、検査までの全工程を一人から数人が複数工程を担当して生産する方式である。ボルボの馬蹄型生産ラインのように、部品や工具をU字型などに配置したセルと呼ばれる

ライン（作業台、屋台）で作業を行う。これをセル生産方式[7]と呼ぶ。

この方式は、部品箱の入れ替えや作業順序を変えるだけで、生産品目を容易に変更できることで、多品種少量生産への対応に優れていることがある。また、生産量も、セル内の人数調整やセル数の増減によって調整しやすい。

ライン生産（ロット生産）では、ライン上のどこかの工程の生産性や品質が低ければ、その工程がボトルネックとなって全体もそのボトルネックの制約を受け、他工程の生産能力がむだになる。しかし、セル生産では、あるセルが停止したり不良品を出したりしても、ほかのセルは独立して稼働しているのでむだは少ない。また、担当者が一連の仕事を受け持つので、問題点や改善点が見えやすく、改善提案が多数期待できる。

デメリットとしては、一人が多工程を担当するので熟練するまでに時間がかかること、作業効率が作業者個人のやる気に依存するということなどが挙げられる。

セル生産は、生産コンサルタントの山田日登志氏がトヨタ生産方式の「改善」「多能工」を進化させたもので、1992年にソニーの工場への導入したのを皮切りに、キヤノンなどのエレクトロニクス製品の組み立て工程で採用されるようになった[8]。当初は、比較的小型の製品に向いているとされていたが、その後、工作機械や自動車などの分野でも導入が進んでいる。

セル生産が注目されるようになった背景には、「消費者ニーズの多様化」と「大量生産拠点の海外流出」が挙げられる。従来の生産方式では、短命化するライフサイクルの製品生産には向かない。このため、わが国製造業の多くは、市場ニーズに合った製品をすばやく市場へ供給するための体制を構築すべく、セル生産に取り組んでいる。

そして、このセル生産方式の優位性に理論的裏付けを与えているのが、つぎの制約理論（TOC）なのである。

---

[7] セル生産方式［cell production (manufacturing) system］：屋台生産方式、ひとり屋台などとも呼ばれる。
[8] 山田日登志、片岡利文、『常識破りのものづくり』、日本放送出版協会、2001.

3.2 制約理論（TOC）

> 1960年代に入って、新しいオフィス技術が利用できるようになったことをうけ、企業は仕事をさらに細かい反復可能な業務に分けるようになり、この業務もやがては機械化または自動化されていった。しかし、業務の数が増えるにつれて、製品を造りサービスを提供するプロセスの全体が複雑になることは避けられず、そうしたプロセスを管理することは、ますます難しくなった。
>
> これによって中間管理職が増加し、現場から離れたシニア・マネジメントが自社の製品やサービスのユーザーからますます遠のいてしまうことになる。
>
> そして、生産や販売の現場では、それぞれの所轄内での改善、身の回りの最適化に没頭していった。

3.2.1 ドラム・バッファ・ロープ

(1) ボトルネック

まず、鎖（chain）の強度が何によって決まるかを考えてみよう。鎖は、環をつなげたものである。鎖の両端を引っ張り、少しずつ力を加えていく。すると、ある段階で、いずれか1つの環が千切れる。このことから、鎖の強度は、「一番弱い環」の強度で決まることがわかる。

工場は、どうだろうか。工場で製品を造る場合には、材料がたくさんの工程を通過しながら完成品になっていく。あたかも、連なった工程は、鎖のようである。このことから、工場の生産能力は、「能力の一番小さい工程」で決まることが推測できる。

---

[9] TOCの起源は、1970年末にイスラエル人物理学者 エリヤフ・ゴールドラット博士が開発した生産管理用ソフト OPT（Optimized Production Technology）に遡る。1984年に、ゴールドラット博士は、『The Goal』という工場改善物語を出版し、その中でOPTの背後にある理論を公開した。多数の工場に導入され、その実績からJIT（Just In Time）を超える生産方式だといわれている。その後、問題解決手法として「思考プロセス」を開発。製造のみならずビジネス全般、さらに人間が介在するあらゆるシステムの問題解決へと応用が広がり、現在ではTOCの中心的存在となっている（ウェブサイト「制約理論のひろば」より引用）。

この「能力の一番小さい工程」のことをワインやビールの瓶の形状にたとえて、ボトルネックと呼ぶ。このボトルネックは、工場の生産能力を決定する制約条件（constraints）となっている。そこで、この理論は、制約に焦点を当てた理論なので制約理論[9]（TOC: Theory of Constraints）と命名されている。

(2) 5つのステップ

鎖の強度を上げるためには、一番弱い環（ボトルネック）の強度を上げなければならない。仮に、別の環の強度を上げたとしても、引っ張ったときに切れる場所は、同じである。工場の生産能力を増やすためにも、ボトルネック工程の能力を上げてやらなければならない。それ以外の工程の能力を上げても、全く意味がない。

そこでTOCは、ボトルネックとなる制約条件を解消して問題を解決するための手順として、つぎの5つのステップを提示している。

Step 1　ボトルネックを見つける（制約条件を見つける）
Step 2　ボトルネックをどう活用するかを決める（制約条件を徹底活用する）
Step 3　他のすべてをStep 2の決定に従わせる（他のすべてを制約条件に従属させる）
Step 4　ボトルネックの能力を高める（制約条件の能力を高める）
Step 5　Step 4でボトルネックが解消したらStep 1に戻る

Step 1：はじめにやることは、どこに制約があるかを見つけ出すことである。制約は、さまざまである。原材料の場合もあれば、製造工程の設備能力の場合もある。造った製品の量を販売しきれない場合には、マーケットに制約があるのかもしれない。その場合の制約は、営業政策上の問題かもしれない。

工場が、注文をこなしきれない場合、その理由は工場の能力不足である。工場の能力は、ボトルネックで決まっている。そこで、どこに制約工程（ボトルネック）があるかを見つけ出す必要がある。

Step 2：ボトルネックが特定できたら、この工程の能力を増やす方法を検討する。工場の生産能力は、ボトルネックで決まる。そこで、この工程の能力を増やす方法を検討する。例えば、昼休み時間にも稼働させる、段取り時間を短くする、加工ロットサイズを大きくするなどの対策を実施する。この段階では、

3.2 制約理論（TOC）

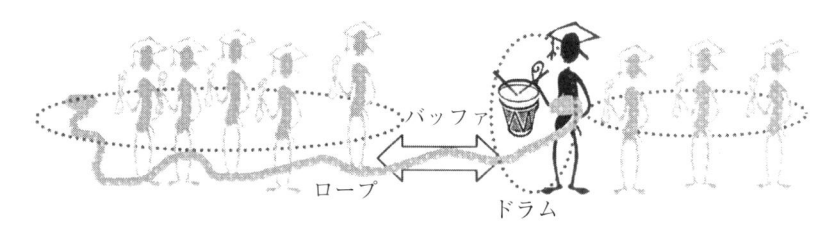

図3.2.1　ドラム・バッファ・ロープ

「費用をかけないで能力を引き出す」ことに知恵を絞る。

Step 3：この段階では、他のすべてをボトルネックに従わせる。そのための方法が、ドラム・バッファ・ロープ（DBR；drum, buffer, rope）である。

図3.2.1は、DBRを楽隊の隊列に見立てて表したものである。この仕組みでは、隊列が伸びきってしまわないように、ドラム、バッファ、ロープの3つの道具を用いる。

ドラム：ドラムを持っている人は一番遅い人であり、工場ではボトルネック工程に相当する。このドラムを止めることは、工場からの出荷を止めることなので、絶対に許されない。なぜなら、工場の出荷は、会社の売上に相当する利益の源泉だからである。そこで、TOCでは、この利益の源を最重要視し、これを**スループット**と呼んで、利益を生み出す仕組みを管理するための指標として用いる。

バッファ：ドラムを持った人は一番遅いので、彼の後ろは隊列間隔が詰まっている。したがって、彼の前の人が転ぶと、ドラム以降の人たちは前に進めなくなる。ドラム（ボトルネック工程）の前工程が止まった場合、後工程の生産・出荷が止まってしまう。そこで、それを防ぐためにドラムの前にバッファを置く。つまり、前の人が転んでもドラムを止めなくて済むように、ドラムの前に、ある程度の仕掛かり在庫（加工待ちの原材料）を置いておく。

ロープ：ドラムが一番遅いので、ドラムの前の人たちはどんどん先へ行ってしまう。先頭の人とドラムとをつなぎ、隊列が伸びきってしまわないようにするのがロープの役割である。工場でいうと、ドラムよりも能力的に余裕のある前工程が、その余裕能力を発揮してムダに在庫を造りすぎないように、材料投入するタイミングを遅らせるための仕組みである。

Step 4：これで、ボトルネックに合わせた、最も効率的な生産が可能になる。さらに能力向上が必要ならば、ボトルネック工程の能力を向上させるための設備投資や改造などの予算措置が必要である。

Step 5：能力を上げた後は、Step 1 に戻る。そして、「制約工程が以前と同じか」「別の工程が新たな制約となったか」を見極める。別の工程に制約が移ってしまった場合、新しい制約工程がボトルネックとなり、管理ポイントをシフトしなければならない。さらに生産量を増やさなければならないのであれば、ボトルネック工程の改善に着手する。

(3) ベルトコンベア方式とTOC

ベルトコンベア方式は、生産性を大幅に向上させた。しかし、この仕組みは、楽隊の隊列について考えるならば、隊列の中の誰も転ばないということを前提としている。

ある隊員のスピードについて、考えてみよう。現実には、早くなる時間帯も、遅くなる時間帯もあり、スピードは一定ではない。工程の生産能力も、数値で表される能力値は、平均値である。つまり、この仕組みは、隊員が歩調を揃えて（一定のスピードで）前進することを目的とし、かつ前進できることを前提としている。要するに、一人がころぶと、隊列は停止する仕組みである。

これに対してTOCは、歩調の乱れ（統計的な変動）、つまり誰かが転ぶことを前提とした仕組みである。しかも、この仕組みを採用すれば、一番遅い隊員が転ばない限り、基調としているペースで隊列を前進させることができる。

この仕組みの核心は、バッファの導入である。隊列におけるドラムとは、生産工程におけるボトルネック工程である。この工程（ドラム）を遊ばせないようにするためには、この工程の前に少し余分な仕掛かり在庫を準備する必要がある。そのため、入り口の工程（初工程）に少し早めに原材料を投入する。適切な大きさのバッファを用意することで、個々の隊員の進行スピードの統計的な変動を吸収し、ドラムを持った隊員が停止せずに隊列全体を進行させることができる。前出のセル生産方式は、この理論の応用なのである。

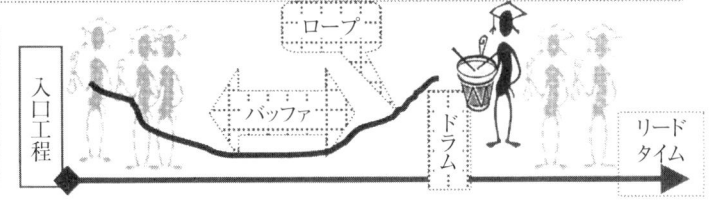

図3.2.2　工場におけるTOC

3.2.2　スループット会計

（1）　コスト削減計画の矛盾

表3.2.1は、コスト削減計画の具体例である。

表3.2.1　コスト削減計画

製品1個当たりのコスト削減計画
工数削減：コスト削減（180円）＝短縮（3分）×賃率（60円/分） 　設備改良：コスト削減（30円）＝短縮（0.3分）×設備賃率（100円/分） 　外注化：コスト削減（50円）＝内製費（150円）－外注費（100円） 　コスト削減合計（利益の増加）＝260円 **市場価格動向** 　値下がりの見込み（60円/個） 　正味の利益（260円－60円/個） **来期の利益計画** 　生産予定数＝10万個 　200円×10万個＝2,000万円

　このような生産改善活動が、高度成長期だけでなく、今日でもなお、製造現場の基本原則として存続しつづけている。まさにこのコスト削減こそが、日本製造業の強みの1つであると考えられてきた。そして、バブル[10]が崩壊した1990年以降も、従前にもましてコスト削減に努力を傾注してきた。

　景気が右肩上がりに事業規模を拡大できた時代には、コスト削減は利益の増加を意味していた。しかし、バブル崩壊以降、コスト削減と利益増加とは等し

---

[10]　バブル：泡沫的な投機現象のこと。株や土地などの資産価格が、経済の基礎条件（ファンダメンタルズ）から想定される適正価格を大幅に上回る状況を指す。日本では1986年（昭和61）以降の土地や株が高騰した時期の経済をバブル経済と呼ぶが、1990年以降、地価・株価は急落してバブルは崩壊した。

い関係ではなっている。そして、コスト削減が進んでいるにもかかわらず、なぜか利益は一向に増加に転じない。

(2) コスト削減計画の欠陥

利益が増加に転じない理由は、つぎに示す原価計算の仕組みそのものにある。

- **工数削減**：表3.2.1のコスト削減計画では、製品1個の原価についてのコスト削減額を計算している。しかし、実際に損益計算書に記載される労務費が減らなければ、コスト削減にはならず、利益は増加しない。従業員を解雇したならば、労務費は減る。逆に、従業員を解雇しなければ、コスト削減は実現しない。
- **設備改良**：設備は、何年間も使い続けることで、その購入代金を償却費として回収できる。しかし、設備の生産スピードが向上しても、償却費が減少するわけではない。むしろ、かかった改造費は、償却費に上乗せしなければならない。最大の生産スピードで生産し続けるだけの受注があるのでない限り、製品1個の原価についてのコスト削減の計算は意味がない。
- **外注化**：内製していた製品を外注しても、内製していたときの設備や作業員等がそのままであれば、経費は削減されず、むしろ外注費が増えることになる。つまり、コスト削減ではなく、コスト増になる。

(3) 問題の本質

表3.2.1のコスト削減計画の事例から、「ある部分のコストが見かけ上減少したように見えても、全体としてコスト削減できていなければ、意味がない」ということが分かる。原価計算が考え出された20世紀初頭の生産は、手工業中心であった。作業者の賃金も出来高払いだったので、製造原価にしめる人件費は、生産数にほぼ比例していた。また、生産設備も治工具や簡単な機械を用いるだけだったので、固定費は全体から見れば僅かであり、個々の製品に配賦しても大きな誤差は生じなかった。

その後、企業間競争によって、設備の大型化、高度化、企業規模の拡大が進展した[11]。そして、機能の分業化、専門化が進み、間接業務が増大した。現在では、生産数量に比例しない費用は大幅に増大している。バブル崩壊はこの状況に拍車をかけ、過剰設備と過剰人員を増大させた。その結果、間接費率は急

---

[11] 第2章2.1「利潤獲得競争」参照。

激に増大した。

生産数量と比例しない間接費用を製品の原価として配賦することは、意味がない。間接的な費用が費用全体の大部分を占めるようになった現在、配賦による不合理は、日常の生産活動に深刻な悪影響を与えている。

(4) 全体の利益

1個の原価を計算するのではなく、利益という観点で整理してみることにしよう。ある商品の全体の利益を総利益とすると、次のとおりである。

```
総利益＝売上－変動費－固定費
```

そこで、次の例を考えることにする。

```
販売数量＝800
販売単価＝100円、原材料費＝50円、固定費＝50,000円
```

この条件での総利益は、下記のとおりである。

```
総利益＝100円×800－50円×800－50,000円
     ＝－10,000円
```

さて、工場では、DBRの導入で生産能力が飛躍的に向上した。その生産余力を利用してさらなる利益を生み出すために、受注拡大を図りたい。しかし、現行の販売単価では、拡販は難しい。そこで、追加受注分の販売単価を割引価格の70円とし、次のように計算することにした。

```
追加販売数量＝500
追加分の販売単価＝70円
```

この計算では、固定費は、「元の損益」を計算する際にすでに考慮されている。

```
元の損益＝100円×800－50円×800－50,000円
      ＝－10,000円
```

したがって、新たに生み出された生産余力を活用する場合には、固定費を考

慮する必要がない。

```
追加損益 = 70 円 × 500 － 50 円 × 500
       = 10,000 円
```

このため、販売単価を割り引いても、利益が生まれることになる。

```
総利益 = 元の損益 + 追加損益
      = － 10,000 円 + 10,000 円
      = 0 円
```

この計算例で見るとおり、利益を増やすためには、1 個の原価ではなく、全体の利益を評価するための視点が不可欠である。

(5) スループット会計

DBR の仕組みを工場に適用することで、仕掛かり在庫は激減し、リードタイムも短縮され、工場全体の生産性は飛躍的に向上する。ところが、前述のコスト削減の例に見られるように、従来からの原価計算を機軸とした評価体制のもとでは、工場全体の生産性向上を正当に評価することができず、コスト削減という名目で意味のない作業を繰り返すことになる。

そこで、TOC では、スループット[12] という利益評価の仕組みを提唱している。この計算は、つぎの 3 つの概念の上に組み立てられている。

```
● スループット：会社が販売によってキャッシュを生み出すスピード。工
  場であれば、材料が加工され、製品となって出荷されるスピード。
● 在庫・投資（変動費）：販売するために費やした原材料等の購入費。
● 業務費用（固定費）：在庫を販売に変換するために費やした費用。
```

実際の計算では、スループットは、売上げから材料費や外注費などの変動費（投資・在庫）を差し引いたものである。純利益と投資利益率（ROI）の計算は、次のようになる。

---

[12] スループット [throughput]：①処理量、一定時間内に加工される原材料の量、一定時間内に処理される仕事量。②会計的には、限界利益を意味する（売上高から変動費を差し引いた値）。

3.2 制約理論（TOC）

- スループット（限界利益）＝売上げ－変動費
- 純利益＝スループット－固定費
- 投資利益率（ROI）＝純利益／変動費

　原価計算では、売れない製品でも生産して在庫を積み増すと、その月の原価は安くなり利益が増えたように見えるという欠陥がある[13]。その結果、コスト低減を各工程の目標とすると、むだな在庫が増加する。しかし、**スループット会計**では、固定費を個々の製品に配賦しないため、在庫の増減によって利益が変動することはない。

　スループット会計は、常に制約工程（ボトルネック）に注目する。これは、制約工程の改善のみが生産量を増やし、スループットを増やし、利益を増やすからである。制約工程以外の工程の能力を上げても、工場全体の生産量が増えるわけではなく、その工程の稼働時間が増えるだけである。

　生産計画では、どの製品を造れば一番儲かるかを評価する。このとき、原価計算では製品1個の原価を求め、それを売値から差し引いて利益を算出し、その大きさで判断する。しかし、これでは、業務費用（固定費）を製品に配賦しているため、原価情報がゆがめられ、正しい結果が得られない。一方、スループット会計では、「1個原価は存在しない」との立場をとり、まず製品ごとのスループットを求める。製造工程に制約がない場合は、このスループットの大きさが優先順位となる。制約がある場合は、制約工程の時間当たりのスループット、すなわち「製品のスループット／制約工程での加工時間」値の大きさで優先順位を決定する。

---

[13] 第2章 2.4.3「キャッシュフロー会計」参照。

3.2.3 サプライチェーン・マネジメント（SCM）

> 市場での競争は、企業単体からサプライチェーン同士の競争へと変わりつつある。そして、川上企業への決済は、川下企業で売上が計上された時点に統一されようとしている。そうなったとき、サプライチェーンを構成するすべての企業が、顧客への納品で売上計上する。そして、サプライチェーンの全体は、あたかも一つの企業のように活動する。

（1） 全体最適化

サプライチェーンとは、サプライ（supply）すなわち原材料供給者（サプライヤー）から顧客に至るまでの供給活動が鎖のように連なっている様を表現したものである。そして、サプライチェーン全体の生産性を向上させるためには、TOCを適用すればよい。すなわち、ボトルネックに焦点をあてたサプライチェーン全体の最適化を目指したシステム変革が必要となる。

ところが、従来は、企業の各部門が独自の効率化や最適化に取り組んできた。

営業部門では、売上高による評価が重視され、営業機会ロスを回避するために、売上目標となる在庫を保持することが重視されてきた。生産部門では、製造原価低減のための生産効率向上が管理上の重要課題であり、実際の需要以上に生産し、在庫を増産し続けてきた。供給業者も同様、顧客であるメーカーの納期要求に応えるため、部品を先作りする。

営業部門、生産部門、供給業者が目指しているのは、部分最適化、すなわち、それぞれの部門の最適化である。そして、それぞれの部分最適化は、全体として在庫が増加する直接の原因となっている。これからは、部分最適化ではなく、サプライチェーン全体の最適化（在庫の最小化、リードタイムの最短化）を図っていかなければならない。サプライチェーン全体を最適な状態に維持することをサプライチェーン・マネジメント（SCM: supply chain management）と呼ぶ。

（2） バリューチェーン

企業の目的は、利潤（マージン）の獲得である。図3.2.3は、製造業がこの目的を達成するための**価値創造プロセス**であり、M.E.ポーターが著書『競争優

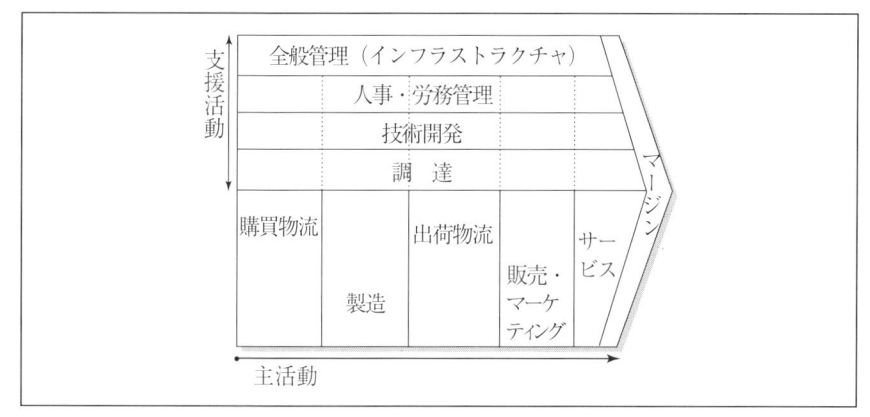

図 3.2.3　価値創造プロセス

位の戦略』[14]の中でバリューチェーン(**価値連鎖**(value chain))として提唱したものである。

　サプライチェーンは、複数企業が生産という活動を機軸として連鎖したものである。そこで、バリューチェーンを自社と供給業者、顧客の三者の関係でとらえ、その関係の中で利益を増大させるための3原則である「連結、共同、統合」を表現したのが図 3.2.4 である。

　連結では、伝票書式などビジネスプロトコル[15]を統一することで、自社の発注・受入と協力企業の受注・出荷などの受け渡し関係における作業のむだをなくし、付加価値を向上させる。さらなる発展型では、コンピュータ・ネットワークで受発注などのデータを受け渡しし、伝票の印刷や取引データの入力作業をなくす。これにより、省力化、迅速化、エラーの排除が実現でき、この効果が付加価値を増大させる。

　共同では、複数の企業で同じ種類の製品を造っている場合、それらを1社でまとめて生産することでスケールメリットを生みだし、これによって付加価値の増大を図る。

---

[14] ME. ポーター、『競争優位の戦略』、ダイヤモンド社、1985.
[15] ビジネスプロトコル：電子商取引を行う際に、取引を行う企業間での取り決めを指す。取引基本規約、業務運用規約、情報表現規約、情報伝達規約などがあげられる。特に、データのフォーマットや構文規則である情報表現規約をビジネスプロトコルという場合が多い(電子行政用語集)。

第3章　資源としての「モノ」

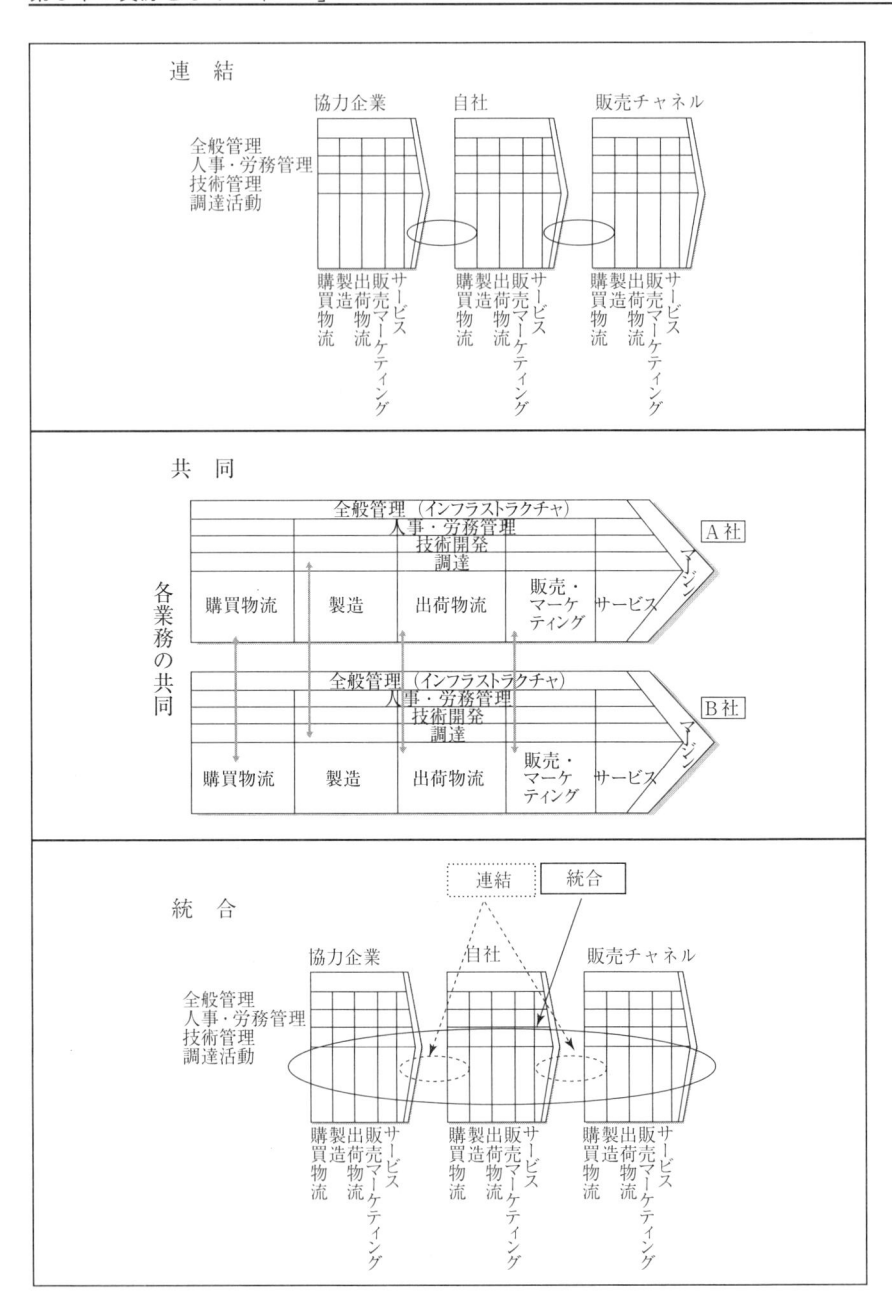

図 3.2.4　価値創出の方策

統合では、**連結**をさらに発展させ、サプライチェーン全体をシステムとして制御する。すなわち、メンバー企業全てが共通の情報システムを運用し、在庫情報を共有する。これにより、ボトルネックの所在を特定でき、サプライチェーン全体の在庫を最小化することができる。同時に、リードタイムを短縮することも可能になる。

(3) ブルウィップ効果

ある小売店でのこと。この店では、最近、売上が増えてきた。そこで、店主は、「いつもより10個多めに発注しておこう」と考えた。発注先は、卸問屋である。問屋には、多くの小売店から、注文が集まってくる。そこで、「いつもより注文が増えてきた。メーカーへ100個多めに発注しておこう」と考えた。メーカーでは、「注文がすごく増えてきたな。生産ラインを増設して、生産量を先月の2倍にしよう」と考えた。

ブルウィップ（bull-whip）とは、カウボーイが牛を追う際に用いる鞭のことである。鞭は、手元でわずかに動かすだけで、先端が大きくしなる。ブルウィップ効果とは、市場での些細な需要変動が、小売り、卸、メーカーへと、情報が多段階伝達されることで、変動幅が増幅してしまうことをいう。

SCMでは、供給業者から生産、物流・販売に至るすべての関係者が情報共有し、市場に最も近い情報に基づいて生産計画を策定し、サプライチェーンの全体がこの計画を遵守し、あたかも1つの企業のように活動することで、ブルウィップ効果を回避することができる。

(4) スマイルカーブ

横軸にバリューチェーン上の諸活動、縦軸に付加価値額をとると、人が笑っているときの口の形（逆「へ」の字）になる。そこで、この曲線をスマイルカーブと呼ぶ。

このカーブは、エイサー社（台湾）のスタン・シーCEOが提唱したとされている。パソコン産業ではバリューチェーンの中ほどに位置する組立事業の収益性が低下したため、エイサー社は、事業の重点を組立から収益性の高い川上のコンポーネント（部品製造）と川下のディストリビューション（ブランド構築と販売チャネル確立、ロジスティクス効率化）に移すことで、持続的成長を遂げてきた。

第3章　資源としての「モノ」

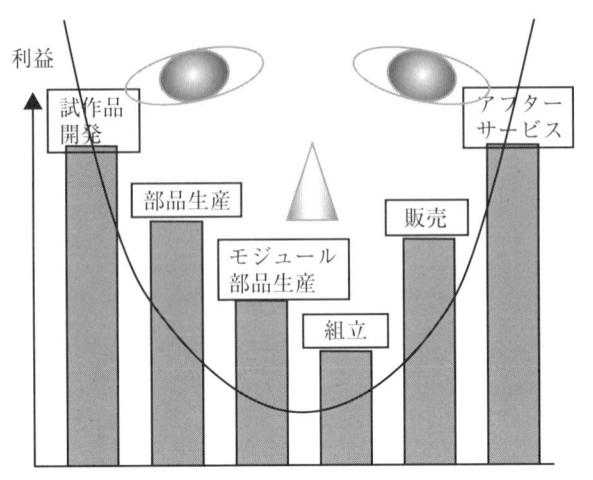

図3.2.5　スマイルカーブ（Smiling curve）

　製品のモジュラー化[16]が進展すると分業が促進されるといわれている。さらに部品間のインターフェースの標準規格化が進めば、部品（川上）、組立、販売・サービス（川下）の各段階に特化した企業が出現しやすくなる。このとき、川上では技術による差別化、川下ではサービスの特性やブランドによって差別化しやすいのに対して、組立事業では生産の効率化による価格競争が起こりやすくなり、新規参入も比較的容易である。結果として価格競争は激化し、川上や川下に比べて、組立事業から得られる付加価値は低くなる。これを表現したものがスマイルカーブである（図3.2.5）。

　バリューチェーン上の諸活動が分解されない限り、そもそもスマイルカーブを描く（各段階の付加価値額を表現する）ことはできない。製品アーキテクチャのモジュラー化が進展し、それが企業間の分業につながったからこそ、スマイルカーブという現象が生じたのであると考えられている。

---

[16] モジュラー：ソフトウェアやハードウェアを構成する部分のうち、独立性が高く、追加や交換が容易にできるように設計された部品。

[17] EMS（Electronics Manufacturing Service）：メーカーが維持できなくなった工場を、投資銀行などの金融機関が買収し請負専門工場として再生。金融機関から工場と従業員をメーカーにリースするという仕組み。メーカーは、膨大な設備投資から必要に応じた EMS 利用に経営を変更することで資産を改善でき、EMS は専門工場をいくつもの企業の請負生産で設備フル稼働でき、金融機関は効率的なリース収入を確保できる。

3.2 制約理論（TOC）

(6) EMS

EMS[17]とは、スマイルカーブで収益性が最も低いとされる組立事業に特化した電子機器の受託製造サービスのことである。最近のEMSは、電子機器製造における組立事業だけでなく、調達、製造、設計に加えて、物流管理等までを総合的に請け負うグローバルなビジネスを展開している。

ブランドを有する電子機器メーカーが製造のアウトソーシング[18]を行う最も大きなメリットは、市場におけるリスク低減と経営資源の集約化にある。

製品のライフサイクルが極めて短くなっている市場では、電子機器メーカーが大規模工場に設備投資をしても、市場で最も需要のある時に最大量の製品供給を行えるような俊敏な対応が難しくなってきており、利益創出のリスクが増大している。そこで、製造だけを専門に手がけるEMSに部品調達や設計、基板実装、品質管理までのすべてをアウトソーシングする傾向が強まっている。

EMSを活用するメーカーは、これによって戦略的重点分野に開発・製造機能を集約でき、研究開発・マーケティング等に経営資源を集中させることができる。物流のみならず、不具合が発生した時の製造サポートまでも外部業者に委託した方が、資産効率が高まるというメリットもある。

EMSを行う企業が提供するサービス・パッケージは、顧客利益の最大化を目指し、ブランドを持つ電子機器メーカーが実施していたバリューチェーンを代行することである。いわば、製造とサービスを組み合わせた事業内容で成り立っている。

EMS企業は、1997年頃から工場買収を中心にして、急激に生産額を拡大してきており、世界的な電子機器製造の勢力図を大きく塗り替える可能性があるとともに、グローバル化したSCMの中心的な存在ともなりつつある。

---

[18] アウトソーシング［outsourcing］：既存の業務形態を見直し、定型的な業務（主に情報システム）を外部の専門家に委託して効率化を図る業務形態を指す。外部の専門家に管理・運用を任せるので、人件費や時間などのコストを節減できる、といったメリットがある（電子行政用語集）。

3.3 顧客満足経営

> 　従業員が満足するだけでは、ビジネスは立ち行かない。消費者ニーズは多様化し、今や、顧客ニーズに合致したモノでなければ売れない時代になっている。
>
> 　ここでは、「顧客を大切にするとはどのようなことなのか」、「顧客ニーズを掌握するにはどうすればいいのか」について考える。

3.3.1　顧客満足

　LL.ビーンズは、成功している通販業者として有名である。この会社は、顧客に対して、つぎのような保証書を提供している。

> **100％の保証**
> 　わが社のすべての商品は、100％の満足を保証しています。製品が気に入らないときはいつでも返品をお受けします。ご希望に応じて、商品の交換あるいは返金をいたします。LL.ビーンズの商品では、ご不満がないようにしたいと思っています。

　また、社内には、つぎのことが徹底されている。

> **顧客とは何か**
> 　『顧客は、このオフィスで最も重要な人物である。
> 　顧客は、われわれに依存しているのではない。われわれが、顧客に依存しているのである。
> 　顧客は、仕事の妨げではない。われわれの仕事の目的である。われわれが顧客に恩恵を与えているのではない。顧客に奉仕する機会をわれわれに与えることによって、顧客がわれわれに恩恵を与えているのである。
> 　顧客は、議論したり争ったりすべき相手ではない。顧客と議論しても勝つことはない。
> 　顧客は、その欲求をわれわれに示してくれる。顧客とわれわれの双方に利益があるようにそれを扱うのが、われわれの仕事である』。

（1） サービスと顧客満足

顧客満足（CS: customer satisfaction）とは、「顧客自身が自らの価値基準に基づき、提供された商品の価格、品質、サービス（理念を含む）に対して納得できる価値を見いだすこと」である。同品質の商品が同価格で提供されるに至った現在、サービスによる差別化が最後の競争要因として重視されてきている。ここでのサービスとは、顧客に対して、すべての企業や組織が提供しているものであり、つぎのとおり分類できる。

① 精神的サービス：顧客への貢献を第一義とし、その結果としてサービス提供者が利益や満足を報酬として得る。
② 態度的サービス：サービス提供者の態度（接客態度、表現、表情、動作、服装、身だしなみ、心配りなど）に表れる。
③ 業務的サービス：目に見えない無形の商品。それ自体が対価の対象となる（例えば、ホテル、法律相談、宅配便など）。
④ 犠牲的サービス：特定商品の、無償あるいは特別価格での、企業の犠牲的好意で提供される。

顧客が満足するかどうかは、顧客自身が決めることである。企業は、顧客の欲求に関する情報を顧客の論理で分析し、顧客に満足してもらえるサービス（顧客サービス＝customer service）を企業として提供できるシステムを構築[19]していかねばならない。

（2） モメント・オブ・トゥルース

モメント・オブ・トゥルース（Moment of Truth）とは、顧客が企業に対して何らかの印象を持つその瞬間を意味する言葉である。このコンセプトは、1970年代末に、マーケティング学者であるリチャード・ノイマンによって提唱された。

赤字が続くスカンジナビア航空（SAS）再建のため社長に就任したヤン・カールソンは、経営理念にこのコンセプトを取り入れた。そして、顧客の利益を最優先すべく現場に大幅に権限を委譲し、わずか1年で見事に会社を再建した。

---

[19] システム構築に当たり、つぎのサービス特性を知っておく必要がある。①**無形性**：サービスには形がない、②**同時性**：生産と消費が、同じ場所で行われる、③**共有性**（参加性）：サービスの生産過程に顧客自身が参加しなければ、サービスを受けられない、④**不均一性**：提供する状況や提供者の能力で、サービス内容にばらつきが出る。

第3章 資源としての「モノ」

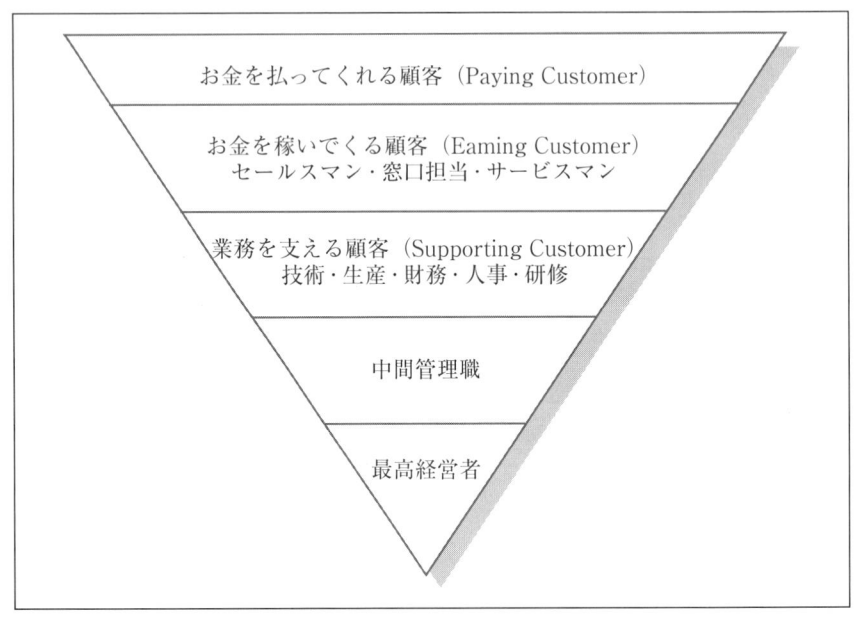

```
お金を払ってくれる顧客（Paying Customer）

お金を稼いでくる顧客（Earning Customer）
セールスマン・窓口担当・サービスマン

業務を支える顧客（Supporting Customer）
技術・生産・財務・人事・研修

中間管理職

最高経営者
```

図3.3.1　逆さまのピラミッド

　顧客が企業（セールスマンや窓口担当など）と接触するとき、良きにせよ悪しきにせよ、何らかの印象を持つ。良い印象を持てば、顧客はその企業を繰り返し利用するであろう。しかし、悪印象は何時までも残る傾向があり、悪印象を持った顧客は二度とその企業を利用しないであろう。すなわち、顧客との接点での顧客の印象を良くすれば、再利用の顧客が増加するわけである。そのためには、良いか悪いかに関わらず何らかの印象を顧客が持つその「決定的瞬間＝モメント・オブ・トゥルース」を、企業と顧客との接点でいかに管理するか、が重要なのである。

(3) 逆さまのピラミッド

　企業の組織は、ピラミッド型の階層構造をしている。これは、工業経済社会では有効であった。しかし、現在のサービス経済社会における企業経営は、消費者ニーズを中心にビジネスを考えなければ立ち行かなくなってきている。

　企業の盛衰を左右するのは、最高経営者ではなく、モメント・オブ・トゥルースに直接関わるセールスマンや窓口担当などの一般従業員である。そして、

顧客があってはじめて、企業経営が成り立つ。すなわち、企業にとってもっとも大切なのは顧客であり、つぎに顧客との接点の役割を演じる一般従業員となり、最高経営者は最下位に位置づけられることになる。

このように考えると、企業の階層構造をピラミッド型に表すのは不適切である。もっとも大切な顧客を一番上に表すのが自然であろう。

カール・アルブレヒトはこのように考えて、組織階層を図3.3.1のように表現した。これを「逆さまのピラミッド」と呼ぶ。この方が、顧客満足を経営の中心に据えた企業であることをより的確に表している。

(4) グッドマンの法則

グッドマン（J. Goodman）は、合衆国消費者問題局から委託を受け、「過去1年間に購入した商品に不満を持ったか」「不満を持った場合、苦情を申し立てたか」「苦情申し立てによる解決に満足したか」「問題となった商品を再び購入するか」という調査を行った。

この調査の結果、「不満を持ったとき、苦情を申し立て、問題解決に満足した顧客の再購入率がもっとも高い」ということが判明した。また、「苦情処理に不満を抱いた顧客の非好意的な口コミの影響は、好意的な口コミの影響に比較して、2倍も強く販売の足を引っ張る」という法則も発見している。そして、これらの結果を基礎とし、従来は企業活動の阻害要因とされてきた顧客からの苦情を処理することによってもたらされる企業利益の計量化[20]に成功した。

顧客からの苦情は、企業にとって貴重な情報源である。これを有効に活用することで、商品やサービスの品質改善、さらには新商品の開発に結びつけることができる。

(5) 顧客ロイヤルティ

優良顧客を「個客」として捉え、ロイヤルティの高い顧客の増加を目指し、顧客満足（CS）と企業収益の両立を目指す考え方を**顧客ロイヤルティ**と呼ぶ。CSが、マスマーケットを対象に「顧客満足」という概念でマーケットシェア

---

[20] 企業利益　$P_{total} = P_{sat} + P_{unsat} - (X_{total})(Y_{noncompl})$
（P_{total}：苦情処理部門が生み出す年間の損益。P_{sat}：苦情処理の結果、満足を与えた顧客の再購入によって生じた損益。P_{unsat}：苦情処理の結果、不満な顧客の再購入によって生じた損益。X_{total}：苦情処理部門で取り扱う年間苦情件数。$Y_{noncompl}$：苦情を申し立てない顧客が不満を持たなかったとしたら、再購入によって生ずるはずだった利益）

第3章 資源としての「モノ」

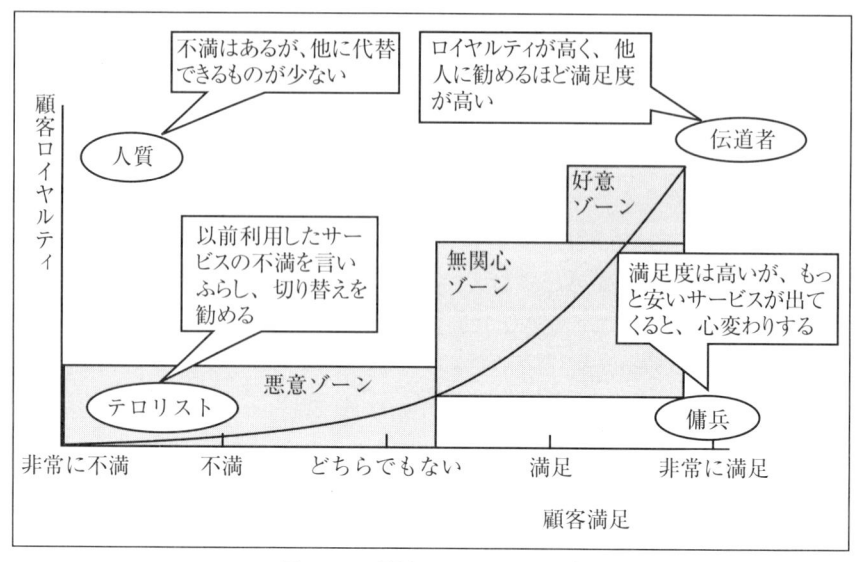

図 3.3.2 顧客の4つのタイプ

（図中のラベル：顧客ロイヤルティ／顧客満足／非常に不満・不満・どちらでもない・満足・非常に満足／人質「不満はあるが、他に代替できるものが少ない」／伝道者「ロイヤルティが高く、他人に勧めるほど満足度が高い」／好意ゾーン／無関心ゾーン／悪意ゾーン／テロリスト「以前利用したサービスの不満を言いふらし、切り替えを勧める」／傭兵「満足度は高いが、もっと安いサービスが出てくると、心変わりする」）

の拡大を重視しているのに対して、顧客ロイヤルティは、ロイヤルティの高い顧客の増加を目指す考え方である。

　近年、マーケットが成熟化し、不況の長期化とデフレとが相まって、企業間競争は従来以上に厳しくなっている。このため、収益貢献の大きい顧客はどの層か、本当に「顧客満足」を提供しなければならない顧客は誰なのかを把握する必要に迫られている。

　パレートの法則[21] によれば、一般に20％の優良顧客で企業収益の80％を稼ぐという構造になる。この20％の優良顧客を「個客」として捉え、そのロイヤルティを高めるのが顧客ロイヤルティである。

　CSと顧客ロイヤルティは、必ずしも一致しない。アメリカの調査によれば、

---

[21] パレート［Vilfredo Federico Damaso Pareto］（1848〜1923）：イタリアの経済学者。無差別曲線に基づく選択行動理論の創始者。（広辞苑）
　パレートの法則：パレートが発見した所得分布の経験則。全体の2割程度の高額所得者が社会全体の所得の約8割を占める、という法則。パレートの法則は、別名2：8の法則とも呼ばれる。この法則は、全商品の20％が80％の売上を作る、全顧客の20％が全体売上の80％を占める、100のアリの内、よく働くのは2割だけ、税金を納める上位20％が税金総額の80％を負担している…など、さまざまな領域で応用されている。

顧客を伝道者、傭兵、人質、テロリストの4つのタイプに分けることができるという。企業の収益効果を上げるためには、次の点が重要なポイントである。
- 「伝道者」のCS維持とその向上を図る
- 「テロリスト」の不満を解消する

なお、顧客ロイヤルティは、商品・サービスの購買頻度やリピート率、客単価の増加率等で測定可能である。

3.3.2 CRM

> 顧客の維持や関係の強化を行うための仕組みを構築することは、これからの企業経営にとって極めて重要である。近年、ICT[22]（情報通信技術）を利用することでこの仕組みを効率よく運用しようという動きが活発になっている。

(1) 既存顧客へのICT活用

一般的に、リピート客の維持にかかるコストは、新規顧客開拓にかかるコストの5分の1程度であるといわれている。このため、現在の顧客を大切にして離反を防ぐことが、顧客戦略において重要であると考えられる。これが、CRM（Customer Relationship Management）が注目される背景である。

さて、会社にとって本当に大切な顧客を識別するための評価指標に、顧客の生涯価値がある。生涯価値は、ある顧客が会社に対して、一生の間にどれだけの利益貢献をしてくれるのかを表す指標である。

一度や二度に限って相当の金額を購入してくれる単発の顧客よりも、一生を通した利益貢献の大きいリピート客の方が、会社にとって大切である。このリピート客を大切にするため、一般的なCRMは、つぎの仕組みを持っている。

- 顧客からの要求やクレームなどを速やかに解決するため、社内の関係（専門）部署へ適切に顧客対応を引き渡して処置するための社内業務連携の仕

---

[22] ICT［Information and Communication Technology］：情報通信技術。IT（情報技術）とほぼ同義。国際的にはICTの方が定着している。
IT［Information Technology］：情報技術。情報通信技術からその応用利用場面まで広く使用され、コンピュータやインターネットの進化と広がりで、工学的技術から企業経営、人文・社会科学、コミュニケーションまで応用範囲を広げている技術・手法の総称。

組みを構築する。この仕組みをインバウンド[23]と呼んでいる。
- 既存顧客を、会社にとっての生涯価値、コンタクト頻度、期間収益など、さまざまな角度からいくつかのセグメントに分ける。
- それぞれのセグメントに位置づけられた顧客に対して、最適なチャネル（対面・店舗・コールセンター・電子メール・ダイレクトメール（DM[24]）など）で、適切な時期にコンタクトをとるための仕組みをつくる。この仕組みをアウトバウンド[25]と呼んでいる。

顧客との良好な関係を維持していくためには、さまざまなチャネルにまたがった顧客情報を統合管理するための共通基盤が必要である。また、顧客情報を分析する仕組み、コールセンターやインターネットなどの低コストチャネルを整備することも重要である。このため、CRMは、それを実現する手段としてのICTとセットで語られることが多くなっている。

(2) 4つの落とし穴

アメリカでは、「CRM導入企業の55％が何ら成果を上げていない」との報告[26]がある。本来のCRMの定義は、「ビジネスプロセスを顧客戦略と整合させ、中期的に顧客ロイヤルティを築き上げ、利益の改善を図ること」である。そして、多くの企業では、CRM導入のため、ICTに注目してきた。ところが、この定義には、技術やソフトウェアという言葉は、全く含まれていない。

CRMの導入に失敗した企業に共通した特徴は、次のとおりである。

■ **顧客戦略の欠如**：つぎのことが、整理できていない。
- 顧客ロイヤルティを向上させるには、われわれのバリュー・プロポジション（価値提案）をどう変えるべきか。
- われわれの戦略が利益に貢献するには、どの程度のカスタマイゼーション（顧客に合わせること）が必要か。

---

[23] インバウンド［inbound］：インターネットで，自社のウェブサイトを訪れたユーザーに関心を持たせ，購買意欲に結び付けること。コールセンターの業務で，着信（受信）のこと。
[24] ダイレクトメール［direct mail］：個人あてに直接郵送する宣伝広告。あて名広告。
[25] アウトバウンド［outbound］：インターネットで，自社のウエブサイトにユーザー（潜在的な顧客）を誘導すること。コールセンターの業務で，発信のこと。
[26] D. K.リグビー、F.F.ライクヘルド、F.シェフター、「CRM失敗の本質」、DHBR、2002年7月号。

- 現時点で、CRMに投資できる時間と予算は、どの程度か。
- 1円も技術投資することなく、来週までに顧客とのリレーションシップを改善するためには、何をすべきか。今、何ができるのか。

■ **組織改革の欠如**：顧客重視型組織を作り上げる前に、CRMテクノロジーを導入してしまう。よりロイヤルティの高い顧客とのリレーションシップを充実させたいならば、サービスから受発注に至るまでの、顧客に関係する重要なビジネスプロセスを改善する必要がある。CRMを導入し、成功に至るケースは、組織とプロセス（職務内容、業績評価方法、報奨制度、研修プログラム、さらに既存の事業部門や商品、地理的構成など）が、顧客ニーズに上手く対応するよう編成し直されている場合に限られる。

■ **ハイテク志向**：顧客とのリレーションシップは、一様でない。したがって、CRMの目的は、技術に多額に投資しなくても、例えば、顧客ニーズに対してもっと社員に目を向けさせるといった単純な手段でも、実現可能である。ローテクからはじめ、必要に応じて技術レベルを段階的に高めていけば、各ソフトウェアのパフォーマンスに連続性を与えることができ、段階ごとに補強体制も整ってくる。

■ **顧客の敬遠行動**：顧客のニーズや要望は、事業内容や、企業側と顧客側が理想とするリレーションシップのあり方によって、変わってくる。業界、同一業界内の企業、同一企業の顧客によって、千差万別である。リレーションシップは、双方向となってはじめて成立する。こちらに興味をもっている顧客を無視することは、競争相手に顧客を譲り渡すようなものである。また、興味のないものに顧客となるよう迫ったところで、ストーカーと見なされる。どの顧客に接触すべきかは、個々の企業が判断すべき事項であり、CRMプログラムに答を求めてはならない。

3.4 地球環境と企業経営

> 人々は、物質的豊かさを求めてきた。そして、企業は、成長の論理によって、経済的規模の拡大に邁進してきた。しかし、地球に存在する資源は、有限である。このまま資源の大量消費を続けていけば、いつかは資源が枯渇し、人類を含む生態系が危険に瀕するであろうことは誰しも感じている。
> ここでは、こうした地球環境の問題に対して、企業はどのように取り組んでいくべきなのかを考えることにする。

3.4.1 エコロジー志向の企業経営

(1) 成長の限界

1972年に、地球環境問題と正面から取り組んだ報告書『成長の限界』が刊行された。この報告書は、人口、食糧、資源、工業生産、汚染、生活の質という6つの要素の相互関係をシミュレートしたものであり、「先進工業国が、これ以上、資源消費を続けるならば、資源の枯渇と汚染の拡大により、成長が失墜するだけでなく、人類社会は21世紀の前半期に悲惨な破局を迎えるだろう」と結論づけた。

そして、1992年には、深刻化する地球環境問題を世界中が一致して食い止めようと、ブラジルのリオデジャネイロで、「地球サミット」[27]が開催された。この会議では、1987年に国連の環境と開発に関する世界委員会が打ち出した「持続可能な開発」がキーワードとなり、地球環境問題解決に向けて「環境と開発に関するリオ宣言」「アジェンダ21」「森林原則声明」などの国際的合意作りが行われた。これらの宣言や声明の骨子では、つぎのことを謳(うた)っている。

- 先進国が、大量生産、大量消費、大量廃棄という環境に負荷をかける社会経済活動を見直すこと。
- 発展途上国が貧困、人口増加、環境破壊の悪循環を断ち切る形での開発ができるように、世界各国が、地球的な協力関係の下にそれぞれの立場で努力し協力し合うこと。

---

[27] 地球サミット:環境と開発に関する国連会議

このような情況下で、企業は、包括的なエコロジー志向の経営システムを開発することが求められるようになった。

(2) エコロジー意識の必要性

地球環境問題への取り組みは、環境管理、環境監査、そしてエコロジー監査へと発展してきた。環境管理や環境監査は、環境に関する法律や規制を守るという「遵守監査」に重点が置かれている。しかし、遵守監査は現状の法的規制を強化するだけで、政府の行動に反映されない差し迫った環境問題を解決するための指針を何も与えてくれない。環境監査は、倫理的な側面を欠いており、法への抵触を避けつつ企業イメージの向上を図るのが主たる動機である。

ところが、エコロジー監査は、エコロジカルな倫理と未来世代の繁栄に動機づけられている。つまり、企業文化における価値観の変化が、その出発点であり、利潤やGNP[28]の極大化といった量のみで測定できる経済成長の盲目的追及を拒否するとともに、地球上での経済的成長を無制限に追及すれば悲惨な結果をもたらすとの認識に立脚している。そして、あらゆる企業活動の重要な基準として生態学的な持続可能性を導入し、成長の概念を質的なものに変えようと意図している。

環境監査からエコロジー監査への移行が強調されるようになった理由を挙げると、次のとおりである。

① 企業がエコロジー意識を持たなければ、21世紀には、人類全体の生き方に厳しい制約条件が課せられる。

② 企業がエコロジー意識を持たなければ、一般大衆との間に合意が成立せず、市場経済は政治的脅威にさらされる。ドイツでは、緑の党の出現によって、環境に関する重要な問題が、政治的討議や立法の場に持ち込まれている。

③ 企業がエコロジー意識を持たなければ、市場での機会を失う。例えばアメリカの経済優先度協議会[29]は、『より良い世界実現のための購買指針』[30]

---

[28] GNP［Gross National Product］：国民総生産。一国において一定期間に生産された財・サービスの総額。国民所得に比べて正確に算定できるので、経済指標として広く利用されるようになった（広辞苑）。

[29] 経済優先度協議会：Council on Economic Priorities

[30] Shopping for a Better World

という消費者向けのガイドブックを出して、企業の社会的責任、環境に与える影響などの評価尺度による企業の格付け[31]を行っている。

④ 企業がエコロジー意識を持たなければ、環境破壊に対する巨額の賠償責任という問題を抱え込む。

⑤ 企業がエコロジー意識を持たなければ、コスト削減のチャンスを失う。エコロジカルな技術革新には2種類ある。1つは生産、使用、処分という製品のライフサイクルのなかで、省資源、省エネ、再利用を実現することによって、コスト削減が可能になる。他の1つは、環境面で顧客に恩恵をもたらすもので、これは競争優位の源泉になる。

(3) エコロジー志向の企業経営

歴史をさかのぼると、企業は利潤の極大化という経済的側面のみに焦点をあてていれば良かったという時代もある。しかし、第2次世界大戦後、雇用の確保、社会保障、労働者の経営参加、QWL[32]などの社会的側面がこれに付け加えられた。そして1980年代になると、ドイツでは経営の概念がさらに拡大され、エコロジー的側面をも含むようになった。

当時、ドイツのヴィンター&サンズ（Winter &Sons）が、「エコロジー意識を持った統合的経営システム」[33]を開発し、包括的なエコロジー志向の経営システムを開発する企業の例として注目された。この中で、企業が長期にわたって成功していくため、経営者が守るべき次の6原則を提示している。

① 製品が環境に優しい方法で生産され、環境に損害を与えずに使用され、処分されるときにのみ、高品質と言える。

② 従業員の創造性は、人間の生物学的ニーズを尊重する労働環境によって増進される。

③ 企業の目標と戦略が、経済的側面だけでなく、生物に対する責任感にも向けられるとき、労働環境はより人間らしくなるだろう。

④ コスト削減を可能にするエコロジカルな技術革新を用いて、環境面で魅力ある製品の市場機会を創出すれば、採算性を増すことができる。

---

31 広範囲のアンケートと直接面接による調査に基づいている。
32 本章 3.1.4「人間疎外と職務充実」参照。
33 Integrated System of Ecologically Conscious Management

⑤ 企業を継続するには、環境法規による賠償責任というリスクや、環境に良くない製品の需要減退という市場リスクを避けることが重要である。

⑥ 従業員は、国家や市民と感情的な一体感を持っているときにのみ、それらに対して忠誠心を持つことができる。そのような一体感は、環境破壊によって国がその特性を失わないでいる場合にのみ生まれる。

3.4.2 地球温暖化対策

(1) 京都議定書

京都議定書とは、「気候変動枠組条約第3回締結国会議 (COP3)」で採択された、二酸化炭素 (CO_2) など6つの温室効果ガスの排出削減義務などを定める議定書のことである。この会議が1997年12月に京都で開催されたことからこう呼ばれている。

この会議では、先進国などに対して、2008年から2012年の間に、温室効果ガスを1990年比で一定数値を削減することを義務づけた。主要国の削減率は、日本6％、米国7％、EU8％、カナダ6％、ロシア0％などとなっており、全体では5.2％の削減を目指したものとなった。また、国際的に協調して目標を達成するために、温室効果ガスの排出量取引が可能な仕組みなども導入した。

すでに日本のほかEUなど125カ国・地域が批准したが、アメリカのブッシュ政権は2001年に離脱した。「京都議定書」が発効するためには、批准した先進国のCO_2の排出量が90年時点の55％以上でなければならないと定められていたため、これまで発効ができなかった。しかし、2004年11月、京都議定書の批准案にロシアのプーチン大統領が署名した。ロシアの批准によって米国抜きでもCO_2の排出量が61％超となり、京都議定書が2005年2月16日に国際法として発効した。

(2) 環境保護活動におけるICTの可能性

CO_2が地球温暖化の張本人と名指しされたのは、1990年代である。ゴミの減量化、エコライフなど、政治的・社会的な運動があったにもかかわらず、日本のCO_2排出量は、少しずつ増えているというのが実態である。2001年に少し下がったと思われたが、それは景気の後退が原因であったことが2002年に判明した。温暖化は、数十年数百年先の憂いではなく、海面上昇や異常気象と

いう形ですでに始まっている人類全体の危機であると多くの識者が認識している。

この問題に対して、経済同友会が講評している「地球温暖化問題の克服に向けての8つの提言[34]（2004.12.20）」が興味深い。この提言では、情報化社会の実現、つまりICT機器を用いた業務効率化や新サービスの出現、ライフスタイルの変革によって、CO_2は大幅に削減されるであろうと予測している。

例えば、ICTを活用した生産と流通の合理化による取り組みで、約25％の省エネを達成した電子機器メーカーの事例がある。また、オンライン販売などの電子商取引や、ペーパーレス化に伴う紙媒体情報の電子化、在宅勤務やSOHO[35]型勤務など、ICTを活用したテレワーク[36]型のワークスタイルによるCO_2排出削減効果も大きいという試算もある。

ICT化の進展は電力消費の拡大に伴うCO_2排出量の増大が指摘されているが、ICT化の推進に伴う社会の構造転換の中で、その適切な工夫と利用を行うことができれば、2010年の時点で年間3,390万トンの削減が可能と推計されている。

この数字は、日本の全排出量の約2.8％に相当する。京都議定書に定められた日本の削減量[37]が6％であるということを考えると、情報化社会の実現は非常に有効な対策として位置づけることができる。

---

[34] 提言・意見書：http://www.doyukai.or.jp/policyproposals/list2004.html
[35] SOHO（ソーホー）[small office home office]：小規模な事業者や個人事業者のこと。また、事務所などを離れネットワークを利用して仕事をする形態もいう。
[36] テレワーク[telework]：ネットワークを利用して、本社や事務所から離れた場所で勤務する形態の総称。自宅やサテライトオフィスなどでの勤務がその例。
[37] 「京都議定書」の発効で、日本は、1990年を基準として、2008年から2012年の間にCO_2などの排出量を6％削減することが義務づけられた。

キーワード

企業間競争、生産性、スケールメリット、大量生産（マスプロダクション）、プロダクト・アウト、消費者ニーズの多様化、多種少量生産、マーケット・イン、マス・カスタマイゼーション、科学的管理法、時間研究、標準作業、課業、経営工学、ホーソン実験、ベルトコンベア方式、人間疎外、従業員満足、制約理論（TOC）、スループット会計、SCM、スマイルカーブ、EMS、顧客満足、真実の瞬間、逆さまのピラミッド、グッドマンの法則、顧客ロイヤルティ、パレートの法則、CRM、成長の限界、エコロジー、京都議定書

経営課題

- あなたが販売する商品は何ですか。商品名とその概要を説明しなさい（商品は、1種類に限定した方が、簡単です）。
- あなたが販売しようと思っている商品と市場で競合する商品およびそれらを取り扱っている企業（あるいは商店）を数種類、列挙しなさい。
- あなたの会社の顧客（お客さん）に対する基本姿勢は、どのようなものかを述べなさい。

章末問題3

問題1 正誤問題：設備をより大規模で高効率なものにすれば、スケールメリットによって生産性が向上し、商品価格が低下する。こうして、生産側の論理による生産規模の拡大が進み、大量生産（mass-production）が行われるようになった。生産側の論理に基づく生産をマーケット・アウトという。

問題2 正誤問題：消費者のニーズが多様化し、市場が求める商品を市場へ送り出さなければ、消費者はそれを受け入れなくなる。このため、少種大量生産では立ち行かなくなり、多種少量生産によって多様なニーズに対応せざるを得なくなる。市場の論理による生産をプロダクト・アウトと呼ぶ。

問題3 正誤問題：テーラーの方法の根底をなすものは、仕事をできる限り細かな課業に分解し、それぞれの課業を専門化された個人の職務に合うように設定することである。課業の1つ1つは、未熟練労働者でもできるように

第3章　資源としての「モノ」

なっており、人間のエラーが起きる可能性や最終製品の品質に表れる個人の能力差は減少した。

問題4　正誤問題：「人間は自己の利益のみを追求するもの」とみなすテーラーの人間観は現在では悲観的なものとして位置づけられているが、科学的管理法は、今日でも最も影響力のある職務設計思想として残っており、世界のほとんどの企業でいまだに労働を組織化する上で強い支持を得ている。

問題5　正誤問題：メイヨーは、1927年から32年まで、シカゴにあるウェスタン・エレクトリック・コーポレーションのホーソン工場において、有名な実験（ホーソン実験）を行い、この実験から人間関係論を考案した。

問題6　正誤問題：フォードのベルトコンベア方式は、テーラーの科学的管理法を発展させたものとして位置づけられる。しかし、フォードが過度の分業化という過ちを犯したことで、科学的管理の真の価値は薄らいでしまった。しかし、テーラーの原理は、元来、理路整然としており、今日でも有効であることに何ら変わりはない。

問題7　正誤問題：システムの設計や、作業標準の設定の際、技術や工学の専門家の意見を過度に強調してはいけない。

問題8　正誤問題：労働者の専門化を過度に細かく行ってはいけない。過度の専門化によって、労働者は進取的精神を失い、労働者自身の経験に基づく改善を不可能にしてしまう。

問題9　マッチング問題：あらゆる企業や組織が顧客にサービスを提供している。それらのサービスは、つぎの4つに分類できる。それぞれのサービスの説明として、適切なモノを選べ。

〔質問項目〕
　1．精神的サービス　2．態度的サービス　3．業務的サービス
　4．犠牲的サービス

〔解答項目〕
　A．顧客への貢献を第一義とし、その結果としてサービス提供者が利益や満足を報酬として得る。
　B．特定商品の、無償あるいは特別価格での、企業の犠牲的好意で提供される。
　C．目に見えない無形の商品。それ自体が対価の対象となる（例えば、ホテル、法律相談、宅配便など）。
　D．サービス提供者の態度（接客態度、表現、表情、動作、服装、身だしなみ、心配りなど）に表れる。

(問題10) マッチング問題：顧客が満足するかどうかは、顧客自身が決めることである。企業は、顧客の欲求に関する情報を顧客の論理で分析し、顧客に満足してもらえる顧客サービス（customer service）を企業として提供できるシステムを構築していかねばならない。システム構築に当たって知っておくべきそれぞれのサービス特性を説明している文章を選べ。

〔質問項目〕
　1. 無形性　2. 同時性　3. 共有性（参加性）　4. 不均一性

〔解答項目〕
　A. 生産と消費が、同じ場所で行われる。
　B. サービスの生産過程に顧客自身が参加しなければ、サービスを受けられない。
　C. サービスには形がない。
　D. 提供する状況や提供者の能力で、サービス内容にばらつきが出る。

(問題11) 正誤問題：赤字が続くスカンジナビア航空（SAS）再建のため社長に就任したヤン・カールソンは、経営理念にこのコンセプトを取り入れた。そして、顧客の利益を最優先すべく現場に大幅に権限を委譲し、わずか1年で見事に会社を再建した。そのコンセプトとは、コーポレート・アイデンティティーである。

(問題12) 正誤問題：企業の組織は、ピラミッド型の階層構造をしている。これは、工業経済社会では有効であった。しかし、現在のサービス経済社会における企業経営は、消費者ニーズを中心にビジネスを考えなければ立ち行かなくなってきている。そこで、組織構造をマトリックス構造へと再構築しなければならなくなった。これをビジネスプロセス・リエンジニアリングという。

(問題13) マッチング問題：アメリカの調査によれば、顧客を、伝道者、傭兵、人質、テロリストの4つのタイプに分けることができる。下記の質問項目に示すこれらのタイプを説明している文章を回答項目から選べ。

〔質問項目〕1. 伝道者、2. 傭兵、3. 人質、4. テロリスト
〔解答項目〕
　A. 以前利用したサービスの不満を言いふらし、切り替えを勧める。
　B. 満足度は高いが、もっと安いサービスが出てくると、心変わりする。
　C. 不満はあるが、他に代替できるものが少ない。

第3章 資源としての「モノ」

　　　　　　　　D．ロイヤルティが高く、他人に勧めるほど満足度が高い。

問題14　正誤問題：全商品の20％が80％の売上を作る、全顧客の20％が全体売上の80％を占める、100のアリの内、よく働くのは2割だけ、税金を納める上位20％が税金総額の80％を負担している…など、さまざまな領域で応用されている。この法則は、2：8の法則とも呼ばれ、パレートが発見した所得分布の経験則、つまり、全体の2割程度の高額所得者が社会全体の所得の約8割を占めるという法則に基づいている。

問題15　正誤問題：多くの日本企業に浸透しているQCサークル活動（職場の小集団活動）では、身近な問題を発見し解決することに取り組んでいる。この活動では、QC7つ道具と呼ばれる分析ツールを用いるが、たくさんの問題に対して重点志向で取り組むために、パレート図がよく用いられている。

問題16　正誤問題：CRMは、ICTを駆使したコールセンターやインターネットなしでは、実現できない。

問題17　正誤問題：エコロジカルな技術革新に取り組み、環境面で顧客に恩恵をもたらす商品（製品・サービス）を開発し、市場に提供することができれば、この商品だけでなく、この技術力も競争優位の源泉となりうる。

問題18　論述問題：産業革命では、アダム・スミスのパラダイムに沿って、生産の場において大変革が起こった。それは何か、簡潔に説明せよ。

問題19　論述問題：産業革命の後、市場にモノが飽和するようになり、生産と市場との関係が逆転した。これを、どのように表現するか。英語（カタカナ）用語を用いて、簡潔に答えなさい。

問題20　論述問題：スケールメリットについて、その意味を、段取りと固定費の2つの観点から説明せよ。

問題21　論述問題：メイヨーは、ホーソン工場で新たな発見をした。設定し棄却した仮説、実験の経緯、新たな発見について説明しなさい。

問題22　論述問題：テーラーの科学的管理法は、現在の給与体系においてどのような意味を持つか、標準という観点から説明しなさい。

問題23　論述問題：ボルボの馬蹄形生産システムについて、つぎの観点から簡潔に説明しなさい。①誰にとって何が問題だったのか。②その原因は何で、対策として何を盛り込んだシステムか。

問題24　論述問題：セル生産方式のメリットとデメリットを整理しなさい。

問題25　論述問題：DBRのバッファは、何のために必要なのか。簡潔に説明せよ。

問題26　論述問題：DBRの隊列を生産工程としてみた場合、①初工程は隊列の先頭か、最後尾か。②ロープは、いかなる機能を果たすのか説明しなさい。

問題27　論述問題：原価計算自体が収益構造上の致命的な欠陥を招いているという。どういうことか説明しなさい。

問題28　論述問題：スループット会計では、制約を考慮するという。いかなる利点があるのか、簡潔に説明しなさい。

問題29　論述問題：ポーターのバリューチェーンを念頭に、ブルウィップ効果を排除するための仕組みを説明しなさい。

問題30　論述問題：EMSは、スマイルカーブのどこに位置づけられるか。なぜ、ビジネスとして成立するのか、簡潔に説明しなさい。

問題31　論述問題：なぜ組織構造を逆さまにする必要があるのか。モーメント・オブ・トゥルースとの関連で、簡潔に説明しなさい。

問題32　論述問題：なぜリピート客が大切なのかを、パレートの法則との関係で簡潔に説明しなさい。

問題33　論述問題：顧客満足と顧客ロイヤルティの違いを簡潔に説明しなさい。

問題34　論述問題：京都議定書が発効したことで、企業はいかなる責任を負うことになったのか、説明しなさい。

問題35　論述問題：地球温暖化の緩和を実現するために、ITは有効だと思うか。その理由を簡潔に説明しなさい。

第4章
資源としての「人」

学習目標

- やる気のメカニズムについて考える。
  - 人間が持っている欲求とはどのようなものなのかを理解する。
  - 人間は、怠け者なのか。それとも、自発的に、仕事や勉強をする生き物なのか。人間の特性について考える。
- 組織のやるべきことと、個人のやりたいこととを一致させていく。組織にとっても個人にとっても望ましい目標を設定し、その達成に向けて努力し続ける。そのための考え方を学ぶ。
- 「自分で考え、自分で動ける人材」を育てるための方法を学ぶ。
- リーダシップと管理スタイルの種類と特徴について学ぶ。
- 人間らしさと仕事（業績）とをどのように調和させ、どのように職務を設計すればよいのかを考える。
- 人事評価の理念と方法について学ぶ。
  - 職場において、従業員の能力を最大限に発揮させるための仕組みについて考える。
  - 結果に焦点を当てた成果主義、多面評価、結果に至るプロセスを重視したコンピテンシーの概念を理解する。

4.1 やる気のメカニズム

> 「企業は人なり」という。それは、企業経営にとって、人材が最も重要だからである。「人・モノ・金」の内、人だけが、新しいプロセス、新しい製品やサービス、そして新しい技術や方法を創り出すことができる。したがって、企業を経営するに当たっては、企業が抱える多くの人材に、能力を最大限に発揮させることこそ大切である。
> そのためには、従業員にやる気を起こしてもらう必要がある。
> ここでは、「どうすれば、人はやる気になるのか」について考えることにする。

4.1.1 モチベーション

あなたが勉強するのは、何かしら理由があるからであろう。人間の行動は、その行動に駆り立てる何らかの欲求（理由）に支えられている。その行動を駆り立てる要因を「動因」と呼ぶ。そして、人間の欲求を充足させるものを「誘因」と呼ぶ。欲求を満たすものを手に入れること自体が人間行動の目標であるから、誘因は目標でもある。

空腹という状態は、充足させるべき欲求であり、動因である。食物は、空腹を満たすための目標であるから、誘因である。空腹を満たすという動因が強い場合、食物という誘因が示されると、人間は食物をとろうという目標志向の活動を開始する。目標志向の活動をしている間、欲求は強まるが、食物を入手し目標活動（食物をとる）を始めると、欲求は弱まる。

要するに、ある人に行動を起こさせるには、まずその人に欲求を持たせること、そしてその欲求にふさわしい誘因を用意することが必要である。「モチベーション（動機づけ）」という言葉は、管理理論では、「やる気を起こさせること」という意味で使われる。

欲求 ⇒ 誘因 ⇒ 動因 ⇒ 行動

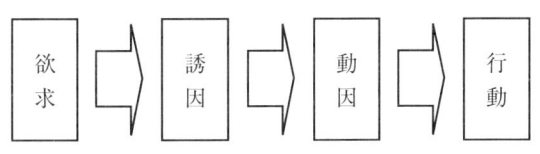

図 4.1.1　やる気のメカニズム

4.1.2　人間の欲求段階

> 人間の欲求はさまざまであり、人それぞれである。そして誰もが同じ目的を持って仕事をしているわけではない。したがって管理者としては、それぞれの部下が何を望んでいるのかを探り、それぞれの部下にふさわしい管理の仕方を考えなければならない。
> ここでは、人間はどのような欲求を持っているのかについて学ぶ。

(1) マズローの欲求段階説

管理者にとって、職場の欲求傾向を探り、類型化するための一つの手かがりとなるのが、マズロー (A. H. Maslow) の欲求段階説である（表 4.1.1 参照）。

この説では、人間は、最も低次元の欲求である生理的欲求が満たされると、つぎに安全の欲求、それが満たされるとさらに高次元へと欲求が高度化していき、最後には精神的な欲求である自己実現を求めるものであるとしている。そして、比較的充足された欲求は、もはや動機づけ要因にはならないという。

(2) 従業員の欲求構造

マズローの欲求段階を従業員の欲求構造に対応させて考えると、従業員はまず賃金を獲得して自己の生活を維持しようとする。この経済的欲求がある程度満たされると、安全な労働環境や労働条件、雇用の安定や地位の保全を求める。

労働組合などによって安全と安定の欲求が満たされると、職場集団の中の人間関係において、インフォーマル組織を含めた仲間集団に、愛情を持って帰属したいという欲求を持つようになる。

帰属意識の欲求が適切な人事管理やリーダシップによって満たされると、自己の業績や熟練が職場に貢献しているという自我意識が強く表れるようになり、職場の中で自己の存在を認められ昇進したいという欲求を持つようになる。

この自我の欲求が満たされると、自己実現の欲求、つまり職場において自己を生かしたい（もっと責任ある意思決定に参加したい、創造性や企画力を発揮して革新的業務を実現してみたい、職場を通して人格を磨き人間的にも成長したい）という欲求を抱くようになる。「仕事への生き甲斐」はこれに相当し、後述の「職務充実化政策」による人間性回復も、これを狙っている。

表 4.1.1　マズローの欲求段階説

個人的欲求	生理的欲求	食物、暖かさ、排泄、水、睡眠、性の充実、その他の肉体的欲求
	安全の欲求	生理的な欲求を安全に充足させたいという欲求。病気からの解放を含む。
他人に対する欲求	社会的欲求	集団の一部でありたい、誰か他人に所属したいという欲求。愛したい、愛されたいという欲求を含む。
	自我の欲求	人間は自尊心を持っており、他人から認められたい、尊敬されたいという欲求を持っている。第1に、個人的な価値、適切性、能力に対する欲求がある。第2に、尊敬、賛美、承認、他人の目に映る地位（ステータス）がある。
	自己実現の欲求	人間は、自分自身を成長させたいという欲求を持っている。ここでの成長とは、自分自身が認めるものに、自分自身がなろうとする過程である。自分自身の能力を発揮したいという欲求も含む。人間は、自らが認める好ましい状態へと成長することによって自己表現（真の自己と仕事を獲得）しようとし、この実現過程（目標に向かって努力する過程）において充実感を得ようとする。

4.1.3　X理論とY理論

　職場を眺めると、自発的に一所懸命仕事をしているものもいれば、目を離すとすぐに手を抜く怠け者もいる。ここでは、マズローのいう人間の欲求と管理の仕組みとの間にはどのような関係があるか、について考えることにする。

（1）　欲求でみる人間観
　マクレガー（D. McGregor）は、伝統的経営理念と新しい経営理念とを「動機付け」の観点から比較し、前者を「X理論」、後者を「Y理論」とした。
　マズローの生理的欲求と安全安定の欲求は物質的欲求であり、人間の低次元

表4.1.2 マクレガーの人間分類

X理論	怠け者人間	人間は、生まれつき仕事をしたがらないから、アメとムチで働かせるしかない。
Y理論	自発性人間	人間は、生まれつき仕事を好むものであり、大いに自主性を発揮させるべきだ。

あるいは基本的な欲求である。そして、自我と自己実現の欲求は、精神的、高次元の欲求である。マクレガーの人間観は、マズローの欲求段階説に影響を受けており、X理論は低次元の欲求に、Y理論は高次元の欲求に着目している。

(2) X理論による管理

X理論は、表4.1.3に示す仮説に立っている。X理論の人間観にもとづけば、賃金の支払方法だけを頼りにして生産性向上を図ろうとする伝統的な「監督による管理」が行われる。しかし、この管理方式で、人間の欲求をどの程度充足できるかは疑問である。低レベルの欲求しか充足できないような管理を実施すれば、従業員はやる気を喪失してしまう。

表4.1.3 X理論の仮説

1. 普通の人は、生まれつき仕事が嫌いで、できることなら仕事はしたくないと思っている。
2. この仕事は嫌いだという人間の特性のために、たいていの人は、強制されたり、命令されたり、処罰するぞと脅されたりしないと、企業目標を達成するために十分な力を発揮しないものである。
3. 進んで仕事をするよりは、いちいち命令されて仕事をする方が、責任をとらなくてすみ、気楽である。ふつうの人間は、あまり野心を持たず、なによりも安全を望んでいるものである。

X理論は伝統的な経営理念であり、多くの組織では現在もこの理論にもとづいた管理が行われている。マクレガーは、管理の仕組みがこの理論にもとづいていること自体が、従業員のやる気を阻害する原因になっていると批判している。

(3) Y理論による管理

これに対してY理論は、新しい経営理念であり、「自己の成長を望むのが人間なら、その成長を助けるような仕事の仕組みにすれば、生産性がより高くなり、働く人も満足する」と主張している。

表 4.1.4　Y 理論の仮説

> 1. 仕事で心身を使うのは、ごく当たり前のことであり、遊びや休憩の場合と変わりない。
> 2. 外から統制したり脅かしたりすることだけが企業目標の達成に努力させる手段ではない。人は、自分が進んで身をゆだねた目標のためには、自ら自分にむち打って働くものである。
> 3. 献身的に目標達成に努力するかどうかは、それを達成して得られる報酬次第である。
> 4. 普通の人間は、条件次第では責任を引き受けるばかりか、自ら進んで責任をとろうとする。
> 5. 企業内の問題を解決しようと比較的高度の想像力を駆使し、手練を尽くし、創意工夫をこらす能力は、たいていの人に備わっているものである。
> 6. 現代の企業においては、日常、従業員の知的能力はほんの一部しか生かされていない。

　Y理論は、表 4.1.4 に示す仮説に立っている。Y理論の人間観に沿って管理を考えると、企業目的達成のための一方的権限行使による命令統制型の管理方式ではなく、「目標」による管理方式になる。すなわち、上司と部下の十分な話し合い、職場での意見交換や討論をとおして、自己の考えを表に出させ、相互に人間としての理解を深め、職務目標を十分に納得の上で設定し、この目標に向かって挑戦させるという管理である。この管理方式を**目標管理**と呼んでおり、4.3「目標管理」で詳述する。

4.1.4　組織と個人の統合

> 　仕事をとおして自己を高めたいと望む従業員に、より高度な仕事をしてもらいたい。しかし、その仕事が本人の嫌いな仕事であれば、やる気になるはずがない。企業と個人。利害の異なる両者の欲求をどのように調整すればいいのだろうか。ここでは、組織と個人の統合について考える。

（1）　組織と個人の目標統合

　高次の欲求を持つ人間に対し、その欲求を充足させ、仕事に対するやる気を引き出すためには、マクレガーのY理論を基礎とした管理を考えるべきである。企業目的達成のための一方的な権限行使による命令統制では不適当であり、企業目的達成の努力がそのまま個人の生活欲求や他の人間欲求を充足しうる管理

4.1 やる気のメカニズム

```
欲求の顕在化 → 緊張状態発生 → 心理的エネルギー増加 → 動因 → 誘因
                                                              ↓
         ← 心理的成功を味わう ← 自己評価を高める ← 達成 ← 行動
```

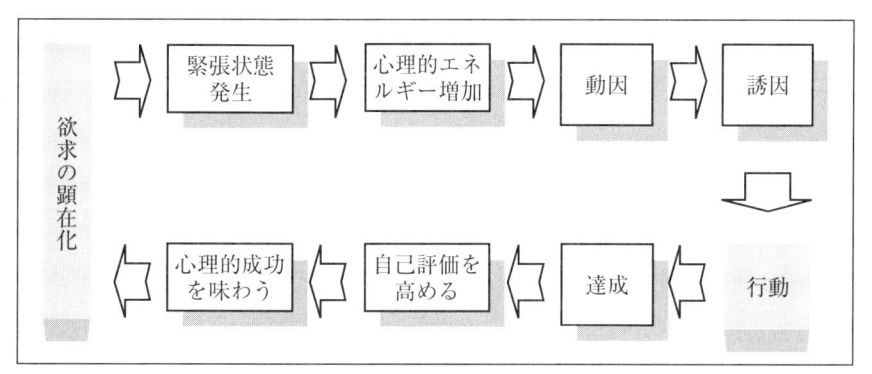

図 4.1.2　心理的エネルギーと人間行動

こそ都合がよい。「企業の個人に対する要求」と「企業における個人の欲求充足」が合理的な方法で調整可能なら、企業にとってもっとも効率的な目標達成が可能になる。このような状態を「統合 (integration)」された状態と呼ぶ。

(2) モチベーション管理

アージリス (C. Argiris) は、人間には生理的エネルギーの他に、精神的エネルギーがあり、それはやる気の問題を考えるときに重要であるとし、図4.1.2 に示すモデルを提案した。

やる気の源となる心理的エネルギーは、自己評価を高くさせ、心理的成功を味わうチャンスによって増大する。したがって、やる気を起こさせるモチベーション管理では、つぎに示す条件を充足させなければならない。

① 自己評価を高めさせ、心理的成功を味わわせること。
② 自分自身の評価が、他の組織メンバーに認められること。
③ 組織において、自分自身が必要不可欠な存在である、と認められていること。

(3) 組織変革のためのミックス・モデル

現実の組織で、上記の3条件を満たすことは容易でない。権限と責任を主体とした伝統的管理機構では、成長していく人間の全能力を活用することがなく、効率の悪い状況に陥りやすい。アージリスは、この状態を「組織の効率性」が低いと表現した。従業員にやる気を起こさせるように組織を改革するための指針として、アージリスは、表 4.1.5 に示すミックス・モデルを提案している。

表 4.1.5　ミックス・モデル

～から遠くの方へ	～に近づくように
1. 組織内のある1つの部分（複数部分でできた結束を含む）が組織全体を支配している。	1. すべての部分が集まってその交互関係によって組織としての全体が生まれ、全体は部分の交互作用によって支配されている。
2. 部分がいつも存在していることが知られている。	2. 部分が集まってパターンができていることが知られている。
3. 部分に関する目標の達成につとめている。	3. 全体に関する目標の達成につとめている。
4. 内部志向の核活動を左右できない。	4. 思うままに内部志向核活動に影響を与えることができる。
5. 外部志向の核活動を左右できない。	5. 思うままに外部志向核活動に影響を与えることができる。
6. 核活動の性質が現在によってふり回されている。	6. 核活動の性質は過去・現在・未来からの影響を受けることによって決まる。

出典：大友立也訳、『アージリス研究』、p.261

4.1.5　衛生理論

> 不快な仕事や環境は、職場への不満を増大させる。しかし、それらの不快要因を排除して、快適な職場環境を作ったからといって、従業員がより高度な仕事に積極的になるわけではない。
> やる気の構造は、もっと複雑なもののようである。

（1）2種類の欲求

ハーズバーグ（F. Harzberg）は、人間のモチベーションについて、①不快を回避する欲求[1]と、②精神的に成長し自己実現を求める欲求[2]とは全く異質なものであり、両者の欲求は全く別個の要素により充足されるものであるという仮説を立てた。

---

[1] 「生命喪失、飢え、痛み、性的欠乏などの回避、その他の一次的動因、およびこれらの基本的動因に付随する無数の学習の恐れ」など、アダム的人間観と呼ぶ動物的人間性に基づいている。

[2] 「継続的な人間成長によって自らの潜在能力を現実化しようとする脅迫的人間衝動」と説明される、アブラハム的人間観に基づいている。

彼は、①の不快回避欲求をいかに充足しても、人間は不満足感が減少するだけで、何ら積極的満足感を増加させることはなく、②の自己実現欲求を充足すれば積極的満足感を増加できるが、この欲求を充足できなくても積極的満足感が減少するだけで必ずしも不満足感が増加するわけではないと考えたのである。

(2) 2つの欲求の相関関係

この仮説を実証するために、アメリカのピッツバーグで約200人の技師と会計士を対象に面接を行い、いかなる場合に積極的満足感や不満足感を味うか[3]を質問した。結果は、積極的満足感を招来した要因が、達成、承認、仕事そのもの、責任、昇進であり、不満足をもたらした要因が、会社の政策と経営、監督技術、上司の対人関係、作業条件であった。そして、積極的満足感で示された要因は不満足感の要因にはならないという顕著な傾向が検証された。

(3) 動機づけ要因と衛生要因

積極的満足を生む5要因は、職務を通して精神的成長と自己実現を可能にする性質を含み、真に人間を動機づける要因となるため、これを「動機づけ要因（motivator）」と呼ぶ。

不満足を解消しうる5要因は、真に人間を動機づける要因とはならないが、職場に発生する諸々の不快な状況を取り除いて良好な環境を維持する可能性を持つため「衛生要因（hygiene factor）」と呼ぶ。

---

[3] いかなる場合に仕事に対して、良い（悪い）職務態度を示すか。

4.2 職務の設計

> 第3章では、「仕事は人間らしいものであるべきだ」という考え方が経営学の領域で議論されるまでの経緯について学んだ。そして、第4章では、「人間のやる気の構造と仕事との関係」「人間とはどのようなものか」について概観してきた。
>
> さて、人が集まり、その集団が目的を持つと、その集団は組織となり、目的達成の推進者としてのリーダが生まれ、組織行動が始まる。その組織とともにある生活は、人間らしく生き甲斐のあるものであって欲しい。そのためには、どのようなリーダがふさわしいのだろうか。また、組織目標達成に向けて、どのような管理スタイルが望ましいのだろうか。さらに、仕事をより充実したものにするにはどのようにすればいいのだろうか。
>
> ここでは、リーダシップと管理スタイル、そして人間らしくやり甲斐のある職務をどのように設計すればよいのかについて考えることにする。

4.2.1 リーダシップと管理スタイル

(1) リーダシップ・スタイル

経営者のリーダシップの違いによって、企業経営には、つぎに示す経営スタイルがある。

① **専制型**：経営者が、絶対的な権限を持ち、従業員は命令への絶対服従を要求される。非常に有能なリーダのもとでは、有効であるとされる。

② **温情型**：能率やコストなどの目標ではなく、人間関係的情感に訴えて従業員の意欲を引き出す。目標達成のため、非情になる必要がある場合、温情が弱点となる可能性がある。

③ **官僚型**：定められたルールや手順を確実に履行する。環境変化が小さい場合、仕事の効率は極めて高い。しかし、決められた方法以上のことはできず、企業の成長発展が期待できない。

④ **参画型**：ここでの参画は、経営に対してという意味である。自分たちで、目標やその実現方法を決め、チームのメンバー全員で分担して目標達成に

努力する。個々のメンバーやチーム全体の成長、さらには企業全体の能力向上が期待できる。この考えは、マクレガーのY理論から発展した行動科学が理論的背景となっており、関係者間でのコンセンサスの重視、仕事における自己実現への自由と信頼、社内労働者間の平等主義、人間の目標に対する満足感を基本原則として成り立っている。

表 4.2.1　理論と管理の仕組みの関係

マズロー	マクレガー	リーダシップ	管理の性格	管理の仕組み
自己実現の欲求	Y理論	参画型	自主的	目標管理
自我の欲求	⇕	温情型	⇕	人間関係管理
社会的欲求				
安全の欲求		官僚型		刺激賃金管理
生理的欲求	X理論	専制型	被支配的	

(2) 代表的な管理方式

テーラーの科学的管理法に端を発し、以降、人間らしさという観点を重視しつつ、つぎに示す管理方式が考案されてきている。

① **刺激賃金管理**：賃金の増減で生産性を向上させようとする管理方式。テーラーの科学的管理法に基づく伝統的な管理方式であり、ノルマの達成を標準とし、未達成の場合にはペナルティとして減給し、ノルマを越えた場合には加給することによって動機付けしようとする仕組みである。マズローのX理論でいうアメとムチは、この管理方式を念頭に置いている。現在でも、この方式は、多くの企業で採用されている。

② **人間関係管理**：職場やチームの人間関係をよくすることによって生産性を向上させようとする管理方式。良好な人間関係を維持し、良好な人間関係の組み合わせで仕事のチームを作っていくことで、生産性向上を実現することを意図している。メイヨーが有名なホーソン実験によって考案した人間関係論に端を発している。

③ **目標管理**：Y理論によれば、人間は本来的に自己成長の欲求を持っており、自分が決めた目標を達成するための努力は惜しまないし、そうすることに充実感を得ようとする傾向がある。仮に、組織目標と個人目標が一致すれば、人は個人目標に向かって努力し、その目標を達成することで組織

第4章 資源としての「人」

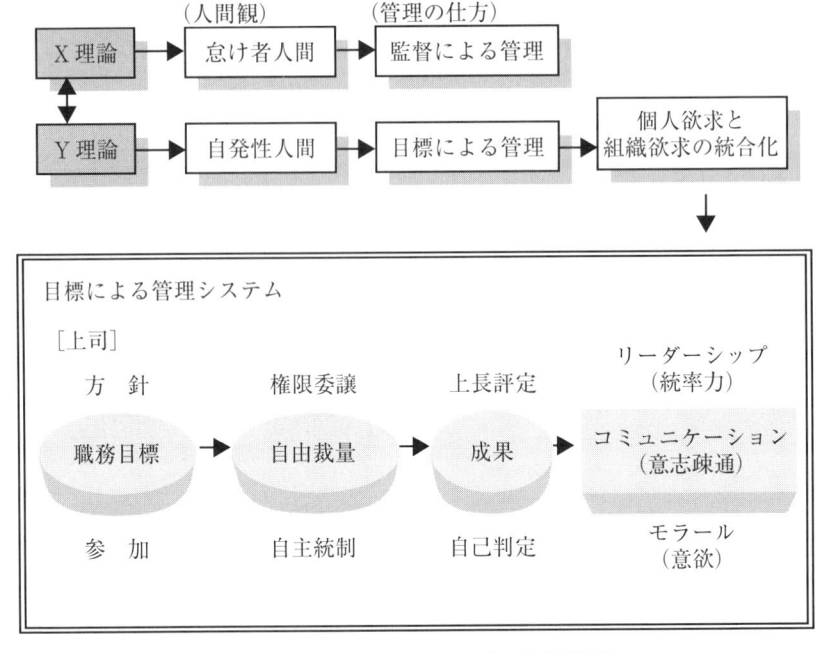

```
                    (人間観)        (管理の仕方)
    ┌─────┐      ┌─────┐      ┌─────┐
    │ X理論 │─→  │怠け者人間│─→ │監督による管理│
    └─────┘      └─────┘      └─────┘
      ↕
    ┌─────┐      ┌─────┐      ┌─────┐      ┌──────────┐
    │ Y理論 │─→  │自発性人間│─→ │目標による管理│─→│個人欲求と    │
    └─────┘      └─────┘      └─────┘      │組織欲求の統合化│
                                              └──────────┘
                                                   ↓
```

```
┌─────────────────────────────────────────────┐
│ 目標による管理システム                                     │
│  [上司]                                                  │
│                                       リーダーシップ       │
│   方　針     権限委譲    上長評定      （統率力）          │
│  ╭─────╮  ╭─────╮  ╭─────╮                            │
│  │職務目標│→│自由裁量│→│ 成果 │→  コミュニケーション    │
│  ╰─────╯  ╰─────╯  ╰─────╯   （意志疎通）            │
│                                                          │
│   参　加     自主統制    自己判定      モラール            │
│                                       （意欲）            │
└─────────────────────────────────────────────┘
```

図 4.2.1　マクレガーの理論と目標管理

目標を達成することができるはずである。目標管理では、業務上の個人目標は個人が上司との合意に立って決定することで個人の動機付けを促す。そして、個人が達成した業績の目標達成度を期末に上司が評価し、その評価が個人にフィードバックされ、翌年の目標設定に用いられる（図4.2.1 参照）。

(3) コーチング

「目標を達成するために必要となる能力や行動を、コミュニケーションによって引き出すビジネスマン向けの能力開発法」をコーチングと呼ぶ。専門のコーチが質問を重ねながら相手に自分自身で何を実現したいのかを明確にイメージさせ、潜在能力を引き出して目標を達成するための行動を促す。近年はビジネスだけでなく育児など生活上のテーマも扱われており、1960年代からアメリカで広まった。

「男に魚を一匹与えれば、1日、生きられる。魚を釣る方法を教えれば、男

は生涯、食うに困らない」。

　自分で考え、自分で動ける人材を育てるのが、コーチングである。命令するのと、やり方を教える（指導する）のでは、本質的に違う。優れたリーダは、あらゆる場面を指導の機会だととらえている。しかし、指導を受ける側が受け身のままでは、自主独立の精神は育たない。この種の精神を育むには、「答えを与える」のではなく、「自力で答えを見つけられる」ようにサポートすることから始めなければならない。

　コーチングでは、その人が必要とする答えはすべてその人の中にあり、答えを自ら見つけ出すための方法が身につくように指導しなければならないと考える。つぎに列挙した内容が、コーチングの基本的な考え方である。

- 人は無限の可能性を持っている
- 人が必要とする答えは、すべてその人の内部に保有されている
- 答えを見つけるためには、パートナーが必要とされる
- 「気づき」を重視する

　これを見ると、コーチングでは、人間はマズローの「欲求段階説」における自己実現を目指すものであると考えていることが分かる。同様に、マグレガーが提唱したY理論の「人間は本来勤勉であり、環境条件が整備されていれば指示されなくても行動する。さらに、自ら責任をとろうとする自発的人間である」とする立場を取っていることも分かる。

4.2.2　職務設計の変遷

(1)　職務充実化政策

　表4.2.2に、テーラーの科学的管理法から始まった代表的な職務設計の理念を示す。フォードのベルトコンベア・ラインによって大きく取り上げられた人間疎外の問題を解消するための具体策が、「職務充実化政策」である。職務充実化（Job Enrichment）の理論的アプローチは、マズローの欲求段階説に始まった。

　そして、マクレガーによって、モチベーション理論の流れを汲む人間観に基づいた新しい管理システムが経営領域に持ち込まれた。さらに、ハーズバーグ

表 4.2.2　職務設計の理念

理　念	方　法	長　所	短　所
科学的管理	労働単純化	安全、単純、信頼性ある仕事の創造。労働者の精神的負担を最小限にする。	退屈かつ非人間的。
	職務拡大	課業間の待ち時間を削減し、組織の柔軟性を向上し、支援人員の必要性を削減できる。	労働の単純化による自己疎外は解消せず、単純化の利点もなくしてしまう。
人間関係	作業グループ	労働者の社会的ニーズの認識。	ほとんど技術的な指導がない。
職務特性アプローチ	職務拡大	従業員の志気を高める仕事の創造。	費用が高い。事故やミスの可能性が増加。増員の必要性。管理者が必要。
社会工学的アプローチ	チーム	職務のコントロールを労働者に委ねる。先端技術を使用する新しい工場において、効果的である。	組織の再設計と慎重なチーム構成を要す。退屈な仕事は、ある程度残る。非生産活動に、多くの時間が費やされる。

によって、モチベーションと仕事そのものとの関連づけが盛り込まれ、その実証的研究が行われた。以降、この、マズロー、マクレガー、ハーズバーグという流れが、ワーキング・システム作りの中心となってきている。

（2）　人間らしさと仕事との調和

職務充実化政策にもとづく職務設計は、表 4.2.3 に示すように、仕事要因と人間要因の 2 つの基本要素から成り立っている。フォードの生産方式では人間

表 4.2.3　人間らしさと仕事との調和

人間要因	仕事要因
脱単調感	質的バラエティの増大
充実感	仕事のまとまりの増大
成長感	チャレンジ性の増大
自主性	自由裁量の増大
責任感	計画判断の増大
連帯感	相互連携の増大
達成感	成果・フィードバックの増大

要因が欠如しており、ボルボは人間要因を充足させるための仕事要因を馬蹄型(ばていがた)の生産ラインに組み込んだと考えればよい。

(3) 職務設計の方策

職務設計の方策として、次の３つが中心である。

① **仕事の集約化**：仕事の細分化と専門化の行き過ぎを是正する。同質の仕事を増やすのではなく、異質の仕事や関連の仕事を混合する。

② **管理・判断職務の注入**：伝統的に管理者の仕事と考えられている職能を作業者に委譲していく。企画、計画から実施、成果判定までを一貫して任せるバーチカル・フル・ジョブ（vertical-full-job）に近づける。

③ **グループ自主管理**：提示された経営方針や達成目標値の達成方法から、仲間との分担や交替、業務改善、達成目標や経営方針に対する意見具申に至るまで、グループの自主的な協議決定に任せる。

コンピュータと情報ネットワークが高度化し普及するにつれて、仕事の質や職務内容に大きな変化が生まれてきている。この変化につれて、人と仕事との関わりに対してもまた、社会工学アプローチ[4]などの新しい研究が生まれてきている。企業経営は、あらゆる学問分野の研究成果を逐次取り入れ、新しいものへと進化しつつ、真に人間らしい職場を構築していかなければならない。

---

[4] 社会工学的アプローチは、基本的には作業集団と組織との相互作用の考えに基づいており、つぎの特徴を備えている（トライスト）。①今まで単一職務であったものが、全体が機能するような一連の活動からなるワーク・システムに代わった。②個々の職務保持者よりも、作業集団に重点が移ってきた。労働者個人に対する監督者の外からの規制に代わって、集団によるシステム内部での規制が可能となった。③個人の職務を中心とした組織の設計原理は、機能を中心とした設計原理に取って代わった。これにより個人の多様な技能を開発することができるようになり、ひいては多種多様な職務上の要求に対応できる集団の能力を増大することになる。④労働者による意思決定は記述された職務内容よりも重要になる。⑤労働者の、何をいつするかという決定の範囲が広がった。というのは労働者を製造過程の補定者として見るのではなく、人間として見るようになったからである。⑥それは官僚的マネジメントでの多様性を減少させるよりも、むしろ個人と組織の両面での多様性を増加させた。⑦この職務設計に対する社会工学的アプローチは、労働の質（QWL: quality of working life）への動きを生み出し、多くの新産業で行われているワーク・システム設計に大きなインパクトを与えた。

4.3 目標管理

目標管理とは、ドラッカーが、著書"The practice of management"(1954)、邦訳『現代の経営』において提唱した概念である。英語では、MBO [Management By Objectives (and Self-Control)] であり、正式には「目標による管理」と表記されるべきなのだが、「目標管理」が一般的なので、本書ではこの表現を用いている。英語表現の（　）内は、日本語では「自己統制」であり、自己実現を目指す自発的な人間行動に焦点を当てた概念である。

4.3.1 目標による管理

組織のやるべきことと、個人のやりたいこととを一致させていく。組織にとっても個人にとっても望ましい目標を設定し、その達成に向けて努力し続ける。これが、目標管理の目指すところである。

実現のためには、組織と個人が望ましい関係を築く必要があり、そのためには、「目標設定への参画」と「自己統制（self-control）」が重要である。

さて、目標には、「組織の目標」と「個人の目標」がある。売上高や生産性などで設定される組織目標は、その職場の長が責任を持って他部門や上位部門との調整の上で決定される。この場合には、「目標設定への参画」、つまり決める前、決めているとき、決めた後の、それぞれの段階で職場のメンバーを参画させていくことが、極めて重要である。

目標管理には、つぎの2つの意味がある。

- 組織の目標を理解することにより、構成員であることを自覚し、組織目標に向けて努力すべき方向を、一人ひとりに納得してもらう
- 自己の価値を組織の中で自覚してもらうことにより、自らの成長を図る

上司からの押しつけではなく、自らが参画して決定された組織目標は、自分自身のものとして受入れやすい。これは、個人目標の設定においても、組織目標と同様である。

目標が設定されると、上司は、部下が設定した目標を達成できるよう、部下をバックアップしていくことになる。これを、「目標達成のプロセス管理」と呼ぶ。このバックアップは、部下に対する上司の指導ということに他ならない。

ところが、「自分で、目標達成に向けて試行錯誤していきたい」「自分の責任で、自分の力で進めたい」という欲求を誰もが持っている。その一方で、「目標達成に向けて、大変なことや分からないことは、上司にバックアップしてもらいたい」という気持ちも持っている。

目標管理における自己統制とは、上司に頼りっぱなしになるのではなく、かといって勝手気ままに仕事をしていくものでもない。自らに責任を持ち、自力で進めることを前提に、上司が支援していくことが大切である。そうした体制ができてはじめて、本人の能力開発や能力伸張が可能になるのである。

4.3.2　目標管理への期待

（1）　経営者の期待

企業において、経営戦略を策定するのは経営者層であり、これを実行するのは、その企業に所属する全社員である。ところが、戦略が定まっていても、一人ひとりが行動するよう仕向けていくためには、その戦略を具体化する必要がある。目標管理は、戦略を具体化し、やるべきことへと体系立ててブレークダウンするための道具として、きわめて有効である。

社員一人ひとりが、自らの考えで目標を描き、可能な限り自力で達成できるような進め方を繰り返すことで、チャレンジ精神に富み自発的に行動する、進取の気質に富んだ企業風土の形成が期待できる。

（2）　人事部門の期待

人事は、採用から昇給・昇進、教育や能力開発、そして退職手続きに至るまで、社員の処遇全般に関わる業務を担当する部署である。処遇に関わることだけに、公平さ公正さはつきないテーマである。そこで、会社が期待する仕事と能力の内容・レベルを等級基準として設定したり、管理者が少しでも公平な管理ができるよう考課者訓練[5]を実施したりする。

目標管理は、上司が部下と面接し、前年度の評価と同時に次年度の目標を設

---

[5] 考課：①律令時代の官人の勤務評定。各官庁の長官が毎年部下の勤務成績を上上から下下までの9等級に判定し、上申した。②軍人・官吏・学生などの功績・操行・学業、または会社などの営業成績を調べて報告すること。「人事―を行う」（広辞苑）。すなわち、人事考課を行う管理者の訓練。

定するというプロセスである。そして、このプロセスをとおして、各社員に望ましい目標設定を仕向け、成果を公正に評価するだけでなく、その成果がつぎの目標に反映できるよう、達成度評価の方法をアドバイスしていく。このようにして、公正な処遇を実現していくのである。

　人事部門が期待するもう一つの効果は、各社員の能力開発・伸長である。能力開発の方法には、主なものとして、OFF JT（OFF the Job Training 職場外訓練）と OJT（On the Job Training 職場内訓練）、そして自己啓発がある。

　このような能力開発は、日々の仕事の忙しさにかまけてなおざりにされがちになる。そこで、人事部門は、目標管理を導入して、重点的、意図的、計画的に、自らと部下・後輩の能力開発・伸長を図っていこうとする。能力開発・伸長とは、「できなかったことができるよう、スキルアップすること」である。それは、最終的に仕事の推進力となり、企業の目標・方針に結びついていく。したがって、目標管理は、一人ひとりの社員にとっても組織にとっても、価値ある仕組みなのである。

(3) 管理者の期待

　一般的に、それぞれの職場では、その職場の核となる管理者が、目標・方針を設定し、その達成に向けて PDCA サイクルをまわしていく。そして、目標管理の運用は、それぞれの職場で行われる。

　目標管理の仕組みは、そうした管理者に、体系的なマネジメントの方法を提供してくれる。すなわち、社内外の環境変化を認識した上で「全社目標から上位部門目標の体系化」「職場内の問題・課題の共有化」「職場目標案のとりまとめ」「職場目標達成に向けてなすべきことの明確化」「職場目標の調整・決定」の手順を踏んで次年度の目標・方針を設定し、部下の個人目標設定に向け「職場の組織目標の意味づけ」「目標設定準備」「面接」「自主目標の明示」「上司の期待の確認・提示」「話し合いと合意形成」「個人目標設定ととりまとめ」の順に進めていく。

　こうした体系的なやり方（システム）は、管理者のうまい、へたをカバーし、誰もがマネジメントをそつなくこなせるようにしてくれるだけでなく、管理者のマネジメント能力をも引き上げてくれる。

（4） 社員個人の期待

　一般社員にとっての目標管理への期待は、自己の能力開発・伸長であり、その結果としての組織への貢献である。

　一般社員の能力は、個人目標の設定から測定・評価までの一連の流れの中で身についていく。まずは、目標設定の段階での計画性の醸成である。そして、自ら設定した目標を達成していかねばならないという責任感が、目標達成に向けた努力の中で醸成されていく。評価・測定段階では、望ましい目標のレベルや自分の努力の程度に気づくこともある。設定した目標が、自分の本来の目標に近ければ、最も望ましい能力を身につけることができる可能性が高くなる。

　会社での仕事は、上司から与えられた仕事をこなすことが最低条件である。成長するにつれ、自ら求めてやるべきことを探し出し、進んで実行するようになる。そして、自ら成し遂げた仕事が、組織の目指す「顧客の創造・維持」「生産性の向上」などの目標との結びつきで分析するようになる。仮に、相互の結びつきが欠如していれば、自分がやるべき仕事を見直すようになる。

　このようにして、自己の能力を開発し、組織目標の達成に貢献し、周囲から認められるよう努力を続ける中で、自己実現の欲求を充足させることができる。

4.4 評価と育成

> 従業員のやる気を引き出すためには、欲求を充足させるための誘因である報酬を示す必要がある。しかし、そのためには、個々の従業員をどのように評価し、その評価によってどれだけの報酬を提供するかを決定するための仕組みを確立しておかなければならない。また、この評価の仕組みは、従業員が自らを向上させながら、目指すべき方向をも指し示すものでなければならない。

4.4.1 成果主義

（1） 成果主義とは

　人事評価の際、業務に取り組むことによって生じる結果やそこに至る過程（行動）に着目し、それを重視する考え方に成果主義[6]がある。一般的に、人事評価や処遇決定に際しては、必ず何らかの評価項目が設定される。評価項目には、①**年功**、②**職務内容**、③**保有能力**、④**行動**（顕在能力）、⑤**結果**などがある。成果主義とは、これらの項目のうち、⑤**結果**さらには④**行動**に着目する考え方である。

（2） 保有能力と顕在能力

　「能力」について考える場合、保有能力と顕在能力は、分けて考える。優れた能力があっても、それが行動に反映されない場合は、保有能力の域を越えることはない。保有能力をもとに何らかの成果を生み出すための行動を起こした時、顕在能力が発揮されたものとみなされる。

　また、成果主義についても、「成果＝結果」と考える場合と、「成果＝行動＋結果」と考える場合がある。

　最近では、人事評価や給与決定の仕組みの基本的な思想を論じる際に、成果

---

[6] 成果主義［Principles of Management by Results］：企業の人事管理において、賃金・昇進などの決定基準を個人の仕事の成果におこうとする考え方。一定期間内における目標達成度で成果を評価し、賃金・昇進などに反映させる手法が多く取り入れられている（デイリー新語辞典）。

主義、能力主義[7]、あるいは実績主義[8]といった言葉がよく使われる。しかし、それぞれの言葉の定義を明確にしておかないと適切な評価制度を構築することは不可能である。

（3） 成果の定義

成果主義には、結果のみを捉える場合と、行動と結果の両方を捉える場合がある。成果主義を採用する企業が、結果のみを重視するのであれば「成果＝結果」、結果が良くなくてもそこに至るプロセスが優れていることを高く評価するのであれば、「成果＝結果＋行動」となる。

4.4.2 年俸制

年俸制とは、成果主義賃金を年俸という形態で実現した給与制度のことである。年俸制導入で重要なのは、自分の役割と成果で賃金が決まるため、役割の設定における個人の裁量度が高いことが条件だという点である。

年俸制を適用する管理職の、初年度の年俸を決定する方法としては、つぎの2つがある。

- 月給制から年俸制に移行する場合、それまでの月給に相当する部分を基本年俸とし、賞与相当額を業績年俸とする。そして、その合計を年俸とする。
- それまでの月給や賞与とは無関係に、年俸制へ移行する者には、共通の初任年俸を設定する。

年俸の改定には、つぎの2つの要素がある。

- 一般社員のベースアップ[9]に伴う改定
- 過去1年間の個人業績を反映させる改定

個人業績が直接影響するのは、業績年俸の部分である。業績年俸に基準額を設定しておき、業績評価に応じてプラス・マイナスする方法が、一般的に用い

---

[7] 能力主義：企業の人事管理において、賃金・昇進などの決定基準を個人の職務遂行能力におこうとする考え方（デイリー 新語辞典）。
[8] 実績主義：顕在化された実績（何をやったか）だけで評価すべきであるとする考え方。
[9] ベースアップ：賃金ベースの引き上げ。賃金ベースに無関係の定期昇給も含めた所定内賃金の引き上げを指すこともある。ベアと略して用いられる。
　賃金ベース：各企業の賃金水準を表す言葉。もとは、企業別・産業別・地域別などに、賃金の支給総額を労働者の総数で除した平均賃金をいい、賃上げ闘争に使われた。

られている。

　企業の目標設定では、経営計画を策定し、今後1年間の経営目標を設定する。個人の目標設定では、どの段階においても、上司と部下との間で相談して決めることになる。個人業績は、個々人の目標に対する達成度で評価する。これは、年俸制についても同じである。

　年俸制の長所として、目標管理制度との親和性を指摘することができる。なぜなら、目標管理制度は、年俸制適用者の企業内における役割を明確にすることが大前提だからである。

　短所としては、業務遂行が短期的視点の下で行われやすいということがある。また、自分の業績にとらわれるあまり、組織全体の業績向上への配慮を欠く可能性が危惧される。

4.4.3　ストックオプション

　自分が働く企業の株を、一定期間内に、あらかじめ決められた価格で購入できる権利のことをストックオプション（stock option）と呼ぶ。1920年代に米国で導入され、1997年の商法改正で日本企業への適用が全面解禁された。以降、業績に貢献した役員や従業員に対する報酬として活用する企業が増えている。

　この仕組みは、「有利な条件で株式を購入する権利」を与えるものであり、従業員持株制度のように企業が従業員に株式を持たせる仕組みとは本質的に異なる。一般的には、役員や管理職の一部に供与するケースが多いが、企業への帰属意識を高めるため、全従業員に供与するケースもある。

　将来、企業が成長して株価が上昇すればするほど、権利を与えられた個人の利益が増加するので、企業目標と個人目標のベクトルが合致し、有能な人材を確保しやすくなるとともに、役員の経営努力や従業員の勤労意欲を向上・促進させる効果が期待できる。

　従来からの現金による給与や賞与に合わせて、自社株を用いた報奨制度を追加することで、従業員のやる気を増進する効果が期待できる。

4.4 評価と育成

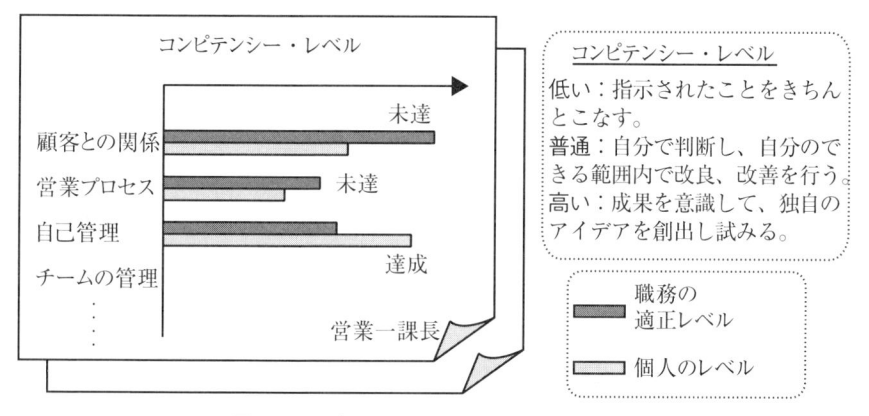

図4.4.1 適正レベルと個人レベルの比較

4.4.4 コンピテンシー

(1) 行動特性モデル

コンピテンシー[10]とは、仕事や役割に関して効果的で優れた成果を発揮する個人の行動特性のことをいう。

1970年代、アメリカのマクレランド教授[11]らの研究によって、「高い業績を残すことができる人には、共通の行動特性（コンピテンシー）がある」という

---

[10] コンピテンシー［competency］：能力・資格・適性の意。人事評価制度において、業績優秀者が保有している能力のこと。業績優秀者の行動パターンからその特性を抽出し、人事評価の具体的基準とする（デイリー 新語辞典）。

[11] 心理学では「コンピテンシー」を「Competency」という単語では使われておらず、1950年代から論じられた「Competence」をもとに、日本語で「操作的（動機）知能」と訳され、個の真の能力、知力を操作して、何らかの成果を生み出す力を意味する。この「コンピテンシー」理論を1973年にハーバード大学のマクレランド教授が、人材開発や目標管理に応用できるという論文を発表してから、「コンピテンシー」という言葉が、学問の場から人事マネジメントでも多用されるようになった。マクレランドは、人間の業績や人生の成功予測は、知識や学力では測れず、Competenceの確認が必要だと理論づけた。その後、アメリカの国務省からの依頼でCompetenceを見るためのBEI（Behavioral Event Interview）という質問手法を開発し、外交官の選抜に採用された。ここでのコンピテンシーは、異文化間における対人感受性、他者を信じて期待する、政治的ネットワークの理解などが評価された。日本では、コンピテンシーを見かけの「行動」特性ととらえる傾向が強いが、本来のコンピテンシーとは表面に出にくい「動機（Motive）」特性を意味する（川上真史、『会社を変える社員はどこにいるか』、ダイヤモンド社、2003）。

ことが判明した。その後、ビジネス向けの研究がすすめられ、職務に応じて高い業績や結果を残す人のコンピテンシーをパターン化したコンピテンシー・モデルがつくられるようになった。

従来、人事評価や育成の際には、能力や職務、業績（結果）に視点をあててきた。しかし、高い結果を継続的に残すためには、仕事のプロセスも重要であると認識され始め、コンピテンシーの視点が注目されるようになった。現在では、コンピテンシー・モデルと個人の行動実態とを比較し、その結果を人事評価や人材育成に活用する企業が増えつつある。

コンピテンシーは、成果主義における「行動」と同義あるいは近い概念である。結果に至るプロセスを重視することで、人事評価だけでなく、人材育成という点での効果も期待できる。

(2) 人事全般に対する汎用性

顕在化した行動を観察するという点で、コンピテンシーには、判断基準が明確でわかりやすいという特徴がある。そのため、コンピテンシーの視点は、人材の評価や育成のみならず、採用や人材配置などにも用いられるようになってきている。

コンピテンシーは、人事全般に対して汎用性の高い特徴を有してはいるが、行動特性がコンピテンシー・モデルどおりの優秀な個人であっても、外的な要因によって優れた結果を残せない場合が往々にして存在する。

したがって、コンピテンシーは、短期的な評価よりも、中長期的な成果を生み出すための人材育成ツールとして位置づけるのが順当であるとされている。

4.4.5 多面評価制度

通常、人事評価の際の評価者とは被評価者の直属の上司である。しかし、多面評価制度では、上司のみが評価するのではなく、同僚や部下、他部門、顧客にも評価に参画してもらう。人材育成や評価の公正性・客観性の確保のために、上司だけでなく同僚や部下など複数の方位から評価を行う制度を多面評価制度と呼ぶ。

多面評価の実施目的は、人材育成と評価の２つである。

人材育成を目的とする場合には、評価結果を被評価者本人にフィードバック

する。これは、上司や周囲の人たちが自分をどう見ているのかを知ることを刺激とし、その刺激が自己改革の動因となることを期待してのことである。

　評価の結果を昇進昇格や賞与算定に活用する企業の場合には、評価と賃金の連動を強化することを目的としている。この連動が緊密になれば、評価に対する公正性、客観性は、従来以上に求められることになる。多面評価は、公正性、客観性のみならず、被評価者自身が納得できる有効な方法なのである。

第4章　資源としての「人」

> **キーワード**
>
> モチベーション（動機づけ）、動因、誘因、欲求段階説、自己実現の欲求、X理論、Y理論、目標管理、動機づけ要因、衛生要因、リーダシップ、コーチング、職務充実化政策、職務設計、QWL、成果主義、コンピテンシー、多面評価制度

> **経営課題**
>
> ■ あなたは、社長です。どのようなリーダシップ・スタイルで経営しますか。その理由も述べなさい。
> ■ 従業員にとってやり甲斐のある職場にしたい。そうするために、あなたは、どのようにすべきだと考えますか。
> ■ 従業員の仕事の成果を公正かつ客観的に評価するとともに、従業員の能力向上をも図りたい。あなたなら、どのような仕組みを導入しますか。

章末問題4

問題1　正誤問題：人間の行動は、その行動に駆り立てる何らかの欲求（理由）に支えられている。その行動を駆り立てる要因を「駆因」と呼ぶ。そして、人間の欲求を充足させるものを「充因」と呼ぶ。欲求を満たすものを手に入れること自体が人間行動の目標であるから、「駆因」は目標でもある。

問題2　マッチング問題：マズローは、人間の欲求を5段階に分類している。それぞれの欲求の説明文を解答項目から選べ。

〔質問項目〕
　1. 生理的欲求　2. 安全の欲求　3. 社会的欲求　4. 自我の欲求
　5. 自己実現の欲求

〔解答項目〕
　A. 集団の一部でありたい、誰か他人に所属したいという欲求。愛したい、愛されたいという欲求を含む。
　B. 人間は、自分自身を成長させたいという欲求を持っている。自分自身の能力を発揮したいという欲求も含む。人間は、自らが認める好ましい状態へと成長することによって自己表現（真の自己と仕事を獲得）しようとし、この実現過程（目標に向かって努力す

る過程）において充実感を得ようとする。

C. 生理的な欲求を安全に充足させたいという欲求、病気からの解放を含む。

D. 食物、暖かさ、排泄、水、睡眠、性の充実、その他の肉体的欲求。

E. 人間は自尊心を持っており、他人から認められたい、尊敬されたいという欲求を持っている。第1に、個人的な価値、適切性、能力に対する欲求。第2に、尊敬、賛美、承認、他人の目に映る地位（ステータス）。

問題3 **マッチング問題**：マズローの欲求段階を従業員の欲求構造に対応させて考えると、どのようになるか。説明文を選べ。

〔質問項目〕

1. 生理的欲求　2. 安全の欲求　3. 社会的欲求　4. 自我の欲求
5. 自己実現の欲求

〔解答項目〕

A. 自己の業績や熟練が職場に貢献しているという自我意識、職場の中で自己の存在を認められ昇進したいと望む。

B. 賃金、自己の生活を維持。

C. 職場集団の中の人間関係、インフォーマル組織を含めた仲間集団への愛情を持った帰属。

D. 安全な労働環境や労働条件、雇用の安定や地位保全。

E. 仕事への生き甲斐、充実した仕事。もっと責任ある意思決定に参加したい。創造性や企画力を発揮して革新的業務を実現してみたい。職場を通して人格を磨き人間的にも成長したい。

問題4 **多肢選択問題**：マクレガーのX理論の仮説について、不適切な説明はどれか。

A. 普通の人は、生まれつき仕事が嫌いで、できることなら仕事はしたくないと思っている。

B. この仕事は嫌いだという人間の特性のために、たいていの人は、強制されたり、命令されたり、処罰するぞと脅されたりしないと、企業目標を達成するために十分な力を発揮しないものである。

C. 現代の企業においては、日常、従業員の知的能力はほんの一部しか生かされていない。

D. 進んで仕事をするよりは、いちいち命令されて仕事をする方が、

責任をとらなくてすみ、気楽である。ふつうの人間は、あまり野心を持たず、なによりも安全を望んでいるものである。

問題5 正誤問題：「企業の個人に対する要求」と「企業における個人の欲求充足」が合理的な方法で調整可能なら、企業にとってもっとも効率的な目標達成が可能になる。このような状態を「統合（integration）」された状態と呼ぶ。

問題6 多肢選択問題：やる気を起こさせるモチベーション管理で充足させるべき条件として不適切なのはどれか。

〔解答項目〕
  A．自己評価を高めさせ、心理的成功を味わわせる。
  B．自分自身の評価が他の組織メンバーに認められること。
  C．不快要因を排除して、快適な職場環境を作ること。
  D．組織において自分自身が必要不可欠な存在であると認められていること。

問題7 マッチング問題：経営者のリーダシップの違いによって、企業経営には、つぎに示す経営スタイルがある。それぞれのスタイルに対応する説明を選べ。

〔質問項目〕
  1．専制型　　2．温情型　　3．官僚型　　4．参画型

〔解答項目〕
  A．定められたルールや手順を確実に履行する。環境変化が小さい場合、仕事の効率は極めて高い。しかし、決められた方法以上のことはできず、企業の成長発展が期待できない。
  B．自分たちで、目標や、その実現方法を決め、チーム・メンバー全員で分担して目標達成に努力する。チーム・メンバーやチーム全体の成長、ひいては企業全体の能力向上が期待できる。
  C．経営者が、絶対的な権限を持ち、従業員は命令への絶対服従を要求される。非常に有能なリーダのもとでは、有効であるとされる。
  D．能率やコストなどの目標ではなく、人間関係的情感に訴えて従業員の意欲を引き出す。目標達成のため、非情になる必要がある場合、温情が弱点となる可能性がある。

問題8 マッチング問題：職務充実化政策にもとづく職務設計は、仕事要因と人間要因の2つの基本要素から成り立つ。つぎに示す人間要因と仕事要因を関連づけよ。

〔質問項目〕
   1. 脱単調感　2. 充実感　3. 成長感　4. 自主性　5. 責任感
   6. 連帯感　7. 達成感

〔解答項目〕
   A. 自由裁量の増大、　　　B. 相互連携の増大、
   C. 仕事のまとまりの増大、D. 成果・フィードバックの増大、
   E. チャレンジ性の増大、　F. 計画判断の増大、
   G. 質的バラエティの増大

問題9　多岐選択問題：人事評価の際、業務に取り組むことによって生じる結果やそこに至る過程（行動）に着目し、それを重視する考え方に成果主義がある。一般的に、人事評価や処遇決定に際しては、必ず何らかの評価項目が設定される。成果主義で重視される評価項目を、つぎの中から2つ選びなさい。

〔解答項目〕
   A. 年功、　B. 職務内容、　C. 保有能力（潜在能力）、
   D. 行動（顕在能力）、　　E. 結果

問題10　正誤問題：従来、人事評価や育成の際には、能力や職務、業績（結果）に視点をあててきた。しかし、高い結果を継続的に残すためには、仕事のプロセスも重要だと認識され始め、コンピテンシーの視点が注目されるようになった。現在では、コンピテンシー・モデルと個人の行動実態とを比較し、その結果を人事評価や人材育成に活用する企業が増えつつある。

問題11　正誤問題：多面評価の実施目的は、人材育成と評価の2つである。評価を目的とする場合には、評価結果を被評価者本人にフィードバックする。これは、上司や周囲の人たちが自分をどう見ているのかを知ることを刺激とし、その刺激が自己改革の動因となることを期待してのことである。

問題12　正誤問題：コーチングでは、人はマズローの「欲求5段階説」における自己実現を目指すものであると考えている。

問題13　ディスカッション問題：従来からの一般的な「目標管理」の流れでは、部下が成果をあげれば、部下の成果も上司の成果となる。そこで、この仕組みを自分の都合に合わせて利用する者が出てくる。例えば、優秀な部下を手放さない上司、嫌いな上司の足を引っ張る部下、などである。どうすればよいか、グループで検討しなさい。

問題14　ディスカッション問題：目標管理では、当初設定した目標をハードルとし、そのハードルを越えることができたかどうかが、達成度として評価さ

れる。ところが、現実の個人目標設定では、達成度を上げるため、目標の難易度を低くしようという意志が働く。上司が、「この目標は難易度が低い」と指摘しても、難易度の高い低いは主観部分が大きく、上司と部下で一致することはあり得ない。本来の難易度は、能力と目標のギャップの大きさである。そして、大きなハードルを乗り越えて目標を達成したことを高く評価しようと意図している。しかし、成し遂げた成果は、その難易度と能力や努力との関係だけでなく、第三者からのサポートや運などの不確定要素に大きく影響を受けた結果である。すなわち、達成度と難易度の組み合わせで評価すること自体が、公平性を欠いていると考えられる。どうすればよいか、グループで検討しなさい。

第5章 マネジメントの戦略

学習目標

- ■ この章からは、「多くの企業が受け入れるべき理念やコンセプト」とは何か、「どうすれば、その理念やコンセプトを実現できるのか」という方法論、さらには「それを実現するための方法」について学ぶ。
- ■ 戦略経営の意味を理解した上で、経営戦略策定手順を学ぶ。
  - 事業機会(ビジネスチャンス)を見つけ出すための方法を学ぶ。
  - ターゲットとなる市場で、自社が満たすべきニーズやウォンツを明確にするための方法を学ぶ。
  - 事業領域の中で起こっている競争に打ち勝つため、ビジネスの機会と脅威、自社の強みと弱みを分析する方法を学ぶ。
  - 他社が真似できない自社の核となる強み(コア・コンピタンス)を見つけ出すための視点としてのリソース・ベースト・ビュー(RBV)について学ぶ。
  - 戦略を実行するための、経営資源の配分方法を学ぶ。
- ■ 持続的な競争優位を獲得するための新しいパラダイムと、その形成過程について学ぶ。
  - リエンジニアリング
  - ナレッジ・マネジメント
- ■ 戦略的マネジメントの新しい手法としての期待を集めているバランス・スコアカードについて、その理念と仕組みを概観する。

5.1 続・顧客満足経営

> ビジネスを立ち上げ、企業規模の拡大を目指して「人・モノ・金」の経営資源を効率よく運用し、利潤を生み出すべく日々努力してきた。ところが、われわれの企業の成長を阻むさまざまな問題が浮上してくる。
> ここでは、持続的に成長していくためには、どうすべきなのかを考える。

5.1.1 現代企業の状況

コトラー[1]は、現代企業のこうした状況をつぎのように述べている。

> 古い道路地図は、もはや信頼できない。企業の評判を築くことは難しく、それを失うのは容易である。内向きの企業は、市場、競争、流通、メディア、技術など、外で生じている地殻変動に気付かないでいる。
> マス市場は分裂し、多様なミクロ市場が発生している。そして、単一の流通チャネルは、複合的なチャネルへと置き換えられつつある。カタログやテレマーケティング[2]を利用する消費者が増えるとともに、ディスカウント販売が、消費者のブランド・ロイヤルティを破壊しつつある。従来の広告メディアは、その訴求力を低下させるとともに、コスト高となっている。
> したがって、企業は、これまでのビジネスのやり方を根本的に再検討する必要性に迫られている。結局のところ、顧客を最も満足させる企業が勝者となる。そのため、マーケターは、消費者のニーズとウォンツを理解し、企業が消費者に適切な解決策としての商品（製品とサービス）を提供できるようにするという特別の責任を担っている。今日、賢明な企業は、単に売上の向上ということだけでなく、品質、サービス、そして価値の提供を基盤に、顧客関係を強化するための長期的な投資に力を入れている。

---

[1] コトラー [Philip Kotler]：世界的なマーケティングの権威。代表的著書に『マーケティング・マネジメント』『マーケティング原理』がある。本章5.1と5.2は、プレジデント社の許可を得て、邦訳『マーケティング・マネジメント（第7版）』のp.56までを要約し、大幅に加筆したものである。

[2] テレマーケティング [telemarketing]：電話などの情報システムを活用したマーケティング。顧客からの注文・問い合わせといったインバウンド方式と、売り手が顧客に対して商品訴求などの働きかけをするアウトバウンド方式がある。第3章3.3.2「CRM」参照。

ニーズ、ウォンツ、需要 ▶ 商品 ▶ 価値、価格、満足 ▶ 交換、取引、関係 ▶ マーケティング、マーケター ▶ 市場

図5.1.1　マーケティングの概念

5.1.2　市場に対する企業の姿勢

　人間は、衣食住を必要（ニーズ）とし、娯楽や教育などに強い欲求（ウォンツ）を持っている。そして、商品（製品とサービス）を入手することで、ニーズやウォンツを充足させる。
- **ニーズ**：人間生活上必要なある状態が、不足している状態
- **ウォンツ**：そのニーズを満たす特定のものをほしいという欲望
- **需要**：購買の能力と意志に裏付けられた特定の商品に対するウォンツ
- **商品**：ニーズやウォンツを充足させるあらゆるもの

　特定のニーズを満たす商品は、多数存在する。それらの中から選択する基準は、その商品の価値（品質、サービス）あるいはその商品によって得られる満足であり、その対価としての**価格**である。そして、**市場**[3]（マーケット）において、商品の価値と対価との**交換**が行われる。**交換**が行われると、双方ともに何らかの価値を得たと思うのが普通である。交渉を経て交換の合意が形成されて、**取引**（transaction）が成立する。

　現在では、マーケティングの重点は、一回ごとの取引からの利益を最大化することから、取引先相互の有効な**関係**を最大化することに移っている。

　ここでいう**マーケティング**とは、市場において人間のニーズとウォンツを充足するための交換を実現するための活動である。そして、商品を集めて市場に交換の価値として提供しようとするものを**マーケター**と呼んでいる。

　会社、顧客、社会の利益のそれぞれを、どのような割合で重み付けしてターゲット市場に接するべきかというコンセプトには、つぎの5つがある。
① 　**生産志向**：消費者は、広く手に入り、価格の安いものを好むとの理由で、生産能率向上と広範な流通とに努力を傾注する。需要の多い発展途上国で有効な最も古い考え方だが、多くの日本企業でもこの考え方が見られる。
② 　**商品志向**：消費者は、品質や性能が最も良い商品を選ぶとの理由で、良

---

[3] 市場［market］：元来、売り手と買い手が交換のために集まってくる場所のこと。

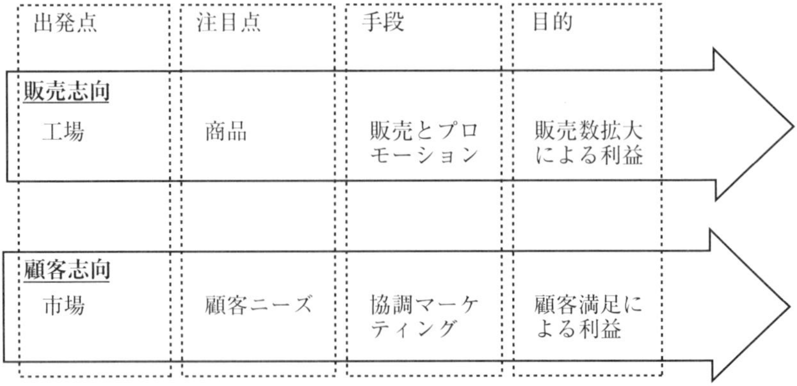

出発点	注目点	手段	目的
販売志向 工場	商品	販売とプロモーション	販売数拡大による利益
顧客志向 市場	顧客ニーズ	協調マーケティング	顧客満足による利益

図 5.1.2　販売志向と顧客志向
出典：『マーケティング・マネジメント（第 7 版）』の図 1-5 を元に作成

い商品をつくることとその改良に努力を集中する。ニーズよりも商品に関心を集中することで、「近視眼」に陥る可能性が大きい。

③　**販売志向**：消費者は、放っておけば、その企業の商品を十分に買うことはない。したがって、攻撃的な販売とプロモーションに努力を集中する。しかしながら、無理な販売姿勢による顧客の不満の方が、はるかに危険であると認識すべきである。

④　**顧客志向**：「企業の目的達成の鍵は、顧客のニーズとウォンツである」との信念を持ち、望ましい顧客満足を同業他社よりも有効かつ効率よく提供しようとする。

⑤　**社会志向**：「企業の目的は、顧客のニーズとウォンツと利益を明確にし、消費者や社会の福祉を維持し向上させるような方法で、他社よりも効果的で能率よく満足を提供することである」と考える。このコンセプトでは、企業の利益、消費者の利益、社会の利益の調和を図ることの重要性を強調している。

図 5.1.2 は、販売志向と顧客志向のコンセプトの相違を表したものである。販売志向は工場から市場という観点であるが、顧客志向では市場を起点として考える。

この顧客志向のコンセプトは、つぎの 4 つから成り立っている。

● **ターゲット市場**：すべての市場で事業（business）を行い、すべてのニー

ズを満足させることはできない。したがって、市場の絞り込みが必要となる。

- **顧客満足**：顧客には、新規顧客とリピート顧客がある。新規顧客を引きつけるには、リピート顧客の維持よりもコストがかかる。ただし、リピート顧客の維持には、顧客満足が不可欠である。満足した顧客は、①再び買ってくれる、②その商品を他人に宣伝してくれる、③他のブランドにあまり注目しない、④その会社の他の商品を購入してくれる。（第3章3.3「顧客満足経営」参照）
- **協調と権限委譲**：マーケティングの実行段階では、「従業員全員が、顧客満足の重要性を理解し、協調して顧客に奉仕する」という体制ができていないと上手くいかない。したがって、顧客に奉仕する有能な従業員を採用し、訓練し、動機づけることが必要になってくる。また、接客係への適切な権限委譲も必要である。マリオット・ホテルでは、顧客、従業員、株主に奉仕するにあたって、「まず従業員を満足させよ。従業員が幸せなら顧客によくサービスし、その顧客は頻繁にわれわれのホテルを利用してくれる。その結果、株主にも奉仕できる」としている。
- **収益性**：ビジネスの目的は、利潤の獲得である。その方法として、販売志向では拡販だけを目指すのに対して、顧客志向では、利益のある事業機会の発掘を目指す。

このように、顧客志向の方が販売志向よりも優れている。

5.2 企業環境と成長戦略

さて、ビジネスの目的は、利潤の追求である。ドラッカーは、この目的を達成するためには、「顧客を創造し続けること」「変化し続ける市場に適応し反応する術(すべ)を知っていること」が必須の条件であるとしている。

ダイナミックに変動する経営環境において企業全体を健全に維持するためには、市場を重視した戦略的な経営姿勢が大切である。このための方法として、コトラーはつぎの3つのアイデアがあるとしている。

- **投資ポートフォリオ**[4]の観点から、どの事業を育成し、維持し、収穫し、撤退するかを決定する。これは、限られた資金の配分に際して、極めて重要である
- 各事業の**潜在的収益力**を正確に評価する。そのためには、それぞれの市場の分析的な予測方法を用意しておく必要がある
- 事業ごとの長期目標を達成するために、企業の業界内の位置、諸目的、機会、資源を勘案し、最も妥当な**戦略案**を決定する

以下、組織階層に沿って、戦略的発想法を概観する。

5.2.1 企業レベルの戦略概念

(1) 企業目的

本書では、簡単のため、企業の目的を「利潤の獲得」であると設定してきた。しかし、現実の企業活動は複雑である。そこで、新たにその目的を探索するための方法を導入することにしよう。企業目的を明らかにするための方法として、ドラッカーは、つぎの本質的な質問から始めるべきであるとしている。

- われわれの事業は、何か
- 誰が顧客か

---

[4] ポートフォリオ [portfolio]：経済主体（企業・個人）が所有する各種の金融資産の組み合わせ。収益性の異なる方向を持つ商品を組み合わせることで、リスクを分散させる投資手法（デイリー 新語辞典）。

ポートフォリオ・セレクション [portfolio selection]：経済主体が各種の金融資産を運用する際に、安全性と高収益性を可能な限り両立させるように組み合わせる分散投資のこと（大辞林）。

- 顧客にとって、何が価値となるか
- われわれの事業は、どうなるのか
- われわれの事業は、どうあるべきか

組織が企業目的を表明することで、マネージャ、従業員、顧客に理解してもらう。効果的に企業目的を表明することで、従業員に、目的、進むべき方向や機会についての意識を共有させ、地域的にも分散している従業員を企業目的に向けて一丸となって進ませることができる。これが、企業目的の表明を必要とする理由である。

(2) ナンバーワン企業の法則

トレーシーとウイアセーマは、著書『ナンバーワン企業の法則』[5]の中で、「成功するには、その企業だけが市場に提供できる価値を発見しなくてはならない」とし、つぎの3つの価値基準を指摘している。

① オペレーショナル・エクセレンス（経営実務面での卓越性）
② 商品のリーダシップ
③ カスタマー・インティマシー（顧客との親密性強化）

最初の「オペレーショナル・エクセレンス」を信奉する企業は、製品やサービス業の革新者として目立っているわけでもなく、顧客との1対1の深い関係を作り上げているわけでもない。平均的な製品を最良の価格で、もっとも面倒がかからない形で提供するということで成果を上げている。

例えば、ウォルマートは、飾り物一切なしの大量小売り方式であり、この種の企業の典型である。この価値理念の掲示は、低価格と面倒のいらないサービスにつきる。

ターゲットは、コストと利便性を総合した最適化を求める顧客層である。この種の客層に対しては、5.1.2で述べた5つのコンセプトの内、「生産志向」で対応するのが順当である。

つぎの「商品のリーダシップ」は、商品の性能を限界まで追求するものである。ターゲット市場は、妥当なコストで最高・最新の商品を求める顧客層である。この種の客層に対しては、「商品志向」での対応が適している。

---

[5] M.トレーシー、F.ウィアセーマ、『ナンバーワン企業の法則―勝者が選んだポジショニング』、日本経済新聞社、2003.

第5章　マネジメントの戦略

　最後の「カスタマー・インティマシー」は、マーケットが欲しがるものではなく、特定の顧客が欲しいものに提供に焦点を当てる。この種の企業は、顧客との一回限りの取引ではなく、継続的な取引をめざしている。要するに、顧客との良好なリレーションシップ構築を第一義に考えている。カスタマー・インティマシー企業は、顧客の生涯価値を重視するのであって、数回の取引による損得だけを考えるのではなく、それぞれの顧客が本当に求めているものを正確・確実に手に入れることに万全を期す。

　したがって、ターゲットは、商品購入前から使用終了まで、一貫して親密なサービスを求める顧客である。この種の客層に対しては、「顧客志向」もしくは「社会志向」での対応が適している。

(3)　戦略的事業単位（SBU）

　多くの企業は、商品に基づいて自らの事業を定義づけている。しかし、レビット[6]は、「商品に基づく定義よりも、市場に基づく定義の方が優れている。

表5.2.1　商品視点と顧客視点での定義

企　　業	商品から見た定義	顧客から観た定義
レブロン	われわれは化粧品をつくる	われわれは希望を売る
ミズーリ・パシフィック鉄道	われわれは鉄道を運営する	われわれは人々と物資を運ぶ
ゼロックス	われわれはコピー機をつくる	われわれはオフィスの生産性を改善する
インターナショナル・ミネラルズ・アンド・ケミカルズ	われわれは肥料を売る	われわれは農業の生産性を改善する
スタンダード石油	われわれはガソリンを売る	われわれはエネルギーを供給する
コロンビア・ピクチャーズ	われわれは映画をつくる	われわれは娯楽をつくる
エンサイクロペディア・ブリタニカ	われわれは百科事典を売る	われわれは情報ビジネスを行う
キャリア	われわれはエアコンと暖房設備をつくる	われわれは居住空間を快適にする

出典：『マーケティングマネジメント（第7版）』の表2-1を元に作成

---

[6]　レビット［Theodore Levitt］：『マーケティング発想法』『レビットのマーケティング思考法―本質・戦略・実践』など。商品価値とは何かについて、深く考察した。

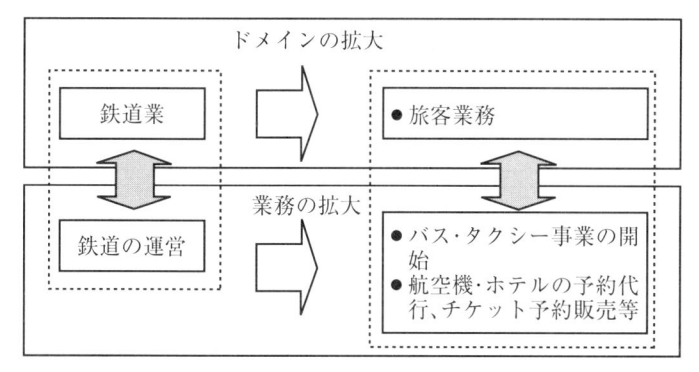

図 5.2.1　ドメインの概念

そして、事業は、商品生産過程ではなく、顧客満足過程として見なされるべきである」と主張している。これは、商品は変化するが、基本的なニーズや顧客グループは変わらないからである。

　企業が事業展開する際の事業領域をドメインと呼ぶ。これは、自社の経営資源を用いて強みを発揮できる事業領域であり、自社の将来を考えて決定しなければならない。表 5.2.1 は、商品と顧客それぞれの視点で企業の事業領域（ドメイン）を定義し、比較したものである。

　例えば、ドメインが「鉄道業」である場合、その業務は、「鉄道の運営」である。ここで、ドメインを「旅客業」に拡大してみよう。すると、「バス・タクシー事業」「航空機・ホテルの予約代行」「チケット予約販売などの代理業務」などがその業務として連想できるようになる。

　このように、ドメインの大きさによって、自社の業務範囲として想定できる内容が大幅に違ってくる。しかしながら、ドメインが大きすぎる場合には、無意味な競争が増加したり、経営資源が分散したりするなどの不都合が生じやすい。逆に、ドメインが小さすぎる場合には、顧客ニーズの変化への適合が困難になるという不都合が生じやすくなる。

　さて、ドメインにおいて戦略的に企業を運営するためには、事業を定義づける必要がある。これを戦略的事業単位（SBU: Strategic Business Unit）と呼び、つぎの特徴を持つ。

- 単一の事業あるいは関連する事業の集合体であり、企業の他の部分とは分

第5章　マネジメントの戦略

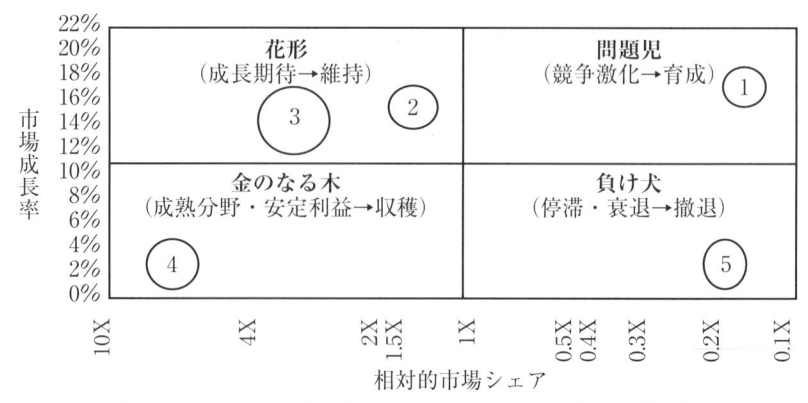

```
市       22%
場       20%  ┌─────────────────────┬─────────────────────┐
成       18%  │      花形           │     問題児          │
長       16%  │ （成長期待→維持）   │ （競争激化→育成）   │
率       14%  │     ③      ②      │            ①       │
         12%  │                     │                     │
         10%  ├─────────────────────┼─────────────────────┤
          8%  │    金のなる木       │     負け犬          │
          6%  │（成熟分野・安定利益→収穫）│（停滞・衰退→撤退） │
          4%  │                     │                     │
          2%  │  ④                 │            ⑤       │
          0%  └─────────────────────┴─────────────────────┘
             10X       4X      2X 1.5X 1X  0.5X 0.4X 0.3X  0.2X  0.1X
                              相対的市場シェア
```

図 5.2.2　BCG の成長シェア・マトリックス（PPM 理論）
出典：『マーケティング・マネジメント（第 7 版）』の図 2-4 を元に作成

離して計画を立案できる
- それ自体の競争企業がある
- 戦略計画と利益成果に責任を持ち、利益を左右するほとんどの要因に対するコントロール機能を持つ

(4)　事業ポートフォリオ（PPM 理論）

　SBU を定義する理由は、それぞれの目標を設定し、資金を配分することにある。つまり、企業レベルの戦略策定段階では、どの SBU を育成し、維持し、収穫し、撤退するかを決定する。

　米国の戦略コンサルティング会社、ボストン　コンサルティング　グループ（BCG）では、図 5.2.2 に示す「成長シェア・マトリックス」として知られる有名なアプローチを開発した。この分析手法は、**PPM 理論**（Product Portfolio Management）として知られ、企業が多角化により複数の事業を展開する場合に、各事業への資源配分を決定するときに利用される。

　図中の円は、企業の規模とポジションを示しており、円の大きさは売上高の規模を表している。また、おのおのの円の位置は、その市場の成長率と相対的マーケットシェアを表している。特に、縦軸の市場成長率は、その事業が存在している市場の成長率を、横軸の相対的マーケットシェアは、同一産業内で最大の競争企業のシェアに対する自社 SBU のシェアの比率を表している。

　このマトリックスは、4 つのセルに分かれており、つぎに示す異なった事業

特性を有している。
- **問題児**（Question Market）：高成長市場で相対的シェアの低いSBU。多くの事業は既にリーダの存在する高成長市場への参入を試みるもので、この問題児として出発する。**問題児**は、高成長市場に歩調を合わせ、かつリーダに対抗しようとすればなおのこと、多くの資金投入を必要とする。**問題児**という表現は、企業がこの事業に資金投入し続けるか否かを慎重に検討すべき点からきている。
- **花形**（Stars）：**問題児**が成功すれば、それは**花形**となる。**花形**は、高成長市場のリーダである。ただし、**花形**が企業にとって十分なキャッシュフローを生むとは限らない。むしろ企業は、高成長市場に歩調を合わせ競争企業の攻撃に対処するため十分な資金を使わねばならない。**花形**は、通常、収益性は高く、将来は**金のなる木**となる。
- **金のなる木**（Cash Cows）：市場の成長率が10％未満となりかつ最大の相対的シェアを維持しているときは、**花形**は**金のなる木**となる。これは大量のキャッシュフローを生む。それは、成長率が低下しており生産能力拡大の投資が不必要なためである。さらに、市場のリーダ故に、規模の経済性と高マージンとを享受することができる。企業は、この**金のなる木**を、**花形**や**問題児**あるいは**負け犬**を支援するための資金源とする。
- **負け犬**（Dogs）：低成長市場で相対的シェアの低いSBU。通常その運転資金だけは稼ぎだすかもしれないが、低収益あるいは損失を生じさせている。

このマトリックスにいくつかのSBUをプロットしたなら、つぎにそれぞれのSBUごとに、方針、戦略、予算を設定する。
- **育成**（Build）：短期的利益を犠牲にしてもSBUのシェア拡大を図る。花形になる可能性のある**問題児**に適している。
- **保持**（Hold）：SBUの現在のマーケットシェアの維持を図る。これは特に強力な**金のなる木**に、現在と同様の強力なキャッシュフローの創出を期待する場合に適している。
- **収穫**（Harvest）：長期的な影響は無視して、SBUからの短期的なキャッシュフローの増大を図る。これは、その将来性があやしく、かつ現在そこ

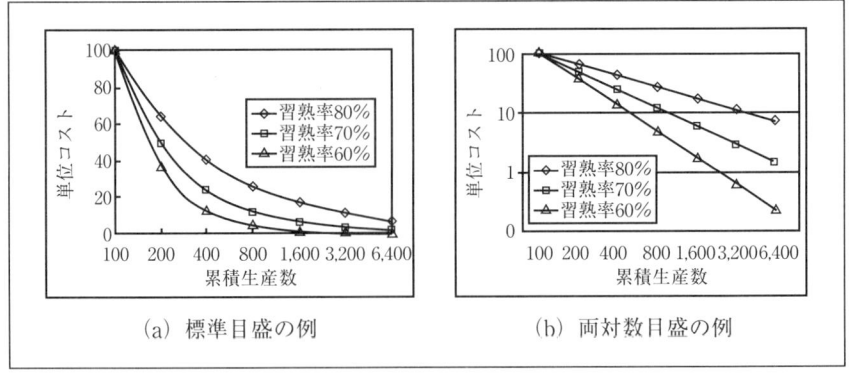

図 5.2.3　典型的な経験曲線

(a) 標準目盛の例　　(b) 両対数目盛の例

からより多くの利益をあげたい弱い**金のなる木**に適している。**問題児**や**負け犬**にも採用される。

- **撤退**（Divest）：資金を他にもっと有効に使うため、事業の売却あるいは清算を行う。これは企業の収益に悪影響を与えている**負け犬**や**問題児**に適している。

時間の経過とともに、SBU は、マトリックス上の位置を変えていく。多くの SBU は、まず「問題児」から出発し、成功すれば「花形」となり、やがて「金のなる木」に移り、最後に「負け犬」としてそのライフサイクルの最終段階を迎える。したがって、現在のポジションだけではなく、将来どのように移行するかについても検討する必要がある。これを**ポジショニング戦略**と呼ぶ。

(5)　経験曲線効果

一般に、同一製品の累積生産量が倍増するごとに、単位コストが 15～30％ずつ逓減するとされるが、その率（習熟率）は、業界や製品によって異なる。これを**経験曲線効果**と呼び、図 5.2.3 に示す横軸に累積生産数を、縦軸に単位コストをとったグラフで表され、過去の統計値をプロットすることで将来コストを予測することができる。

このパターンは、1960 年代にコンサルティング会社 BCG によって、多くの産業で見られる普遍的な現象として発見された。同社は当初、作業の**習熟曲線**（効果）で説明しようとしたが、それでは説明困難な事象があったため[7]、「同じ製品を生産する経験の蓄積が総コストの差を生む」と解釈し、新たなコンセ

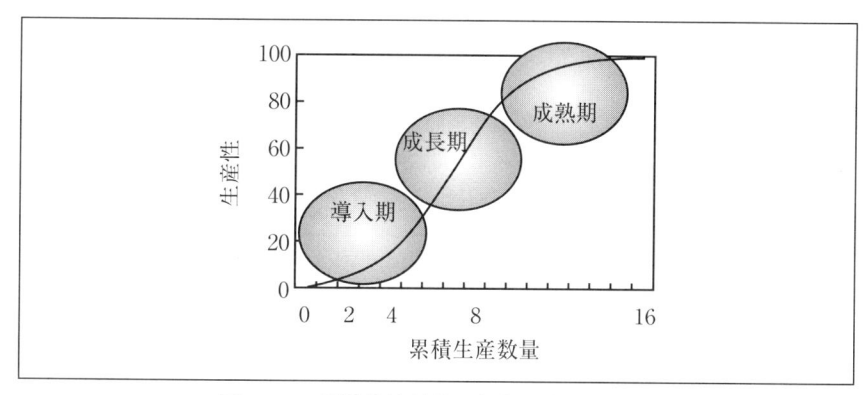

図 5.2.4　経験曲線効果の経営戦略への応用

プトとして 1966 年に発表した。このコンセプトに従うと、競争企業に対して累積生産量を 2 倍にすれば、コスト競争力を維持できることになる。

このように BCG は経験曲線のコンセプトによって、コスト競争力（収益力）と市場シェアとの関係を示したが、これが発展して市場シェアを資金供給能力の代理指標として使用する前述の **PPM 理論**が生み出されている。

コスト競争力は競争要因として極めて重要であり、かつ経験曲線効果は自然発生的なものではなく企業の努力が必要であることから、企業は経験曲線効果に投資すべきであると BCG は結論付けた。

この経験曲線の考え方を経営戦略に適用すると、つぎのことが指摘できる。

- 成熟期までに市場シェアを獲得してしまうことが重要な課題となってくる。たとえ導入期や成長期の段階に高シェアを獲得している先発企業であっても、累積生産量が少ないのでコスト面での優位性を十分に発揮することができない。したがって、後発企業が導入期や成長期に先発企業をキャッチアップしたり、先発企業と後発企業との企業競争の活発化により、シェア変動が激しく展開されたりする可能性がある。

---

[7] 累積生産量が増大してくると単位コストが低下するため、習熟曲線と呼ばれていた。1960 年代半ばからの BCG をはじめとする諸研究は、直接的労働コストだけではなく、製造間接費、広告費、輸送費、販売費、一般管理費などの総付加価値コストの低下に関しても、累積生産量の増大という経験の蓄積によって生じていることを指摘した。累積生産量が倍になることによって 15 ％から 30 ％のコスト低減が経験曲線によって示されており、その原因としては、習熟、技術的向上、製品の再設計、規模効果などがあげられている。

	商品（製品とサービス）	
市場	既存	新規
既存	1. 市場浸透戦略	3. 商品開発戦略
新規	2. 市場開拓戦略	（多角化戦略）

図5.2.5　商品市場マトリックス（アンゾフ）

- 成熟期になると高シェア企業は経験効果を発揮し、低シェア企業に対するコスト面での優位性を獲得しているので、シェア変動は少なくなり、高シェア企業の競争優位が確立されてくる。

（6）　新規事業計画

将来期待される売上とその予測とにギャップが生じるときには、それを埋めるための方法を考えなければならない。アンゾフ[8]は、図5.2.5に示す**商品市場マトリックス**を用いて、成長機会発見のための有益な枠組みを示している。

① **市場浸透戦略**：現有市場で現有商品のマーケットシェアの拡大を図る。方法としては、既存顧客に一定期間内の購入量の増加を働きかける、競争企業の顧客を誘引する、非使用者を説得するなどが考えられる。

② **市場開拓戦略**：現有商品が適合する新市場を発見する。方法としては、現在の市場で潜在的ユーザーの発見に努める、新しい流通チャネルを探す、新しい販売地域や海外市場を検討する、などが考えられる。

③ **商品開発戦略**：既存市場に適合する新商品を開発する。方法としては、新しい特徴を持った商品の開発、高品質品やマス市場向けの低品質品など品質水準の異なった商品の開発、あるいは最新の技術を活用する、などが

---

[8] アンゾフ［H. Igor Ansoff］：「アンゾフの市場×商品分析」で有名な米国の経営学者。主な著書に、『戦略経営』がある。「アンゾフの市場×商品分析」とは、企業の成長戦略を考える際に、「成長戦略の打ち手の選択肢を幅広く考え、どの打ち手にどのような経営資源の配分を行うか」といった問題を議論する際に用いられる代表的な分析手法の一つで、「アンゾフのマトリックス」とも呼ばれている。アンゾフによれば、企業が長期的な成長目標を達成するためには、①市場浸透戦略、②市場開拓戦略、③事業・商品開発戦略、④多角化戦略の4つの戦略を組み合わせて用いることが重要であり、戦略それぞれの成長目標への貢献度は、企業の現在および将来にわたる市場地位、各市場の成長性、企業の保有資源などによって異なるとされる。

考えられる。

(7) 多角化戦略

多角化とは、新規の市場に新規の商品を投入することであり、商品市場マトリクスの他の戦略に比べてリスクが高いとされている。それにもかかわらず企業が多角化を行う理由は、つぎのとおりである。

- **未利用資源の有効活用**：企業内で活かされていない資源の有効活用
- **既存事業の衰退**：既存の事業分野が衰退しそうな時
- **魅力的な事業の発見**：規制緩和等で魅力的な事業領域が見出された場合
- **シナジー効果の追求**：複数の事業間で経営資源を共有・補完することにより、シナジー効果[9]を期待できる。シナジー効果を求める多角化は、既存事業と新事業の間に何らかの共通点がある場合が多く、関連多角化と呼ぶ。
- **リスクの分散**：多角化を行うことで、ある事業の業績が悪化しても、他の事業で補うことができる。このリスク分散の効果を**ポートフォリオ効果**と呼ぶ。リスクの分散のためには、関連多角化とは逆に、事業間の市場や商品に関連性がないことが条件となる。事業間の市場や商品に関連性の低い多角化を**無関連多角化**と呼ぶ

5.2.2 事業単位の戦略計画

つぎは、SBU（戦略的事業単位）ごとの戦略策定であり、図 5.2.6 に示す手順から構成される。

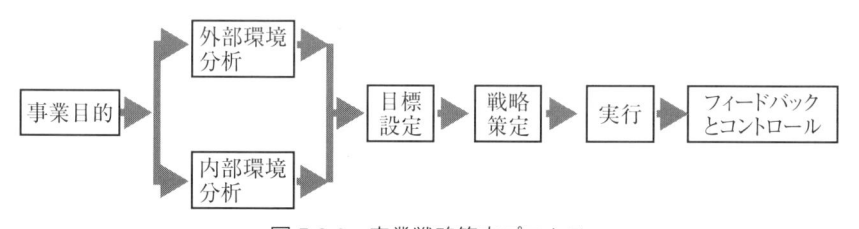

図 5.2.6 事業戦略策定プロセス

---

[9] シナジー効果 [synergy effect]：経営の相乗効果。小売店に銀行端末を設置することで店への来客数が増え商品購入につながる、新商品を出すとき既成の設備や技術が利用できるなど、企業活動の相乗効果をいう。

第5章　マネジメントの戦略

　おのおのの SBU は、経営目的に沿って**事業目的**を明確化した上で、経営環境を内部と外部に分けて分析する。**内部環境分析**では、企業の強み（Strength）と弱み（Weakness）について、**外部環境分析**では**機会**（Opportunity）と**脅威**（Threat）について分析するため、この分析手法は広く SWOT 分析として用いられている。

(1) 外部環境分析

【機会と脅威】

　明示された事業目的から、調査すべき外部環境が明らかになる。通常、企業は、事業に影響を与える**マクロ環境要因** [10] と、収益を左右する**ミクロ環境要因** [11] に注視する必要がある。そして、これらの環境要因を分析し、その変化から**機会**と**脅威**を読みとらなければならない。

　経営環境を分析する目的は、新しい機会を見つけ出すことにある。マーケティングの機会は、「特定の企業が競争上の優位性を発揮できる舞台」であり、企業にとっての**魅力度**と**成功確率**によって類型化できる。また、成功確率は、その事業における自社の強さが市場における成功条件に合致していることに加え、その強さが競争企業をしのいでいる場合に高くなる。

　脅威は、同様に、「企業業績の悪化を招く不利な環境変化によって引き起こされる難局」であり、その深刻さと発生確率によって類型化できる。

　特定事業における主たる脅威と機会を組み合わせることで、4つのタイプを浮き彫りにすることができる。**理想的事業**は、高い機会と低い脅威を持つ。**投機的事業**は、機会も脅威も共に高い。**成熟事業**は、機会の脅威も低い。そして、**問題事業**は、低い機会と高い脅威によって特徴づけられる。

【SCPモデル】

　図 5.2.8 は、SCP モデル [12] の構造を表している。この図に示すように、SCP モデルは、「産業構造（Structure）」が「企業行動（Conduct）」を規定し「企業の業績（Performance）」の枠組みが決定づけられるという概念に基づいている。つまり、産業構造が企業の行動を制約し、その結果として産業の収益性、

---

[10]　人口統計、経済、技術、政治、法律、社会、文化、など。
[11]　顧客、競争企業、流通業者、供給業者など。
[12]　SCP モデル［Structure Conduct Performance Model］：企業の収益性は産業の魅力度によって決まるため、魅力的な産業を発見することが重要であるとした経営戦略理論。

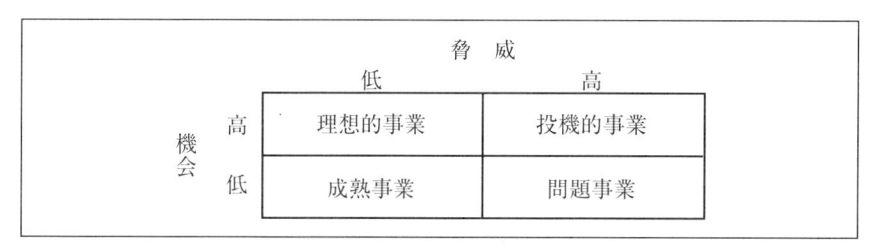

	脅威	
	低	高
機会 高	理想的事業	投機的事業
機会 低	成熟事業	問題事業

図 5.2.7 機会と脅威のマトリックス

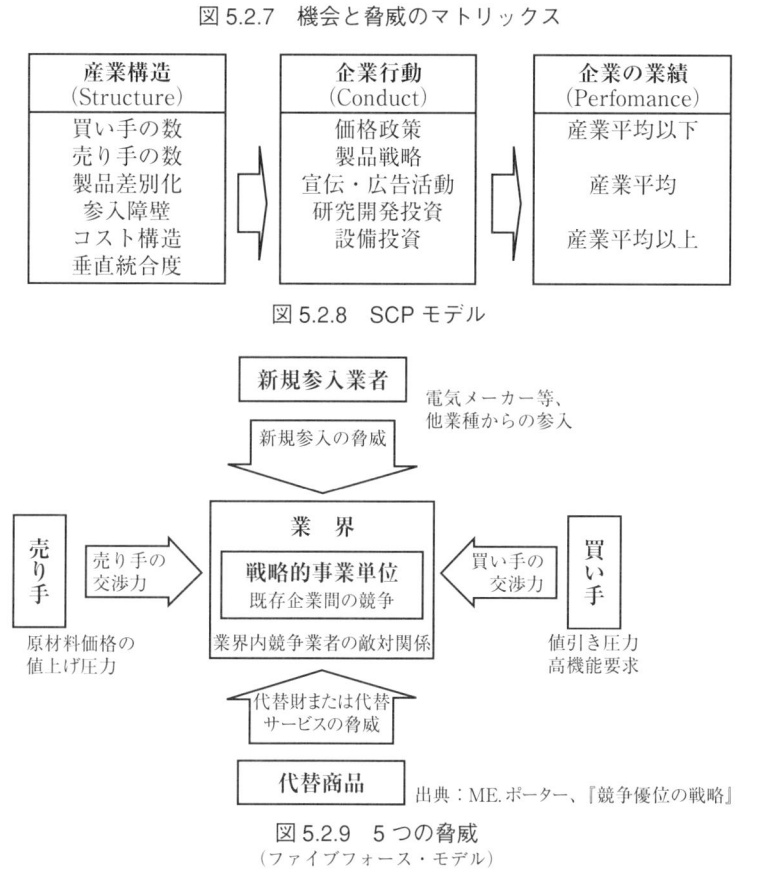

産業構造 (Structure)
買い手の数
売り手の数
製品差別化
参入障壁
コスト構造
垂直統合度

⇒

企業行動 (Conduct)
価格政策
製品戦略
宣伝・広告活動
研究開発投資
設備投資

⇒

企業の業績 (Perfomance)
産業平均以下
産業平均
産業平均以上

図 5.2.8 SCP モデル

新規参入業者 — 電気メーカー等、他業種からの参入
↓ 新規参入の脅威

売り手 → 売り手の交渉力 → **業界／戦略的事業単位**（既存企業間の競争／業界内競争業者の敵対関係）← 買い手の交渉力 ← **買い手**

原材料価格の値上げ圧力　　　　　　　　　　　　　　　　　値引き圧力　高機能要求

↑ 代替財または代替サービスの脅威
代替商品

出典：ME.ポーター、『競争優位の戦略』

図 5.2.9 5つの脅威
（ファイブフォース・モデル）

さらには個別企業の利益に影響を与えるという前提に立った考え方である。

　SCP モデルにおいて最も重視されるべき経営戦略は、魅力的な環境（産業構造）を発見し、自社をその環境（産業）に位置づけることである。魅力的な産業構造の例としては、競争の少ない産業（例えば、規制に守られているよう

な産業）が挙げられる。

　SCPモデルでは、魅力的な産業に属すれば、おのずと高い収益性が保障されることになる。そのため、個別企業の分析よりも産業構造の分析に焦点があてられる。

　魅力的な産業を発見する方法としては、図5.2.9に示すM.E.ポーター[13]の「5つの脅威（ファイブフォース）[14]」の枠組みがある。これをSWOT分析において脅威（Threat）の分析に応用する場合には、業界外部からの5つの外圧（Force）それぞれの強さが「企業業績の悪化を招く不利な環境変化によって引き起こされる難局」と成りうるかを、その深刻さと発生確率の観点から類型化すればよい。

【コア・コンピタンス】

　SCPモデルを中心に、競争優位を獲得するためのさまざまな手法や方法論が提唱され、多くの企業で実施されてきた。それらの方法をいち早く実践すれば、業務効率が向上し、企業は市場において競争優位を獲得することができるかもしれない。しかし、優位に立つことができても、それは**ベンチマーキング**[15]の対象であり、改革され成果を上げているプロセスは**ベストプラクティス**[16]であり、それらは模倣の対象となる。つまり、模倣されるまでの一時的な競争優位を形成できるに過ぎない。持続的な競争優位を獲得するためには、**コア・コンピタンス**[17]（他社には負けない強み）を組織内に醸成する必要があ

---

[13] マイケル・ポーター［Michael E. Porter］：ファイブフォース分析やバリューチェーン（価値連鎖）分析などの競争戦略手法を提唱した。代表的著書に、『競争の戦略』『競争優位の戦略』がある。バリューチェーンについては、第3章3.2.3「サプライチェーン・マネジメント」参照。

[14] 持続的な競争優位を獲得するために、ビジネスにおける脅威（force＝圧力）に焦点を当てて分析するものであり、M.E.ポーターが著書『競争優位の戦略』の中で提唱した考え方である。業界内の競争だけでなく、顧客、供給者、新規参入、代替商品を5つの脅威としてとらえている。

[15] ベンチマーキング［bench marking］：経営手法の一つ。業界の優良企業の経営実例から目標とするベンチマークを設定し、それとのギャップを埋めるために業務改善を行う（デイリー 新語辞典）。

[16] ベストプラクティス［best practice］：課題の克服や問題解決のためのすぐれた実践例。優良事例。

[17] コア・コンピタンス［core competence］：企業が競合他社に対して圧倒的に優位にある事業分野や、他社にはない独自の技術やノウハウを集積している中核となる部門のこと。

る。これが、ハメルとプラハラードの著書『コア・コンピタンス経営』[18]によって広められたコンセプトである。

1980年代まで、SCPモデルに沿った戦略仮説に基づく分析は、利益至上主義の下で行われる事業のリストラや簡便な市場分析ツールの活用が主流であった。しかし、過去のデータや現在の業績に注目しているだけでは、未来における競争優位の確立を十分に議論できない可能性がある。また、現実主義に陥りすぎると、目に見える範囲に限定された商品の市場シェアや利益など、現業そのものに対する分析に偏ってしまいがちになる。

コア・コンピタンスは、方法でも方法論でもなく、このような偏った経営傾向への警鐘としての色彩が強いコンセプトなのである。

(2) 内部環境分析

【強みと弱み】

経営環境における魅力的な機会を発見する一方で、その機会に成功するためには相応の能力を持っている必要がある。したがって、定期的にその事業の強みと弱みを評価しておく必要がある。

表5.2.2は、マーケティング、財務、製造、組織についての能力を評価するためのSWOT分析表である。縦軸に並んだ各要因の評価をつないでいくことで、その事業の主たる強みと弱みを明らかにすることができる。

分析表には、評価項目について、業績の5段階評価と重要度を記入するようになっている。業績と重要度を組み合わせることで、図5.2.10に示すように4つの可能性を浮き彫りにすることができる。

図5.2.11は、酒販店に対してSWOT分析を適用した例である。SWOT分析をふまえ、つぎの3つがビジネスの方向性として導き出されている。

- 酒専門の提案型販売を行い、他社との差別化を図る
- レストランや居酒屋などにも、自社がそろえる酒を販売する
- 酒造店と提携し、オリジナルの酒を製造委託する

さらに、ドメインを適切な大きさで定義づけるためには、経営目的に沿って経営環境を分析し、経営環境における自社の位置づけを客観的に把握する必要

---

[18] G. ハメル、C. K. プラハラード、『コア・コンピタンス経営―未来への競争戦略』、日本経済新聞社、1995。

表 5.2.2　SWOT 分析表

	業　　績					重要度		
	非常に強い	やや強い	ふつう	やや弱い	非常に弱い	高	中	低
マーケティング								
1）企業の評判								
2）マーケットシェア								
3）品質の評判								
4）サービスの評判								
5）製造コスト								
6）流通コスト								
7）プロモーション効果								
8）販売効果								
9）R&Dとイノベーション								
10）地域的カバレッジ								
財　務								
11）資金コストと調達力								
12）収益性								
13）財務の安定性								
製　造								
14）設　備								
15）規模の経済性								
16）生産能力								
17）従業員能力								
18）時間通りの配送能力								
19）専門製造技術力								
組　織								
20）長期視野に立った有能なリーダ								
21）意欲的な従業員								
22）企業家精神								
23）柔軟で機動的な組織								

出典：『マーケティング・マネジメント（第7版）』の図 2-11 を元に作成

がある。

　このための方法として、SWOT 分析が便利である。経営環境における自社の位置づけが把握できたなら、つぎにどのようなドメインであれば経営戦略はどうあるべきかを考える。このための方法として、商品市場マトリックスを用

5.2 企業環境と成長戦略

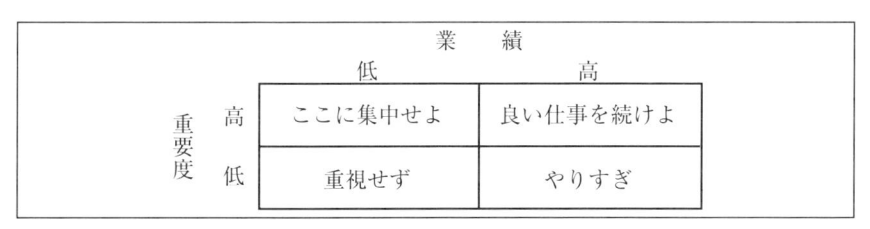

		業　績	
		低	高
重要度	高	ここに集中せよ	良い仕事を続けよ
	低	重視せず	やりすぎ

図 5.2.10　業績・重要度マトリックス

強み（Streugth）
- 地酒を含め豊富な種類の日本酒を取りそろえている
- 店主の酒に関する知識が豊富

弱み（Wcakness）
- 店舗が老朽化している
- ビールやワインの回転率が悪い

機会（Opportunity）
- 地酒で有名な土地柄
- 酒の消費量が、全国平均よりも多い

脅威（Threat）
- 近隣スーパーでも、酒販売を始めており、価格が安い
- 24時間営業のコンビニでも、酒類を販売している

SWOT分析をふまえたビジネスの方向性
- 酒専門の提案型販売を行い、他社との差別化を図る
- レストランや居酒屋などにも、自社がそろえる酒を販売する
- 酒造店と提携し、オリジナルの酒を製造委託する

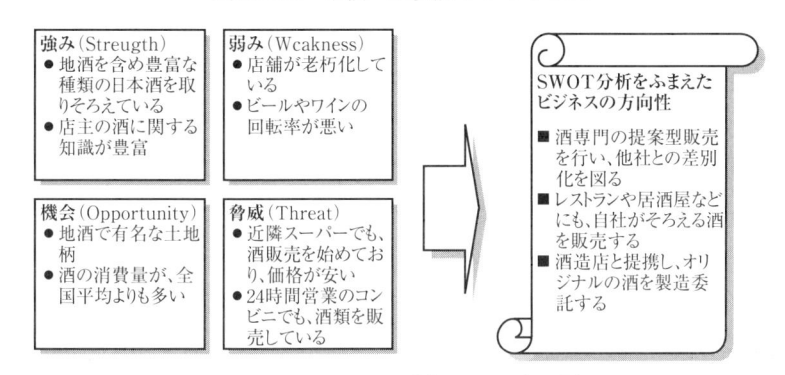

図 5.2.11　SWOT 分析：酒販店の例

経営理念 → 経営環境分析 → ドメインと経営戦略 → ドメイン変更「近隣」→「宅配可能範囲」の消費者　新戦略　新規市場開拓戦略　新規事業　宅配サービス

焼きたてのおいしいパンをお客様に提供

SWOT分析

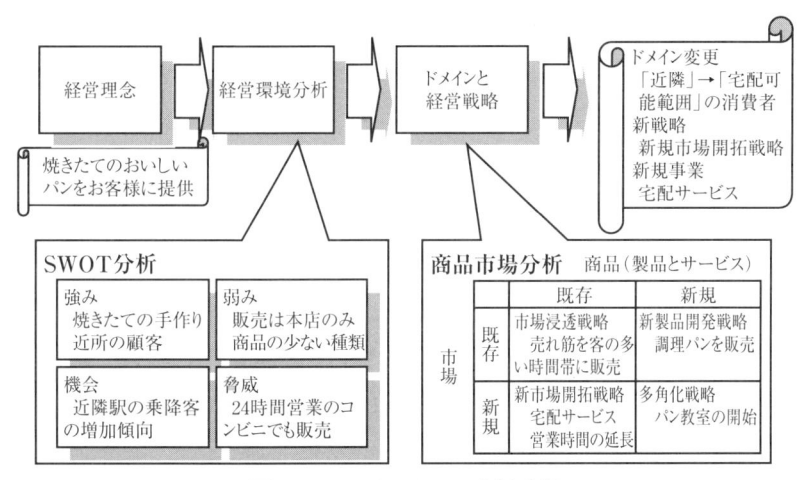

強み 焼きたての手作り 近所の顧客	弱み 販売は本店のみ 商品の少ない種類
機会 近隣駅の乗降客の増加傾向	脅威 24時間営業のコンビニでも販売

商品市場分析　商品（製品とサービス）

		既存	新規
市場	既存	市場浸透戦略 売れ筋を客の多い時間帯に販売	新製品開発戦略 調理パンを販売
	新規	新市場開拓戦略 宅配サービス 営業時間の延長	多角化戦略 パン教室の開始

図 5.2.12　ドメインの分析手順

いる。図 5.1.12 は、パン屋を例としてドメインの分析手順を単純化して例示したものである。

【リソース・ベースト・ビュー（RBV）】

さて、前掲の SCP モデルは、同一産業・同一グループ内の企業は、基本的に同質の経営資源を持ち、経営資源の異質性は産業やグループ間で発生するとの考えに立脚している。そして、リソース・ベースト・ビュー（RBV：Resource Based View）は、この前提に疑問を投げかける考え方である。

RBV は、つぎの2つの前提に立っている。
- **異質性**：経営資源は、企業によって異質なものである
- **模倣困難性**：経営資源の中には、模倣困難なもの、もしくは模倣するのに多大な費用がかかるものがある

経営資源が限られた少数の企業に所有され、それを模倣するのに膨大な費用がかかり、なおかつ希少価値のある資源である場合には、その経営資源が競争優位の源泉となる可能性がある。また、そうした経営資源の活用により、企業は効率や業績を改善することができる。

SCP モデルでは、経営資源が常に外部市場から調達可能であるならば、ある企業が市場で購入した経営資源を用いて魅力のある産業・市場に参入したとしても、他の企業も容易に同様の行動をとることができる。したがって、その競争優位は一時的なものになる。しかし RBV では、簡単には経営資源を外部市場から購入できない。したがって、希少価値のある経営資源を持っている企業は、持続的競争優位を確立することができる。

RBV の例として、ウォルマートやデル・コンピュータが引き合いに出される。これらの企業は、魅力の低い業界に属しているが、高収益性を誇っている。ウォルマートのローコスト・オペレーションやデル・コンピュータのバリューチェーン構築能力は、付加価値を生み出す模倣困難な経営資源なので、その活用によって、持続的な競争優位を維持できていると考えられている。

SWOT 分析では、外部環境を機会と脅威、内部環境を経営資源の強みと弱みで分析する。RBV では、この分析過程に VRIO という評価基準を持ち込み、産業界レベルから企業レベルそして経営資源レベルへと競争優位の分析をブレークダウンしていく（表5.2.3）。

VRIO は、経営資源を評価する4つの基準、**価値**（Value）、**希少性**（Rare）、**模倣困難性**（Inimitability）、**組織**（Organization）の頭文字を並べたものであ

表 5.2.3　VRIO の分析視点

価　値 (Value)	●経営資源に基づく戦略は、利益に直結する経済的価値を生み出さなければならない。 ●いかにして機会を活用し、脅威を無力化して、経済的な価値を生み出すかが重要な視点である。
希少性 (Rare)	●どれほどの希少性があるかが、重要な視点である。
模倣困難性 (Inimitability)	●複製がいかに難しいかが、重要な視点である。
組　織 (Organization)	●戦略執行上、資源の潜在性をフルに発揮できるような組織立てができているかどうかが重要な視点である。

る。経営資源に基づく戦略は、価値を生み出さなければならない。機会を活用し脅威を無力化することをとおして、どれだけの経済的価値を生み出すことができるかが重要な視点である。**希少性**は、他社が入手できない経営資源としての技術力やブランド力を意味している。**模倣困難性**は、いかに複製が難しいかということである。最後の要因である**組織**は、戦略を執行していく上で資源の潜在性をフルに発揮できるような組織立てが必要であるという意味である。

(3) 戦略策定

目標とは事業が進むべき方向であり、戦略（Strategy）とは目標に到達するための道筋である。当然ながら、事業は、目標達成のための戦略を策定しなければならない。個々の競争企業は、それぞれの目的、機会、保有資源に基づいて、全く異なった戦略を追求する。M. E. ポーターは、戦略を3つの基本タイプに類別している。

① コスト・リーダシップ
② 差別化
③ 集中

これは、事業戦略を体系化した考え方であり、SBU における競争上の優位を獲得するため、図 5.2.13 に示すように組み合わせて戦略策定の指針として広く用いられている。

●**コストリーダシップ**：最低の生産および流通コストを実現することで、競争企業より低い価格設定を行い、大きなマーケットシェアを獲得する。この戦略を追求する企業は、技術、購買、製造、物流に秀でていなければな

第 5 章　マネジメントの戦略

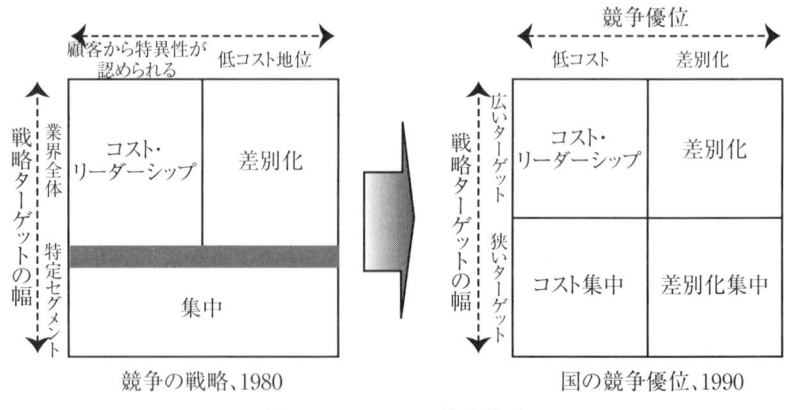

図 5.2.13　3 つの基本戦略

らないが、マーケティング能力はさほど必要としない。問題は、低コストを追求する他の企業の挑戦を受けることである。したがって、重要なポイントは、類似の差別化あるいは集中戦略を採用する企業の中で最低コストを実現することである。この戦略においては、単に値下げ攻勢をかけるということではなく、いかにして利益を確保しながら低価格を実現するか、さらには低価格化が市場や顧客にどういった影響を及ぼすのかを事前に見極めておく必要がある。

- **差別化**：市場全体から評価される重要な顧客ベネフィットで優れた成果をあげるよう努力を集中していく。ポーターが指摘する差別化要因の基本は、コスト、品質、顧客サービスである。差別化とは、サービスリーダ、品質リーダ、スタイルリーダ、技術リーダなど、同じ分野の製品サービスでも、明らかに他社と違った優れた特徴があり、それが消費者に受け入れられるものであれば、競争優位性を獲得できるという考え方に沿った戦略である。企業はこれらの強みを高めることで、ある特定のベネフィットに沿って差別的優位性を獲得できる。
- **集中**：将兵の数的優位（保有する経営資源）が敵軍の数倍である場合には、敵軍を包囲する作戦が戦術的に優位である。しかし、そうでなければ、攻撃目標を絞り込んで一点突破を図る方が、戦闘で優位に立つことができる。集中化戦略においては、市場全体を対象とするのではなく、単一あるいは

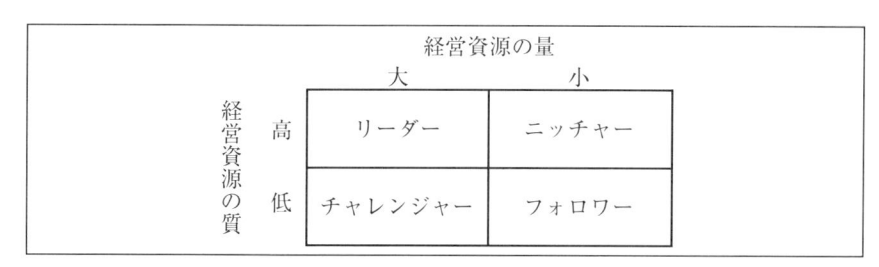

		経営資源の量	
		大	小
経営資源の質	高	リーダー	ニッチャー
	低	チャレンジャー	フォロワー

図 5.2.14　競争地位の分類

　厳選した複数の市場セグメントに焦点を当てる。特定セグメントのニーズを熟知し、そのターゲット市場でコスト・リーダシップか差別化戦略を採用する。自社の資源をしっかりと分析した上で、どの顧客、製品サービス、地域市場などに対象を絞り込んで資源を投入する。ニッチ（隙間）産業といわれる分野の企業がとっている戦略が、この典型的な例である。

　ポーターは、同一市場で同一の戦略を採択する企業は戦略グループを形成し、その中で最も上手く戦略を遂行する企業が最も高収益になるとしている。そして、中途半端で不明確な戦略を実行しようとし、すべての戦略次元で良い成果をあげようとする企業の業績は、最も思わしくないとしている。

(4)　経営資源の配分

　個々のSBUに対して、限られた経営資源をうまく集中配分して競争戦略を策定しなければならない。この段階では、戦略の実施を前提とした経営資源の配分が必要である。

　コトラーは、業界における競争地位を市場占有率に基づいて、つぎの4つに分類しており、戦略に基づいた資源配分の指針として参考になる。

- リーダ：業界で最大の市場占有率を誇る
- チャレンジャー：リーダに果敢に挑戦して、市場占有率の拡大を狙う
- フォロワー：リーダに挑戦せず現状維持を目的としてリスクを避ける
- ニッチャー：他社と競合が生じにくい分野に資源を集中させる

　この4つの競争地位は、経営資源の量（経営資源力）と経営資源の質（経営資源独自性）によって、図5.2.14のように表すことができる。

　表5.2.4は、競争地位別に取り得る戦略をまとめたものである。経営資源の量でリーダ企業に劣る中小企業にとって有効な戦略は、一般的には、ニッチャ

表 5.2.4　競争地位別の戦略

競争地位	方針	市場目標	ターゲット市場	有効な戦略
リーダ	全方位	最大市場占有率	フルカバレッジ（全顧客対象）	市場規模の拡大、非価格競争
		最大利潤、名声		
チャレンジャー	差別化	市場占有率の拡大	セミ・フルカバレッジ	リーダの商品・価格との差別化
		リーダの地位奪取		リーダの矛盾・弱点をつく差別化
フォロワー	模倣	市場で生存するために必要な利潤	経済性セグメント（中低価格志向）	リーダの模倣
				低価格化
ニッチャー	集中	特定市場での利潤	特定市場セグメント	他社が追随できない分野への資源集中
				特定市場でのリーダの地位確保

ーとしての戦略、すなわち特定の分野への集中戦略であると言われている。しかし、ニッチャーとしての地位を確保するには、他社が追随できない分野への資源の集中、特定市場でのリーダの地位確保と表5.2.4にあるように、他社よりも質の高い経営資源を持つ必要がある。

　他社には真似のできない製品やサービスを提供するための核（コア）となる自社独自の能力（技術やスキルの集合体）のことをコア・コンピタンスと呼ぶ。例として、シャープの液晶技術、ソニーの小型化技術などがある。競争優位を確保するためには、自社のコア・コンピタンスを見極め、そこに資源を集中し、他社との差別化を図る必要がある。コア・コンピタンスを明確化することで、経営資源の量で劣る中小企業でも、業界内での競争で優位に立つことが可能になる。そのためには、SWOTなどの環境分析によって自社のアイデアや技術の中からコア・コンピタンスを見つけ出すことが肝要であり、新たなコア・コンピタンスを醸成するための質の高い経営資源を維持しつづけるという不断の努力が必要なのである。

5.3 新しいパラダイムの形成

> コンピュータとインターネットがビジネスに利用できるようになって、以前には不可能だった多くのことが可能になった。特に、時空間の制約から解放されたこと、情報と知識のやりとりで新たな価値を生み出せるようになったことによって、新しい経営手法やパラダイムが生まれてきた。
> ここでは、リエンジニアリング、ナレッジ・マネジメントなどのコンセプトが提唱されてきた経緯を概観しながら、リソース・ベースト・ビュー（RBV）の視点が重視されるに至った背景を整理する。

5.3.1 リエンジニアリング

> 「経営陣は、迅速で、柔軟性があり、敏感で、競争的で、革新的で、顧客を重視し、しかも利益をあげられる会社を望んでいるのに、なぜこれほど多くのアメリカ企業が水ぶくれし、ぎこちなく、柔軟性にかけ、非効率的で、顧客のニーズを軽視し、赤字をだしているのだろうか」。
> ハマーとチャンピーは、こうした疑問に対して、「リエンジニアリング」という明快な解答を方法論として提示してくれた。

（1）時代背景

1970年代後半から80年代の日本企業は、経済的リセッション[19]に苦しむアメリカを尻目に、バブル景気に酔いしれていた。ところが、1990年にバブルが弾けて景気低迷が始まった。こうした日本経済とは対照的に、1990年以降のアメリカは、歴史上最も長く続く好景気を謳歌することになる。ハマーとチャンピーが提唱した「リエンジニアリング」[20]が、アメリカの景気を復活させ

---

[19] リセッション［recession］：一時的な景気の後退。不況までには至らないような、景気の浅い谷間。
[20] M.ハマー、J.チャンピー、『リエンジニアリング革命―企業を根本から変える業務革新』、日本経済新聞社、1993.
[21] 実際には、アメリカにおいても、リエンジニアリングは上手くいかなかった。その理由は、後述の「ナレッジ・マネジメント」において解説する。

た特効薬の1つであると信じられたことから、不況にあえぐわが国では、この手法に大いに注目が集まった[21]。

リセッションに陥っていた1980年代のアメリカ企業は、好況下にある日本企業の経営方法（日本的経営）を徹底的に分析し、その良さを取り入れ、横型のマネジメントを行おうとした。これは、アメリカ企業の閉塞状態を打開するためにも、古いシステム、つまりアダム・スミスからテーラーを経てアメリカ企業に浸透している、組織階層、分業、専門化を主軸とした縦型のマネジメントを大幅に改革する必要があったためである。こうした目的意識を持って、彼らは新しい経営コンセプトを、はじめからやり直すという意味のリエンジニアリングと命名し、徹底的に実行に移していった。

(2) コンセプト

リエンジニアリングとは、「コスト、品質、サービス、スピードのような、重大で現代的なパフォーマンス基準を劇的に改善するために、ビジネスプロセスを根本的に考え直し、抜本的にそれをデザインし直すこと」と定義されている。

この中には、つぎの4つのキーワードがある。

- **根本的**（Fundamental）：「なぜ現在それを行い、なぜそれを今の方法で行っているか」という根本的な質問を通して、根底にある暗黙のルールと前提を見つけ、会社はまず何をしなければいけないのか、どのようにしなければならないのかを決定するということ。
- **抜本的**（Radical）：デザインし直すということは、既存の構造と手続きをすべて無視し、仕事を達成する全く新しい方法を発明すること。
- **劇的**（Dramatic）：業績において小さな改善や斬新的な改善を行うことではなく、大躍進すること。
- **プロセス**（Process）：業務、人、組織構造に焦点を当てず、プロセス（業務手順、手続き）に焦点を当てていくこと。

IBMクレジット[22]、フォード[23]、コダックといった会社は、このような4

---

[22]【IBMクレジットの場合】基本は、セル生産方式と同じである。多段階工程の仕事として行われていた信用調査やプライシングの職務が、ケースワーク（案件処理）という、一連の職務としてケースごとの責任者が処理することになった。多段階の仕事の場合の引継ぎがなくなり、それによる失敗や遅れ、やり直しがなくなった。一般に、ケースワーカー（ケー

つの特徴を示しながらリエンジニアリングを成功させた。成功の理由として、次のことが言える。
- 組織内での境界を取り払って、信用供与、調達、新商品開発などのプロセス全体を改革した。
- 3つの会社すべてが、躍進を狙っていた。
- ICT（情報通信技術＝ Information & Communication Technology）を創造的に活用した。

リエンジニアリングは、オートメーション、リストラ[24]、ダウンサイジング[25]、組織のフラット化や品質改善などと、同じではない。リエンジニアリングは、躍進を目指す。既存のプロセスを強化するのではなく、既存のプロセスを捨て、全く新しいプロセスに変える。そして、品質改善プログラムで必要とされるものとは違う、経営変革のアプローチが含まれている。

リエンジニアリングとは、アダム・スミスの産業パラダイムに固有の前提、つまり労働の分業、規模の利益、ヒエラルキー型の管理、その他初期の経済発展の付属物すべてを拒否し、組織労働の新しいモデルを探すことである。

(3) 基本的な方法

例えば、リエンジニアリング後の自動車会社のビジネスプロセスに当てはま

スワークに従事する専門職）によるプロセスは、組み立てラインによるプロセスよりも十倍速く仕事を進めることができる。さらに、新たなプロセスでは失敗や誤解はほとんど生じないため、それを見つけて解決するための人員を追加する必要もない。また、統合されたプロセスは、その管理費用も削減する。ケースの責任者は、顧客の要求を予定どおりに間違いなく満たすことについての責任を持つので、彼らを管理する必要はほとんどなくなる。プロセスに関わる人間が少なくなれば、彼らに責任を割り当てることやその仕事ぶりを監視することは、より簡単になる。

[23]【フォード社の場合】購買部門では、資機材を購入するには、①支払部門の了解のもとで納入業者に発注し、②受取窓口に連絡しておく必要があり、③受取った後で再度、支払い部門に支払いを依頼する必要があった。同社は、一定範囲の資機材の購入は自動的に了解される制度とし、共通のデータベースを形成することで、支払部門を始め、各部門の業務を大幅に削減することができた。

[24] リストラクチャアリング[restructuring]：略して、リストラ。①短期債務を長期債務で置き換える債務の再構成。②企業の買収・合併、不採算部門の整理、人員削減などの手段によって、事業内容を再編成すること。（広辞苑）

[25] ダウンサイジング[downsizing]：規模を縮小すること、小型化すること（広辞苑）。特に、90年代には、大型の汎用コンピュータに変えて、ワークステーションやパソコンを採用することを意味していた。

ることは、保険会社や流通会社のそれにも当てはまる。なぜかといえば、リエンジニアリングを経た企業の形態は、ある基本前提から生まれるからである。その基本前提とは、「プロセスは、単純なものでなくてはならない」というものである。品質、サービス、柔軟性、低コストという時代の要求を満たすには、ビジネスプロセスが単純であるということが非常に重要である。

そのための方法の基本は、つぎのとおりである。

- **複数の仕事を１つにまとめる**：組み立て工程のような直列の仕事をなくし、以前には複数の工程に分かれていた仕事や業務を統合し、セル生産方式[26]のように１つにまとめる。例えば、複数の部署を経て処理していた顧客からの相談（ケース）を、ケース担当が最後まで責任を持って処理するようにする。
- **従業員が意思決定を行う**：これまでなら上司に伺いだてをしなければいけなかったことを、従業員が自分で決定する。実際の仕事と意思決定を切り離すのではなく、意思決定を仕事の一部として組み入れる。従業員（ケース担当）は、以前なら上司がやっていた職務をも行うようになる。顧客との接点での決定的瞬間[27]をマネジメントするならば、従業員がその場で決定できるよう、権限委譲しておかなければならない。
- **プロセス内のステップを自然な順序で行う**：従来のプロセスでは、ある従業員が一番目の作業を終えてからでないと、つぎの従業員が二番目の作業を行うことはできない。しかし、２つの作業が同時に行えるとしたら、効率的に仕事を進めることができる[28]。このプロセスは、①多くの職務が同時に行われ、②始めから終わりまでの時間を短くすることによって、仕事のスピードを速めることができる。そして、最初に行われた仕事が遅くなったり、後の仕事が前のものと矛盾したりするような大きな変更が起こる可能性を小さくする。
- **プロセスには複数のパターンを用意する**：一つのやり方で、すべてのプロセスをこなそうとする従来のやり方は、さまざまな場合を扱う特別なケー

26　第３章 3.1.4「人間疎外と職務充実」から 3.1.5「セル生産方式」までを参照。
27　第３章 3.3「顧客満足経営」参照。
28　この方法をコンカレント・エンジニアリングと呼ぶ。第６章 6.2.2 (5) で概説する。

スや例外も受け入れなければならないため、非常に複雑なものであることが多い。それとは対照的に、複数のパターンを用意すれば、それぞれのパターンは適切な事例だけを扱えばよいため、単純で簡潔なものになる。特別や例外というケースがなくなる[29]。

- **チェックと管理を減らす**：付加価値をもたらさない仕事のうち、リエンジニアリング後のプロセスで最小限に押さえられるものは、チェックと管理である[30]。管理やチェック自体は、何の付加価値も生まず、ただ人々がプロセスを悪用しないようにするためのものにすぎない。新しいプロセスでは、今まで行われてきたような厳しいチェックではなく、管理をまとめて行うか、先延ばしにする（脚注23【フォードの場合】参照）。

(4) リエンジニアリングによる変化

プロセスがリエンジニアリングされると、仕事は狭い範囲の業務中心のものから複数の職務にわたるものへと変化する。それまで指示を受けて仕事をしていた人々が自ら選択し、意思決定するようになる。組み立てライン的な仕事も消滅する。職能別の部門は、その存在意義を失う。経営者は、監督者というよりコーチ[31]になる。従業員は、上司のニーズよりも顧客のニーズを重視するようになる。新たなインセンティブに応じて、態度や価値観も変わる。

以下、企業がビジネスをリエンジニアリングする際、どのような変化が起こるかを概観する。

- **仕事の単位が変わる**：リエンジニアリングを実行する企業は、細分化した職務を、再び1つにする。ひとたび再構成されると、プロセスチームは職務を遂行する人を組織するための論理的な方法となる。従来の職能別部門では、それぞれが違う目標を持って仕事をするという問題があったが、1

---

[29] 従来のプロセスは、大衆市場に対する大量生産を目的としていた。すべてのインプットは同様に処理され、企業は統一された製品を一貫して生産するというものであった。しかし、多様かつ変化の激しい市場において、この論理は通用しない。今日の環境のニーズを満たすためには、同じプロセスにも、異なる市場、状況、インプットに合わせられた複数のパターンが必要である。

[30] この管理システムでは、チェックを後で行ったり、個別の事項ではなく全体のパターンをチェックしたりすることによって、ある程度の乱用ならわざと容認しておく。その代わりに、管理それ自体にかかるコストやその他の負担を大幅に減らすことができる。

[31] 第4章 4.2.1 (3)「コーチング」参照。

第5章　マネジメントの戦略

つのチームにすることによって同じ方向に進ませることができる。

- **職務が変わる**：リエンジニアリング後のプロセスに関わる人たちは、付加価値の大きい仕事に従事し、組織内に境界線があるために発生した点検、調整、監視などの付加価値を生まない仕事が無くなる。よって、企業に対する彼らの責任は増し、結果として、リエンジニアリング後の仕事は、全体的にやり甲斐のあるものになる。

- **人の役割が変わる**：リエンジニアリングされた企業では、ルールにしたがって仕事をするだけの人は必要とされず、自らルールを創造するような人が求められる。経営陣は、1つのプロセスをはじめから終わりまでをあるチームに任せるのであれば、そのために必要な意思決定を行う権限を与えなければならない。

- **職務教育が変わる**：従来の企業では、従業員トレーニングに力点が置かれた。リエンジニアリング後の企業では、教育すること、または、教育された人材を採用することが重要になる。トレーニングは、技能や能力を伸ばし、どうやって仕事をするかが教えられる。教育では、洞察力と理解力を高め、なぜその仕事をするかが教えられる。

- **成果の測定と報酬の制度が変わる**：企業はリエンジニアリングによって、報酬制度に関する基本的な考え方についても再考を迫られる。例えば、その年にパフォーマンスの良い従業員が今後も良いとは限らないので、給料の値上げではなく、ボーナスとして支給するなどである。リエンジニアリングを行った企業では、成績は創造された価値にもとづいて評価され、それに伴って報酬も決定されなければならない。

- **価値観が変わる**：従来の企業が持つ価値観は、「過去の成績に焦点を当て、管理を強調し、ヒエラルキーを重視する」というような細分化されたマネジメント・システムの副産物である。そのような企業が、いかなる言葉を企業価値観として並べようとも、そのマネジメント・システムは、フォードの生産方式[32]に見られたように、「自分は組織の歯車である」というような価値観しか生まない。職務を充実させ、やり甲斐や生き甲斐を提供できように価値観を変えることは、リエンジニアリングを行うに当たってプ

---

[32] 第3章 3.1.4「人間疎外と職務充実」および第4章 4.2.2「職務設計の変遷」参照。

ロセスを変えることと同じぐらい重要である。
- **マネージャが変わる**：一人あるいは複数の人間からなるプロセスチームに必要なのは、上司ではなくコーチである。チームは、コーチにアドバイスを求める。コーチは、チームの問題解決に手を貸す。コーチは、実際の活動には直接携わらないが、近くでその手助けをする。
- **組織構造が変わる**：1つのチームがプロセスのはじめから終わりまでを担当することになれば、プロセス・マネジメントもチームで行うことになる。マネージャが少なくなれば、マネジメントの階層もそれだけ少なくなる。
- **エグゼクティブが変わる**：リエンジニアリングされた環境では、業務志向の職能別部門のマネージャの行動よりも、権限委譲された従業員の態度や努力によって仕事の成功の是非が決まる。したがって、エグゼクティブは、自らの言動によって、従業員の価値観や信念に影響を与え、引っ張って行けるようなチェンジリーダ[33]でなければならない。

5.3.2 ナレッジ・マネジメント

(1) 日本企業に対する戦略

ここで、リエンジニアリングが提唱された1980年代に話を戻すことにする。

アメリカ企業に浸透している縦型組織では、部門間に壁ができ、部門横断的な情報、知識、ノウハウを動員することが難しい。ところが、日本企業は、プロジェクトチーム（横型組織）を多用して成果を上げている。そこで、アメリカの企業、コンサルタント、研究者達は、専門家を集めて職能横断型チームを形成し、仕事をプロセス単位でマネジメントする仕組みを作ればよいのだとの結論に至った。

ところが、横のマネジメントを行う場合、企業の境界を越えて仕事を横断的に運営できるようにする必要がある。例えば、新商品開発の場合には、開発、製造、営業、企画だけでなく、サプライヤー、顧客も関係するようにできれば、組織横断的なプロセスができあがる。そのための最適なプロセスを設計し、最適な人材を集め、自社のコア・コンピタンス以外はアウトソーシング[34]し、

---

[33] 企業が変革するためには、従業員の意識・行動も同時に変革することが必要である。それを先導する人材をチェンジリーダと呼ぶ。

複数企業のコア・コンピタンスを結集すれば、強力なパワーを発揮できる横型組織ができあがるはずである。

しかし、同じことをやっている限りは、日本企業には勝てない。日本企業の弱みは、労働市場が流動的でないこと、つまり解雇の自由度がないことである。そこで、アメリカ企業は、ICTを駆使して極力人間を減らしていくことを強みとして、競争優位に立とうと考えた。

これが、リエンジニアリングの本質である。

(2) リエンジニアリングの限界

リエンジニアリングによってビジネスプロセスの理想を描き、それに必要なプロフェッショナルを集めて横型の組織であるプロジェクトチームを編成した。しかし、上手くいかない。そして、その理由が、組織の風土や文化、個々人のメンタリティーに深く関係していることが分かってきた。これらを変えるには時間がかかる。しかし、株主は待ってくれない。

そこで、短期間に成果を出すために、リストラとリエンジニアリングを組み合わせて、徹底的に人員削減するようになった。解雇の対象となったのは、人件費の高い中間管理職である。その結果、確かに短期の業績は上がったが、2つの問題が発生した。1つは、中間管理職が解雇の恐怖にさいなまれ、組織の元気がなくなってしまったことである。そして、もう1つは、中間管理者の個人体験として蓄積してきた知識とノウハウが、組織から消滅してしまったことである。

ここで消滅した知識やノウハウは、コンピュータベースの情報システムに組み込むことが困難な、組織にとって極めて重要な仕組みや知識である。解雇さ

---

34 アウトソーシング［outsourcing］：英語本来の意味では、その業務に関して業務設計から管理・決済責任までの一切を全面的に負うものをアウトソーシング、発注企業側が戦略とコントロールを保持した状態でオペレーションのみをパートナーに委託するものはアウトタスキング（outtasking）という。この双方を含めた広い意味で、アウトソーシングという語を使うこともある。本来の戦略的アウトソーシングは、コア・コンピタンス経営の推進――すなわち、自社が得意とする分野へ限られた経営資源を集中するため、ビジネスプロセスの中に積極的に外部資源を取り入れることを意味し、「高度な外部資源の利用」「固定費の変動費化」「柔軟な業務プロセスの確保」「業務変革の迅速化」「設備投資負担の軽減」などが目的となる。この意味でのアウトソーシングでは、エレクトロニクス産業のセットメーカーが製造部門を切り離し、EMS（Electronics Manufacturing Service）事業者を利用するケースが代表的である。

れた中間管理職が媒介となって、この種の情報を組織内に流すためのインフォーマルなシステムを形成していたのだと考えられているが、リストラなどによって人材が流出し、情報システムが機能不全に陥った。この状態を**コーポレート・アルツハイマー**と呼んでいる。こうした経験から、つぎのことが明らかになった。

- 情報システムでは、人間の持つすべての情報を代替することができない
- ICT の使命は、人間の創造性を支援することにある

(3) 知識創造の論理

ドラッカーは、1993 年に、著書『ポスト資本主義社会』[35] の中で、「知識社会」というコンセプトを提唱し、知識経済においては知識だけが新たな価値の源泉として「唯一意味のある資源」[36] だと指摘した。唯一の経営資源である知識は、簡単に陳腐化する。したがって、企業の競争力を劣化させないためには、常に組織内で新たな知の創造を繰り返していくことが必要である。

知識社会である現代社会では、ICT の進歩で時空間の制約がなくなり、世界中の知識、ノウハウが利用できるようになる。しかも、情報や知識という財は、ハードウェアとは異なり、使えば使うほど価値を生み出すという特性を持っている。

さて、巷に溢れる情報はフローであり、ストックされた情報のことを知識という。この知識は財産であり、最近では知的資本（intellectual capital）と呼ばれている。そして、知識社会においては、ホワイトカラー、特にナレッジ・ワーカー[37] の知の生産性が最も重要である、と考えられるようになっている。

「知識」が注目を浴びたきっかけは、野中郁次郎[38] 氏の**暗黙知**と**形式知**の理論である。知識は、その性質上、暗黙知と形式知に分けられ、知の創造のためには、この両方が相互作用し循環するようにしなければならない。

- **形式知**：言語、文章で表現できる客観的、理性的な知、特定の文脈に依存しない概念や論理（理論、問題解決手法、マニュアル、データベース等）

---

[35] P.F.ドラッカー、『ポスト資本主義社会 – 21 世紀の組織と人間はどう変わるか』、1993.
[36] 「知識」が第 5 の経営資源であるとする論者もいる。
[37] ナレッジ・ワーカー［knowledge worker］：商品あるいはサービスをデザインするエンジニアや製作者のこと。知識（ナレッジ［knowledge］）は、専門技術やノウハウを意味する。
[38] 野中郁次郎、『知識創造企業』、東洋経済新報社、1996

第5章 マネジメントの戦略

●暗黙知：言語、文章で表現するのが難しい主観的、身体的な知であって、経験の反復によって体得される思考スキル（思い、メンタルモデル）や行動スキル（熟練、ノウハウ）のこと

形式知の背後には、膨大な非言語系の知である暗黙知が、未開拓のまま存在する。この暗黙知は属人的な知であって、経験していない第三者には理解できない。したがって、この暗黙知が形式知に変換されて初めて、**組織知**になる。

組織の知が豊かになると、その組織に生きている社員一人ひとりが、次々に新しい経験に挑戦して新しい暗黙知を獲得する、あるいは形式知を次々に組み合わせて新しい形式知を次々に生み出す、という循環[39]が生まれる。重要なことは、この知が、両方とも必要だということである。

(4) 知識生成プロセス

知識の創造には、つぎの4つのモードがある。

① 共同化（Socialization）：暗黙知から暗黙知をつくる。つまり、ここでは言葉を使わないで知をつくるということ。基本は、共体験。体験を共有することで、メンタルモデルや技能などを創造する。

② 表出化（Externalization）：暗黙知から形式知をつくる。基本は、対話、共同思考。これは自分の思い、ノウハウを言葉にする、あるいはコンセプトにするということ。暗黙知を明確なコンセプト（メタファー、アナロジー、仮説等）として表現する。

③ 連結化（Combination）：形式知から形式知をつくる。基本は、整理・蓄積。形式知を組み合わせて、1つの知識体系を作り出すプロセス。徹底してコンピュータを駆使し、言葉やコンセプトを組み合わせる。

④ 内面化（Internalization）：形式知から暗黙知をつくる。基本は、実践、臨場感。行動による学習を通じて、個々人の体験が暗黙知として他人に転

---

[39] 日本企業では、QCサークル活動（現場における小集団活動）において、従業員が日常、体で蓄積、集積してきた熟練、ノウハウを強制的に発表させた。こうすることで、暗黙知を形式知に変換させ、職場に対話を導入することができた。その形式知は、生産技術の技術者が速やかにスペック、マニュアル、データベースに組み込み、次々に暗黙知と形式知のスパイラルを生み出した。こうした仕組みをTQC（Total Quality Control）と命名して全社的な運動にした例は、世界に類を見ない。また、新製品開発では、開発、製造、営業、企画の組織横断的なプロジェクトにおいて、異なる職場の人間同士が体験を共有し、そこで密に対話をし、それを次々にコンセプトに昇華し、全社に浸透させるという運動をやってきている。

移する。

野中郁次郎氏は、この4つの知のつくり方をスパイラル状に回す「知識スパイラルによる自己超越の理論」をその頭文字を並べて SECI モデルとして完成させており、これがナレッジ・マネジメントに注目されるきっかけとなった。それぞれの具体的な方法は、つぎのとおりである。

① **共同化**：暗黙知を獲得するためには、現場に出て、その場で知を体感する必要がある。そのための方法が、歩き回り（MBWA: Management By Walking Around）である。歩き回りによる暗黙知の獲得は、社外ではサプライヤーや顧客との共体験、直接経験を通じて、身体で知識や情報を獲得するプロセスなどがあり、社内では販売や製造の現場、社内各部門に出向き、共体験を通じて知識、情報を獲得するプロセスが考えられる。

② **表出化**：自分の思い、ノウハウを言葉で表現するための方法として、分析的な方法（演繹法あるいは帰納法）よりも、メタファー[40]とかアナロジー[41]を例え話として用いる方が、暗黙知を形式知に変換する時に効果的である。

③ **連結化**：形式知の伝達、普及とは、プレゼンテーションや会議などの場面で、形式知を形式知のまま伝達普及するプロセスのことである。このためには、形式知をうまく編集加工するスキルが重要である。同様に、ここでは、コンピュータの使い方が、非常に重要になってくる。

④ **内面化**：行動、実践を通して、形式知を暗黙知として身につける。例として、OJT（On the Job Training）を挙げることができるが、直接経験は大変時間がかかる。疑似体験（シミュレーションや実験をとおして、全部直接経験しなくても他人の成功体験をシミュレーションや実験で獲得するというプロセス）が有効であり、ICT のマルチメディアは、この面でも極めて効果的である。

（5）知による新商品開発の例

これまでの戦略論では、商品（製品やサービス）をベースに戦略を考えてい

---

[40] メタファー［metaphor］：隠喩（いんゆ）。言葉の上では、たとえの形式をとらない比喩。「雪の肌」「ばらのほほえみ」の類。

[41] アナロジー［analogy］：似ている点をもとにして他のことを推し量ること。

る。例えば、この商品は「花形」だから伸ばせとか、これは「問題児」だから「花形」に育てる、などを基本として考えてきた[42]が、商品に焦点を当てて経営資源を見るのではなく、これからは「知」の視点で考えることが重要である。

　知は、要素技術やスキルとして見ると、自在な組み合わせが見えてくる。例えば、花王という会社では、経営資源を商品で見ておらず、要素技術で見ている。そして、その要素技術の中で最も重視しているのが、界面科学である。この視点によって、洗剤からフロッピーディスク、さらに化粧品へと、ターゲット市場の大幅に異なる商品を開発することが可能になったのである。

---

[42] 第5章 5.2.1 企業レベルの戦略概念 (4)「事業ポートフォリオ (PPM 理論)」参照

5.4 バランス・スコアカード

5.4.1 目的と特徴

バランス・スコアカード（BSC：Balanced Score Card）は、キャプランとノートンが提唱した経営管理の手法であり、つぎの3つの特徴を持っている。
1. **戦略**：組織の中心に戦略を位置づけ、経営戦略を理解しやすい行動指針となるように表現し、社内に浸透させることができる。
2. **焦点**：しっかりと焦点を絞り込んだ方向を示し、「ナビゲーション」の補佐役として使うことで、予算にとってかわって、組織のすべての資源と活動を経営戦略の目標へと向かわせることができる。
3. **組織**：組織目標と個人目標とを連携し統合するための具体的な方法を提供することで、すべての従業員が従来とは根本的に異なった方法で行動するように組織を活性化することができる。この仕組みを導入した企業は、顧客との関係を定義し直し、基幹となるビジネスプロセスをリエンジニアし、従業員に新しいスキルを教え、新しい技術インフラを構築することができる。

この経営管理手法の当初の開発目的は、業績測定問題の解決にあった。知識ベースとなっている現在の競争時代において、伝統的な財務尺度だけでは、組織が持つ技術、コア・コンピタンス、従業員のモチベーション、業務プロセスやICTの利用ノウハウ、顧客ロイヤルティやブランド力、組織内外の政治や組織風土などといった無形資産の価値創造活動を測定し評価することはできない。BSCは、そうした問題への解決方法として、1992年に提案された[43]。

財務指標は、**遅行指標**である成果をもとに報告するが、いかにして、顧客、サプライヤー、従業員、技術革新への投資を通じて、新しい価値を創造するかを明らかにする指標であるパフォーマンス・ドライバーを伝達しない。

---

[43] R. S. Kaplan and D. P. Norton, "The Balanced Score Card: Measures of That Drive Performance", Harvard Business Review, 1992, pp.71-79.
 R. S. Kaplan and D. P. Norton., The Balanced Score Card: Translating Strategy into Action, Harvard Business School Press, 1996.（吉川武男訳『バランスト・スコアカード―新しい経営指標による企業変革―』生産性出版、1997）

BSC は、つぎの異なった視点から、価値創造のために用いられる戦略に注目することで、この問題を解決した。
1. **財務の視点**：株主の視点から見た成長性、収益性、リスクの戦略
2. **顧客の視点**：株主の視点からする価値創造と差別化のための戦略
3. **内部プロセスの視点**：顧客と株主の満足を生み出すような各種のビジネスプロセスのための優先順位
4. **学習と成長の視点**：組織の変革、革新、成長を支援する雰囲気を作り出す優先順位

5.4.2 新戦略導入の枠組み

BSC は、企業業績を 4 つの視点で定義づけ、それらのバランスを保ちながら、中長期にわたる取り組みの成果として企業業績を測定するための仕組みである。しかし、この仕組みを利用している多くの企業では、BSC を、新しい戦略を導入するための枠組みとして利用している。つまり、短期的な売上や利益だけを目標に掲げるのではなく、その利益を生み出すための業務プロセスや中長期の戦略策定をも含めた、総合的な枠組みとしての利用である。

BSC では、財務の視点による目標をもとに、目標達成のために採るべき顧客戦略（例えば、顧客満足の向上策）、顧客戦略の達成を目的とした社内プロセスの改善、社内プロセス改善を実施するための社員教育、などをそれぞれに関連付けて目標設定しながら経営戦略を策定する。

この手順は、全社的な経営戦略を実施計画にまでブレークダウンするプロセスである。そして、このプロセスを繰り返すことで、企業全体としての目標達成能力が身についてくる。「学習と成長の視点」や「内部プロセスの視点」で設定した目標に対する成果が組織の実行力となり、「顧客の視点」「財務の視点」で設定した目標を達成するための競争力の醸成につながる。また、経営戦略を社員全員が理解し、その実現のための自分たちの役割を明確にするという仕組みは、目標管理[44]の仕組みそのものでもあり、社員のモチベーション向上も期待できる。

ところで、この章では、5.1「続・顧客満足経営」、5.2「企業環境と成長戦

---
[44] 第 4 章 4.3「目標管理」参照。

略」から、5.3「新しいパラダイムの形成」へと話を展開してきた。1980年代から1990年代にかけて、全社一丸となって戦略目標を達成するための方法の模索から、財務の視点だけでなく、品質、顧客満足、リエンジニアリング、コア・コンピタンス、あるいは戦略的人的資源管理を目的に据えた組織の枠組みが強調された。しかし、品質だけでもリエンジニアリングだけでもだめである。BSCには、これらに加え、ナレッジ・マネジメントをも統合した新しいパラダイムを土台とした方法論に発展する可能性を期待したい。

そのパラダイムは、つぎに示す「戦略施行の組織体に関する原則」として明示されている。

原則1　戦略を現場の言葉に置き換える：BSCでは、戦略を記述し実行するための一般的なフレームワークのことを「戦略マップ」と呼んでいる。

原則2　組織全体を戦略に向けて方向付ける：伝統的に、業務機能別の組織には、組織の壁が存在していた。BSCに表現された共通のテーマと目標を通じて、会社全体が戦略目標に方向付けられることになる。

原則3　戦略を全社員の日々の業務に落とし込む：目標管理と連動した報酬の仕組みを構築することにより、企業の戦略は個人目標にまで展開され、日常の行動指針として組織全体に浸透する。また、報酬との連動は、従業員にとって、教育すなわち戦略を学習し理解し成長するための動機づけとなる。

原則4　戦略を継続的なプロセスにする：①一般的に、短期の財務業績向上という重圧から長期の実施項目が後回しにされる傾向がある。このため、予算編成プロセスにおいて、長期的な戦略予算と短期的な業務予算とを区分する。②多くの企業では、戦略についての議論に、ほとんど時間を費やしていない。戦略について話し合う会議を創設することで、組織が活性化し始める。③BSCによって常に戦略の達成状況を継続的に把握することができ、これがナビゲータとなり、環境変動に順応しながら組織目標に向かい続けることができる。

原則5　役員のリーダシップを通して変革を促す：成功のための最も重要な条件は、この変革の導入プロジェクトへの役員の積極的な参加である。導入プロセスは、最初に活性化と弾みをつけることに重点を置く。組織がひとたび活性化されると、焦点はガバナンス（自立的な変革の組織風土）に移行し、構造

化されていない新しい業績評価モデルの形成に取り組み始めるようになる。そして、時間の経過とともに、新しいマネジメントシステムが、戦略的マネジメントシステムとして構築されていく。

5.4.3　基本的な実施手順

BSCは、中期計画策定のきわめて分かりやすい枠組みであり、つぎの手順に沿って実施される。

① ビジョン策定
② 環境分析
③ 戦略マップの策定
④ 評価指標の設定
⑤ 実施計画と評価

BSCでは、4つの視点で戦略を捉えることもさることながら、それぞれの視点で設定する目標と達成度を関連づけること（戦略マップ）が、最も重要な特徴である。

（1）　ビジョン策定

ビジョンとは、目標（goal）とする数年後の企業イメージを具体的に記述したものであり、中期計画として3年程度を想定するのが現実的である。その表現は、例えば、経営の現状が行き詰まっていて、大きな組織変革を必要とする場合には、問題が克服された状態をビジョンとして描く。

（2）　環境分析

ビジョン、すなわち実現すべき目標に到達するためのシナリオを描くには、SWOT分析が便利である。分析は、市場（Customer）、自社（Company）、競争相手（Competitor）の現状把握から始まる。これを、3C分析と呼ぶ。

市場は、自社や競争相手にとって共通の環境であり、事業環境における機会と脅威を明らかにする。つぎに、自社分析と競争相手の分析結果を比較して、競争相手に対しての相対的な自社の強みと弱みを明らかにする。

さらに、この分析で明らかになった機会と脅威、強みと弱みをつぎのように組み合わせて、経営課題を抽出する。これを**クロス分析**と呼ぶ。

- ●機会に対して強みを活用する

5.4 バランス・スコアカード

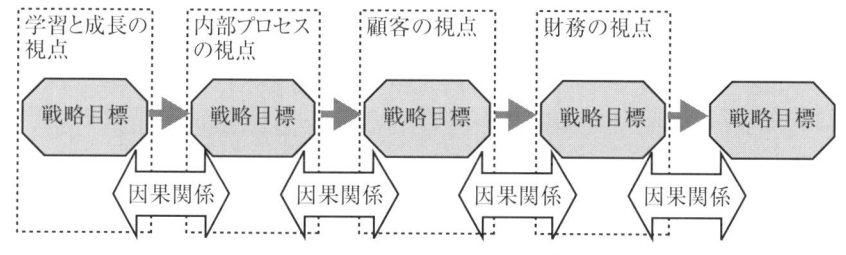

```
[学習と成長の    [内部プロセス   [顧客の視点]    [財務の視点]
  視点]          の視点]
 戦略目標  →  戦略目標  →  戦略目標  →  戦略目標  →  戦略目標
       因果関係    因果関係    因果関係    因果関係
```

図 5.4.1　戦略マップの構造

- 弱みを補強して強みをとらえる
- 脅威に対して強みで差をつける
- 脅威が弱みに結びつくリスクを避ける

クロス分析で明らかになった経営課題の中から、ビジョン実現のために不可欠な経営課題に優先順位をつけ、パレートの法則[45]に基づいて重点志向で絞り込み、その中から経営戦略の課題を導き出す。

(3) 戦略マップの策定

戦略マップは、経営課題を、「財務」「顧客」「業務プロセス」「学習と成長」の4つの視点に分類し、戦略目標として図5.4.1のように4つの視点間で明確な因果関係を持つように設計する。

戦略目標の設定では、財務の視点での目標を起点として、その目標を達成するためには下位の目標は何かという因果関係で分析し展開していく。財務の視点における戦略目標としては、収益性の拡大、生産性の向上などが考えられる。それぞれを下位目標との因果関係で考えるならば、顧客満足向上の結果としての売上増、自社内のコスト管理の結果としてのコストダウンである。

顧客の視点で重要なのは、「どのようなセグメントの顧客に」「どのような価値提案を行うのか」を明確にすることが重要である。このための分析手法としては、図5.2.5で示したアンゾフの商品市場マトリックスが便利である。

業務プロセスの視点では、顧客の視点で検討した価値提案を実現するために、既存のビジネスプロセスの改善、あるいはリエンジニアリングによる改革を実施し、その結果として実現したい状態が戦略目標となる。

学習と成長の視点では、業務プロセスでの戦略目標を達成するために必要な

---
[45] 第3章 3.3.1(5)「顧客ロイヤルティ」参照。

第5章 マネジメントの戦略

財務の視点

使用資本利益率を12%に上昇
- 収益増大戦略
  - ガソリン以外の新しい収益の源泉
  - プレミアムからの顧客収益性増大
- 生産性向上戦略
  - 業界のコストリーダー
  - 保有資産の最大活用

顧客の視点

消費者を喜ばせる
- 基本事項
  - 清潔
  - 安全
  - 高品質
  - 信頼のブランド
- 差別化事項
  - 迅速な販売
  - 親身な従業員
  - ロイヤルティの認識

ディーラーとのWin=Winの関係
- 消費者製品の増加
- スキル向上の支援

内部プロセスの視点

新商品で革命を起こす
- ガソリン以外の商品開発

顧客価値の向上
- 顧客セグメントの認識
- 最高クラスのフランチャイズチーム

優れた業務の遂行
- 設備の稼働状況
- 業界のコストリーダー
- 設備の稼働状況
- 業界のコストリーダー

良き隣人
- 環境・健康・安全性の向上

学習と成長の視点

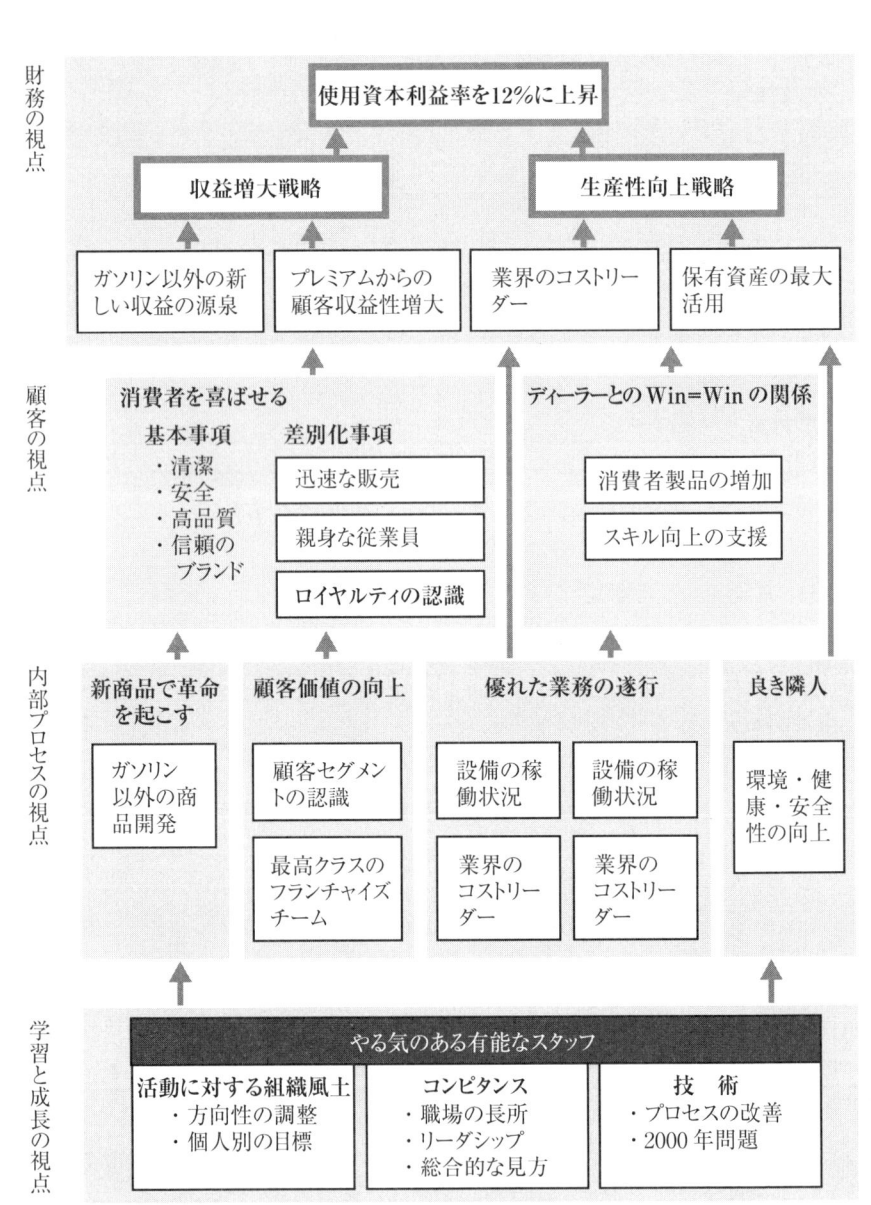

やる気のある有能なスタッフ

活動に対する組織風土	コンピタンス	技術
・方向性の調整 ・個人別の目標	・職場の長所 ・リーダシップ ・総合的な見方	・プロセスの改善 ・2000年問題

出典：櫻井道晴訳、『キャプランとノートンのバランスト・スコアカード』、東洋経済新報社、2001、p.66
（元図を簡略化して再構成）

図5.4.2　モービルの戦略マップ

組織力の向上として、個々の従業員の育成、ICT活用能力の向上、そして中長期的にはナレッジ・マネジメントで述べたように知を創造する能力、コア・コンピタンスを生み出すことのできる組織力醸成の方策などが戦略目標となる。

図5.4.2に、モービルの戦略マップを例示する。

(4) 評価指標の設定

戦略目標が決まっても、個々の従業員が何をすればよいのかは、具体化されていない。また、戦略目標を達成するためには状況を把握する必要がある。そのため、目標達成の進捗を測定するための道具として、**評価指標**を設定する必要がある。したがって、評価指標は、定量的かつ定期的に測定可能なものでなければならない。表5.4.1に、モービルのバランス・スコアカードを例示する。この表には、それぞれの視点で設定された戦略目標とその評価指標が列挙されている。

評価指標の策定に当たっては、測定すべき戦略目標の達成度だけでなく、その戦略目標と因果関係を持つ前後の戦略目標にどのような影響を与えるかを考慮することが大切である。

評価指標が決まれば、目標値を設定しなければならない。この際には、時系列的に考える必要がある。つまり、4つの視点が因果関係を持っており、学習と成長の視点で設定した戦略目標の達成に1期を要し、その成果がつぎの期に業務プロセスの視点で設定された戦略目標達成の原動力となる。したがって、経営者が望む財務の視点での成果は、下位の視点での評価指標が改善された後ということになる。

(5) 実施計画と評価

第4章で解説した目標管理は、個々の従業員が、組織目標を達成するためにどのような貢献ができるかを目標設定するための方法である。BSCと目標管理を連動させることで、組織目標と個人目標とを統合した実施計画を作り上げることが可能となる。

表5.4.1 モービルのバランス・スコアカード

視点	戦略テーマ	戦略目標	評価指標
財務	財務面の向上	ROCE	ROCE（使用資本利益率）
		保有資産の活用	キャッシュフロー
		収益性	同業種の純利益ランキング
		業界内のコストリーダー	対同業他社比1ガロン当たりの全部原価
		収益性の高い売上増大	対業界比販売量増加率 プレミアムガソリンの比率 ガソリン事業以外の収益と利益
顧客	消費者を喜ばせる	ターゲット顧客を継続的に喜ばせる	主要な市場におけるセグメント占有率 覆面調査員による評価
	ディーラーとのWin=Winの関係	ディーラーとのWin=Winの関係の構築	ディーラーの粗利益の増加 ディーラーの調査
ビジネス・プロセス	製品イノベーション	革新的な製品とサービス	新製品のROI（投資利益率） 新製品の受容率
		最高クラスのフランチャイズチーム	ディーラーの経営品質の成績
	安全と信頼	精製業務	歩留り差異 予期しない設備の停止
	競争力ある元売りとなる	在庫管理	在庫レベル 品切れ率
		業界内でのコストリーダー	対競合他社比のアクティビティ・コスト
	品質	規格遵守、納期遵守	完璧な注文履行
	良き隣人	環境、健康、安全性の向上	環境問題の発生件数 欠勤日数の比率
学習と成長	やる気のある有能なスタッフ	活動に対する組織風土 コア・コンピタンスとスキル	従業員調査 個人別BSC（達成率）
		戦略的情報へのアクセス	戦略的なコア・コンピタンスの達成可能性 戦略的な情報へのアクセス

ROCE：Return on Capital Employed（使用資本利益率）

出典：櫻井道晴訳、『キャプランとノートンのバランスト・スコアカード』、東洋経済新報社、2001、p.65.

キーワード

ニーズ、ウォンツ、需要、商品（製品とサービス）、マーケティング、マーケター、ターゲット市場、目的、目標、戦略、事業領域（ドメイン）、PPM理論、ポジショニング戦略、経験曲線効果、商品市場マトリックス、SWOT分析、多角化戦略、SCPモデル、リソース・ベースト・ビュー（RBV）、コア・コンピタンス、コスト・リーダシップ、差別化、集中、競争地位、リエンジニアリング、チェンジリーダ、ナレッジ・マネジメント、形式知、暗黙知、組織知、SEKIモデル、コーポレート・アルツハイマー、バランス・スコアカード

経営課題

■あなたの会社のビジネス目的を説明しなさい。
■つぎに、4つの視点で経営環境を分析しなさい。
  ●あなたのビジネスについて、「機会と脅威」を説明しなさい
  ●あなたのビジネスについて、「強みと弱み」を説明しなさい
■さらに、あなたのビジネスの事業領域と経営目標を考える。下記のそれぞれの質問について、具体的に説明しなさい。
  ●何年後に、どのような会社にしたいのか
  ●その目標を達成するために、市場をどのように区分して考えるのか
  ●区分したそれぞれの市場に対して、その商品をどのように販売するのか
■これまでの質問を総合した結果として、あなたが採択する事業戦略はどのようなものか。簡潔かつ総合的に説明しなさい。

章末問題5

問題1 マッチング問題：経営戦略の策定手順を4段階に分ける。それぞれの説明文はどれか。
〔質問項目〕
  1. 事業機会の探索

第5章 マネジメントの戦略

　　2. 事業領域の選択
　　3. 事業戦略の確立
　　4. 経営資源の配分

〔解答項目〕
　A．限られた経営資源をうまく活用して個別の競争戦略を策定
　B．外部環境から自社に好影響を与える要因（機会）と悪影響を与える要因（脅威）を、内部環境から自社の市場に対する強みと弱みを明確化
　C．ターゲットとなる顧客や、自社が満たすべき顧客ニーズの明確化
　D．"競争"を中心に据え、マーケティング戦略・財務戦略等の個別戦略にブレークダウン

問題2　正誤問題：SWOT分析とは、事業分析法の1つである。これは、ある事業が市場に与える影響について、強み・弱み・機会・脅威を判定し、経営課題を導き出す方法である。

問題3　正誤問題：ドメインとは、自社の経営資源を用いて強みを発揮できる事業領域のことであり、自社の将来あるべき姿を考えて決定する。ドメインが広すぎる場合には、顧客ニーズの変化への適合が困難となる。また、ドメインが狭すぎる場合には、無意味な競争が増加したり、経営資源が分散したりする。

問題4　並べ替え問題：下記をドメインの正しい分析手順になるように並べ替えよ。
　1. 商品市場分析などによるドメインの分析
　2. メイン変更による新規事業戦略の立案
　3. SWOT分析などによる経営環境分析
　4. 経営理念の明確化

問題5　マッチング問題：PPM理論では、縦軸に市場成長率、横軸に相対的市場占有率を設定し、4つの象限に分けた分析方法である。それぞれの象限と説明文を関連づけよ。

〔質問項目〕
　1. 花形、　2. 問題児、　3. 金のなる木、　4. 負け犬

〔解答項目〕
　A．市場占有率も高く、市場成長率も高い商品。成長期にある商品なので他社との競争が激しく、市場占有率を維持するために広告宣伝や商品の改良に資金を投入し、市場占有率を維持しなければ

ならない。市場成長率が鈍化するまで市場成長率を維持しえれば金のなる木になりえる商品。

B．市場占有率が低く、市場占有率も低い商品。市場成長率がすでに鈍化しているのに市場占有率が低いこの象限の商品は、通常撤退の対象とされる。

C．市場占有率は低いが市場成長率が高い商品。成長期にある商品で、広告宣伝や商品の改良により、花形の商品になることが見込める。市場占有率を高められないまま、市場占有率が鈍化すれば負け犬になってしまう。

D．市場占有率が高く、市場成長率が低い商品。広告宣伝や商品の改良に資金を投入しなくても市場占有率の維持が見込め、企業の資金源である。

(問題6) 正誤問題：PPMを利用して、どれくらい魅力のある商品（市場成長率のある商品）・競争力のある商品（市場占有率のある商品）に資本を投入するかを判断するとともに、今後どの商品（製品を扱う事業部）に資本を投入するかを判断することができる。一般的には、企業の資金源である金のなる木にいくつか商品を持った上で、将来金のなる木になりうる花形と、将来花形になりうる問題児の商品をバランスよく保つことが理想とされている。

(問題7) マッチング問題：M.E.ポーターが整理した競争優位を獲得するための3つの戦略とそれらの説明文を関連づけよ。

〔質問項目〕

1．コスト・リーダシップ、2．差別化、3．集中

〔解答項目〕

A．絞り込んだ対象に経営資源を集中し、その分野で、他社の優位に立つ。

B．低コストで製品サービスを提供することで市場における競争優位を確立しようとする戦略。

C．同じ分野の製品サービスでも、明らかに他社と違った特徴があり、それが消費者に受け入れられるものであれば優位性を獲得できる。

(問題8) マッチング問題：市場占有率による競争地位の分類では、縦軸を経営資源の質、横軸を経営資源の量として分類している。それぞれの競争地位と説明文を関連づけよ。

〔質問項目〕
　　1. リーダ、2. チャレンジャー、3. フォロワー、4. ニッチャー
〔解答項目〕
　　A. リーダに挑戦せず現状維持を目的としリスクを避ける企業
　　B. 他社と競合が生じにくい分野に資源を集中させる企業
　　C. 業界で最大の市場占有率を誇る企業
　　D. リーダに果敢に挑戦して、市場占有率の拡大を狙う企業

問題 9　正誤問題：競争優位の源泉として、コア・コンピタンスがある。自社のコア・コンピタンスを自覚し、明確に打ち出すことができれば、経営資源の量で劣る中小企業であっても、業界内でのニッチな市場での競争で優位に立つ可能がある。

第6章 情報資源の戦略

学習目標

- 経営情報システム(MIS)の意味について考える。
  - システムとは何かを理解する。
  - 経営をシステムとして考える。
  - 経営資源と情報システムの関係を理解する。
- 生産や販売における情報システムの仕組みを理解する。
  - 身近な例をとおして、商店や工場で、コンピュータがどのように利用されているのかを理解する。
  - インターネットの普及によって、ビジネスがどのように変化してきたのかを理解する。
- 経営戦略における情報システムの意味を理解する。
  - 情報システムを戦略的に活用するための方法を学ぶ。
- 組織と情報システムの関わりを理解する。
  - それぞれのマネジメント階層に対して提供される情報システムの、目的と機能を理解する。
  - 組織が情報システムを活用できるようにするための留意点、取り組んでいくべき業務上の課題を理解する。

第6章 情報資源の戦略

6.1 システムの概念

> システムという言葉をよく耳にする。腕時計もシステムであり、企業や国家についても、そのシステムが取りざたされている。
> 経営情報システム（MIS）について学ぶ前に、そもそもシステムとは何かについて考えることにする。

（1） システムの4条件

一般に、システム（system）という言葉を使うとき、それはある場面で検討課題として取り上げている対象全体を抽象的に表しており、その具体的な構造や内容は表6.1.1に示す4条件に沿って説明できなければならない。

表6.1.1　システムの4条件

①	要素	複数の要素から構成される 2つ以上の要素から成り立っている。
②	役割	要素間に役割がある 各要素は互いに定められた機能を果たす。
③	目的	全体としての目的を持つ 全体として目的を持っていなければならない。
④	手順	時間的な手順がある 単に状態として存在するだけでなく、時間的な流れを持っている。

システム（system）とは、ある目的を達成するために、いくつかの要素（人間、機械、道具、部品、情報など）が、ある法則に従って組み合わされたものである。システムの目的を達成するためには、そのための機能が必要である。この機能を実現するために、いくつかの要素が、ある法則に従ってまとめられる。

その結果、システムの範囲が定まる。この範囲を規定するものが**境界**であり、内側をシステム、外側を**環境**[1]と呼ぶ。（図6.1.1 参照）

システムが大きくなるとこれを分割し、それぞれに部分的な目的を与えて機

---

[1] ここでの「環境」という言葉は、広義に用いられており、大気汚染や騒音などの狭義に用いられるもの以外に、政治・社会・経済・技術など、システムに影響をもつすべてのものを含んでいる。

6.1 システムの概念

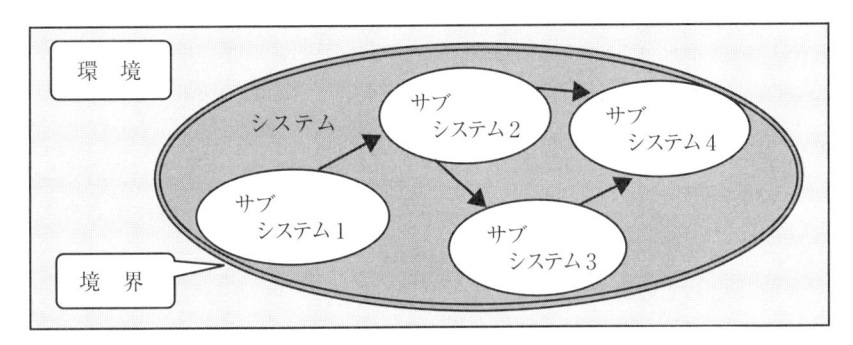

図6.1.1 システムと環境

能させることで、システム全体の目的を達成できるようにする。この分割されたシステムの部分を、サブシステム[2]（subsystem）と呼ぶ。このサブシステムもシステムであり、システムの4条件を満たす。

システムの目的に照らして、どこを境界とするかは、システムそのものの意味や特性、機能を定義し、設計する上で重要である[3]。そして、情報システムを導入し、その有効性評価を実施する場合にも、境界をどこに設定して考えるかが重要である。第3章3.2.2「スループット会計」では、製品1個当たり3分間の工数削減を180円のコスト削減であるとして例示した。これは、生産工程をシステムとしてとらえた例であり、企業の収益を問題にするのであれば、企業全体をシステムとしてとらえ、全体としての収入と支出を要素として考える必要がある。すなわち、目的を実現するための機能を全体システムとしてとらえないと、システムの有効性を定量的に評価することは不可能なのである。これは、経営戦略における事業領域（ドメイン）の定義についても同様である。

(2) 経営情報システム

「経営情報システム[4]」は、「経営情報」と「システム」とを組み合わせた言葉であり、経営情報に関するシステムを意味している。これを表6.1.1に示す

---

[2] サブシステム：例えば、自動車がエンジン・電気系統・燃料系統・操縦装置・車体などから成るとか、コンピュータが入力装置・出力装置・記憶装置・演算装置・電源装置などで構成されるとか、あるいは企業がいくつかの部に分けられるとかは、いずれもこの例である。
[3] 例えば、ある企業が公害対策を積極的に進めることを企業の伝統的な目的（利潤の追求）に付け加えたとすると、企業内にそのための人員・設備を配し、特別な活動をすることが必要になる。このため、システムの範囲はそれだけ大きくなり、境界はその分だけ広がることになる。

「システムの4条件」に従って整理すると、つぎのようになる。
① **複数の要素から構成される**：人、モノ、金の3つのサブシステム（要素）から成り立っている。
② **要素間に役割がある**：人のサブシステムは労働力に関する業務、モノのサブシステムは生産と販売の業務、金のサブシステムは財務に関する業務を支援する役割を持っている。
③ **全体としての目的を持つ**：経営情報システム全体としての目的は、経営目的を達成するための企業活動が円滑に遂行されるように業務活動を支援することである。
④ **時間的な手順がある**：管理システムは、PDCAの手順の繰り返しである。人とモノのサブシステムで生産活動に必要な設備、資材、労働力が計画された結果を受けて、金のサブシステムでは予算が編成され、予算に基づいて、日々の人とモノのサブシステムにおける業務活動が遂行され、その結果が金のサブシステムに伝達される。

(3) 意思決定のシステム

経営者や管理者は、自分の担当領域でのPDCAの管理活動について、責任を負う。こうした管理活動は、情報に基づいて行われる。中でも計画立案での意思決定は、最も重要であり、正確でタイムリーな情報を必要とする。

経営者や管理者は、情報に基づいて意思決定を行うが、管理レベル（各階層の管理者）によって意思決定に必要な情報は異なる。ロアー・マネジメント（第一線監督者）の意思決定のために必要とされる情報は、工程、日数、品質、売上数量など、各部門の現場的な物量情報が主体であり、ミドル・マネジメント（中間管理者）は各部門に関連する金額情報を必要とする。しかし、トップ・マネジメント（最高経営者）では、戦略的計画立案のための意思決定情報として、内部から発生した物量と金額の情報だけでなく、地球環境に対する責任、新市場の開拓や新製品開発などに関する外部の質的な情報も要求される。

---

4 MIS (Management Information System)：経営情報システム。広義には、経営活動に必要な情報を扱うコンピュータベースの情報システム全体を意味する。狭義には、日々の取引データを経営情報としてレポートする機能をもつシステムを意味する。1960年代に、過大な期待故に「MISはミスだった」と揶揄され、日本ではMISという表現は使われなくなったが、世界では一般的な表現である。

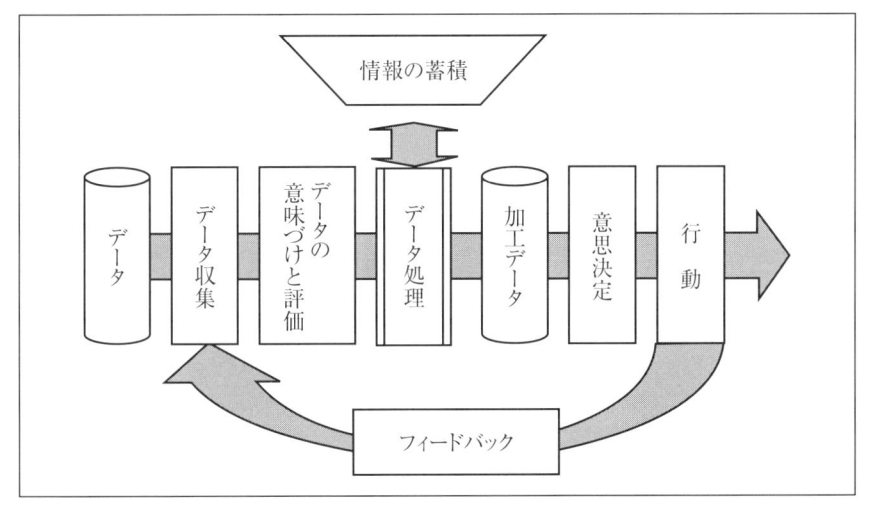

図6.1.2　意思決定の情報処理プロセス

　内部情報とは、日常の経営活動から発生する数量情報が大部分であり、ミドル・マネジメシトの意思決定に最も多く使用される。外部情報は、経営環境に関する情報であり、物量・金額だけで表現できない質的なものを多く含んでいる。

　管理レベルによって必要とされる意思決定情報は異なるが、情報の処理から行動までのシステム構造は、どのレベルでも同じである。図6.1.2に、その構造を示す。この図に見られるとおり、経営情報システムは、現実の経営活動を含めた1つのサイバネティックス[5]によるフィードバック・ループを形成するシステムである。金額や物量に関する情報は、データ化が容易であり、コンピュータ処理が可能である。しかし、質的情報の場合、これを量的に表現する数量化技術がないとコンピュータで処理できない。したがって、意思決定のための情報処理には、オペレーションズ・リサーチやマネジメント・サイエンスなどの工学的手法が不可欠である。

---

[5] サイバネティックス［cybernetics］:「舵手」の意のギリシア語に由来。通信・自動制御などの工学的問題から、統計力学、神経系統や脳の生理作用までを統一的に処理する理論の体系。1947年頃アメリカの数学者ウィーナーの提唱に始まる学問分野。(以上広辞苑) 決定論、機械論に代わり、確率論的予測理論、目標値と達成値との差異を縮めるためのフィードバック制御理論を提示している。

(4) 適用業務システム

個々の業務を支援する機能を持ったシステムのことを適用業務システム (application system) と呼ぶ。表6.1.2に、適用業務システムの例を示す。

表6.1.2 適用業務システムの例

システム	管理対象	内容説明
人の管理システム	人的資源	採用、勤怠、給与計算、福利厚生、異動、人事考課、能力開発、コンピーデンシー管理（スキルズインベントリ、キャリアインベントリ、ポジションインベントリ）、など
モノの管理システム	販売／マーケティング	受注仕様登録、見積計算、受注、商品在庫管理、製造指示、出荷／請求／回収、など
	生産	生産計画、資材所要量計画、生産負荷計画、スケジューリング、作業指示、実績収集、など
	技術開発	技術情報管理、プロジェクト管理、など
	工場の自動化	工場内物流の自動化（自動倉庫、AGV[6]）、自動検査、など
金の管理システム	財務会計	予算編成、予算統制、月次決算、財務諸表、原価計算、など

---

[6] AGV［Automatic (Automated) Guided Vehicle］：無人搬送車。コンピュータの指令にしたがって、工場内などを動く無軌道台車。積載物の積み下ろし機能を持ったものが一般的。

6.2 生産と販売の情報システム

6.2.1 商店の情報化

> デパートやスーパー・マーケットあるいはコンビニエンス・ストアなどで買い物し、レジで支払いするとき、店員が商品につけてあるバーコードを機械で読みとっている。ここでは、この作業が、店舗経営にとってどのような意味を持っているのかを考えることにする。

（1）バーコードとPOS

最近では、店舗に並べてある商品のほとんどすべてに、バーコードがつけられている[7]（図6.2.1参照）。われわれが欲しい商品をいくつか手にし、レジの店員に商品を渡すと、店員はスキャナを使ってバーコードを読みとり、レジの機械に商品の合計金額が表示される。そして、支払いを済ませると、印刷されたレシートが手渡される。

図6.2.1　バーコード

機械の中では、一体何が起こっているのだろうか。実は、レジで読みとったバーコードは、商品の種類を表す数桁の商品コードに変換されている。この商品コードをさらに商品名に変換し、コンピュータからその商品の単価を探してくる。そして、顧客の購入した商品すべてを逐次変換しながら、金額を合計し、ディスプレイに請求金額を表示しているのである。

顧客に請求し、入金されれば売上になる。これを一日繰り返せば、レジを通過した顧客への売上がすべて積算される。レジの機械が複数あったとしても、すべてのレジの売上金額をネットワーク経由で集めて合計すれば、その店舗全体の一日の売上金額が算出できることになる。

---

[7] ソースマーキング［source marking］：商品の製造段階で付けられるバーコード・シンボルのこと。

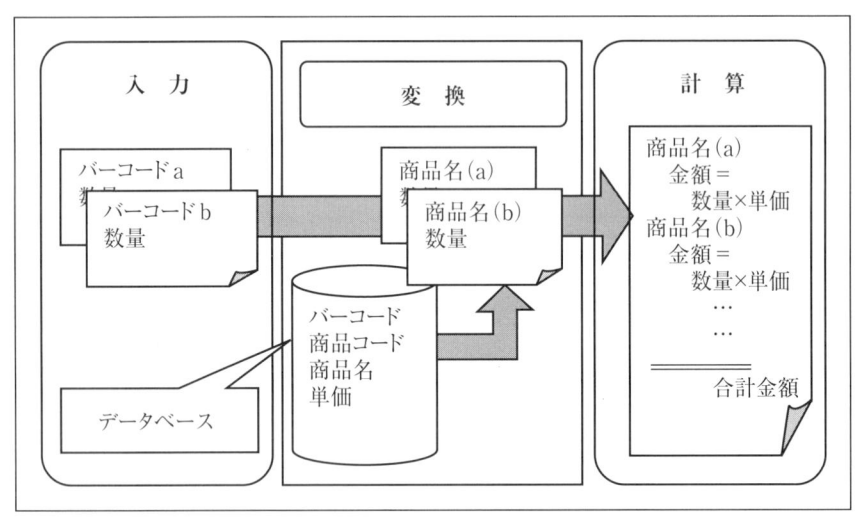

図 6.2.2　POS レジでの売上計算

　販売時点で顧客一人ひとりの売上伝票を起票し、閉店後に手作業で集計することを考えると、かなりの時間がかかることは容易に想像できる。バーコードとコンピュータ・ネットワークを使い、販売の瞬間に売上情報を収集することによって、売上に直結しない閉店後の仕事（間接作業）の時間が大幅に短縮できる。このシステムを POS（Point Of Sale）と呼び、「販売時点情報管理」と呼んでいる。

（2）　在庫管理と EOS

　POS を用いると、店舗が複数ある場合でも、店舗別の売上金額を本部（本店、本社）に集約すれば容易に集計できる。また、商品別の売上数量も容易に集計できる。

　さて、顧客がある商品を求めて来店したが、その商品が欠品していたと仮定しよう。商品が売れるはずの機会、つまりお金儲けの機会を逸したわけであり、これを機会損失（opportunity loss）という。極力、在庫切れをなくさなければならない。

　そこで、在庫切れをなくすための POS データ利用を考えることにする。POS によって、商品の販売数量が把握できるため、店舗内の開店時の在庫数量が把握できていれば、つぎの計算によって、現時点の在庫数量が把握できる

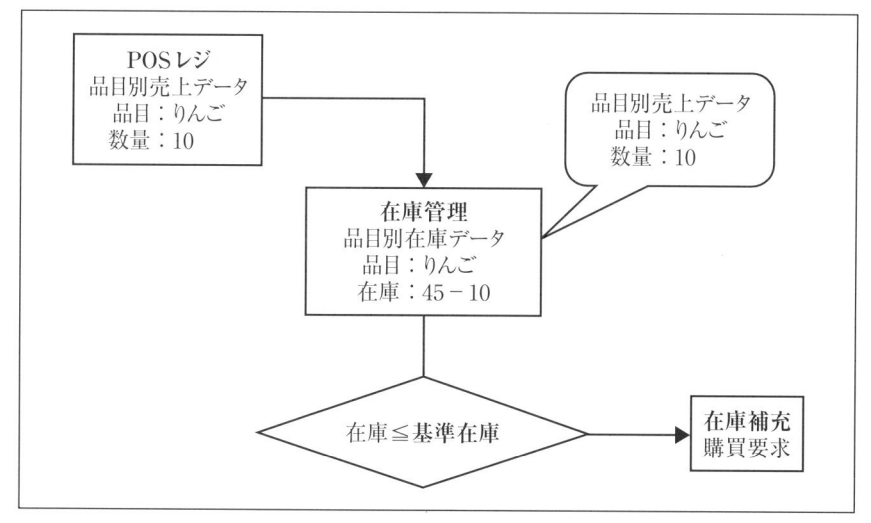

```
┌─────────────────────────────────────────────────────────────┐
│  ┌──────────────┐                                            │
│  │ POSレジ       │               ┌──────────────┐            │
│  │ 品目別売上データ│               │ 品目別売上データ│          │
│  │ 品目：りんご   │               │ 品目：りんご   │          │
│  │ 数量：10      │               │ 数量：10      │          │
│  └──────┬───────┘               └──────┬───────┘            │
│         │        ┌──────────────┐      │                    │
│         └───────▶│ 在庫管理      │◀─────┘                    │
│                  │ 品目別在庫データ│                           │
│                  │ 品目：りんご   │                           │
│                  │ 在庫：45 − 10 │                           │
│                  └──────┬───────┘                           │
│                         │                                    │
│                      ◇──┴──◇              ┌──────────┐      │
│                   在庫≦基準在庫 ──────────▶│ 在庫補充  │      │
│                      ◇─────◇              │ 購買要求  │      │
│                                           └──────────┘      │
└─────────────────────────────────────────────────────────────┘
```

図 6.2.3　在庫補充の仕組み

ことになる。

| 現時点の在庫数量＝開店時の在庫数量−その時点までの販売数量 |

　すなわち、ある商品の「現時点の在庫数量」がある一定の数値より下回ったとき、その商品を自動補充する仕組みを用意することができれば、機会損失を回避でき、「販売数量最大化」の原則に近づくことができるわけである。

　在庫計算は、コンピュータが行っている。さらに、「現時点の在庫数量がある一定の数字より下回ったとき、在庫の補充要求を出せ」とコンピュータにプログラムしておくことで、人間が常に在庫監視していなくても済むようになる。この仕組みを EOS（Electronic Ordering System）と呼ぶ。

（3）　受発注と決済

　複数店舗の在庫補充要求は、コンピュータ・ネットワークを介して、物流センターに集められる。ここでは、商品当たり数点ごとの細かい要求が集約され、供給メーカーへまとめて発注される。これは、スケールメリットが目的である。つまり、まとまった購入の方が低価格で商品を入手できるからであり、複数の商店がグループを作って共同購入する場合も同じである。

　メーカーに発注された商品は、物流センターにまとめて納入され、コンピュ

ータから出力されたピッキングリスト（品揃え表）に基づいて、在庫補充を要求したそれぞれの店舗別に小分けされる。小分けされた商品は、小型のトラックに積み込まれ、もっとも合理的なルートで、速やかに配達されることになる。

取引は、ネットワークを介して行われている。発注情報は、メーカーにとっての受注情報である。メーカーにとっての出荷情報は、発注側の受入（検収）情報となる。これらの情報は、双方で照合確認可能である。両社が同じ銀行に口座を持っていれば、発注側が銀行にネットワークを介して口座振替を指示できる。決済業務がコンピュータ化されることで、業務処理がスピードアップされ、人為ミスが減り、結果として取引コストが軽減されることになる。

(4) 売れ筋商品と死に筋商品

POSで得られた情報は、店舗に並べる商品の品揃えにも影響を与えている。経営資源は有限であり、店舗面積は限られている。限られたスペースは、有効に利用されなければならない。仮に、売れない商品が店頭に並んでいたとすれば、そのスペースは売れない商品に常時占有されていることになる。そのスペース分の賃貸料がむだであり、その商品の仕入れ代金もむだである。こうした売れない商品のことを「死に筋商品」と呼ぶ。死に筋商品を、店頭から除去しなければ、資金効率はよくならない。逆に、非常によく売れる商品も存在する。これを「売れ筋商品」と呼ぶが、死に筋商品を除去して空いたスペースに売れ筋商品をより多く並べれば、店舗の売上は増加する。

商品別にどれだけ売れたかが把握できていれば、この売れ筋と死に筋の管理が容易に実現できる。POSから得られるデータの活用で、売上の大幅な増加が期待できる。

(5) 市場分析

ところで、レジでの入力項目とは何だろうか。商品別の売上把握が目的であれば、バーコードによる商品の特定と販売数量があればよい。ここで、顧客を性別（男女）、年齢層（10代、30歳以下、50歳以下、50歳超）のように分類することにする。レジでのバーコードと数量の入力に、性別と年齢層を加えると、店舗別の客層の属性や傾向がさらに詳しく把握できる。

例えば、つぎのようにデータを利用することができる。

① この店舗では、30歳以下の女性客が75％を占める。したがって、店舗

には、若い女性向きの商品を他店より多く陳列すればよい。

② この店舗では、10代の顧客が65％を占める。これは、店舗立地が学校の近くであることが原因である。したがって、文房具、パンや飲み物、菓子類を他店より多く陳列すればよい。

最近、データマイニングという手法が注目されている。これは、大量に蓄積された未加工のデータの中に存在する傾向や相関関係などの情報を見付け出すための技術・手法である。CRM[8]と呼ばれるシステムから収集されたデータを利用して、顧客動向の分析など、企業活動のさまざまな分野で応用され始めている。

(6) データマイニング

データマイニング（data mining）とは、種々の統計解析手法を用いて大量のデータを分析し、隠れた関係性や意味を見つけ出す知識発見の手法のことである。マイニングの意味は、採掘である。データウェアハウス[9]などに蓄積された膨大な生データ（raw data）を鉱山に見立て、そこから未知の知見や規則性という価値ある鉱石を発掘するという意味で、この名が付けられた。

データマイニングにおける統計・解析アルゴリズムは、相関ルール[10]、クラ

---

[8] CRM［Customer Relationship Management］：第3章「3.3 顧客満足経営」参照。

[9] データウェアハウス［data warehouse］：基幹系業務システム（オペレーショナル・システム）からトランザクション（取引）データなどを抽出・再構成して蓄積し、情報分析と意思決定を行うための大規模データベース。意思決定支援に最適化したデータベースで、その特徴は分析に適した形で加工していない生のデータをそのまま（詳細データのまま）格納して長期間保持することにある。提唱者であるウィリアム・インモン（William H. Inmon）の定義（1990年）では、「意思決定のために、目的別ごとに編成され、統合化された時系列で、更新処理をしないデータの集まり」。

[10] 相関ルール［association rule］：アソシエーション・ルール。ある事象が発生すると別の事象が発生するといったような、同時性や関係性が強い事象の間の関係。データベースに蓄積された大量のデータからアソシエーション・ルールを抽出する技術をアソシエーション分析という。

[11] デシジョンツリー［decision tree］：決定木。意思決定の「決定」や命題判定の「選択」、物事の「分類」などを多段階で繰り返し行う場合、その分岐の繰り返しを階層化して樹形図［tree diagram］に描いた構造モデル。統計的決定理論、人工知能、機械学習、データマイニングなどの分野で、予測モデル構築、意思決定分析・最適化、分類問題の解決、概念・知識の記述、ルールの抽出などに利用される。意思決定理論では、意思決定と不確定条件によって分岐を繰り返す多重決定問題モデルを示したもので、プロセスと予測される結果を示す。決定理論（決定分析）の主要分析ツールである。

スタリング、ニューラルネットワーク、遺伝アルゴリズムなど数多くある。ビジネスの分野では、決定木分析[11]で顧客特性や傾向を分析したり、重回帰分析で過去のデータから今後の方向性を予測したりするなどの目的で利用される。具体的な事例としては、商品の併売傾向（例えば、「パンとバターの同時購入者の90％はミルクも購入する」など、どの商品とどの商品の組み合わせが最も売れるか）を測るマーケットバスケット分析[12]が有名である。

6.2.2 工場のデジタル化

生産の自動化を目的として、コンピュータが工場の隅々まで利用されるようになってきた。これをFA[13]と呼ぶ。そして、1990年代以降の日本では、それらのコンピュータをさらに有効に利用すべく、技術、生産、販売、さらには経営の機能をもシステム統合しようと試みられてきた。このシステム統合生産のことをCIM[14]と呼んでいた。

ここでは、生産工場における加工や組立の工程作業から管理業務に至るまで、コンピュータがどのように活用されているかを概観する。

（1） センサ応用技術

最近の機械加工システムは、人手をほとんど要しない高度な自動化システムへと変わりつつある。しかも、一種類の製品を大量生産する従来の自動化シス

---

[12] マーケットバスケット分析［market basket analysis］：データマイニングの利用法の1つで、POSデータやeコマースのトランザクション（取引）データを分析して、「一緒に買われる商品」の組み合わせを発見する探索的データ分析のこと。1顧客による1回の取引データをマーケットバスケット・データと呼び、これを週や月単位に集計した取引データベースをソースとしてデータマイニングを行う。量販小売業だけでなく、クレジットカードの取引データ、通信系会社の利用記録などにも適用されている。

[13] FA［Factory Automation］：コンピュータ導入による工場の生産システムの自動化・省力化・無人化（大辞林）。

[14] CIM［Computer-Integrated Manufacturing］：コンピュータ統合生産。コンピュータを用いて、商品の企画・設計から流通に至る各段階をデータベースとネットワークで結び生産性の向上を図る（大辞林）。

[15] FMS［Flexible Manufacturing System］：フレキシブル生産システム。少品種大量生産を目的として設計されていたオートメーション・システムを、多品種少量生産にも対応できるようにしたもの。数値制御（NC）工作機械・ロボット・自動搬送装置・自動倉庫などを有機的に結合し、コンピュータによって集中管理して構成する。フレキシブル・マニュファクチャリング・システム（大辞林）。

テムとは異なり、多品種少量生産が主流となっている。このため、多種多様な加工を施すための非常に高度なフレキシビリティ（柔軟性）が、生産システムに対して要求されている。これが、FMS[15]であり、マーケットインの時代における工場FA化の要となっている。

表6.2.1 センサの種類

目的		センサ
プロセスの計測と状態把握	温度 圧力 液位 重さ ひずみ トルク 比重 密度 長さ pH	熱伝体、サーミスタ ブルドン管 超音波液面計 ロードセル ひずみ計 トルク計 比重計 密度計 長さ計 pH計
物質移動の測定	流量 流速・流量 位置検出・物体検知 開度	オリフィス流量計 流速計 リミットスイッチ、近接スイッチ、赤外線センサ 開度計
成分分析	ガス成分、液体成分 個体成分	ガスクロ計 X線解析計
時間、速度、回転数の計測	時間 速度 回転数	カウンタ 速度計 回転計
電気関係の測定	力率 電流 電圧 電力 周波数	力率計 電流計 電圧計 電力計 周波数計

ところが、FA化を阻む要因がいくつかある。機械加工を例に取ると、加工誤差要因などである。人手を要する従来型の個別生産では、オペレータの熟練と経験でそれらの問題に対処してきた。また、大量生産システムでは、事前に十分な加工実験を実施することによって、必要な対策を知ることができた。

しかし、加工対象物が一定しないFMSの場合には、そうはいかない。そこ

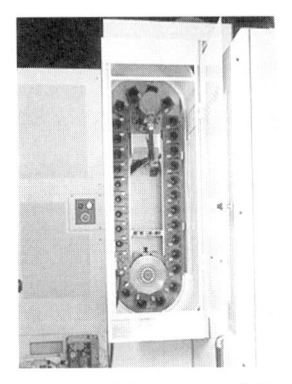

写真 6.2.1　自動工具交換装置（キタムラ機械㈱　提供）

で、加工中に種々の加工条件をリアルタイムに計測し、自動監視することによって、常に加工状況を把握しつつ、加工プロセスを補正し制御することが必要になる。ところが、良いセンサがないために、なかなか実現できない。これが設計者の悩みである。そして、このセンサ応用技術は、本格的なFMSを、そしてマス・カスタマイゼーション[16]を実現するためのキー・テクノロジーである。

このようなセンサ応用技術にかかわる問題は、機械加工だけではない。食品会社でも、次のような話がある。「アイスクリームに混入している脂肪分は、お金そのものである。パッケージに表示してある脂肪分何％という数値よりも混入量が少ないと、監督官庁からお目玉をくらう。そこで、製造工程では余分に脂肪を混入する。しかし、そうすると製造原価が高くなる。何とか表示の数値ピッタリにしたい。そのためには混入量を検出するセンサが必要なのだが、どこを探しても見つからない」。

このようなニーズは、多くの製造業に存在する。しかし、センサ・メーカーだけでは作ることができない。なぜなら、どのようなセンサがほしいかというニーズは、その企業の製品固有の生産技術に由来するからである。したがって、センサは、メーカーとユーザー企業との共同開発によって、今後もさまざまな

---

[16] マス・カスタマイゼーション［mass customization］：少量生産を実行するための追加コスト（段取費用）無しに製品を簡単にカスタマイズできるようにすることを目的とし、生産を上手く管理するために、ソフトウェアとコンピュータ・ネットワークを利用すること（第3章3.1参照）。

6.2 生産と販売の情報システム

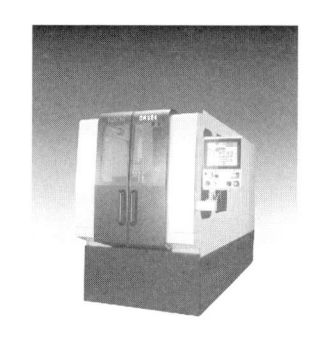

写真 6.2.2　NC 工作機械と産業用ロボット（㈱不二越　提供）

バリエーションが生まれてくることが予想される。

(2) 生産機械の知能化

これらのセンサを多用した自動化工場は、多くの NC[17] 工作機械から構成されている。この NC 工作機械のパートナーは、視覚と触覚を備えた知能ロボットである。そして、これらの NC 工作機械と連動したロボット群が、航空機のように部品点数が膨大で複雑な製品を、最初から最後まで一貫して生産する自動化工場を構成することになる。

この NC 工作機械にコンピュータ制御で自動的に仕事をさせるには、プログラム[18]が必要である。最近では、プログラムの自動作成、つまり「設計図を読み取り、自動的にプログラムを作り出すためのプログラム」が実用化され、多くの工場で一般的に利用されている。

ところが、パートナーである産業用ロボットの現状はというと、熟練者が作業手順を教えることで同じ動作を繰り返す能力しかない。そこで今後は、ロボット自身が視覚や触覚により、動作や操作を決定することが必要になってくる。そのためには、CAD[19] による動作シミュレーションを利用したプログラム作

---

[17] NC［Numerical Control］：数値制御。工作機械などを自動的に制御する方式。製品の特性を数値に変換し、コンピュータ制御する方式。精度の高い工作ができる（大辞林）。
[18] NC プログラム：工作機械などを自動的に制御するためのプログラム。
[19] CAD［Computer Aided Design］：コンピュータを利用して機械・電気製品などの設計を行うこと。コンピュータとの会話形式で設計を行う。コンピュータ援用設計（デイリー新語辞典）。

成の高度化、推論・連想・学習を可能にする「人工知能」[20]の発展、視覚や触覚などの「センサ応用技術」が確立されなければならない。

手塚治虫氏の漫画の主人公「鉄腕アトム」の誕生日である2003年4月7日現在、二足歩行ができるもの、複数の人と会話することができるもの、相手の動作を見るだけで動作を真似ることのできるものなど、研究室段階ではかなり高度な能力を持つロボットが創り出されている。人間が近寄れない環境での作業など、今後の急速な実用化が期待されている分野である。

(3) 加工の自動化とLAN

知性とは言わないまでも、自動化工場を実現するため、CAM[21]に求められる機能のひとつに、工程計画[22]がある。

標準部品の工程計画は、GT手法[23]を用い、部品作成の手順ともにコンピュータに記憶される。したがって、新規部品の工程計画は、類似部品の工程計画を修正することにより、容易に作成できるようになる。

この工程計画は、工場内に敷設されたLAN[24]を介して、NC工作機械や知能ロボットに加工手順として渡され、自動的に製品が作られる。

逆に、工程の加工状況や生産実績は、LANを通して工程制御のコンピュータにフィードバックされ、生産プロセスが常に最適な状態に維持される。

(4) CADによる設計の高度化

ユーザー・ニーズの多様化により、製品のライフサイクルが短命化している。

---

[20] AI [Artificial Intelligence]：学習・推論・判断といった人間の知能のもつ機能を備えたコンピュータ・システムやプログラム。自然言語の理解、機械翻訳、エキスパート・システムなどがある。

[21] CAM [Computer Aided Manufacturing]：コンピュータを利用して製品の製造の自動化を図ること。コンピュータで工作機械の選択、加工手順の決定などを行う。コンピュータ援用生産。(デイリー新語辞典)

[22] 工程計画：品物を生産する手順に基づいて通過する工程の順序を表した計画。加工する手順のこと。

[23] GT [Group Technology]：類似部品加工法。部品や製品の類似性に基づいてグループにまとめ、それをロットとみなすことで、個別的な多品種少量生産に大量生産的な効果を与える方法

[24] LAN [Local Area Network]：同一敷地（同一建物）内などの総合的な情報通信ネットワーク。オフィスや工場など、同一敷地内にあるコンピュータを電線ケーブルや光ファイバなどの通信回線で接続したネットワークのことであり、それぞれのコンピュータは相互にデータを転送・共有できる。

6.2 生産と販売の情報システム

写真 6.2.3　CADによる設計（トヨタ自動車㈱　提供）

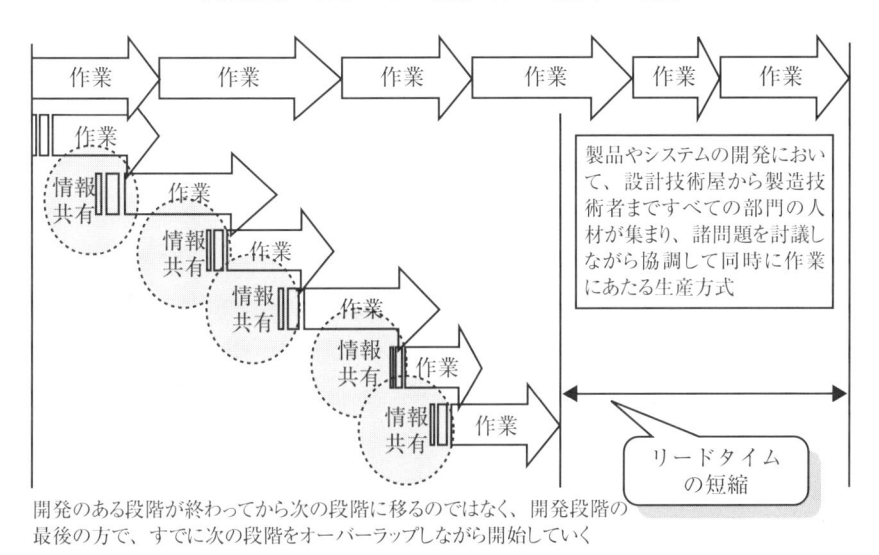

> 製品やシステムの開発において、設計技術屋から製造技術者まですべての部門の人材が集まり、諸問題を討議しながら協調して同時に作業にあたる生産方式

リードタイムの短縮

開発のある段階が終わってから次の段階に移るのではなく、開発段階の最後の方で、すでに次の段階をオーバーラップしながら開始していく

図 6.2.4　コンカレント・エンジニアリング

このため CAD の利用により、要求機能、要求品質の製品を、短時間に、低コストで、しかも製造工程で作り易いように設計しようという動きが活発化している。さらに、CAD で設計した製品情報に加工手順を付加し、CAM へと連動することにより、試作が不要で、設計変更に柔軟に対応可能な生産システムを実現するための研究が進んでいる。

　CAD は、三次元の図形をカラーで表現する対話型が普及し、標準的に利用されている。これを利用すると、四方八方から見た立体図をキー操作 1 つで簡単に取り出すことができる。この図形には、光彩までを配慮した色づけが可能

第6章　情報資源の戦略

であり、ショーウィンドウに入った状態の製品を画面に表示するなど、消費者に対して最もアピールできるデザインも可能となっている。

技術計算を含めた設計の機能をCAE[25]と呼ぶが、設計支援機能がこのように高度化すると、従来よりもコンピュータが扱わなければならない情報量が増えるため、さらに高速の計算能力が必要になる。こうしたニーズへの対応は、パソコンの高性能化・低価格化によって、CADとCAMの統合を前提として実現されており、CADは、設計者にとって不可欠なツールとなっている。

(5) コンカレント・エンジニアリング

意匠デザインと構造解析、強度計算などを同時並行して作業することで、製品品質の向上と同時に開発期間の劇的な短縮を目指す技術が、コンカレント・エンジニアリング[26]と呼ばれ、注目されている。狭義のコンカレント・エンジニアリングは、CAD／CAE／PDM[27]などのシステムを通じてデータの共有・共用を行い、品質向上と時間短縮を目指すものである。この技術はさらに広義のものとなりつつあり、これからは、開発・設計のプロセスに、生産や購

---

[25] CAE［Computer-Aided Engineering］：CADを用いて設計した製品の強度などの性能を、技術計算によって検討し、設計品質の向上を図るためのコンピュータ活用のこと。

[26] コンカレント・エンジニアリング［concurrent engineering］：狭義には、製品開発において概念設計／詳細設計／生産設計／生産準備など、各種設計および生産計画などの工程を同時並行的に行うこと。設計部門内で複数の設計者が共同作業を効率的に進めることを指す場合もある。広義にはこれを拡張して、企画・開発から販売・廃棄にいたる製品ライフサイクルの全フェーズに関連する部門が、製品の企画や開発、設計などの段階に参加・協働することをいう。

そのチーム作業はほとんどネットワーク上で行われることから、バーチャル・エンジニアリングとも呼ばれる。また、サイマルテイニアス・エンジニアリングという言葉もコンカレント・エンジニアリングとほぼ同義に使われる。逆に設計・製造・販売のプロセスを順に行っていく手法をシーケンス・エンジニアリングという。

[27] PDM［Product Data Management］：技術情報管理、あるいは製品データ管理。概念設計から製造全般にわたる各種の技術データを一元的に管理するというコンセプト、あるいはそれを実現するシステム。通常の工業製品は、複数の部品の組み合わせからなる。部品の1つ1つにもCADによる設計図や仕様書などがあり、部品の組み合わせや構成を示す部品表や組み立てに関する指示書などさまざまなデータが存在する。それらのデータの関係性を整理し、一元的に管理することで、製品の仕様変更が必要な場合に、目的のデータに即時アクセス可能になるなど、設計業務の効率化が可能となる。PDMは、従来、設計プロセスを管理するシステムと位置づけられていたが、近年では設計・開発・生産・サポートなどの部門や企業を超えた情報交換・共有を実現し、コンカレント・エンジニアリングを実践するためのシステムとして、注目を集めている（Business Computing用語事典）。

買、品質保証、営業、マーケティング、サービスの各部門、さらには社外の部品メーカーなどが参加することで、後工程の情報を開発者にフィードバックし、全体的なコストダウンを行うことが目的となる。一般的に「製品コストの8割は設計の段階で決まる」とされるが、従来の意匠、機能、強度などの設計要件のほかに製造コストや生産設備上の制約、ユーザーの要求、保守のしやすさ、廃棄やリサイクルのコストなどを設計者に考慮させることにより、全体のコストが安くなるような部品図を完成させることを狙う。また、後工程の意見が開発初期段階で吸収されているため、製品出荷後の変更なども少なくなることが期待される。

(6) 生産の計画と管理

これまでに述べた機能が、それぞれ個別に機能しても工場の自動化は実現できない。実現のためには、自動生産をコントロールするシステム、つまり生産管理システムが必要となる。このシステムの機能は「必要なものを、必要なときに、必要なだけ作ること」である。

自動化工場では、「何を、いつ、いくら、どこで」つくるかを正しく計画し、しかも計画どおりに仕事が進められるように管理していく必要がある。このためには、顧客の要求を満たせるような生産計画と、それに応じられるような能力計画をうまく噛み合わせながら、進行管理が行われなければならない。

しかし、生産工場内に仕掛かり在庫が多く、製造リードタイム[28]が長く、物の流れが悪いまま放置していたのでは、計画どおりに自動生産できるシステムを作ることは不可能である。

図6.2.5に、経営管理を中心としたCIMの概念を示す。1980年代半ばからのわが国製造業において、CIMは、以下に示す経営環境の変化への対応をその主目的としていた。

- 企業間競争の激化
- 市場のめまぐるしい変化
- 企業の社会的責任の増大

---

[28] リードタイム [lead time]：リードタイムは、製品の発注から納品までの期間を指す。調達期間、手配期間ともいう。製造リードタイムは、工場に製品の製造を指示してから改正するまでの期間。

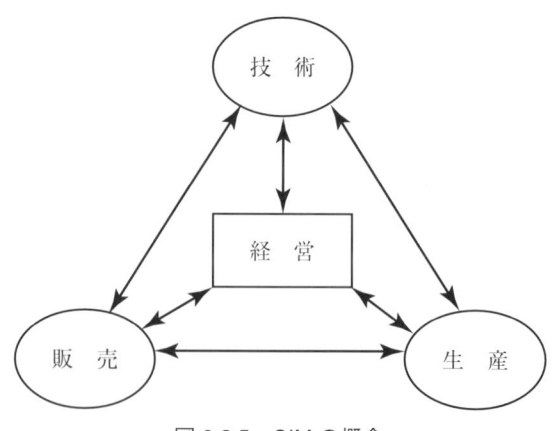

図 6.2.5　CIM の概念

- 技術革新と新製品開発期間の短縮
- オートメーションの高度化
- 製造原価の高騰
- 低成長の時代

　CIM の実現には、生産現場での原価（Cost）、在庫（Inventory）、物流（Material Handling）を極力減らすような作業改善が必要になるとともに、たゆまぬ改善活動が恒常的に行われる組織風土の醸成が必要となる。そして、工場の設備が FMS 化され、手足となる生産設備を生産計画どおりにバランスよく機能させる人的・技術的目処が立った段階で初めて、真の自動化工場の設計、管理、運用が可能となる。

（7）加工の自動化と生産管理

　この自動化工場をコントロールする要となるのが、生産管理システムである。生産管理の PDCA サイクルは、生産計画・日程計画（Plan）、生産指示・生産活動（Do）、進捗管理・在庫把握（Check）、生産統制・在庫管理（Action）からなる。このうちの生産活動は、製造現場において「何を、いつ、どこで、どれだけ作るか」という生産日程の情報と「どのような仕様の製品を、どのように作るか」という製品仕様および製造仕様の情報に基づいて行われる。

　CAD は、設計すなわち作ろうと意図する製品の製品仕様、および製造仕様を図面という形態で集約して記述する作業を、コンピュータで支援するもので

6.2 生産と販売の情報システム

```
         ┌──→ 設 計
         │      │ 図面
         │      ↓
  CAD    │    加工計画
         │      │ プロセスシート
         │      ↓
         │   NCプログラミング
  CAM    │      │ 情報入力
         │      ↓
         │    コンピュータ
         │      │ NC情報
         │      ↓
         └──  NC工作機械
                │
                ↓
               製 品
```

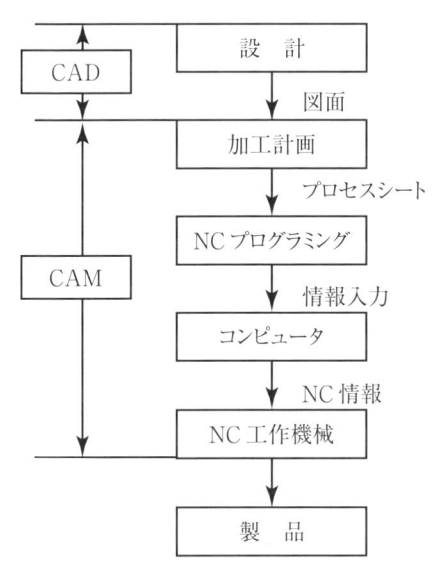

図 6.2.6　CAD と CAM の統合

ある。

また、CAM は、設計によって作成された製品仕様および製造仕様を加工の手順としてコンピュータに入力することで、コンピュータに生産設備を制御させ、製造の自動化を図ろうとするものであり、NC 工作機械などがある。

この CAM は、加工手順を NC プログラムという形態で受け取り、加工を自動的に行う機能を持つ。最近では、CAD で作成された製品仕様および製造仕様情報をもとに NC プログラムを自動的に作成する自動プログラミングの高度化が図られており、CAD と CAM は標準化され技術的に統合化されている。図 6.2.6 に、CAD と CAM の機能の関わりを示す。

この統合化の狙いは、つぎのとおりである。
- 省力化、省人化、無人化
- 高齢化社会・熟練工不足への対応、新人の早期戦力化
- 製造リードタイムの短縮
- 歩留まり率の向上、製造品質の安定化

(8) CAD と部品表

生産計画は、製品グループから製品への展開、製品ロットの作成、納期の決

第6章　情報資源の戦略

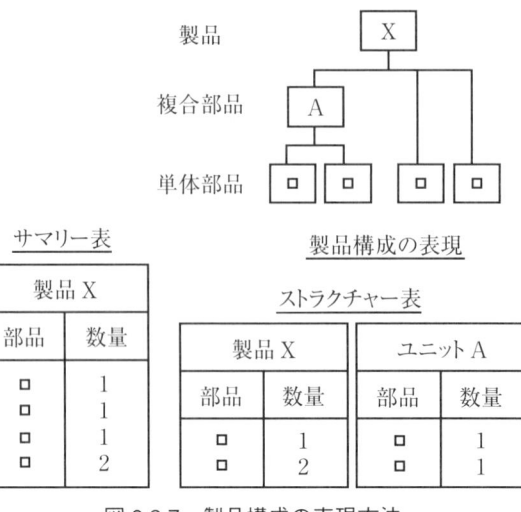

図6.2.7　製品構成の表現方法

定などの処理が行われ、見込生産日程となるが、この段階で部品表（B/M：Bill of Material）が使われる。この部品表は、親品目がどのような子品目を用いて作られるかを部品構成として表したものである。

部品表には、プロダクト・ストラクチャー表とプロダクト・サマリー表がある（図6.2.7参照）。プロダクト・ストラクチャー表は、製品設計の段階で作図される製品図に記載されている情報、すなわち製品に対してそれを構成する中間組立品や部品がどれだけ必要かを情報として抽出し、階層構造で表現したものである。これに対し、資材所要量計画では、中間組立品や部品の区別や構造関係を無視して作成されたプロダクト・サマリー表を用いる。

CADで作成された図面情報には、部品表のもとになる情報が含まれており、これを抽出し編集することで、生産管理で用いられる部品表を自動作成することができる。この狙いは、技術情報管理（PDM[27]）に要する設計事務工数の省力化、迅速化、設計品質の向上などであり、強いニーズがある。

大型コンピュータでCADを利用している大手企業では、従前からCADによる部品表の作成の自動化が進んでいるが、今後、ダウンサイジングの傾向とも相まって、パソコンユーザーにサポートされる低価格のCADパッケージソフトにも部品表作成機能が付加され、日々高機能化していく傾向がある。

写真 6.2.4　自動倉庫と搬送ロボット（石川島播磨重工業㈱　提供）

(9) 生産計画と物流管理

　加工や組立の工程では、自動化が進むにつれ、設備稼働率を向上させるため、タイムリーな材料供給の要請が強くなる。この材料供給を自動化するための要となるのが、自動倉庫と搬送ロボット（AGV[6]）である。

　これら搬送機器の制御と生産計画とは、つぎのように連動している。

　工程では、生産日程計画に基づいて、つぎに着手すべき作業オーダーを選び、その材料を工程管理用のコンピュータ端末から要求する。この要求を受けたコンピュータは、自動倉庫のクレーンなどを制御し、棚から材料を取り出して倉庫の払い出し口まで材料を移送する。払い出し口では搬送ロボットが待っており、その場で自動倉庫との材料の受け渡しが行われる。材料を受け取った搬送ロボットは、要求した工程へ材料を移送し、そこで工程との材料の受け渡しが行われる。

　この一連の動作では、「いつ、どこで、何を、どれだけ作るか」という生産計画情報のうち、「どこで作るか」という情報と、加工すべき材料が「どこに保管されているか」という在庫情報をつなぎ合わせた、「どこから、どこへ（from-to）」という情報に基づいて搬送機器が制御されている。

(10) バッチ処理とリアルタイム処理

　生産管理システムの中核機能である生産計画は、月次、週次、日次で、作成あるいは修正されながら維持されている。

　生産現場では、今日1日でどれだけの作業をこなさなければいけないかが、

計画として明確になっていればよい。したがって、生産計画や生産日程は、日次のバッチ処理[29]で作成されれば十分であり、リアルタイム[30]に作成する必要はない。しかし、生産性の向上が各工程での最優先課題である。そして、現場における作業は前工程の進捗状況に左右される。したがって、作業は必ずしも日程計画どおりには進まない。

このため、たとえ生産日程が、納期を考慮しつつ段取り時間が最少になるように、あるいは設備稼働率が最大になるように計画されていたとしても、生産現場での現実の作業実態とは乖離したものにならざるを得ない。したがって、つぎにどの作業オーダーに着手するかを選択する際には、全体としての生産性向上という目標を達成するための効果的な方策はとり得ない。

もし仮に、前工程の作業状況がリアルタイムに把握できるならば、つぎに着手すべき作業オーダーを選択する都度、その状況に合わせ、自工程で着手可能な作業オーダーの中から納期を遵守しつつ生産性が最大（段取り時間最少）になるように、きめ細かな作業順序を計画することが可能になる。

前工程の生産状況をリアルタイムに把握し、その状況の変化に合わせて生産効率の作業順序が最適になるようにスケジューリング（作業順序を計画）する仕組みをダイナミック・スケジューリング（dynamic scheduling）と呼び、この前提となるのがPOP[31]である。このPOPの手段には、生産設備や搬送機器などから生産状況を直接収集する方式や、バーコード等を利用する方式などがある。

現在、通信機能を持った極めて小さなコンピュータであるICタグ[32]が注目されており、これを製品に貼り付けて現在の状況を把握する方法が世界標準となりつつある。

---

[29] バッチ処理［batch process］：蓄積されたデータを1日分や1月分などで一括して処理する方式。
[30] リアルタイム処理［real time process］：データ発生の度に処理して応答する方式。
[31] POP［Point Of Production:］：生産時点情報管理。販売管理におけるPOS[Point Of Sales]と同様の概念であり、POPは生産の場においてリアルタイムに実績情報を収集する方法である。
[32] ICタグは、情報を記録しておく小さなICチップと無線通信用のアンテナを組み合わせた小型装置。「無線ICタグ」「無線タグ」「RFID（Radio Frequency ID）タグ」「RFタグ」と呼ぶことがある。

6.2 生産と販売の情報システム

表 6.2.2　LAN の形状による分類

	集中形	分散形	
	スター	リング／ループ	バス
形状			
特徴	● 中央の装置がすべての通信を集中制御 ● 実現が容易で、端末あたりのコストが安価 ● 中央の制御装置が故障した場合、障害波及範囲が広範	● 通信制御は、ループ内の各装置に分散 ● 比較的小規模なシステムでも経済的に実現可 ● 総線路長を短く構成可 ● ノード障害がシステム全体へ波及する可能性	● 通信コスト、通信制御の大半が端末に分散 ● 小規模なシステムが安価に実現 ● パッシブな障害は部分障害で閉鎖 ● 網全体を制御する装置がないため送信権のぶつかりあい発生

（11）　分散処理と LAN

　前述の生産計画と POP によるダイナミック・スケジューリングとを処理スピードで比較した場合、前者は人間との対話が主体であり最大スピードが秒単位であるのに対し、後者は自動倉庫のクレーンや AGV の制御をするため、ミリ秒単位の処理スピードが要求される。

　処理スピードの異なるこのような仕事を同一のコンピュータで処理させると、複数の仕事を同時に処理する必要があるようなコンピュータが過負荷な状況下では、ミリ秒単位の処理スピードが要求される仕事に遅延が生じて、自動倉庫からの材料の出庫や搬送ロボットの動作遅れ、前工程の生産状況がスケジューリングの際に加味されないなど、生産活動における不具合発生の可能性が高くなる。

　こうしたコンピュータへの負荷の集中によるレスポンスの悪化は、搬送機器の制御、スケジューリング、生産管理などの機能を別々のコンピュータに処理

---

[33] メインフレーム［main frame］：一般的には、大型コンピュータのこと。周辺装置・端末装置を除いた本体部分に限定して使われることもある。

させることで回避することができる。これをメインフレーム[33]だけで行う集中処理に対して分散処理と呼ぶ。この分散処理では、生産管理、スケジューリング、搬送機器の制御の機能を分担するコンピュータ間で、指示情報と実績情報の交換を行う必要がある。情報交換はLANを介して行われ、LANは工場の自動化を支える神経系統の役割を担うことになる。表6.2.2は、LANの形状による分類を例示したものである。

コンピュータとネットワークを生物組織にたとえるならば、この自動化工場の中を網の目のように走り回っているコンピュータ・ネットワークは、知性を持った自動化工場の神経組織であり、頭脳なり神経節に相当するのがコンピュータということになる。

(12) 自動化の目的と手段

CIMやFA化は、コンピュータやネットワークといったICT（情報通信技術）だけでなく、多様な技術を駆使して構築される自動化工場であるが、完全自動化された無人化工場を実現するということは、決して目的とはなりえない。生産拠点が日本か中国かで比較した場合、人件費の大幅な差があるため、おなじ製造方法ではコストの大幅な開きを解消することはできない。しかし、人件費の高い日本では、このコスト差を解消するため、徹底した自動化による人件費の削減によって製造コストの低減を図る必要がある。日本国内における生産方法の自動化は、グローバルな企業間競争において競争優位に立つための有効な手段なのである。

さらに、わが国においては、最新鋭の自動化工場といえども、人々が働く職場であるということを忘れてはならない。職場での生活の質（QWL[34]）をいかにして高いものに維持していくか。少子高齢化社会を迎えているわが国において、労働者を確保し、ビジネスを維持していくためには、自動化の推進によって高いQWLを実現することも、非情に重要な課題なのである。

---

[34] QWL［Quality of Working Life］：労働の質。第3章3.1.4「人間疎外と職務充実」参照。

6.2.3 コミュニケーション革命

> インターネットの急速な普及が、ビジネス界にさまざまな影響を与えている。そして、データ通信を利用したコンピュータ間の商取引の仕組みが確立されるにつれて、経営の意思決定にはさらなる迅速さが要求されるようになってきている。

(1) 通信のデジタル化

情報通信は、当初、通信回線が特定企業での単独使用に限定され、大型コンピュータを中心とし、遠隔端末からデータの入力や照会をするという形態で行われていた。1980年代に入り、不特定企業による通信回線の共用が認められたことで、通信ビジネスとしてVAN（Value Added Network）が普及した。この時期、異なるメーカーのコンピュータ同士の通信は通信手順（プロトコル）が異なるため相互の通信にはプロトコルの変換コストを要したが、VANはネットワーク上にプロトコル変換の機能を持たせて共同利用することで、回線利用者の変換コスト軽減に貢献した。その後、通信回線のデジタル化が、通信業者（わが国ではNTT）によって強力に推進されて、現在に至っている。その狙いは、通信容量の大幅な拡大とそれによる通信コストの低減にある[35]。デジタル化は、コンピュータだけでなく、電話、ファクシミリ、TV[36]、さらには電気・ガス・水道のメーターなど、デジタル化されたあらゆる電子機器を通信ネットワークに接続できる可能性をもたらした。

(2) インターネットの普及

1990年代に入って、通信環境が劇的に変化した。それは、インターネット[37]の普及による。インターネットは、当初、アメリカにおいて国防上の目的で開発された。その後、このインターネットが民間に無償で解放され、1995年にマイクロソフトが発売したWindows95[38]の登場によって、インターネッ

---

[35] 通信をアナログからデジタルに変えることで、通信データの圧縮が容易になる。このため、同容量の通信回線でも、数倍から数十倍のチャンネルとして利用可能になる。テレビの多チャンネル化も、通信のデジタル化技術の成果である。

[36] NHKが開発したわが国のハイビジョン方式は、世界で唯一の実用化にもかかわらず、アナログ方式であるが故に、世界標準とはならなかった。

トは瞬く間に世界中に広がった。その利用者は、企業だけでなく、個人にまで広がっている。これは、パソコンの低価格化とインターネット上の情報を簡単に参照できるブラウザ[39]の登場による。ネットワークの安価な構築を可能にするインターネット技術は、企業内でもイントラネット[40]として急速に普及してきている。

　こうしたインターネット関連の技術は、マルチメディア[41]、バーチャルリアリティ[42]などと融合し、一般事務だけでなく設計者やデザイナーなど、ホワイトカラーと称される人々の仕事を変えつつある。さらに、SOHO[43]やテレワーク[44]と呼ばれる仕事の形態が普及すれば、同じ空間を共有しなくても（自宅にいながら）、高度で質の高いビジネスが可能となる。

(3)　eコマース（電子商取引）

　インターネットが利用可能となって、eコマース（EC: Electronic Commerce）の導入事例が増加している。ネットワークを介して商取引をする場合には、コンピュータ間の電子的な規約（プロトコル）だけでなく、ビジネ

---

[37] インターネット［internet］：(1) 複数のコンピュータ・ネットワークを相互に接続して、全体として1つのネットワークとして機能するようにしたもの。(2) アメリカ国防省の高等研究計画局の支援を受けたアルパネット（Arpanet）から発展した地球規模のネットワーク。通信回線を介して、世界各地の個人や組織のコンピュータがつながっている。単にネットともいう（デイリー新語辞典）。
[38] マイクロソフトの商標。PC用のOSの名称。
[39] ブラウザ［browser］：コンピュータデータやプログラムを大まかに見るために、画面上に文字や画像として表示するためのプログラム。特に、インターネット上のホーム・ページの情報を表示するための閲覧ソフトをいう。（デイリー新語辞典）
[40] イントラネット［intranet］：イントラは、内部の意。インターネットの技術を利用した、組織内の情報通信網。電子メールやブラウザなどで情報交換を行い、情報の一元化・共有化を図る。（デイリー新語辞典）
[41] マルチメディア［multimedia］：デジタル化された映像・音声・文字データなどを組み合わせて、総合的なメディアとして利用すること（大辞林）。
[42] バーチャルリアリティ［VR: Virtual Reality］：コンピュータ技術や電子ネットワークによってつくられる仮想的な環境から受ける、さまざまな感覚の疑似的体験。仮想現実。➡複合現実［MR: Mixed Reality］：コンピュータでつくられた画像などの仮想映像と実写の現実映像を融合させた映像で仮想体験を得ること。また、その技術の総称。
[43] SOHO（ソーホー）［Small Office Home Office］：小規模な事業者や個人事業者のこと。また、事務所などを離れネットワークを利用して仕事をする形態もいう。
[44] テレワーク［telework］：ICTを利用した、場所・時間にとらわれない働き方のこと（日本テレワーク協会）。

6.2 生産と販売の情報システム

表6.2.3 通信環境とデータ交換の変遷

年代	形態	構造図	データ交換
1970年代	企業内限定（法的規制）	企業	企業内の情報化。部門間のデータ交換。
1980年代	企業間接続	企業／企業／企業／企業	企業グループ内での情報化。関連企業間のデータ交換。
1990年代	共同利用（規制緩和）	企業／企業／企業／VAN／企業／企業／企業	規制緩和により、通信網の複数企業間で共有可。eコマースが始まる。
2000年代	インターネット	Network／Network／Network／Network	インターネットの普及。eコマースが急速に普及。

ス・プロトコルも標準化する必要がある。

　ビジネス・プロトコルとは、商取引における、伝票などの記載項目（項目、コード体系、桁数など）の標準化された規約、遵守すべき約束ごとのことである。これは、表6.2.3に示すネットワークの拡大とともに重視され、商取引のための規約であるEDI[45]や資材調達を統合的に管理し効率化するためのシス

---

[45] EDI [Electronic Data Interchange]：電子データ交換。標準化された規約に基づいて電子化されたビジネス文書（注文書や請求書など）をやり取りすること。また、こうした受発注情報を利用して企業間取引を行うこと。電子化されたデータそのものを指す場合もある。経済産業省では「異なる組織間で、取引のためのメッセージを、通信回線を介して標準的な規約を用いて、コンピュータ間で交換すること」と定義している。EDIは、複数の企業間での取引や精算を広域かつリアルタイムに行うことを可能にする。同時に企業内における交換書類の作成のための事務量削減、ひいては業務コスト削減も目的となる。それを実現するためには、取引企業間での交換データの形式の統一や機密保持が必要となる。これらについては、実験的な試行経験から知識が蓄積され、データ形式の標準化が進行しつつある。

テムであるCALS[46]の普及とともに高度化してきた。

eコマースは、企業間（B to B）、企業と個人（B to C）、個人と個人（C to C）という形態をとりながら拡大を続けている[47]。B to Bといえば通常はインターネットを利用した商取引を指すことが多い。最近では、ほとんどの処理を無人で処理できるようにしたシステムが注目を集めている。B to Cは、インターネットを介して、オンライン・ショッピング・サイトが消費者に商品を販売することを指す。1990年代後半から、インターネットの急速な普及が追い風となって、それまでも通信販売を行ってきた企業ばかりでなく、店舗での小売りが中心だった企業、新しいインターネット・ショッピングに照準を合わせた新興企業がこぞってB to C市場に参入した。しかし2000年になると、一転して、乱立したB to Cサイトの淘汰が始まった。

(4) クリック&モルタル

クリック&モルタル（Click & Mortar）は、インターネットによる販売（バーチャルな世界）と既存の物理的販売網（店舗などリアルな世界）を有機的に組み合わせたビジネスモデルのことである。ネットだけでは顧客を獲得できないという経験から、この言葉が生まれた。

アメリカでは、伝統的な企業を「ブリック（れんが）&モルタル（しっくい）」と呼んでいる。その言葉にかけて、「クリック（インターネットによる販売）&モルタル（既存の物理的販売網）」と呼ぶようになった。

クリック&モルタルのビジネスモデルの背景には、インターネットによる販売だけでは十分な業績を上げることができなかった、ネット専売企業の存在が挙げられる。インターネットの普及初期には、既存の物理的販売網（店舗など）

---

[46] CALS（キャルス）[Continuous Acquisition And Life Cycle Support]：原料の調達から製品の設計・開発・生産・運用・保守に至るまで、すべての情報をコンピュータで一元管理するシステム。1980年代後半アメリカ国防省が用い始めたが、現在では企業の電子商取引をも指し、高速電子商取引[Commerce At Light Speed]と呼ばれる場合もある（デイリー新語辞典）。

[47] BtoBはBusiness to Businessを略したもの（B2Bと表記されることもある。「2」は「to」の意）。企業対企業の取引を表す言葉。このほか、企業対個人はBtoC（Business to Consumer）、企業対政府機関との取引はBtoG（Business to Government）、個人対個人の取引はCtoC（Consumer to Consumer）もしくはPtoP（Peer to Peer／Person to Person）と呼ばれる。

はインターネット販売に置き換わるであろうと、考えられていた。しかし、実際にインターネットが普及した後でも、消費者のインターネットによる商品購入は、予想されていたほどには進まなかった。その理由として、インターネットだけでは、実際の商品に触れることができないことや、決済時の個人情報の漏洩に対して不安があることなどが考えられる。そこで、インターネットによる販売と実存の店舗とを融合して商品を販売するという考え方が一般化した。

融合すべき要素は、ブランドだけではなく、サービス、顧客情報、商品調達（物流網）など様々である。クリック＆モルタルの成功例としては、既存の物理的販売網で築き上げたブランド力をインターネットの世界にも応用している例（ソニースタイルなど）や、顧客に関する情報システムを共有している例（楽天市場、amazon.com）などがある。

(5) リーチとリッチネスの両立

フィリップ・エバンスとトーマス・ウースターは、eコマースの戦いは、「戦略よりも実験、利益よりも成長の第一世代」から、「ナビゲーションがビジネスとして確立された第2世代」に突入したと指摘した。

ポータルサイト[48]同士の競争は、ナビゲータ同士の競争である。そして、ナビゲーションの構成要素として「リーチ」「リッチネス」「アフィリエーション」を分析視点として、ポータルサイトの可能性を検証している[49]。

リーチ：アクセスと接続に関する概念である。これは単純に、企業が「どれだけ多くの顧客と接触できるか」、そして「その顧客に、どれだけ多くの製品を提供できるか」を意味する（ウェブ上では、リーチという言葉は「視認率」を意味しているが、ここではその定義を広げて、製品やサプライヤーという川上までも含める）。オンライン小売業と既存小売業を比べて最も分かりやすい違いが、リーチの差である。そして、これまでのところ、リーチは、オンライン小売業にとって最も重要な競争優位であった。

リッチネス：「顧客に提供する情報」および「顧客に関する情報」がどれくらい深くて詳しいか、を意味する。オンライン小売業は、リッチネスの次元で

---

[48] ポータルサイト［portal site］：ポータルは、玄関のこと。インターネットでウェブページを見る際に、最初に訪れるサイト。このサイトの広告価値が高いため、注目されている。
[49] F.エバンス、T.S.ウースター、「ナビゲーションを制する者がeコマースを制す」、DHBR、2005年5月号

競争する術をまだ身につけていない（リーチの面における進歩のほうがはるかに大きい）。しかし、eコマースが主流となる時代において、顧客と親密なリレーションシップを構築するうえで、リッチネスのポテンシャルは非常に大きい。

従来の企業は、常にリーチとリッチネスのトレードオフを抱えていた。この2つを両立させること、すなわち、詳細かつカスタマイズされた情報を多数の受け手に発信することは、カネがかかりすぎてお話にならなかったのである。

eコマースでは、電子的な接続手段と情報規格によって、このようなトレードオフは劇的に解消される。オンライン小売業ならば、ほんのわずかの投資額で、幅広い顧客基盤（リーチ）に向けて、幅広い製品へのアクセス方法（リーチ）と個々の製品に関する詳細で完全な情報（リッチネス）を提供できるであろう。また、顧客一人ひとりに関する情報（リッチネス）を大量に収集し、それを製品やサービスの拡販に利用することも可能である。

アフィリエーション：第三の次元は、リッチネスとリーチのトレードオフを消滅させたのと同じ技術的要因によって開かれた。それが「アフィリエーション」、つまり「企業はだれの利益を代弁するのか」というコンセプトである。これまでの物理的な商取引では、アフィリエーションは競争要因としてあまり重要ではなかった。というのも、一般的に、消費者の立場に立って利益を上げる方法を編み出した企業など存在しなかったからである。

これに対して、ナビゲータが顧客に有利なアフィリエーションを備えるのは自然な流れである。そもそも、販売しているのは、（例えば、どこで購入すると最も安いかなど）情報以外の何物でもないからである。そして、そこには大きな競争優位のチャンスが潜んでいる可能性が高い。ナビゲーション機能を備えたオンライン小売業も、顧客に有利なアフィリエーションへとシフトしつつある。従来のメーカーや小売業は、このようなeコマース企業のアフィリエーション戦略に直面しており、戦うか、吸収するか、あるいは模倣するか、とにかく何らかの方法を見つけなければならない。

6.3 情報資源の戦略

第5章では戦略的な経営について概観し、第6章ではICTについて概観してきた。ここでは、戦略的経営を実践するために、ICTをどのように活用して情報戦略を立案すれば良いかを考えることにする。

6.3.1 経営環境の変化と競争優位

(1) 複雑化する経営環境

自動車や家電など一部の輸出関連産業を除き、政府の規制によって保護されてきた1980年代までのわが国の産業界は、国内ビジネスを中心に考えていればよかった。しかし、1990年代に入って、国際情勢のめまぐるしい変化、為替相場の乱高下、資源エネルギーの枯渇、地球環境問題など、企業が意識すべき経営環境は国境の枠を越え、グローバルな市場の動向に左右されるようになった。特定の国や地域の経済悪化に関する情報が瞬く間に世界を駆けめぐり、世界経済に影響を与える時代である。かつての日本的商慣行は世界には通用しなくなった。そして、1999年の銀行ビッグバンにみられるように、市場開放要求などの外圧によって、日本企業は21世紀のグローバルな経営環境にふさわしい経営スタイルへと変革を余儀なくされている。

一方、企業内部では、技術革新競争への対応、短命化した製品ライフサイクル、その結果としての多頻度少ロット生産、短納期対応、そして市場開放圧力から来るディレギュレーション（規制緩和）への対応、さらに高齢化による労働力不足、若年層から急速に進んでいる価値観の多様化やライフスタイルの変化など、このままでは企業経営が立ち行かなくなることが危惧されるような問題が数多く見えてきている。

そして、企業内外のこれらの問題が錯綜し、企業のおかれた経営環境はますます複雑化の度合いを増しつつある。企業は、この複雑な問題をこれからも解決しながら、経営を続けていかなければならない。

(2) 持続的競争力の維持

市場の変動は、企業にとってコストアップ要因である。この要因を企業内で

吸収できなければ製品価格に転嫁せざるを得ないが、それは企業間競争での敗北を意味する。したがって、市場変動は企業にとっての大きなリスクである。しかし、それは市場に関わるすべての企業にとってのリスクである。発想を転換すれば、コストアップ要因を企業内で素早く効率的に吸収できる企業にとって、経営環境が複雑化し変動する時代は、ビジネス・チャンスを無限に与えてくれる時代であると考えることもできる。

> 【発想の転換】リスクとチャンス
> 　ある靴の販売会社が、アフリカに一人のセールスマンを派遣した。彼はアフリカに着くと、折り返し電報を打ってよこした。
> 　「スグカエル、クツハイテイルモノナシ」
> 　そこで、会社は、別のセールスマンを送りこんだ。そのセールスマンは到着するなり至急に電報を打ってきた。
> 　「クツスグオクレ、ライバルナシ」

(3) 価値の創造

M.E.ポーターは、著書『競争優位の戦略』の中で、価値創造のプロセス、利潤獲得のプロセスを「バリューチェーン（価値連鎖）」として表し、競争優位を推進する要因として、「連結」「共同」「統合」の3つを挙げている（第3章3.2.3「サプライチェーン・マネジメント」および図3.2.4「価値創出の方策」参照）。

連結とは、自社の購買物流と協力企業の販売の業務関係を密にし、親密で良好な関係（例えば、部品の共同開発など）の形成と維持を意味している。これは、自社の購買物流と協力企業の販売業務のシステムをネットワークによって一体化するというものである。連結前の購買システムでは、たとえば生産部門からの要求を資材部でとりまとめ、資材購買伝票を印刷し、協力企業へ送付するという人手の作業が介在する。協力企業では、受け取った伝票をもとに、コンピュータに受注データとして入力しなければならない。それぞれの企業に人手作業が介在すれば、①時間がかかる、②人為ミスが発生する、そして③コストがかかる。この統合により、企業間の受発注が自動化され、これらの問題が解消される。さらに、システムの連結に技術と経営資源を共同で投入すること

で、従来にもまして親密な企業関係を構築することができる。

共同とは、各業務の共同化を意味する。すなわち、購買物流ならば共同購買・共同配送を、製造であれば類似製造品目を一方の工場に集約し規模の利益（スケール・メリット）を追求することなどが考えられる。

統合は、連結と一見よく似ている。サプライチェーンを考えるならば、統合は、生産活動（原材料の生成から加工）から、物流倉庫（流通経路）、小売店を経て消費者の手に届くまですべての活動をネットワークで統合し、流通在庫やすべての取引情報を共有することを意味する。サプライチェーン全体の情報を収集し、ボトルネック（全体の足を引っ張る制約条件となる部分）を見つけ出し、ボトルネックを解消し、あたかも1つの会社のようにサプライチェーン全体を統合管理することにより、流通在庫の圧縮（在庫を減らす）および納品スピードの向上（欠品を無くし、タイムリーに品物を届ける）を実現することができる。

(4) 5つの競争と脅威

政府の規制によって企業間競争が穏やかな業界もあれば、熾烈な競争を展開している業界もある。通常、企業間競争といえば、その業界内での出来事であると受けとめられるのが普通であろう。

しかし、企業活動は、その業界の外とも大きく関わっている。すなわち、資材の供給メーカーとの関わりであり、顧客との関わりである。供給メーカーからは値上げ圧力がかかり、顧客からは値下げ圧力がかかる。これらは、企業存続にとっての脅威となり、ここに交渉が必要となる。また、規制緩和が進むこれからの経営環境おいては、新規参入によって、競争相手はさらに増える可能性がある。巨大資本を有する競争相手が既存の業界に新規参入すれば、古参の企業にとって大きな脅威となる。もう一つ見逃せないのが、技術革新による代替商品の開発である。場合によっては、業界自体が消滅するほどの脅威にもなりうる[50]。（図5.2.9「5つの脅威（ファイブフォース）」参照）

企業は、常にこれらの競争を脅威として認識し、その動向を把握しておく必要がある。業界内の競争要因には、値下げ競争、シェア争い、合理化、設備更

---

[50] 音楽CDがLPレコードに置き換わったことで、LPレコードの針を作っていたメーカーは、製造品目を変更（業種転換）せざるを得なくなった。

新などが挙げられる。供給業者からの脅威としては、原材料の高騰が考えられる。

顧客の場合には、技術革新による内製化が痛手となるかも知れない。この内製化が拡大すれば、顧客であった企業が当該業界へ新規参入し新たな競争相手の出現という脅威に発展することもあり得る。代替商品は、例えば印刷業界で考えるならば、電子出版、マルチメディア、インターネットなどの技術革新が大きな脅威（リスク）となる。しかし、リスクはチャンスともなりうる。

(5) 競争優位の源泉

企業は伝統的に、これらの脅威に対して、つぎの方策を採用してきている。
- 事業の多角化、複合化、情報化
- M＆A、企業連合、合併
- 資本の巨大化

高度に発達したICTを低コストで利用可能なこれからの社会において、伝統的な方策だけではなく、企業はさらなる知恵をもって企業間競争に勝ち抜いていかなければならない。しかし、われわれは、企業間の競争要因が差別化であることを知っている。すなわち、コスト、品質、顧客サービスのすべての差別化を価値連鎖の連結、共同、統合を通して達成することで、競争優位に立つことが可能である。価値連鎖をいかにマネジメントしていくかが、競争優位を維持するための方策のひとつなのである。

6.3.2 変化への対応

(1) 時は金なり

経営環境の変化を時間軸上でとらえたものが、図6.3.1である。経営環境は急速に変化している。企業がその変化を認識し、経営者が変化の重大さを意識するまでには時間がかかる。経営者は、その対応策を組織に対して指示するが、組織が対応できるまでには、さらに時間が経過してしまう。環境変化に迅速・確実に対応できるか否かは、企業にとっての大きな競争要因である。

図6.3.2は、企業が価値を生み出す生産プロセスを表したものであり、縦軸にコスト、横軸に時間を配している。生産活動は、原材料の調達から始まる。原材料の納入で、材料費が発生するだけでなく、発注・検収、運搬、在庫管理

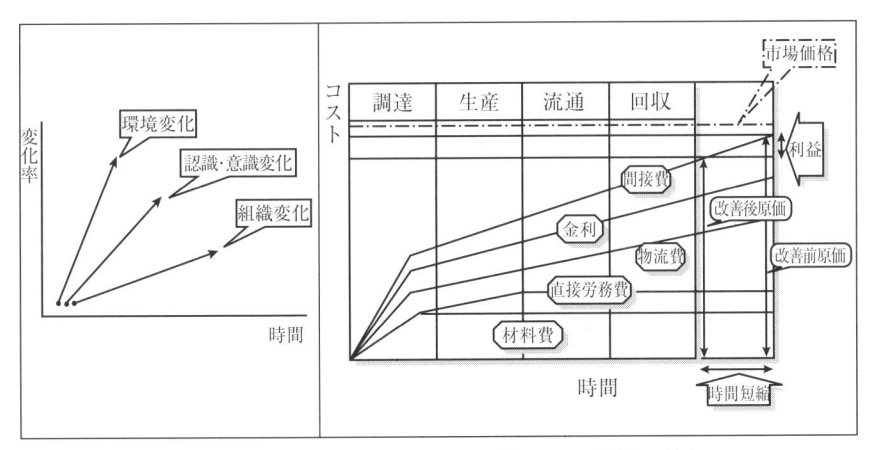

図 6.3.1　変化と対応　　図 6.3.2　価値の創出

などの間接費が発生する。発生した費用には、その回収までの間、さらに金利がかかってくる。原材料は、生産工程へ運ばれ、加工されることで、間接費と直接労務費が加算される。そして、流通というプロセスを経て、最終的に発生した費用が回収される。

図を見ると、時間の経過とともに発生費用（製造原価）が増加していることが分かる。ここで、生産プロセスだけでなくサプライチェーン全体に改善を加え、時間短縮を図ると、改善後の原価が減少する。改善前原価から改善後原価を差し引くと、利益が生み出されることが分かる。これは、「時は金なり」という格言の意味を端的に表している。

情報化が高度に発達したこれからのビジネスには、時間がますます重要な意味を持ってくる。企業は、「最短時間」「最低コスト」で、最大価値を顧客に提供するための方法を見つけなければならなくなってきている。

(2) 変化への対応策

図 6.3.3 は、1960 年を 100 として人件費とコンピュータのレンタル費の推移を表したものである。人件費は、年々増加の傾向を示している。企業経営においては、いかに人件費を抑制するが重要課題である。これに対して、コンピュータの費用は、年々急速に減少している。

人間は、置かれた状況を総合的に判断し、行動する。現段階では人間と同程度を望むことはできないが、コンピュータが他の機械と異なるのは、プログラ

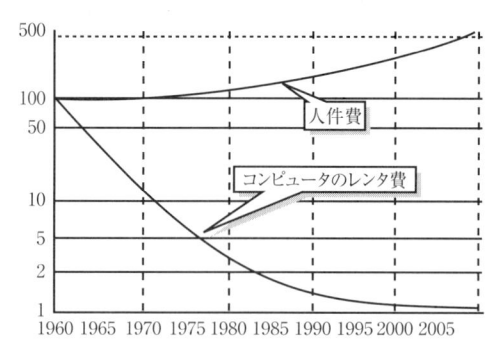

図 6.3.3　人件費とコンピュータ費用

ムを組んでやりさえすれば、与えられた条件を判断しつつ仕事ができるという点である。職場には、日々の決まりきった仕事がたくさんある。単純作業の繰り返しでは人間疎外という問題が生じるが、コンピュータは文句も言わず単純作業を繰り返してくれる。しかも、年々高性能化し、低価格化している。単純な判断業務は極力コンピュータに任せ、人間はより高度な判断業務を行うようにしたい。そうすれば、人間にとって、より充実したやり甲斐のある職務設計も可能になる（第4章「資源としての人」参照）。

（3）　競争優位の確立

ここで、変化への対応策を整理しておく。変化への対応策は、価値連鎖の連結、共同、統合を巧くマネジメントすることである。そして、重要な要因として、時間すなわちスピードが挙げられる。ビジネスのスピードアップには、ICTによる業務のデジタル化が手段として有効である。情報の流れのスピードアップは、ICTを用いた次の対応によって実現できる。

- 情報の正確性向上：前工程は後工程に正確な情報を流し、後戻りを無くす
- 情報待ち時間の短縮：情報のジャスト・イン・タイム（just-in-time）を実現する。すなわち、必要なとき、必要な情報が手に入るようにする
- 情報段取り時間の短縮：情報の変換や翻訳を無くす

こうしたステップを経て、最終的に、企業内だけでなく、企業間の価値連鎖のシステムをも統合した総合情報システムを構築しなければならない。また、情報は、第4の経営資源としての管理、すなわち情報資源管理が適切に行われる体制を確立することが必要である。

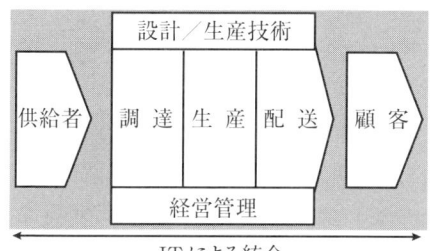

```
         ┌─────────────┐
         │ 設計／生産技術 │
   ┌────┐├─────────────┤┌────┐
   │供給者│ 調達│生産│配送 ││顧客│
   └────┘├─────────────┤└────┘
         │  経営管理    │
         └─────────────┘
         ←── ITによる統合 ──→
```

図 6.3.4　顧客満足を目標として統合されたシステム・イメージ

　これからのビジネスは、顧客満足を最重要課題としなければ生き残れなくなっている。顧客満足を目標として統合されたシステム・イメージを図 6.3.4 に示す。ここで中核となる会社は、顧客と供給者とをつなぐ太いパイプとして位置づけられる。

6.3.3　情報化の留意点

　従来、ICT の徹底活用というと、その実施主体がシステム部門であるかのように誤解されることが多かった。しかし、企業活動は新たな価値を生み出すプロセスであり、業務活動はそのプロセスの中に位置づけられる。片や ICT

表 6.3.1　各業務部門が取り組むべき課題

① 販売部門のチャレンジ 　製販一体 　直販（ダイレクト・マーケティング） 　見積の標準化、自動化 　顧客ネットワーク接続 　DRP（物流所要両計画：distribution requirement planning）と受注センター 　物量ネットワーク（物流センター、自動倉庫、配送ネットワーク） ② 設計・開発部門のチャレンジ 　CAD/CAM/CAE 　自動設計 　コンカレント・エンジニアリング 　マルチメディア／インターネット 　エンジニアリング統合データベース（見積、製品、製造の各仕様）	③ 製造部門のチャレンジ 　製造ジャストインタイム 　段取り改善／少ロット生産 　フロー生産／プロセス・コントロール 　リアルタイム・スケジューリング／再スケジューリング 　製販一体 ④ 資材調達部門のチャレンジ 　納入業者との長期的な関係 　納入業者とのネットワーク接続（発注／受注、納入指示、請求／支払、設計・製造仕様） ⑤ 生産技術部門のチャレンジ 　企画段階からの参画 　工程物流の単純化、標準化 　トータル・スループット志向の強化

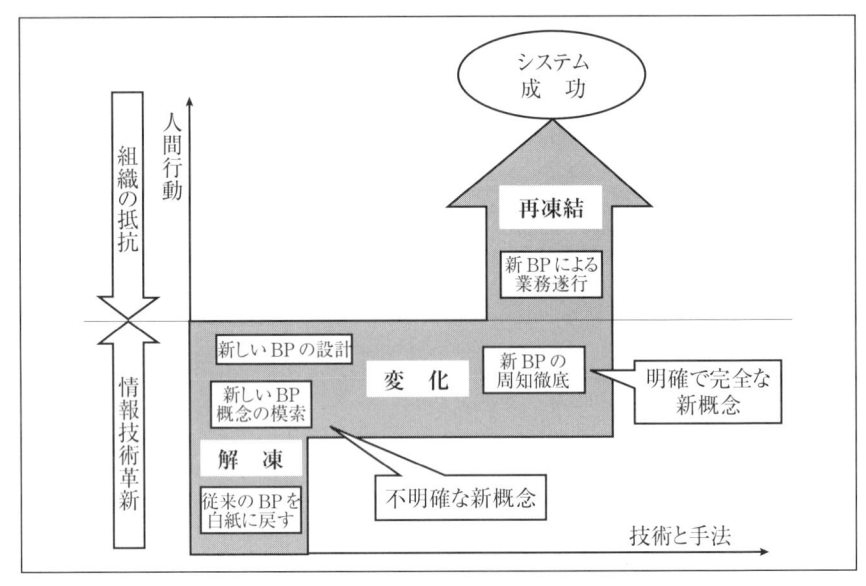

図6.3.5 CBIS導入のメカニズム

は、業務目的を達成するための手段である。手段である技術を担当するシステム部門が業務改革の推進母体だとすれば、本末転倒である。業務目的を明確にし、その目的をいかにして達成するかを考えるのは、業務部門の仕事である。最近の業務革新は、業務と情報、両部門の共同プロジェクトとして推進されるのが一般的である。表6.3.1は、各業務部門が取り組むべき課題を列挙したものである。既存の業務の多くは、ICTの導入によって革新的に変化させる事が可能である。

(1) 基本的なアプローチ

リエンジニアリング[51]を前提としたCBIS導入の基本的なアプローチを図6.3.5に示す。アプローチの基本手順は、解凍・変化・再凍結である。

解凍段階では、従来からの業務プロセス（BP）を白紙に戻し、ICTを用いた新しいBP概念に基づいて、CBISを設計する。組織に深く浸透し固定化した従来のBPを溶かすという意味で、解凍と呼んでいる。この段階でのユーザー参加は、つぎの変化段階での組織抵抗を緩和するための重要な方策となる。

---

[51] 第5章5.3.1「リエンジニアリング」参照。

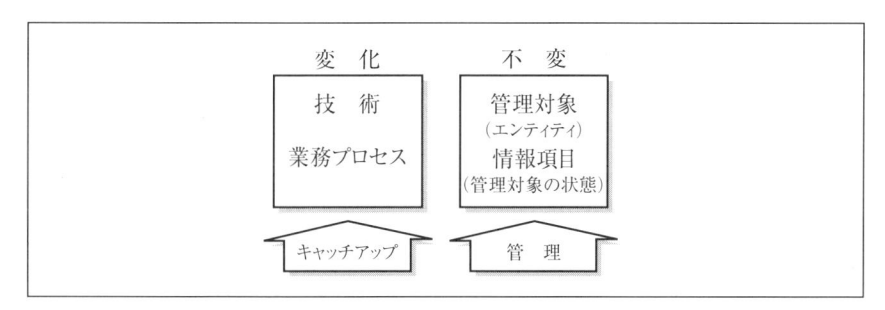

図 6.3.6　情報の流れの標準化

変化段階では、新しい BP 概念を組織に浸透させなければならない。組織の慣性は、変化に対して抵抗を生み出す。したがって、この段階では、人々の意識が、新しい BP を自然に受け入れることができるような施策としての啓蒙と動機付けが重要である。

最後が、再凍結である。新しい CBIS が組織に受け入れられ、BP として組織に定着するためには、教育訓練が不可欠である。

このサイクルを何度も繰り返すことで、組織に属する人々は新たな経験と知識を蓄積し、新たな知識が創造され、BP がそして競争力が洗練されていくことになる。

(2) 情報流の標準化

CBIS は、図 6.3.6 に示すように、変化するものとしないものの 2 つの要素から構成されている。

変化するものには、技術と業務プロセスがある。革新技術は新たな価値の源泉であり、これをキャッチ・アップしておかなければ競争に立ち後れる。業務プロセスは、新たな価値を生み出すための活動であり、効率向上を目指した日々の改善が必要である。また、経営環境が変化すれば、その対応のため、業務プロセスの変更を余儀なくされる場合も多々ある。

これに対して、変わらないものがある。それは、管理対象としてのエンティティ (entity) である。企業経営に必要なエンティティを洗い出し、これをデータベースとして構築すれば、最小の労力とコストで環境変化へのシステム対応が可能になる。

(3) 優先順位の設定

　適用業務システムには、人・モノ・金に対応して、人的資源、生産・販売、そして財務・会計の管理システムがある。数多くの業務を同時期一斉にCBISを構築することは物理的に不可能であり、優先順位をつけることになる。

　多くの企業では、ROI（Return On Investment）が定量的な経済性評価の指標として用いられているが、これだけでは不十分である。企業の中長期計画の目標を達成するための戦略としてCBISを位置づけるならば、経済性としてのROIだけでなく、戦略的価値、現行システムの品質、不可欠なニーズ、成功確率、理論的な順序などを評価基準に盛り込み、総合的評価に基づいて優先順位を決定する必要がある。

　戦略的価値の評価は、つぎのように分類できる。

- 投資利益率価値：CBISの金銭的な効果
- 経営管理情報価値：現状の事業戦略をCBISで支援することによりもたらされる価値
- 競争対応価値：CBISによって新たな経営戦略や商品を生み出したり、競争相手を打ち負かし障害を乗り越えるための新しい方策を生み出せる場合の価値
- 戦略支援価値：事業の成功を左右する特に重要な要因（成功決定要因）の管理情報を提供するという価値
- 競争優位価値：競争相手に追いつくことを目的とした、CBISの価値
- 戦略的システム基盤価値：他のプロジェクトの実現を可能にするための投資の価値

(4) 経済性評価の視点

　情報化に限らず、プロジェクトの効果目標は、具体的で事後に効果測定可能であることが望ましい。情報化の効果測定に際しても、第5章5.4「バランス・スコアカード（BSC）」を参考に、CBISの戦略的な位置づけからその実現方法に至るまでを「財務の視点」「顧客の視点」「社内プロセスの視点」、従業員の「学習と成長の視点」の4つの視点で定義づけ、それらのバランスを保ちながら、中長期にわたる取り組みの成果として企業の財務業績をとらえるようにすべきである。要するに、BSC同様、CBISは、短期的な売上や利益だけ

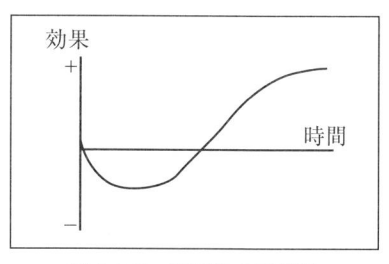

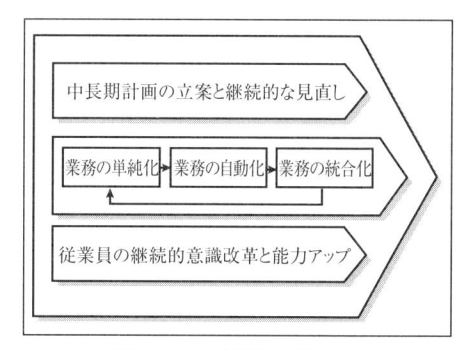

図 6.3.7　情報化の経済性　　　　図 6.3.8　情報化の進め方

を目標に掲げるのではなく、利益を生み出すための業務プロセスや中長期の戦略も含め、総合的に業績を評価すべきものなのである。

　なぜなら、図 6.3.7 に見られるとおり、CBIS への投資は、システム完成直後に回収できるわけではないからである。CBIS は、業務プロセスや業務ノウハウの集大成である。従業員が、新しい CBIS を使いこなして初めて、その効果が発揮される。また、完成直後のシステムは不安定であり、完成当初は、効果よりも、システムの修正変更や利用者の教育訓練など、コストの方が大きいのが一般的である。したがって、情報化は、短期的効果の追求にはなじまず、中長期的な戦略の中にこそ位置づけられるべきものである。

　図 6.3.8 は、中期計画における情報化の位置づけと手順、そして組織を構成する人々の意識との関わりを示したものである。特に、情報化の成否は、技術ではなく人や組織との関わりにおいて決定されるため、この図に示した従業員や管理者の継続的意識改革と能力アップが極めて重要である。

6.4 情報社会の組織と技術

> ICTの利用方法について、その具体的なイメージを概観してきた。
> 　ここでは、ICTとマネジメントや組織との関係に関する欧米の研究を中心に、ビジネスにおける「コンピュータを中核とした情報システム（CBIS）」の意味と役割を整理する。

6.4.1 組織の情報システム

> **マネジメント**：マネージャの役割は問題解決であり、組織が直面している多くの課題を分析し、戦略と行動計画を作り上げることについての責任をもつ。CBISは、問題解決に必要な情報を提供する道具である。CBISは、経営上の意思決定を反映し、経営プロセスを変えるための道具となる。
> 　**組織**：CBISは、組織の構造・文化・政治・ワークフローなどの写像であり、業務手続き規定（SOP: Standard Operating Procedure）にもとづいて機能する。CBISは、これらの組織的要素を新しいビジネスモデルとして再構築し、組織の境界線を引き直すことを可能にする組織変革のための道具である。CBISの進歩がグローバル化し、知識がけん引役となっている経済へ、そして平坦で柔軟かつ分散した組織への進化を加速している。
> 　**技術**：ネットワーク革命が、進行中である。ICTは、今やコンピュータに限定されたものではなく、遠距離かつ組織の境界外との情報交換のためにコンピュータをネットワークで結ぶ諸々の技術から成り立っている。インターネットは、情報の共有、CBISの新しい活用法の創造、そして組織におけるCBISの役割に大変革を起こすための、世界規模での接続性と柔軟さを備えたプラットホームを提供している。

（1）情報システム（CBIS）とは

　コンピュータが発明されるはるか昔から、ビジネスにおいて、「情報」は重要な経営資源であった。したがって、ICTが発達し普及している現在、われわれが議論の対象としなければならない情報システム（IS：Information

System）は、コンピュータを中核とした情報システム（CBIS）[52]である。このCBISを利用する目的は、組織の機能・決定・コミュニケーション・調整・管理・分析・視覚化を支援するために、組織の置かれた環境と内部業務から情報を収集し、保管し、伝達することである。CBISは、生データを3つの基本的な活動（インプット、プロセス、アウトプット）を通して役に立つ情報へと変換する機能を持っている。

（2） コンピュータと情報システムのリテラシー

リテラシーとは、読み書き能力、あるいはある分野に関する知識やそれを活用する能力を意味する言葉である。**コンピュータ・リテラシー**とは、キーボードの操作に慣れ、ワープロでの文書作成やスプレッドシート（表）を用いて計算したり、インターネットにアクセスしてさまざまな情報を検索したりすることができる能力を意味する。コンピュータを一人ひとりが文房具として使うようになった現代社会では、コンピュータ・リテラシーを身につけることは、日本人がお箸を使ってご飯を食べることと同じである。

さて、社会に出ると、日常生活においてもビジネス生活においても、頻繁に不都合な状況（問題）に直面する。その状況を分析し対策を講じる能力を、**問題解決能力**という。大学を卒業するまでに学ぶべきことの1つは、問題を発見し解決策や改善策を見つけ出すこの問題解決能力である。機械工学や電気工学などの技術を用いて生産工程の問題を改善するように、情報システム（CBIS）を組み立てたり改善したりしてビジネス上の問題や課題を解決するための能力を身につけておけば、高度に情報化された市場において、競争優位に立つことができる。この能力を**情報システム・リテラシー**と呼ぶ。

（3） 組織と経営の変革

現在までに構築され運用されているCBISは、特に今日の高度にグローバル化した情報ベースの経済において、組織全体のパフォーマンス（業績、成果）にとって非常に重要な役割を担っている。CBISは、日常業務にとっても組織戦略にとっても不可欠の存在になっている。

高性能のコンピュータ、ソフトウェア、インターネットで構成されたネットワークは、組織をよりフレキシブルにし、管理階層を減らし（フラット化）、

---

[52] CBIS（Computer Based Information System）：コンピュータを中核とした情報システム。

第6章　情報資源の戦略

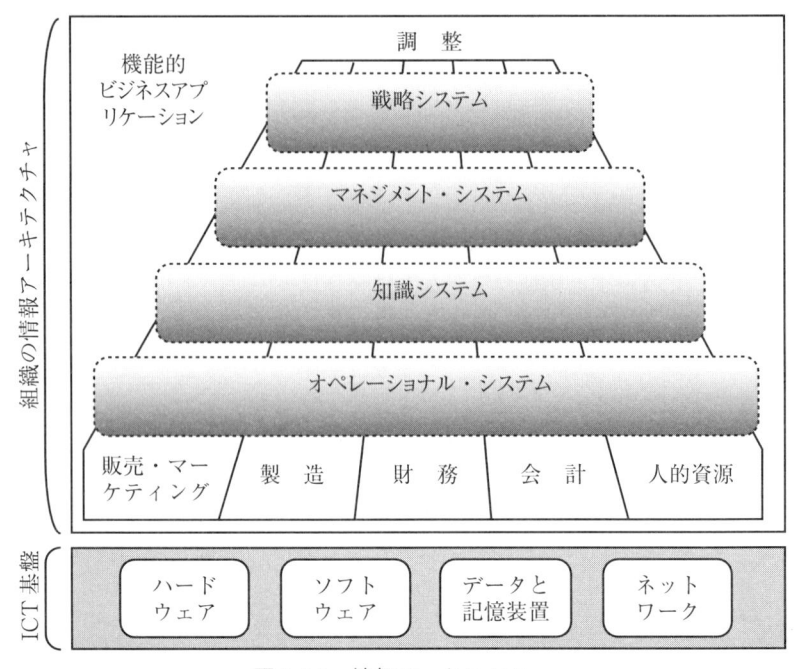

```
                    ┌──── 調　整 ────┐
                    │   戦略システム   │
        機能的       ├──────────────────┤
組  ビジネスアプ     │ マネジメント・システム │
織  リケーション     ├──────────────────┤
の                  │   知識システム    │
情                  ├──────────────────┤
報                  │ オペレーショナル・システム │
アーキテクチャ
         販売・マー  製造  財務  会計  人的資源
         ケティング

ICT基盤  ハード   ソフト   データと    ネット
         ウェア   ウェア   記憶装置    ワーク
```

図6.4.1　情報アーキテクチャ

時間と空間の制約から仕事を解放し、ライン作業者と経営者の両方に新しい能力を与え、仕事の流れを再構築（リエンジニアリング）するのに役立っている。ICTは、経営者に対して、主要なビジネスプロセスの、より正確な計画、予測、監視のためのシステムであるERP[53]（企業システム）を、そして**マス・カスタマイゼーション**を実行可能にした。

図6.4.1は、**情報アーキテクチャ**の構造を示したものである。ICTから得られる利益を最大にするためには、組織の全体的な情報アーキテクチャをきちんと計画する必要性が非常に大きくなってきている。

(4)　「eコマース」と「eビジネス」

インターネットやその他のネットワークは、紙と鉛筆を用いた手作業のビジ

---

[53] ERP［Enterprise Resource Planning］：計画、製造、販売、財務を含むビジネスのすべての側面を統合するビジネス管理システムのこと。このシステムにより、ビジネスのすべての場面で、情報を相互に共有できるようになり、ビジネス全体が上手く協調して機能するようになる。

ネスプロセスを、情報の電子的なフローを用いたビジネスに変革することを可能にした。

- e コマースにおいて、企業（business）は、企業相互間（B to B）で、そして個人客（consumer）との間（B to C）で、電子的な購入と販売の取引をすることができる。
- e ビジネスでは、インターネットやデジタル技術を用いて、組織内やビジネスパートナーとの間のコミュニケーションや調整作業を容易にするための情報交換を円滑にすることができる。
- e マーケットは、コンピュータと通信技術によって作り出され、多くの購入者と販売者とを結びつける市場のことを意味している。

(5) CBIS の構築と活用のための課題

組織における CBIS の構築と活用のためには、つぎの5つの主要な経営課題がある。

- 企業間競争に貢献し、かつ効率的なシステムの設計
- グローバルな経営環境に起因するシステム要求の理解
- 組織目標達成を支援する情報アーキテクチャの形成
- CBIS の経営的価値の定義付け
- 利用者が、社会的かつ倫理的に信頼しうる方法で統制・理解・利用できるシステムの設計

6.4.2 戦略的役割

> **マネジメント**：CBIS活用の戦略的成功の鍵をにぎるのは、マネージャである。マネージャは、戦略レベル（ビジネス、企業、産業）に適用すべき適切な技術を明らかにしたいというニーズをもっている。マネージャは、改善すべきビジネスプロセス、拡張すべきコア・コンピタンス、そして業界における他者との関係を定義づけなければならない。そして、マネージャは、ビジネスプロセスと技術の革新を実行し続けなければならない。
>
> **組織**：組織には、取引処理から知識管理や意思決定まで、様々なCBISがある。それぞれのシステムは、戦略的な強みに対して貢献することができる。CBISは、市場での長期にわたる優位をもたらす効力を持つ戦略的資産であると認識されるようになってきている。しかし、一般的に、戦略的システムが、組織内で有意義に機能するためには、組織内に社会科学的な変革を起こすことが必要である。
>
> **技術**：CBISは、競争優位を獲得するために、ビジネス、企業、産業の各レベルでの戦略に用いられる。技術は、既存製品との差別化に、新製品や新サービスの開発に、そしてこれらを長い間苦労して実行していくことこそが、結果としてコア・コンピタンスを育むことになる。そして、最も重要なICT自体の貢献は、企業内の管理コストと企業間の取引コストを削減する潜在能力であろう。

(1) 持続的競争優位

競争相手に対する市場での一時的な優位の獲得を目的とし、企業は、高レベルのサービスと低コスト製品を顧客に提供するためにCBISを活用してきた。しかし、競争優位を維持するためには、何か1つ以上の飛躍的な技術（コア・コンピタンス）が必要である。マネージャは、競争優位を持続するための方法を見つけだす必要がある。特に、マネージャは、次の課題に取り組む必要がある。

- **統合**（インテグレーション）：経営のそれぞれのレベルと機能をサポートするシステムを設計することは確かに必要であるが、企業は、システムを統合することに、さらなる価値を見いだしている。実際、多くの企業が

ERPを導入しようとしている。しかしながら、組織の各レベル・各機能の間で自由に情報を交換できるようにシステムを統合することは、技術的に難しく非常にコストがかかる。マネージャは、どの程度のシステム統合が必要なのか、それが金額換算でどれだけの価値を持っているのかを見極めるための方法を用意する必要がある。しかし、そのための方法を、ほとんどの企業が持っていない。最近では、経営戦略の中で情報化投資を位置づけるための方法のひとつとして、バランス・スコアカード（BSC）が注目されている[54]。

- **持続的競争優位**：戦略的システムによる競争優位は、長期の利益を保証するに足るほどに十分長い期間続くわけではない。なぜなら、競争相手が、対抗手段として、戦略システムを模倣することができるからである。したがって、競争優位は常に持続的であるというわけではない。マーケットの状況は、変化する。ビジネスと経済の環境も、変化する。インターネットは、ある会社の競争優位を瞬く間に消滅させることができる。技術も、顧客の期待も、変化するものである。一昔前のSIS[55]（アメリカン航空の座

---

[54] 第5章 5.4「バランス・スコアカード」参照

[55] SIS（Strategic Information System）：戦略的情報システム。

[56] アメリカン・エアライン（AAL）は、航空券予約システムが各社別々であった時代に、1台で全社の座席予約が可能なシステムを作ることによって、多くの旅行代理店から受け入れられた。つぎに、AAL社は、同業他社にもこのシステムを解放し、手数料収入を得た。このシステムでは、同一路線、同一時間帯の便をコンピュータ端末で検索すると航空会社名がアルファベット順に表れるように設計されていたため、最初に表示されるAAL社に注文が偏ることになった。さらに、座席予約とホテルなどの予約を関連づけることで、システムから得られる手数料収入は、本業を上回るほどになった。

[57] ATM［Automated Teller Machine］：カード・通帳を用いて払い出し・預け入れ、また振り込みなどを行う装置。現金自動預け入れ払い機（デイリー 新語辞典）。従来、現金の出し入れをするため、顧客は銀行の窓口まで足を運び、順番を待たねばならなかった。ATMがデパートなどに設置されると、その利便性故に、シティバンクは競争優位に立つことができた。同業他社は、ATMシステム導入のための膨大なコスト負担を強いられることになった。しかし、ATMを導入しただけでは、失った顧客は戻ってこなかった。

[58] 貨物追跡システム［package tracking system］：配送依頼したときに記載された確認番号付き伝票から、その荷物が現在どこの配送拠点にあるかを確認してくれるサービスを提供するシステム。1980年に、世界で最初に、サービスを開始。このシステムによって、送ったはずの品物が到着しないというクレームが無くなり、顧客満足、顧客からの信頼が飛躍的に向上し、これが競争優位につながった。

席予約システムであるセイバー[56]、シティバンクのATM[57]システム、フェデラル・エクスプレスの貨物追跡システム[58]、など) は、そのシステムがそれぞれの業界でのパイオニアであったが故に、競争優位を獲得し、企業利益に大きく貢献した。けれども、その後、ライバルシステムが出現した。SISだけが永続的なビジネス上の優位性を提供することができるというわけではない。一般的に、戦略的であるべく当初意図されたシステムは、生き残りのための道具（会社がそのビジネスを続けるための何か）になることもあるだろうし、将来の成功に必要な組織戦略上の変更を阻害する場合さえあるかもしれない。

(2) CBISの目的と役割

現代組織のCBISは、目的や対象によって6つのタイプに分類できる。

- オペレーショナル・レベル：ビジネスを行うために必要な日々の定型的な取引の流れを追跡する賃金台帳やオーダー処理のような、取引処理システム（TPS）である。

- 知識レベル：事務員、経営者、そして専門職をサポートする。この種のシステムは、データワーカー（事務職、秘書など）の生産性を向上させるオフィスオートメーション・システム（OAS）とナレッジワーカー（デザイナー、設計者、専門職など）の生産性を向上させるナレッジワークシステム（KWS）から成り立っている。

- マネジメント・レベル（MIS）：レポートを経営管理レベルに提供し、組織の現在のパフォーマンス（目標達成度）と過去の記録にアクセスする。ほとんどのMISレポートは、TPSからの情報を要約したものであり、さほど分析的ではない。

- 意思決定支援レベル（DSS）：決定すべき問題が、他に類を見ないとき、めまぐるしく変化するとき、あるいは解決方法を前もって容易には明示できないときに、経営者の意思決定をサポートする。このシステムはMISよりもはるかにすぐれた分析モデルとデータ分析能力を持っており、しばしば内部だけでなく外部の情報をも利用する。

- 経営者支援レベル（ESS）：一般化された計算と通信環境の提供によって上級役員の意思決定を支援し、戦略レベルをサポートする。ESSは、分

6.4 情報社会の組織と技術

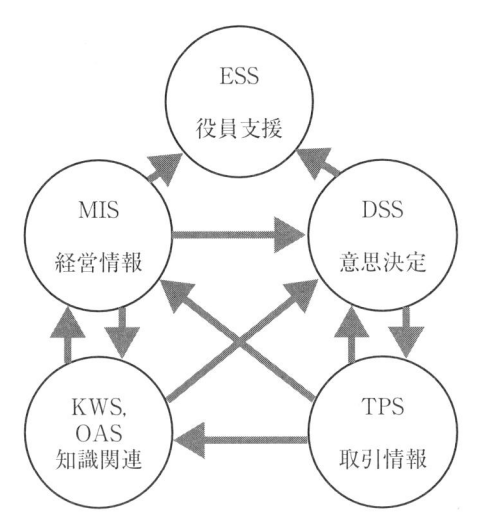

図6.4.2 システムタイプ間の相互関係

析能力こそ限定的であるが、精巧なグラフィックスソフトウェアを利用でき、内外の情報源から多様な情報を引き出すことができる。

(3) システムタイプの相互関係

組織におけるそれぞれのタイプのシステムは、相互にデータを交換している。取引処理システム（TPS）は、他のシステム、特にMIS、DSS、ESSの主要な情報源である。しかし、それぞれのシステムは、緩やかに統合されているにすぎない。いろいろな機能分野や組織レベルの情報ニーズは、1つのシステムで賄うには専門化しすぎている。

(4) 戦略的情報システム（SIS）

SISは、競争上の優位を獲得するために、ゴール（目標）、オペレーション（現業）、製品、サービス、あるいは組織の環境との関係を変える。今日のCBISは、企業の生産性や効率性をドラマチックに向上させるので、実業界では情報を戦いの武器であり戦略的資源であるととらえている。

(5) 戦略階層別のCBIS

CBISは、ビジネス、企業、産業の各レベルで戦略立案者をサポートするために活用されている。

- ビジネス・レベル：CBISは、企業の、コスト低減、製品の差別化、新市

場への進出を補助する用途で活用されている。CBIS は、同様に、効率的な顧客への回答と**サプライチェーン・マネジメント**のアプリケーションを使って、顧客と供給者を「囲い込み」するために活用されている。**価値連鎖分析**[59] は、ビジネスレベルにおいて、CBIS が最も戦略的なインパクトをもつビジネスの場面における業務活動を浮き彫りにするために有効である。

- **企業レベル**：CBIS は、SBU（strategic business unit）間での知識共有を促進することで、別の SBU のオペレーションを結びつけて、新しい有効性の達成もしくはサービスの向上に利用される。
- **産業レベル**：システムは、情報共有、取引データ交換、あるいは共同作業のための組合ないし共同体を作って、業界における他の企業との協働をしやすくして、サプライチェーンをマネジメントすることで、競争優位を促進することができる。**ファイブフォース・モデル**[60] と**ネットワーク・エコノミクス**[61] は、産業レベルのシステムに対する戦略的な機会を見つけだすために有効なコンセプトである。

（6） 構築と維持の困難さ

すべての SIS が、利益を生み出すわけではない。この種のシステムは、構築に膨大な費用がかかり、リスクが大きい。多くの SIS は、他の企業のものを簡単にまねることができる。したがって、戦略的な優位性が、永遠に維持できるわけではない。SIS と称される戦略的システムの導入は、広範な組織的変化と、別の組織科学的レベルへの移行を必要とする。このような変化は、戦略的移行と呼ばれ、往々にして成し遂げることが困難であり、苦痛を伴う。

---

[59] 第3章 3.2.3（2）「バリューチェーン（価値連鎖）」参照。
[60] 第5章 5.2.2（1）「外部環境分析」の図 5.2.9「5つの脅威」を参照。
[61] 依田 高典、『ネットワーク・エコノミクス』、日本評論社、2001。電気通信・電力・ガス・交通などの公益事業は、1970年代後半から民営化・自由化を施され、新たにネットワーク産業として再編されてきた。本書は、このネットワーク産業の経済分析。

6.4.3 組織と情報システム

> マネジメント：過去十数年間でのICTの主要な貢献は、仕事の方法についての、組織とビジネスプロセスに集中している。マネージャは、これらのプロセスでどのようにICTを使うべきかの決定に責任を持っている。しかしながら、ほとんど教科書は、マネージャに対して、ICTに甚だしく依存している組織をどのように管理すべきかについては、言及していない。
>
> **組織**：いかなる組織も、ICTとの相互作用の結果として生じる組織独自のCBISの集合体を持っている。最新のICTは、取引コストとエージェンシー・コストを減らすことによって、重要な組織変革を成し遂げ、効率向上に貢献することができる。しかし、それぞれの組織のアプリケーションは、組織が置かれた経営環境とその組織の制度上の要因との、組織独自の組合せの結果である。
>
> **技術**：ICTは、組織よりはるかに急速に変化する。このため、ICTが、組織能力の破壊者となることがしばしばある。しかしながら、ICTは、マネージャに、組織が存続し繁栄するために行うべき新しい仕事を体系化するための方法を提供してくれる。マネージャは、組織能力の喪失を避けるため、そして新しい技術によって提供されるビジネスの機会を利用するために、ICTの変化に対して鋭い監視の目を注ぎ続けなければならない。

（1） 変化のマネジメント

新しいCBISを活用できるようになるためには、組織の文化を変える必要がある。また、CBISは、その活用によって、業務運営そのものを変えることができる。しかし、マネージャは、つぎの経営課題を念頭に置いておくことが必要である。

●**組織の慣性**：ICTとCBISの開発を通して組織内に変化を引き起こすこ

---

[62] 企業が変革するためには、従業員の意識・行動も同時に変革することが必要である。それを先導する人材をチェンジリーダーと呼ぶ。ドラッカーは、「チェンジリーダーとは、変化を機会としてとらえる者のことである。変化を求め、機会とすべき変化を識別し、それらの変化を意味あるものとする者である」としている（P. F. ドラッカー、『チェンジリーダーの条件』、ダイヤモンド社、2000）。

第6章　情報資源の戦略

とは、慣性というべき組織の性質によって、非常に時間のかかる仕事になる。変化を引き起こすための牽引役として、チェンジリーダー[62]と呼ばれる強力なリーダーが任命される。しかしながら、変化のプロセスは、一般に予想されるよりもはるかに複雑で、相当に時間のかかる仕事になる。

- **組織の技術適合と技術の組織適合**：一方では、ICT を、経営計画、上級役員の戦略計画、そして業務上の業務手続き標準（SOP）に合わせることは重要である。この場合には、ICT は、結局のところ、組織を支援する役割を担っていると考えられる。他方、これらの経営計画、戦略計画そして SOP が、ICT を使うには時代遅れであるか、ICT と相容れないかも知れない。このような場合、マネージャは、組織を技術に合うように変えるか、組織と技術が最適な「相性」の組合せになるように調整する必要がある。

（2）組織の特徴

すべての近代的な組織は、階層構造を持ち、専門化され、公正な仕組みを持っている。そして、組織は、その効率を最大にするため、明示的な SOP を使う。すべての組織は、利害グループの相違から生じる独自の文化と政治を持っている。そして、それぞれの組織は、目標、受益者グループ、社会的役割、リーダーシップ・スタイル、インセンティブ、置かれた環境、仕事のタイプ、そして仕事を達成するビジネスプロセスの取り決めにおいて異なる。これらの相違は、いくつかの組織構造を作りだす。ミンツバーグは、組織をつぎの5つの構造に分類している。

① **起業家構造**（entrepreneurial structure）：小規模で単純な構造を持っている組織は、激しく変化する環境では柔軟で若々しく、小回りが利く。そして、起業家自身によって支配され管理された企業である。CBIS は、一般的に不完全で、速攻的な製品開発と比べ、際だって遅れて計画される。

② **機械的官僚機構**（machine bureaucracy）：ゆっくりと変化する環境にある大規模で古い歴史を持つ官僚機構は、標準的な製品やサービスを提供する。それは、情報の流れと意思決定権限の中央集権化によって、上級経営者に支配される。それは、現業部門（例えば、製造、財務、マーケティング、人的資源）の中に形成される可能性が強い。CBIS は、メインフレ

ーム・ベースである傾向があり、良く計画されてはいる。しかし、一般的に、経理や財務のような、単純な計画と管理上の適用業務に制限される。

③ **事業部化官僚機構**[63]（divisionalized bureaucracy）：この組織のタイプは、ごく普通の大企業の組織である。中央本部が上位組織であり、それぞれ異なった製品やサービスを作り出す多くの機械的官僚機構の集合体である。最近では、部門のISグループは、中央本部のISグループが縮小しているのに対して、ますます重要な役割を持ちつつある。

④ **専門的官僚機構**[64]（professional bureaucracy）：この構造は法律事務所、学校、会計事務所、病院など、専門家の知識と経験に依存する知識ベースの組織の典型である。

⑤ **アドホクラシー**[65]（adhocracy）：この「タスクフォース」組織は、一般的に、激変する環境やマーケットに対応しなくてはならないか、あるいは政府契約から収入を得ている研究組織、航空宇宙社、医学や生物医学や電子などのハイテク企業などに見いだされる。CBISは、中枢レベルにおいて不完全に開発される。しかし、タスクフォースの中で、しばしば、専門家が狭い機能に限定したユニークなシステムを作るという傾向が、顕著に見受けられる。

---

[63] この組織化のタイプは、ゆっくりと変化する環境において標準的な製品やサービスを供給する場合に適している。しかし、この種の組織は、各部門がそれぞれ異なった事情を持っている傾向がある。情報システムは、一方で中央本部の財務計画や要求事項を支援し、他方では部門のオペレーショナルな要求事項を支援しなければならないため、複雑である。一般的に、効率と経費節減の名目で業務拡大を望む中央本部のISグループと、作業の一層効果的なサービスという名目で業務拡大を望む各部門のISグループの間には、多くの緊張と対立がある。

[64] 専門的官僚機構は、ゆっくりと変化する環境に適しており、技能は凝固する。彼らは、中央集権化された弱い権限しか持っていない部長によって支配される。かなりの情報と権限を持っている組織の専門家が、製品あるいはサービスを提供する。このような組織は、一般に、専門家に対するサービスのための時間課金システムや、専門家のための非常に洗練された知的作業支援システムなど、集中管理された情報システムを持っていることが多い。

[65] このような組織は、機械的官僚機構よりはるかに革新的であり、専門的官僚機構よりも柔軟である。そして、単純な起業家の企業よりも強い目的維持の能力を持っている。この組織は、新しい成果物を開発することを条件として期限付きで雇用された学際的専門家グループと、資金の流れを管理するだけで報酬を受けている中央の弱い経営者によって特徴づけられる。

(3) 情報システムの採用理由

CBIS は、組織において、業務部門の利用者、情報部門、情報技術者、ICT によって支えられている。組織における CBIS の役割は、日々のオペレーションと戦略的な意思決定の両方にとって、その重要性はますます高まってきている。

組織がこの CBIS を採用する理由には、外部要因（外部環境上の要因）と内部要因（内部環境上の要因）がある。外部要因には、企業間競争への対応や政府規制による変化への対応があり、内部要因には利益拡大やトップ・マネジメントの関心（経営戦略や業務革新など）がある。

(4) 組織理論の相互関係

CBIS と組織の間の関係を説明する理論は、企業の**経済学モデル**と**行動モデル**をベースにしたものに大別できる。経済学モデルに基づいた理論には、**ミクロ経済学モデル**、**取引コスト理論**、**エージェンシー理論**がある。行動モデルに基づいた理論は、CBIS が組織における意思決定の階層と組織構造を変えるかどうかに焦点を当てている。

【経済学モデル】

ミクロ経済学モデル（microeconomic model）：図 6.4.3 で描かれたミクロ経済学モデルは、組織に対する ICT の影響に関する周知の理論である。ICT は、資本と労働力に代替可能な生産の要素だと見なされる。ICT のコストが低下するにつれて、コスト上昇要因である労働力に代用される。以前からの手作業を自動化し合理化するために、あるいはどのように仕事が達成されるべきかを再考するために、ICT は種々の方法を提供する。そして、すべての生産機能が内製化されていく。期待するアウトプットを得るためには、時間ではなく、投入される資本と労働力は少ない方が良い。さらに、企業の拡大基調は、コスト上昇傾向にあった労働力への依存から、資本依存へと変化する傾向にある。それ故、ミクロ経済学の理論では、ICT が、中間管理職と事務の労働者の労働力を代替し、必要数を減少させるとしている。

取引コスト理論（transaction cost theory）：自身が作らないものを市場から買う時、企業がコストを負担する、という考え方である。これらの費用は、取引コストと呼ばれている。取引コストは、物理的なシステムに発生する摩擦と

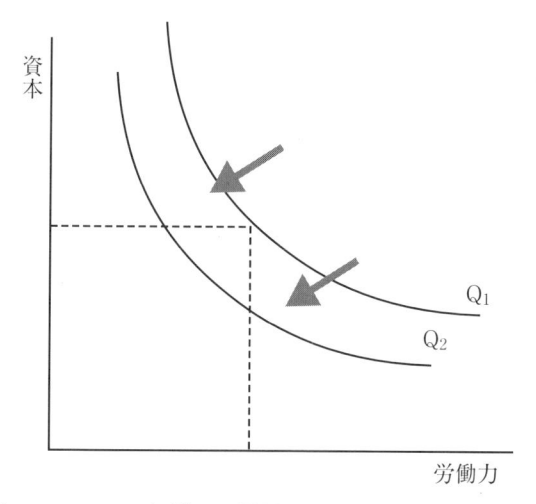

図 6.4.3　ICT の組織への影響に関するミクロ経済学理論

同じようなものである。企業も個人も、取引コスト（特に生産費用）を節約しようとする。契約履行の監視、保険の購入、成果物に関する情報の入手など、遠く離れた供給者との距離やコミュニケーションなどの調整費用が発生するため、マーケットを使うのは割高である。伝統的に、企業は、事業規模の拡大、従業員規模の拡大、垂直統合、供給元や卸売り業者の買収、新しいマーケットへの参入による水平拡大、企業の買収、独占の拡大などによって、取引コストを減らそうとしてきた。

　ICT は、企業が供給のために内部資源を使うよりも、外部の供給元と契約する方が、価値があるようにして、マーケット参加コスト（取引コスト）低減に貢献した。従業員数による企業規模は、収入の増加にも関わらず、不変の状態でいるか縮小することができた。製品やサービスを内製するより、商品やサービスを市場から調達するほうがより容易かつ安価になるため、取引コストを減少させるためには、従業員数は縮小すべきである。企業が電子市場で外部の供給元や労働者と契約し、同程度の取引と利益が得られるのならば、企業は労働者を雇い、事業規模を拡大し、経営コストを増大させる必要はない（図 6.4.4）。これらの労働力の減少は、中間管理職と事務の労働者に影響すると推測できる。

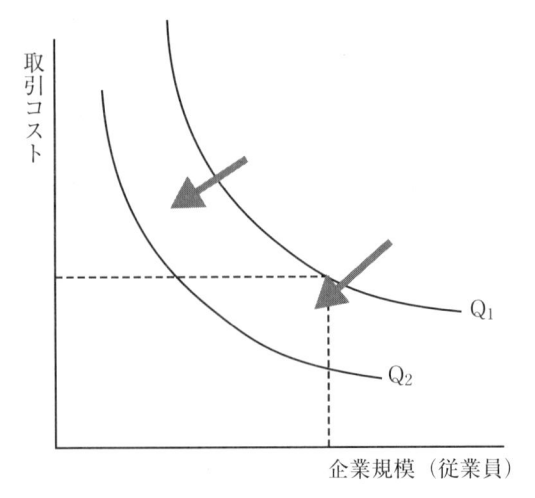

図6.4.4　ICTの組織への影響に関する取引コスト理論

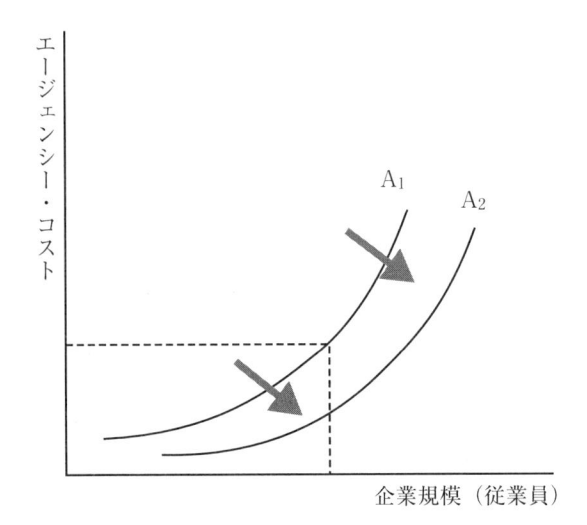

図6.4.5　ICTの組織への影響に関するエージェンシー理論

エージェンシー理論（agency theory）：企業は、統一され利益を最大にするという実体としてよりも、むしろ利己的な個人の間での「契約の結合体」であるとみなす。社長（所有者）が、その仕事を代行させるために「代理人」（エージェンシー）である従業員を雇用し、代理人に若干の意思決定権限を委譲する。しかし、代理人は、所有者の利害よりも、彼自身の利害に基づいて仕事を

する傾向があるために、絶え間ない監督と管理を必要とする。この要素は、エージェンシー・コストあるいは経営コストを発生させる。企業が大きさと規模の点で成長するにつれて、所有者は、代理人を監視して情報を獲得したり、在庫を追跡したりすることに、ますます多くの努力を費やさなくてはならなくなる。このため、経営コストは上昇する。所有者は、信用できないかも知れない代理人に、つぎからつぎと、さらに多くの決定権限を委譲する必要がでてくることになる。

ICTは、情報の獲得と分析の費用を減らすことによって、組織が全体的な管理費用を減らすことに貢献し、中間管理職と事務の労働者の数を縮小させることによって収入を増加させることに貢献する（図6.4.5）。

【行動モデル】

ミクロ経済学の理論は、大多数の企業が市場でどのように行動するかを説明しようとする。しかし、そうした理論は、現実世界の企業行動をうまく説明したり予測したりするためには、全く意味をもたない。現実世界では、マネージャは、多様な製品ミックスの考案、労働力の管理、融資の確保、在庫費用の最小化、生産スケジュールへの対応のような企業固有の問題に直面している。社会学や心理学や政治学からなる行動の理論は、一般的に、経済の理論よりはるかに記述的であり、個々の企業とマネージャの行動をうまく表現している。

最高経営者が達成することに決めた目標を達成するためにシステムが有用であるからといって、CBISが自動的に組織を変えるという証拠はほとんどないという事実を、行動科学の研究者たちは発見した。その代わりに彼らは、相互に影響を与えあっている組織とICTとの間に、詳細に割り付けられた関係があることに気が付いた。CBISは、組織の価値観と利害関係を増進するために使われるが故に、組織によって深く影響される。ICTの影響のように見えるものは、組織とシステム設計者が意識して（あるいは無意識に）作ったものの写像である。企業の行動モデルでは、CBISの影響は、経済モデルが提案するものほど単純で直接的ではない（表6.4.1）。

(5) 情報システム（CBIS）のインパクト

組織に対するCBISのインパクトは、一方向的ではない。CBISとそれを利用する組織は、相互に作用しあい、影響を与えあう。新しいCBISの導入は、

表 6.4.1 組織に対する CBIS の影響

理論	(A) 経済学モデル			(B) 行動モデル	
	ミクロ経済学	取引コスト	エージェンシー	決定/管理	社会科学	脱工業社会
分析対象ユニット	企業	市場と企業	企業	組織	組織、サブユニット、作業者、経営環境	マクロで世界全体の社会と経済
中心概念	生産要素の代替	取引コスト、市場	エージェンシー原理と契約	意思決定プロセスと構造	SOP、政治、文化、社会的歴史	知識と情報が高度に必要な仕事と製品
発達の型	ICT 費用の低下につれ資本が労働へと代替	ICT が市場取引コストを削減	ICT が代理コストを削減	ICT の情報と意思決定手順における人の配転	ICT の官僚的、政治的、文化的力の反射	ICT の情報が高度に必要な仕事と製品の成長への鼓舞
ICT の影響 支配構造	中間管理業務と事務作業の縮減	中間管理職と事務作業者の縮減	中間管理職と事務作業者の縮減	中間管理業務と事務作業の縮減、情報と知的作業者の増加	ICT は組織構造にほとんど影響なし、専門家は自身の発展のため ICT を利用	ICT が情報に高度に依存した新組織を創造
組織構造 — 公式 — 労働 — SOP — 権限	組織階級の縮減、集中化	組織サイズの縮小、権限の集中、組織階級の分散、SOP の縮減と効率向上	組織サイズの縮小、権限の集中、組織階級の縮減	より均質な権限、専門性と SOP 依存の縮減、組織階級の縮減、情報機能の定型化	影響力強化地位の安定、SOP の実施最適化、にグループが ICT を利用	ICT を用いることで、未熟に自分で計画する仕事、分権、組織階級の平坦化、労働の流動化が進展
組織構造 — 非公式 — 情報フロー — 意思決定 — 知性	情報流の増加、意思決定の迅速化、知性の高度化	情報へのアクセスの適時性正確性、意思決定所轄の人員削減と効率向上	情報へのアクセス監視の適時性正確性、意思決定所轄の人員削減と効率向上	情報へのアクセスの適時性正確性、意思決定所轄の人員削減と効率向上	公式 CBIS としての ICT の、権力と作用の公式チャネルへの影響なし	固定的な階級的意思決定の、高度情報ネットワークへの置換
経営戦略	労務費削減に技術を使用	市場、組織規模、中間管理職、事務作業の信頼性向上に ICT を利用	監視増強、管理コスト削減に上級経営者が ICT を利用	管理技術最適化のため意思決定、組織のリストラに ICT を利用	自身の計画のためのネットワーク ICT を管理解してマネージャが利用すべき	非固定型組織の実現、自己管理者ネットワーク化された組織をマネージャが支援すべき

組織構造、目標、ワークデザイン、価値観、利害関係者間の争い、意思決定、そして日々の行動にも影響を与えるであろう。したがって、CBIS は、組織の重要なグループのニーズを満たすよう設計されるべきであり、その組織の構造、課業、目標、文化、政治、管理がどのようになっているかに基づいて具現化される。組織の階層を平坦化（フラット化）することによって急進的に組織を変えるという CBIS の能力は、まだすべてのタイプの組織について証明されているわけではない。e コマースで用いられる WWW（world wide web）は、取引コストとエージェンシー・コストを劇的に減らすことができるため、組織のビジネスプロセスと構造に対する大きな潜在的影響力を持っている。

(6) 組織の重要な特徴

CBIS によって扱われなくてはならない組織の重要な特徴としては、組織レベル、組織構造、課業と意思決定のタイプ、マネジメントサポートの性質、そしてシステムを使う作業者の感情や態度がある。また、組織の歴史や外部環境も考慮されなければならない。

新しいシステムの導入は、組織を変更したいという要求であるため、予想よりもはるかに難しい仕事となる。組織の構造、文化、力関係、仕事の仕方など、重要な組織の次元を変える可能性を CBIS が秘めているため、新しいシステムに対するかなりの抵抗が、しばしば見受けられる。

6.4.4 意思決定支援

(1) CBIS 適用の課題

規模の大小を問わず、マネージャはつぎのような質問をするものである。
「われわれの業界は、どこへ向かっているのか」
「われわれは、ビジネスモデルを変えるべきか」
「どうすれば、市場シェアを大きくすることができるのか」
「どのような戦略であるべきか」
「戦略をどう設計すべきか」

これらの質問に対する簡単な答は、存在しない。CBIS を利用した解法が有効な場合もあるし、コンピュータがほとんどあるいは全く役に立たない場合もある。マネジメント・プロセスに CBIS を適用するためには、つぎの課題を解

決する必要がある。

- **重要な決定は非構造的である**：多くの重要な決定は、特に戦略的な計画と知識の領域で、構造化されていない。そして、多くの複雑な要因に関する判断と検証を必要とする。CBISだけによって、解法を提供することはできない。システムビルダー（開発者）は、「どの局面の問題解法をコンピュータ化することができるか」「意思決定（判断）に至るまでのプロセスをシステムがどのようにサポートできるか」を正確に決定する必要がある。
- **マネジメントの役割は多様である**：現在に至るまで、CBISは、マネージャが組織で演ずべき役割のほんのわずかをサポートできていたに過ぎない。システムビルダーは、インターネットのような新技術を用いて、以前にはフォーマルなシステムがサポートできなかった対人関係や決定に関わるマネージャの役割を支援するCBISを構築することが可能かどうかを判断する必要がある。マネージャの計画、組織化、調整の仕事を支援するだけでなく、マネージャが対人コミュニケーションを通して仕事を片づけるのを、個人的予定の組み込みや組織全体のネットワーク構築によってシステムが支援できるようにすることは、極めて重要である。このようなシステムは、さほどフォーマルではなく、さらなるコミュニケーション能力を提供し、マネージャ固有の状況に対して調整可能であり、企業内外の多様な情報源を利用するCBISという、従来とは異なったビジョン（見方考え方）を必要とする。

(2) マネジメント思考の3つの学派

マネジメント思考に関する主な学派には、**古典派（合理主義）**、**行動学派**と**認知学派**がある。これらの学派は、マネジメント・プロセスに関して、異なった見解を示している。

　古典派は、テーラーの科学的管理法に端を発しており、計画、組織化、調整、決定、管理のジョブ・タスクとマネジメント機能のデザインを重視している。時間研究と動作研究を用い、現在もなお、生産性改善などに適用され成果を収めている。

　行動学派の研究では、「マネージャは、どのように仕事をしているのか」を明らかにするため、マネージャの実際の行動が調べられた。ミンツバーグは、

マネージャの真の活動が、ある問題から別の問題まで、迅速かつ集中して動きながら、非常に断片的で多様かつ持続時間が短いということに気が付いた。行動に関する他の研究では、マネージャが、個人的な予定と目標を追求することにかなりの時間を費やしていること、そして現代のマネージャが重大で全面的な政策決定をすることにしり込みすることが分かった。行動学派は、同様に、従業員の人間関係と、組織の環境への適応についても重視している。

認知学派は、組織の有効性における知識の役割と、「情報を処理し問題を解決する者」としてのマネージャの役割を重視している。そのためには、いかにして経営センスを備えたマネージャとしてのメンタルマップを形成するかが重要課題とされている。また、第5章でふれたコア・コンピタンスや知識ベースの企業視点も、この学派の研究対象である。主要な生産的戦略資産、形式知（成文化された知識）と暗黙知（ノウハウ）をうまくマネジメントし、いかにして新しい情報に基づいて変化を起こすのか、いかにして専門知識の統合によって価値を生み出す企業を実現するのか、いかにしてコア・コンピタンスを開発できる組織を作り上げるかが、重要な研究課題とされている。

(3) 意思決定の分類

組織における意思決定は、組織レベルによって、つぎのとおり分類することができる。
- オペレーショナル・レベル：日々の課業の達成方法
- 知識レベル：潜在的革新と知識の評価
- マネジメント・レベル：資源利用と実行の監視
- 戦略レベル：長期的な目的、資源、ポリシー

また、その構造によって、意思決定は、構造化、半構造化、非構造化のいずれかに分類することができる。オペレーショナル・レベルにおいて収集された決定は構造化されており、戦略上の計画レベルにおける決定は構造化されていないため、アドホックな対応が必要となる。
- 構造的：反復的、日常的、決められた手続き、確実性
- 半構造的：構造的でないいくつかの要因、リスク
- 非構造的：ユニーク、非日常的、不確実、判断の必要性

意思決定の性質とそのレベルは、マネージャのためのCBIS構築において重

第6章 情報資源の戦略

```
問題定義
  （何が問題か）      → 知 性 ←┐
                              │
代替案の列挙                    │
  （どんな解決策があるか）→ デザイン ←┤
                              │
代替案の選択                    │
  （どれを選ぶか）     → 選 択 ←┤
                              │
導 入                         │
  （選択した案は機能しているか）→ 実 行 ←┘
```

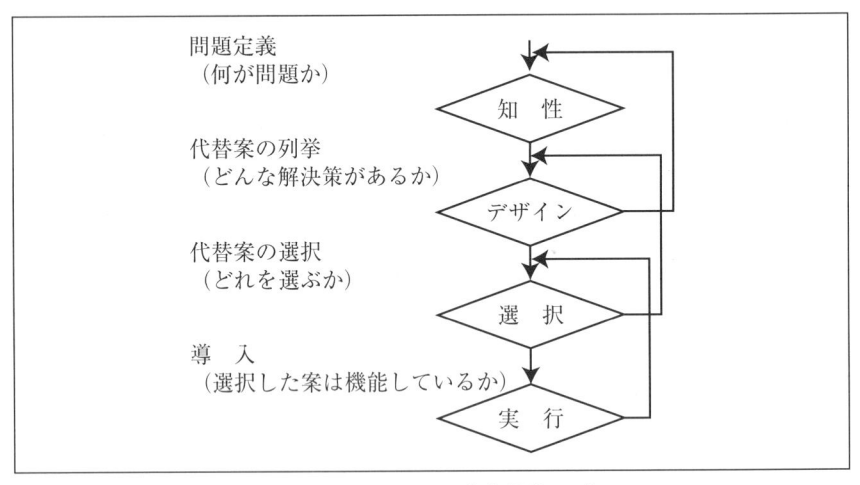

図6.4.6　サイモンの決定段階モデル

決定のタイプ	オペレーショナル・レベル	知識レベル	マネジメント・レベル	戦略レベル
構造的	売掛金管理　TPS 取引	電子スケジューリング　OAS 知識	生産コスト超過　MIS 経営	
半構造的	プロジェクト・スケジューリング	KWS 知識	予算編成　DSS 決定	ESS 役員
非構造的		製品設計	設備ロケーション	新製品新市場

図6.4.7　情報システムの決定レベル

要な要因である。意思決定それ自体は、個人レベルと組織レベルの両方において複雑な活動である。

サイモンは、意思決定におけるつぎの4つの段階を説明している。（図6.4.6）

- 知性：情報の収集、問題定義（何が問題か）
- デザイン：概念の代替案、基準の選択、代替案の列挙（どんな解決策があるか）
- 選択：代替案評価への基準の利用、代替案の選択（どれを選ぶか）

- 実行：決定の実施、資源割り当て、導入、統制（選択した案は機能しているか）

図 6.4.7 は、これらの分類を構造的に整理したものである。

(4) 個人と組織の意思決定モデル

意思決定の古典派**合理主義**モデルは、目的と目標の優先順位に基づいて、人間が正確に選択肢と結果を選ぶことができると仮定している。個人の意思決定に関する厳格な合理主義モデルは、**行動研究**による「人間の合理性には限界がある」との指摘によって修正された。人間は、少しずつ条件を絞り込みながら、何とか目的を達成するための決定をするか、あるいは自分の認知スタイルに偏った選択肢や参照の枠組みを選択するものである。

意思決定の**組織モデル**は、組織における真の意思決定が、多くの心理的政治的官僚的な力が働いている場面で行われると説明している。したがって、組織の意思決定は、合理的であるという必然性はない。CBIS の設計は、意思決定が決して単一のプロセスではないことを認識し、これらの現実を受け入れなければならない。

(5) マネジメント・プロセスの変革

ICT は、3 つのマネジメントの次元すべてを変えてきた。ICT は、**古典派（合理主義）**の多くの夢（ビジネスプロセスや組織活動のきめ細かいモニタリングの合理的デザインと、環境変化へのリアルタイムな対応など）の実現を可能にした。分散、地位向上、自己組織化と責任の共有を可能にすることで、ICT はマネジメントの**行動学的な次元**を変えてきた。同時に、マネジメントの**認知学的な次元**では、会社の知識ベースを飛躍的に拡大することができる技術（インターネット関連技術、データマイニング、e ラーニングなど）の出現によって、重要な役割を持つようになってきた。

(6) 経営の意思決定

適切に構築されるなら、CBIS は、個人と組織、両方の意思決定を支援することができる。今まで、CBIS は、情報を用い、意思決定する役割を担うマネージャにとって、最も役に立つものであった。しかし、その同じシステムは、マネージャの対人的な役割にとっては、非常に限定された価値しかなかった。よりインフォーマルで高度に柔軟な CBIS は、より高い組織レベルにおける大

規模でフォーマルなシステムよりもはるかに有用である。

　CBISの設計に際しては、これらの現実を受け入れる必要がある。設計者は、意思決定が決して単一のプロセスではないことを認識すべきである。もしこのようなシステムが、柔軟で、データを評価するための数多くの分析的かつ直観的なモデルを持っており、いろいろなスタイル、技能と知識を支援するための能力を持っているなら、CBISは、最も効果的にマネージャと意思決定をサポートすることができる。

キーワード

システム、システムの4条件、サブシステム、環境と境界、経営情報システム(MIS)、CBIS、意思決定、サイバネティックス、フィードバック、適用業務システム(アプリケーション・システム)、バーコード、ソースマーキング、POS、機会損失、在庫管理、EOS、取引コスト、売れ筋、死に筋、データマイニング、FMS、FA、センサ、NC工作機械、ロボット、人工知能(AI)、CAE、PDM、CAD、CAM、GT手法、LAN、コンカレント・エンジニアリング、リードタイム、仕掛在庫、CIM、部品表、バッチ処理、リアルタイム処理、スケジューリング、ICタグ、VAN、インターネット、ブラウザ、イントラネット、アナログ、デジタル、マルチメディア、バーチャルリアリティ、SOHO、テレワーク、ビジネス・プロトコル、EDI、CALS、クリック&モルタル、リーチ、リッチネス、アフィリエーション、バリューチェーン（価値連鎖）、管理対象（エンティティ）、データベース、コンピュータ・リテラシー、情報システム・リテラシー、問題解決能力、リエンジニアリング、ERP、マス・カスタマイゼーション、情報アーキテクチャ、eコマース、eビジネス、eマーケット、取引（トランザクション）、データワーカー、ナレッジワーカー、MIS、DSS、ESS、戦略的情報システム(SIS)、SBU、ファイブフォース・モデル、ネットワーク・エコノミクス、戦略的移行、業務手続き標準（SOP）、起業家構造、機械的官僚機構、事業部化官僚機構、専門的官僚機構、アドホクラシー、取引コスト理論、エージェンシー理論、フラット化、WWW、意思決定、古典派、行動学派、認知学派、形式知、暗黙知

第6章　情報資源の戦略

> **経営課題**
>
> - 情報システム（CBIS）は、現在の企業経営にとって非常に重要な役割を担っており、CIO[66]の役割がますます重要視されるようになってきている。このように重要なCBISの責任者であるCIOが、なぜ、単なるコンピュータの専門家であってはいけないのか説明せよ。
> - コンピュータがより速くて安くなり、インターネットがさらに広く使われるようになったとき、われわれがCBISに抱いている問題の大部分が解消されると思うか。それはなぜか。
> - あるシステム専門家は、「ICTには，戦略的優位性などどこにもない」と主張してきている。正しいと思うか。それは、なぜか。
> - 企業は，JITを導入しようと躍起になっている。このシステムは，日や週の生産スケジュールに合致するだけの材料供給を実現して，在庫を最少化するシステムである。このシステムは、競争優位をもたらすか。
> - 今まで会社の製品を販売してきた営業部隊や小売業者を通す代わりに、顧客が製品を直接会社に注文できるインターネット・アプリケーションを設計していたところ、君たちは組織のデザインを変更していると言われた。これは、何を意味しているのか。
> - あなたは、ある部門の新しい売掛金システムの構築を任されたシステム・デザイナーである。あなたが考慮すべき組織的な要因とは何か。
> - マネージャの仕事と組織をいっそう効果的にするために，3つのマネジメント学派（古典派、行動学派、認知学派）は、CBISをどのように使うだろうか。
> - あなたがしなければならなかった判断（例えば，大学や専攻科目の選択）について思い起こし、それらを記述しなさい。つぎに、サイモンの決定段階モデルを用いて、CBISがあなたの判断をどのように手伝ってくれた可能性があるかを想定し、説明しなさい。

---

[66] CIO［Chief Information Officer］：最高情報責任者。アメリカの企業マネジメント組織上での呼称。

章末問題6

問題1 正誤問題：IT基盤に対する投資効果を定量的に評価するためには、システムの境界をイントラネットが直接認識できる範囲に限定すべきである。

問題2 正誤問題：情報システム・リテラシーとは、コンピュータを使って文章を書いたり帳簿の計算をしたりできる能力を意味する言葉である。

問題3 正誤問題：コンカレント・エンジニアリングを導入した企業の多くは、その目的を、新製品の開発コストの大幅低減であるとしている。

問題4 正誤問題：SOHOを導入した企業では、多くの従業員が毎朝のラッシュ時の通勤を避け、自宅もしくは自宅近くのサテライト・オフィスで仕事をする。本社から離れた場所で仕事をするため、このような仕事の形態をテレワークともいう。

問題5 正誤問題：インターネット上でのeコマースでは、リーチとリッチネスのトレードオフを考慮しなければならないので、クリック＆モルタルというビジネスモデルが生み出されることになった。

問題6 正誤問題：ナレッジワーカーとは、人工知能（AI）の技術を用いて、熟練技術者のノウハウをコンピュータ・システムに移植する仕事が専門のIT技術者である。

問題7 正誤問題：市場で取引を行う場合、その取引コストが高くなるか低くなるかは、主に取引される商品やサービスの価値、市場、関与の状況、のそれぞれの特性による。取引される商品やサービスが非常に複雑な場合には、いろいろと情報を集めたり、必要以上に慎重になったりするなど、さまざまな原因で取引コストは高くなる。また、取引相手が人をだますような行動、足元を見るような（機会主義的）行動をとる場合にも、取引コストは高くなる。

問題8 正誤問題：今日の大企業では、資本提供者と経営者がエージェンシー（依頼人・代理人）の関係にあるので、そこでのエージェンシー・コストが、資本コストに影響する要因として重要視されるようになってきた。

問題9 正誤問題：経営戦略、事業戦略の1つの柱として活用され、競争優位を獲得するための手段としてのCBIS、または、競合他社に打ち勝つ企業戦略を推進・実践し、CBISを活用することを戦略的情報システム（SIS）と呼ぶ。提唱者といわれるコロンビア大学のチャールズ・ワイズマン（Charles Wiseman）教授は、そのCBISが導入されることによって、その

第6章 情報資源の戦略

企業と事業が劇的にイノベートされ、競合企業に打ち勝つという視点から、CBIS を活用した企業戦略の推進を表す用語として唱えた。しかし、1980年代の終わりになって日本で大ブームとなったころには、「従来の経営管理システムや意思決定支援システムの戦略的側面を評価する」といった例が多く、真に競争優位を獲得するシステムが登場しなかったことから、「SIS は失敗だった」という評価を受けるようになった。

問題10 正誤問題：データマイニングとは、POS や CRM などから得られた大量のデータを蓄積するための倉庫のようなものであり、データベースや知識ベースと同義である。

第7章
eコマースとeビジネス

学習目標

- インターネットを利用したビジネスにおける、経営戦略の立案方法と課題について理解する。
- 顧客獲得コストに注目したバナー広告の有効性評価について理解する。
- データベースの意味と重要性を理解する。
- エージェンシー・コストを低下させるための、イントラネットの可能性について理解する。
- 正味現在価値(NPV)に基づく投資意思決定の方法を理解する。
- インターネット接続サービスの選択方法について理解する。
- スコアリングモデルなど、複数の投資案件に関する優先順位付けの方法と、それに基づく戦略的な意思決定の方法について理解する。
- 会社と従業員の間で発生する倫理的な問題について、基本的な考え方とその対応方法を理解する。

第7章 eコマースとeビジネス

7.1 eコマース

7.1.1 新ビジネスの企画

　あなたは、犬と猫の飼い主に対して、ペット用ベッド、キャリーバッグ、食器、おもちゃ、蚤(のみ)処理や手入れ用品のようなペット用品を販売するインターネット上のビジネスを考えている。

　あなたのウェブサイトでは、ペットの健康、しつけ、栄養についてのアドバイスを提供するだけでなく、ペット所有者同士が、世話のしかたについての電子メッセージの交換もできるようなサービスを提供する。

　そこで、この業界についての米国のマーケットを調査してみると、米国商務省のデータベースからつぎの統計が見つかった。

表7.1.1　所得水準による家庭のペット所有状況

年　　収	犬の所有者	猫の所有者
$12,500 未満	14 %	15 %
$12,500 から $24,999	20 %	20 %
$25,000 から $39,999	24 %	23 %
$40,000 から $59,999	22 %	22 %
$60,000 以上	20 %	20 %
合計	100 %	100 %

表7.1.2　所得水準によるインターネット利用率

年　　収	インターネット利用率
$20,000 未満	5 %
$20,000 から $49,999	26 %
$50,000 から $74,999	28 %
$75,000 以上	41 %
合計	100 %

1. インターネット上でこのビジネスを始めるにあたって、この情報は何を教えてくれるか。

7.1 eコマース

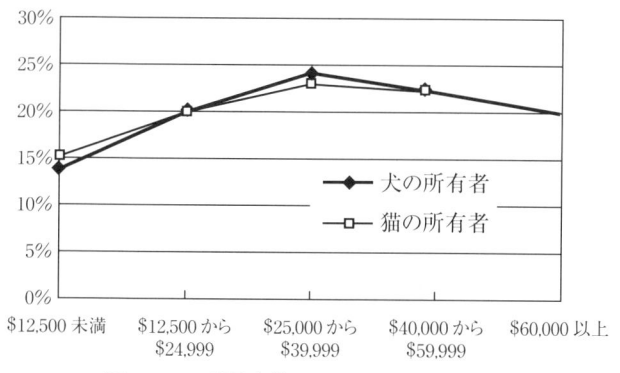

図 7.1.1 所得水準によるペット所有状況

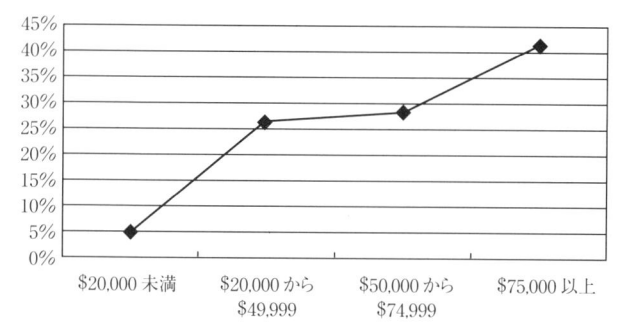

図 7.1.2 所得水準によるインターネット利用率

　表 7.1.1 からは、所得水準とペットの所有には関係がないように見受けられる。また、表 7.1.2 からは、インターネットを利用する人の過半数が、年収 $50,000 以上の富裕層であることが読みとれる。したがって、このビジネスは、インターネットを利用できる富裕層を対象とすべきである[1]。

> **2.** このビジネスの収益性が高くなるように、商品のタイプと価格帯を決めたい。どのような追加情報が役に立つか。

　インターネットを利用できる富裕層が「どの程度の金額をペットに使うであろうか」、「何を必要とするだろうか」ということが分かれば、顧客が求めるで

---

[1] デジタルディバイド [digital divide]：情報を持つ者と持たない者との格差のこと。富裕層がデジタル機器を利用し情報を得てさらに経済力を高めるため、貧困層との経済格差が広がるとされる。デジタル格差〔アメリカ商務省が 1999 年に発表した報告書での造語〕（デイリー新語辞典）。

あろう商品の開発（準備）と顧客を囲い込むための方策を検討することが可能になる。

こうした情報を知るためには、SWOT分析[2]などの手法を用いる。まず、競合相手の情報を収集し、これを参考に、商品の価格帯、サービス内容、獲得可能なマーケットシェア、競合相手と差別化するためのサービスや特典などを決定する、などの方策が有効である。

このテーマでは、ペットを扱っている。ペットは、飼い主にとって自分の子供のようであり、わが子にはより良いものを買ってあげたいという親心が存在する。そこで、商品の品揃えは、より高級感がありハイセンスなものにする。少々価格を高めに設定しても、売上が下がることはないであろう。

7.1.2　顧客獲得コストの分析

ウェブサイトをとおして商品を直接販売している会社は、販売チャネルとしての有効性を測定する必要がある。ウェブサイトは、製作や維持に相応のコストがかかる。そこで企業は、その効果が投資に見合うものなのかどうかを知りたいと思う。ウェブサイトの有効性を算定するための1つの方法は、新規顧客の獲得コストを分析することである。言い換えれば、「会社は、広告にどれだけのコストを費やすべきか」あるいは「オンライン・ブラウザから顧客を獲得するには、販売促進のための割引がどれだけ必要か」ということである。

表7.1.3　新規顧客獲得コスト（2002/7～2003/6）

会　社　名	02年第3四半期	02年第4四半期	03年第1四半期	03年第2四半期
ソフトウェアシティ	$81.82	$84.70	$92.98	$142.65
ガレージセール	$8.79	$9.22	$10.60	$7.73
ブックス＆モアブック	$24.77	$26.88	$31.20	$36.17
トラベル＆バケーション	$5.11	$5.14	$5.98	$5.61

表7.1.3は、4つのウェブ企業の、四半期の顧客獲得コストに関する情報である。これらの企業の顧客獲得コストが、同等企業のオンライン販売と比較して、高いのか安いのかは重要な投資判断の材料である。オンライン販売だけの

---

[2]　第5章5.2.2「事業単位の戦略計画」参照。

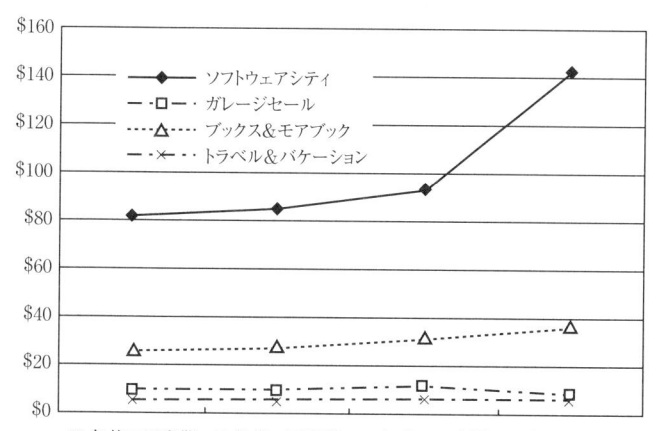

図 7.1.3 新規顧客獲得コスト

場合、平均の新規顧客獲得コストは、顧客一人当たり＄42である。とはいえ、その程度のコストは、ある種のビジネスでは高すぎるということもあるし、安すぎるということもある。仮に新規顧客獲得コストが上昇し続けるなら、競争の激化のためより高いマーケティング・コストに企業が直面しているということを端的に示す指標となりうる。

> 1. これらの中に、顧客獲得問題に直面している企業はあるか。なぜ、そう思うのか。

ソフトウェアシティは、顧客獲得問題（顧客獲得のためにライバル企業より高いマーケティング経費が必要）に直面していることが推測できる。
- 顧客を獲得するのにかかる費用は、平均として示されている1顧客あたり＄42という値よりも高く支払っている
- グラフをみると、02年第4四半期から03年第1四半期にかけて、顧客獲得コストの大幅な上昇を示している

> 2. 競争圧力にさらされている企業は、顧客獲得コストを安くするために、そしてオンライン環境においてより効率的に競争するために、何をすればよいのか。

競合他社との差別化（コスト、品質、顧客サービス）を図るべきである。そのためには、経営環境の分析が必要であり、SWOT分析がよく用いられる。

コスト：掲載するウェブサイトごとの顧客獲得コスト（＝バナー広告コスト／顧客獲得数）を分析し、効率の良いウェブサイトだけに広告掲載を絞り込むことで、顧客獲得総コストの低減をはかる。

品質：ウェブサイトの応答時間（レスポンスタイム）と信頼性は、サービスの基本である。また、他社よりも顧客層の好みやニーズに合致した多様で良質な商品構成の準備によって、サービス品質が向上する。

顧客サービス：アフターサービス、ディスカウント、ポイント制など、多様な利便性を提供することが有効である。また、バンドリング（特定の売れ筋商品とのセット販売）や、ワン・ストップ・ショッピング[3]ができるサイトの構築も有効である。

7.1.3 ウェブサイト訪問者の分析

あなたの会社、マリーナ・クローズは、男女のカジュアルなパンツやシャツなど、豊富な種類の洋服を製造販売している。あなたの会社は、ウェブサイト用のバナー広告を他のウェブサイトに置くことで、オンライン顧客の数を増やそうと努力してきた。これは、ユーザーがこれらのバナー広告をクリックすると、彼らは自動的にあなたのウェブサイトに転送されるという仕組みである。広告キャンペーンから得られたデータが、ウェブサイト分析ソフトウェアによって週ごとの「マーケティングトレンド報告書」として提供されている。

- **訪問者**（visitors）：提携するウェブサイトに置かれたあなたのサイトのバナー広告をクリックして、あなたのウェブサイトを訪問した人々の数
- **買い物客**（shoppers）：「買い物ページ」と明示されたバナー広告によってあなたのウェブサイトに到達し、ページを参照した訪問者の数
- **見込み客**（attempted buyers）：「買い物ページ」と明示されたバナー広

---

[3] ワン・ストップ・ショッピング［one-stop shopping］：1ヵ所の店舗で、必要とする商品のすべてが購入できるような利便性を提供する、顧客本位の品揃え形態のこと。業種別に分類されていた時代には、必要な品物を購入するため複数の店舗を移動する必要があった。しかし、有職主婦の増加などから、迅速に買い物を済ませられる品揃えが求められたため、スーパーマーケットなど、ワン・ストップ・ショッピングを提供する店が、支持を集めている。

表 7.1.4　マーケティングトレンド報告書

転送元	訪問者	買い物客	見込み客	購入者
altavista.com	215	35	14	7
ballystore.com	125	15	5	1
bestsearch.com	79	7	3	2
brooksbrothers.com	140	28	10	5
fashionista.com	188	22	11	0
hotbot.com	134	22	7	2
internationalmale.com	150	14	7	2
modells.com	215	30	10	2
nordstroms.com	200	30	15	8
oneweb.com	129	4	2	1
oshmans.com	125	12	3	1
saks.com	114	14	8	4
yahoo.com	233	29	9	7

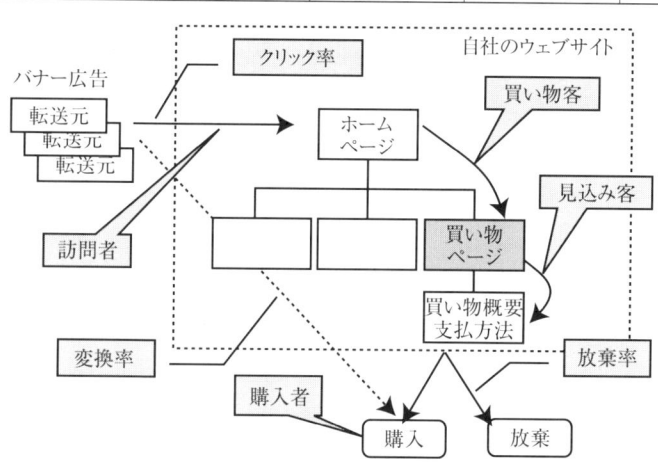

図 7.1.4　バナー広告の有効性評価

告によってあなたのウェブサイトに到達し、買い物の概要や支払い方法を参照した潜在的購入者の数

- **購入者**（buyers）：バナー広告によって参照し、あなたのウェブサイトから実際にオーダーした購入者の数
- **転送元**（source）：訪問者があなたのウェブサイトに転送されて来た源で

あるウェブサイト

オンライン顧客の数を増やそうとする場合、訪問者を実際の購入者に換えること（変換）が、あなたのウェブサイトの成功を決定づけることになる。購入と同様に、**放棄率**[4]にも注意を払わなければならない。低い**変換率**[5]と高い**放棄率**は、ウェブサイトがそれほど効果的ではないという指標である。

あなたは、新たな広告戦のための有望なウェブサイトパートナーを見つけ出さなければならない。そのための分析視点として、下記の質問を用意した。表

> 1. あなたのウェブサイトでの、この期間における、**訪問者、買い物客、見込み客、購入者**の合計数はどれだけか。

> 2. あなたのウェブサイトにおいて、**購入者**への最も高い**変換率**を示したのはどの転送元か。あなたのウェブサイトへの平均の**変換率**は、どれだけか。

表7.1.5　報告書の解析結果

	転送元	訪問者	買い物客	見込み客	購入者	変換率 %	変換率 順位	放棄率 %	放棄率 順位
1	altavista.com	215	35	14	7	3.3 %	4	50.0 %	7
2	ballystore.com	125	15	5	1	0.8 %	10	80.0 %	2
3	bestsearch.com	79	7	3	2	2.5 %	6	33.3 %	12
4	brooksbrothers.com	140	28	10	5	3.6 %	2	50.0 %	8
5	fashionista.com	188	22	11	0	0.0 %	13	100.0 %	1
6	hotbot.com	134	22	7	2	1.5 %	7	71.4 %	4
7	internationalmale.com	150	14	7	2	1.3 %	8	71.4 %	5
8	modells.com	215	30	10	2	0.9 %	9	80.0 %	3
9	nordstroms.com	200	30	15	8	4.0 %	1	46.7 %	11
10	oneweb.com	129	4	2	1	0.8 %	12	50.0 %	9
11	oshmans.com	125	12	3	1	0.8 %	11	66.7 %	6
12	saks.com	114	14	8	4	3.5 %	3	50.0 %	10
13	yahoo.com	233	29	9	7	3.0 %	5	22.2 %	13
	Total（平均）	2,047	262	104	42	2.1 %			

---

[4] 放棄率：あなたのウェブサイトで買い物ページを参照し、商品説明や支払い方法を参照したが購入せずに買い物カートを捨てた見込み客の比率。

[5] 変換率：訪問者に占める購入者の比率。

計算ソフトウェアで表 7.1.4 のデータを解析し、これらの質問に答えなさい。

> 3. あなたのウェブサイトにおいての最も高い**放棄率**を示しているのはどの転送元か。また、あなたのウェブサイトの平均**放棄率**はどれだけか。

表 7.1.5 は、以上の質問について計算した結果である。

> 4. あなたの会社は、どのウェブサイト（あるいは、ウェブサイトのタイプ）で、より多くのバナー広告を契約すべきか。

変換率の低さは広告効率の低さを示し、**放棄率**の高さは自社のウェブサイトに何らかの問題を抱えていることを示している。そして、売上の向上には購入者が多くなければならない。したがって、契約すべきサイトは、購入者の数が多く、**変換率**が高いサイトということになる。

7.1.4　ウェブ広告の有効性評価

あなたは、ベビーブーマー・オンラインというインターネット会社を率いている。その会社は、40代から60代の人々に対して、旅行、ディスカウント・ショッピング、健康、フィナンシャル・プランなどの興味深い記事を掲載し、関連商品やサービスを販売するウェブサイトへとリンクする。利益は、他社が料金を支払ってあなたのウェブサイトに貼り付けたバナー広告から得ている。あなたは、広告料金を値上げして、もっと利益を増やしたいと思っている。

あなたのウェブサイトへの**訪問者**の量と質をもっと良くして、そこに貼り付ける広告料金の値上げが納得できるものにすれば、あなたの希望は実現可能である。

ウェブサイト上の広告の有効性を測定する方法として、**クリック率**[6]がある。これは、ウェブサイト**訪問者**がウェブページを見て、次に調査するためにクリックした広告の比率である。

ウェブサイトを運営しているコンピュータ・ソフトウェアは、表 7.1.6 の週間レポートを提供してくれている。

---

[6] クリック率［click-through rate］：インターネット上のバナー広告がクリックされる率。

第7章　eコマースとeビジネス

表7.1.6　週間ウェブ利用レポート (2003/2/14)

広告タイトル	広告ビュー	広告クリック	クリック率 (%)
健康食品	321	19	
旅行プランナー	674	228	
オンライン書店	79	5	
気ままな一人旅	945	311	
コンピュータ販売	118	5	
金融プランナー	63	16	

1. 広告クリック[7]を広告ビュー[8]で割ってクリック率（%）を計算しなさい。つぎに、クリック率の高い順に、広告をランク付けしなさい。

2. あなたのウェブサイトでは、どの種の広告がもっとも成功しているか。成功とは言い難いのはどれか。この情報に基づくと、あなたのウェブサイトでの広告主として、どのような会社を募集すべきか。

表7.1.7　クリック率ランキング

広告タイトル	広告ビュー	広告クリック	クリック率 (%)	ランク
旅行プランナー	674	228	34	1
気ままな一人旅	945	311	33	2
金融プランナー	63	16	25	3
健康食品	321	19	6	4
オンライン書店	79	5	6	5
コンピュータ販売	118	5	4	6

表7.1.7の計算結果を見ると、明らかに成功と言い難いのは、健康食品、オンライン書店、コンピュータ販売である。一方、旅行プランナー、気ままな一人旅、金融プランナーのクリック率は、高い値を示している。この中で、金融プランナーの広告ビューの値は低い。したがって、旅行プランナーと気ままな一人旅、つまり旅行関係の広告タイトルに集中して広告主を募集すべきだとい

---

[7] 広告クリック：訪問者が、広告主のウェブサイトにアクセスし、バナー広告をクリックした回数。

[8] 広告ビュー：訪問者が、日や週などのある期間内にバナー広告の貼ってあるページを訪問した回数。

3. 業界の情報源によれば、ディスカウント航空券を提供している price-line.com への訪問者の 31 % 以上、Travelocity のウェブサイトへの訪問者の 27 % 以上が 50 歳以上であった。あなたは、あなたのウェブサイトでのクリック率と売上を向上させるために、この情報をどのように用いることができるか。

この情報では、「50 歳以上の客層」と「旅行」がキーワードである。したがって、募集すべき広告主は、旅行代理店や航空会社などの業者である。募集に際しては、旅行関係の広告が示す際立ったクリック率が、多少高めに設定してある広告掲載料の妥当性を示していることを顧客にアピールする必要がある。

7.1.5 グローバルなウェブサイトの計画

あなたの会社は、テニスのラケットを製造販売しており、合衆国外への販売を始めたいと考えている。あなたは、グローバルなウェブ戦略の推進責任者である。最初にどの国に目標を定めるかを、表 7.1.8 の統計に基づいて、決定しなさい。

表 7.1.8 一人当たりの GDP (国内総生産)

国	人口合計（100 万人）	オンライン比率（%）	オンライン人口合計（100 万人）	一人当たりのGDP
ブラジル	172	4.00		$6,100
中国	1,247	0.05		$3,600
ドイツ	82	15.00		$22,100
イタリア	57	8.40		$20,800
日本	126	14.40		$23,100
スウェーデン	9	43.30		$19,700

1. それぞれの国について、インターネットにアクセスできる人々の合計数（オンライン人口）を計算しなさい。

表 7.1.9　オンライン人口とGDP

国	人口合計（100万人）	オンライン比率（％）	オンライン人口合計(100万人)	一人当たりのGDP	オンライン人口のGDP
ブラジル	172	4.00	6.88	$6,100	$41,968
中国	1,247	0.05	0.6235	$3,600	$2,245
ドイツ	82	15.00	12.3	$22,100	$271,830
イタリア	57	8.40	4.788	$20,800	$99,590
日本	126	14.40	18.144	$23,100	$419,126
スウェーデン	9	43.30	3.897	$19,700	$76,771

2. これらの統計量だけに基づいて判断するならば、最初にどの国に商品販売の目標を絞るべきだろうか。それは、なぜか。

　オンライン人口合計は、日本が1,800万人超で最大であり、一人当たりのGDPも最大である。この数字は、インターネットを利用できる富裕層が最も多い「日本」をターゲットとして絞り込むべきことを示している。

3. ウェブ戦略では、どんな事項を考慮すべきか。ウェブ販売が成功していることを確認するためには、どんな追加情報が助けになるだろうか。

　ウェブ戦略で考慮すべき事項として、ターゲットとする客層の特性を定義すること、そして競合他社との差別化要因を明確に定義しておくことが重要である。以下、客層、コスト、品質、顧客サービスについて、定義すべきポイントを列挙する。

- 客層：①インターネットを利用できるのは富裕層、②時間と空間の制約を超越（顧客は世界、多言語サポートが必要）、③テニスを楽しんでいる老若男女
- コスト：①システムの導入と運用のコスト（店頭販売よりも固定費が少ないので廉価販売が可能）、②国外への配送コスト（送料として請求可能）
- 品質：①富裕層向けの高品質商品、②オンリーワン指向（自分だけの物）
- 顧客サービス：①ウェブサイトの快適なレスポンス（応答時間）、②注文から納品までの短リードタイム、③利用者の母国語でのアクセス、④受け

取り日時指定可能な宅配、⑤カスタマイズ(個々の顧客の要望に合わせる)、⑥多様な支払い方法(クレジットカード、銀行振り込み、など)

つぎに、成功確認のための追加情報について考える。分析の指標として、顧客獲得コストが重要である。これは、バナー広告の投資効果を示す指標であり、**クリック率**、**変換率**、**放棄率**の推移を定期的に監視し、競合他社の動向と比較しながら広告投資の戦略を策定すべきである。

この他、一人ひとりの顧客の属性、嗜好、購買動向などの情報を収集蓄積し、その情報(買い換え時期など)を活用してワンツーワン・マーケティング[9]を実施し、リピート率の向上を志向するなどの方法も考えられる。

> **4.** 目標とする国から買手を引き付けるために、どんな特徴をウェブサイトに置けばよいか。

顧客にとってどのような情報が魅力的であるかを考えることが基本である。

ウェブサイトを魅力的な物にするための具体的な方法として、日本で人気のテニスプレーヤーの情報(競技活動など)や自筆の連載記事を写真入りで自社のウェブページに掲載したり、人気テニスプレーヤーの情報サイトにバナー広告を掲載したりすることが考えられる。また、販売テクニックとしては、バンドリング(例えば、人気テニスプレーヤーのサイン入りウェアやシューズ、などの関連グッズとラケットとのセット販売)も有効であろう。

しかし、実際の購入意思決定場面では、商品を手にとって確認することができないため、購入を躊躇する可能性が高い。この問題に対しては、商品の試用期間を設け、その期間内であれば返品可とすることで、顧客の信頼と満足を獲得することができる。第3章3.3.1「顧客満足」の冒頭に挙げたL.L.ビーンズの事例が参考になる。

7.1.6 eコマースのためのコンピュータ負荷計画

あなたの会社は、自社のハードウェアとソフトウェアを使ったeコマースのサイトをたちあげてから、ビジネスが急速に拡大しつづけている。

---

9 第3章3.3「顧客満足経営」参照。

第7章　eコマースとeビジネス

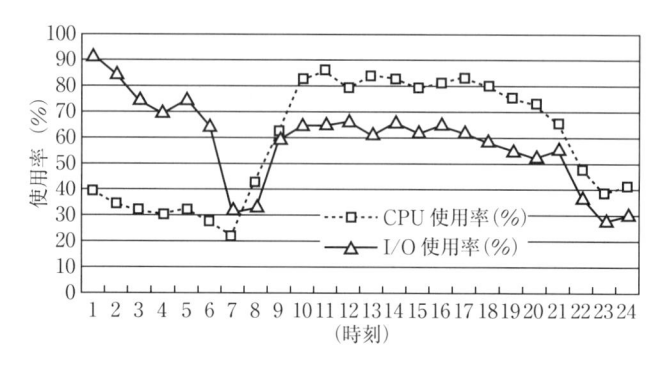

図 7.1.5　コンピュータの負荷状況

　会社のウェブサイトは、機能停止を経験したことがなく、顧客は常に情報あるいは購入トランザクション[10]がきわめて速やかに処理されることを期待できる。情報システム部は、処理能力と応答時間に影響を及ぼすシステム利用の主要な指標を連続的に監視するフォーマルなオペレーション監視プログラムを運用し始めた。図 7.1.5 の管理レポートは、それらの指標のうちの 2 つ、システムの 1 日当たりの CPU 使用率と I/O 使用率[11]を示している。

　サーバは、主に、昼から夕方にかけてウェブサイトを訪れる合衆国の顧客をサポートする。CPU が極端にビジーになってデータを検索できなくなることが無いように、I/O 使用率は 70％以下に維持しておかなければならない。なお、CPU がビジーでない時に会社のデータをディスクにバックアップしているため、I/O 利用は午前 1 時から午前 6 時までの間が非常に高くなっている。

> 1. 次年度の e コマース・ビジネスの予想では、CPU 使用率と I/O 使用率が午前 1 時から午後 9 時の間に 20％上昇、1 日の残りの時間帯は 10％上昇することが予想されている。あなたの会社は、この増加する負荷に対処するための十分な処理能力を持っているか。

---

[10] トランザクション［transaction］：オンラインシステムなどで、端末装置などから入力される意味をもったデータ、あるいは処理要求。処理、業務、取引に関するデータを意味する。
[11] I/O 使用：ディスクが読み書きされた回数

表 7.1.10 次年度の負荷予想

時間	今年度 CPU 使用率(%)	今年度 I/O 使用率(%)	管理限界	増加率(%)	次年度 CPU 使用率(%)	次年度 I/O 使用率(%)
1	39	92	70	120	46.8	110.4
2	34	85	70	120	40.8	102.0
3	31	75	70	120	37.2	90.0
4	30	70	70	120	36.0	84.0
5	32	75	70	120	38.4	90.0
6	27	65	70	120	32.4	78.0
7	22	32	70	120	26.4	38.4
8	43	33	70	120	51.6	39.6
9	62	60	70	120	74.4	72.0
10	82	65	70	110	90.2	71.5
11	85	65	70	110	93.5	71.5
12	79	67	70	110	86.9	73.7
13	84	61	70	110	92.4	67.1
14	82	66	70	110	90.2	72.6
15	79	62	70	110	86.9	68.2
16	81	65	70	110	89.1	71.5
17	83	62	70	110	91.3	68.2
18	80	59	70	110	88.0	64.9
19	75	55	70	110	82.5	60.5
20	73	53	70	110	80.3	58.3
21	65	55	70	110	71.5	60.5

表 7.1.10 は、与えられた数値条件に基づいて、次年度の負荷状況を計算したものである。この表に基づき、管理限界を 70 % として、グラフを書き直した。

図 7.1.6 のグラフを見ると、日中の I/O 使用率が管理限界である 70 % を越えている。CPU も 90 % を越えている時間帯がある。したがって、処理能力が十分であるとはいえない。

> 2. もしあなたの会社が、コンピュータの処理能力の問題に注意を払わなかったとしたら、次年度以降はどうなるだろうか。

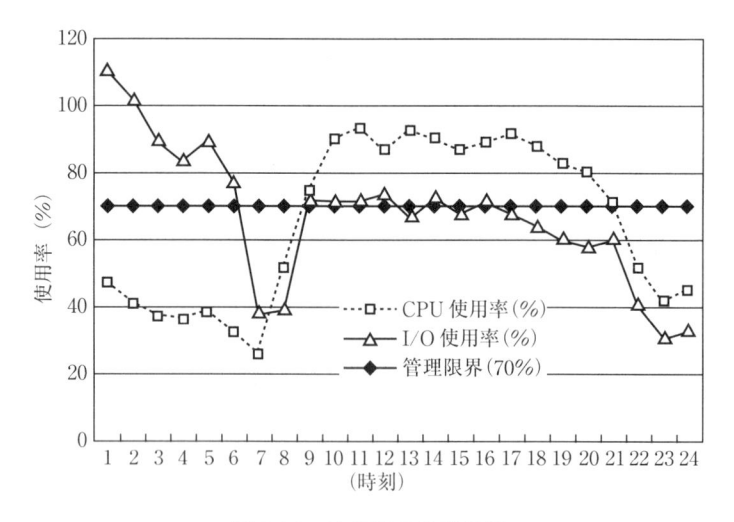

図 7.1.6　次年度の負荷予想

　CPU の使用率が 100％に近づくにつれ、コンピュータのレスポンス（応答時間）が遅くなり、100％になるとフリーズして（動かなくなって）しまう。同様に、日中の I/O 使用率が管理限界である 70％を越えると、クリックしてからのレスポンスが極端に遅くなる。さらには、システムがフリーズしたりダウンしたりして、顧客にストレスと不信感を与えることになる。

　さて、次年度、予想どおりに使用率、つまり顧客のサーバに対する顧客のアクセス数が増加するとしよう。その結果、日中の I/O 使用率が管理限界である 70％を越え、レスポンスが極端に遅くなり始める。ところが、顧客は、クリックしてから長時間待ってくれるだけの忍耐力を持ち合わせていない。あきらめて、あるいは腹を立てて、ライバル企業のウェブサイトへと去っていってしまう顧客がでてくるであろう。離れていった顧客は、そう簡単には戻ってきてはくれない。顧客が来訪してくれてのウェブビジネスである。コンピュータの処理能力の問題に注意を払わなかったとしたら、次年度以降の売上は減少に転じる可能性が高い。

　第 3 章 3.3「顧客満足経営」で紹介したグッドマンの法則によれば、悪い噂は良い噂と比べて、はるかに早く、はるかに多くの人々に伝達される。最悪のシナリオを想定すると、顧客の減少でレスポンスは徐々に改善されることにな

るが、それよりも顧客の減少スピードの方が速く、ビジネスが成り立たなくなってしまうという未来が見えてくる。

【参 考】

図7.1.7は、ハードディスク[12]の構造を表現したものであり、次の手順で動作する。
1) アームを動かし、磁気ヘッドの位置を決める＝位置決め時間（＝シークタイム）
2) 磁気ディスクを該当するデータの記録位置まで回転させる＝回転待ち時間
3) 磁気ディスク上のデータを他の装置へ転送する＝データ転送時間

この一連の処理に要する時間をアクセスタイムと呼ぶ。読もうとするデータがヘッドに近ければ位置決めが早く、回転待ち時間も短くなる。平均アクセス時間は、下記のとおり計算できる。

平均アクセス時間
＝平均位置決め時間（平均シーク時間）＋平均回転待ち時間＋データ転送時間
（ただし、平均回転待ち時間＝回転時間/2）

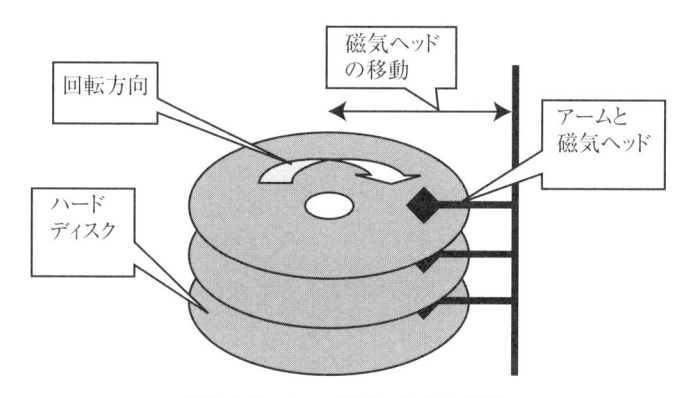

図7.1.7 ハードディスクの構造

顧客がバナー広告をクリックしてあなたの会社のウェブサイトにアクセスしようとすると、あなたのウェブサイトが記録されているサーバのハードディスクにアクセスして、ハードディスクからデータを読みとらなければならない。そこで、すでにアクセスしようとしている人たちが並んでいる待ち行列の最後尾について

---

[12] ハードディスク［hard disk］：磁気ディスク。表面に磁気材料を塗った回転盤（ディスク）を複数枚並べて、プログラムやデータ等の読み込みと書き出しを行う磁気記憶媒体。

順番待ちをすることになる。

　アクセスする人が増えるに従って待ち行列はどんどん長くなる。アクセスの回数が一定の値を超えると、この待ち行列は、無制限に長くなっていく。これは、オペレーションズ・リサーチの代表的な理論の1つである「待ち行列理論（queue theory）」で説明される基本的なメカニズムである。

〔例　題〕
　単一処理を行うオンラインシステムがある。トランザクションは、1秒当たり平均0.6件到着し、このトランザクションに対する平均サービス時間は、750ミリ秒／件である。このときの平均応答時間は、何秒か。

〔解　説〕
　平均応答時間は、平均待ち時間 t_w ＋平均サービス時間 t_s である。まず、問題文から平均到着率 λ と平均サービス時間 t_s を見つける。「トランザクションは1秒当たり平均0.6件到着」なので、λ（平均到着率）＝ 0.6件/秒である。また、「平均サービス時間は750ミリ秒／件」とあるので、t_s（平均サービス時間）＝ 0.75秒/件。

　これらをもとに、回線利用率を計算する。

　　　$\rho = \lambda \times t_s = 0.6 \times 0.75 = 0.45$

　この結果を用いて、平均待ち時間と平均応答時間を計算すると下記のとおりとなる。

　　　$t_w = 0.45/(1 - 0.45) \times 0.75 \fallingdotseq 0.61$
　　　$T = t_s + t_w = 0.75 + 0.61 = 1.36$

7.2 eビジネス

7.2.1 生産と販売の業務統合

　農業向け化学薬品を製造しているあなたの会社では、生産計画に不満を感じていた。生産計画は、それぞれの製品の受注実績に基づいた需要予測によって作成されている。顧客から、緊急のオーダーあるいは生産着手の後のオーダー変更があった場合、生産計画を調整する方法がない。そこで、会社は、顧客に対して、「要望に応じることができない場合がある」あるいは「在庫切れを防止するための追加費用を負担して頂く必要がある」と言わなければならない。毎月末にはオーダーが合計され、生産計画システムに手作業で入力される。そして、これまでの1カ月間の生産計画システムからの在庫データが、販売管理システムに手作業で入力される。

　販売部門と生産部門のアナリストが、翌月の売上目標と生産目標をどう設定するかを決めるため、生産と販売それぞれのシステムからのデータを分析する。通常、これらの見積もりは、一致しない。そして、アナリストたちは、市場占有率、収益と利益の目標を設定するため、経営上層部の計画ミーティングに集まる。ミーティングの結果は、完成した生産基本日程計画である。

　生産計画プロセスは、完了までに全部で17営業日を要する。この内、9日間がデータの正確性と妥当性を検証するために必要とされる。残りの日数は、生産目標と売上目標をそれぞれ仮設定し、相互に調整して、生産基本日程計画を完成させるために費やされる。

---

1. 生産計画プロセスのダイヤグラム（図表）を描きなさい。
2. このプロセスを分析し、会社にとっての問題点を指摘しなさい。

- 生産計画プロセスは、完了までに17営業日を要するとある。つまり、翌月の生産計画ができあがるまでに、半月以上かかっている。
- 生産と販売で、それぞれ独自のシステムが構築されている。そして、受注や生産計画、在庫などのデータが、生産と販売でそれぞれ別々に手入力さ

第7章　eコマースとeビジネス

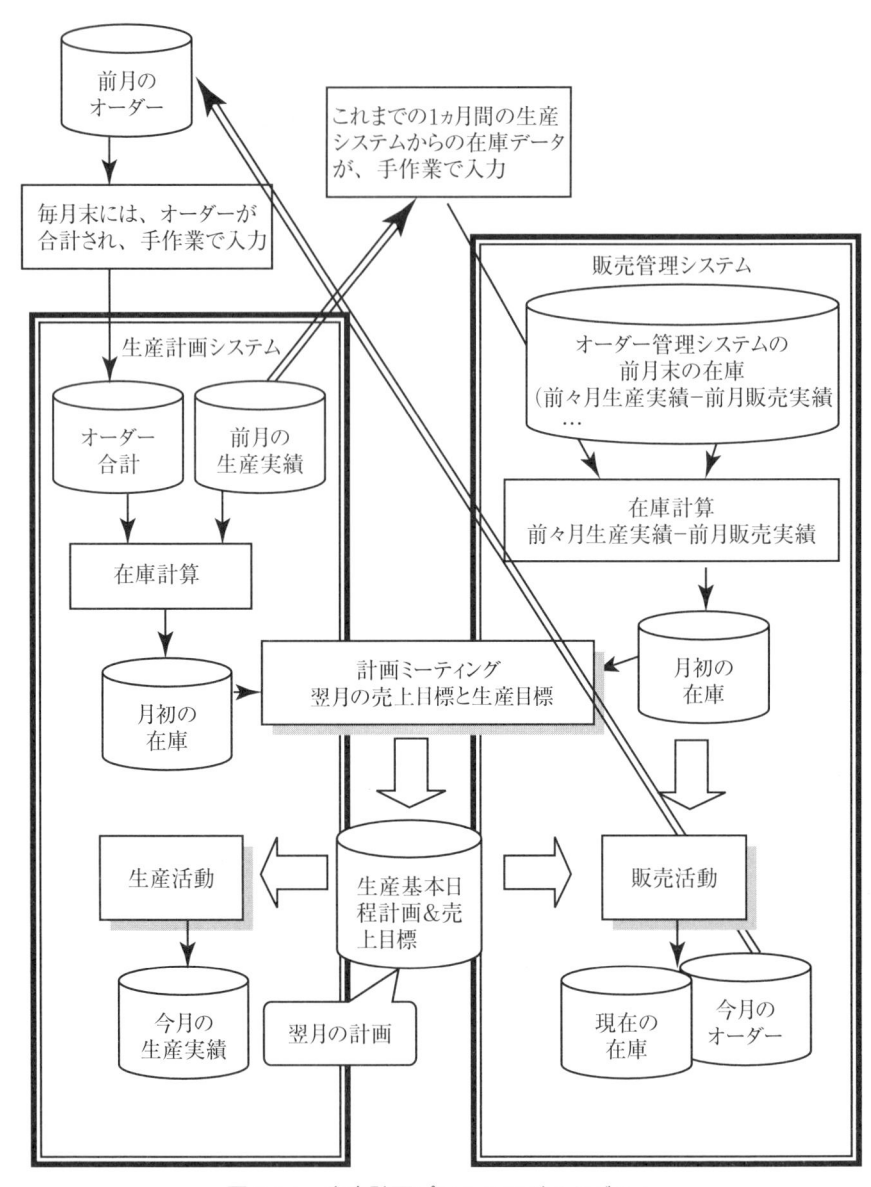

図 7.2.1　生産計画プロセスのダイヤグラム

れており、そのタイミングのずれや入力ミスもあり得るため、双方のシステムでデータの同期がとれていない場合が往々にして発生しうる。
- 計画プロセスは、需要変動に対して極めて硬直的である（柔軟性を持っていない）。例えば、需要が増加傾向にあるときには、必要な生産量を確保することができず、販売機会損失を増大させる可能性がある。逆に、需要の減退期には、余剰な在庫を抱える可能性がある。
- 過去のリードタイム傾向に基づく資材の調達は、むだや生産性の低下をもたらすことになる。
- 月末に1カ月間の生産実績を在庫として手入力し、顧客からの注文をまとめて手入力して、生産計画策定に必要なデータを作成している。この手順では、販売部門と生産部門のアナリストがタイムリーなデータをもとに生産計画を策定することはできない。計画の精度は、低くならざるを得ない。
- 販売部門は、需要を予測するために、販売と出荷の実績、現在の在庫システムなどの情報を用いている。これらの情報は、非常に精度が低いといわざるを得ない。
- 生産部門は、月末までの注文をまとめて受け取るだけであり、効率的な生産をするための生産資源の準備をしておくことはできない。一般に、組織の仕事は、他の組織の仕事と密接に関係しており、他部門のデータがタイムリーに入手できないと、組織効率と業績はきわめて顕著に低下する。

> 3. ERP システム[13]は、これらの問題を解決することができるか。できるとすれば、そのシステムは、どのような方法でコストを下げることができるのか。

ERP システムによって、在庫や生産実績などのデータを生産と販売の双方で、タイムリーに情報共有できるようになる。このため、販売からの注文変更情報によってデータベースはリアルタイムに更新され、この変更が引き金となって生産計画を含む全ての関連情報が更新される。

---

[13] ERP システム［Enterprise Resource Planning System］：企業システム［enterprise system］と同義。これを導入すれば、現時点の生産計画プロセスの状況をリアルタイムに把握することができるようになる。第8章では、ERP システムの構築方法について解説する。

第7章 eコマースとeビジネス

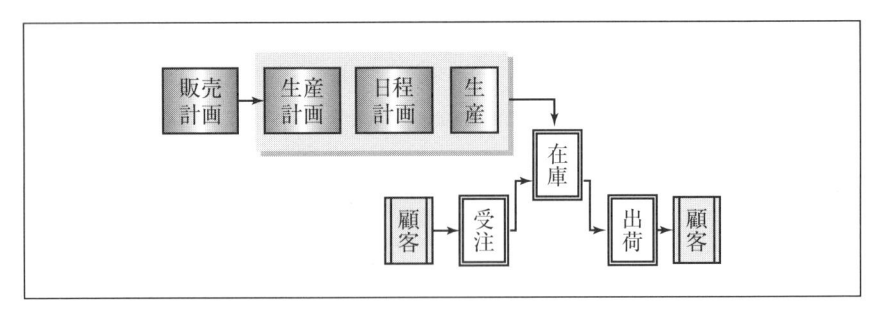

図7.2.2 一般的な「見込み生産」の業務プロセス

すなわち、ERPシステムは、既存のビジネスプロセスを、データベースを中核として統合することで、上記の問題を解決することができる。

7.2.2 全社共通のデータ標準

あなたの会社、工業製品供給会社は、経営者が特定の地理的なエリアのベストセラー商品、キーとなる顧客、販売傾向を識別するために重要な販売情報についての全社統一の視点を提供することができるデータ・ウェアハウス[14]を構築したいと思っている。販売と製品の情報は、つぎの異なった2つのシステム、UNIXサーバ上で稼働している工場の販売システムとIBMメインフレーム上で稼働している営業の販売システムの両方にそれぞれ保管されている。あなたは、両方のシステムからのこれらのデータを整理統合する表7.2.1の単一標準フォーマットを作成したいと考えている。

表7.2.1 単一標準フォーマット

製品No	製品説明	単位コスト	販売ユニット	販売地域	部門	顧客ID

表7.2.2は、データ・ウェアハウスのデータ供給源である2つのシステムの

---

[14] ウェアハウス［warehouse］：倉庫、問屋のこと。データ・ウェアハウスは、データを格納する倉庫のこと。データベース、リポジトリと類似。
　リポジトリ［repository］：ソフトウェア開発において、設計情報や定義情報などの開発に関連する情報を格納し、一元管理するデータベース。また、データ・ウェアハウスにおいて、メタデータを集めたもの。
　メタデータ［metadata］：データの意味について記述したデータ（デイリー新語辞典）。

サンプルファイルである。

表7.2.2　2つのシステムのサンプルファイル

(1) 工場の販売システム（機械部品部）

製品ID	製品説明	単位コスト	販売ユニット	販売地域	顧客ID
60231	4" Steel bearing	5.28	900,245	N.E.	Anderson
85773	SS assembly unit	12.45	992,111	M.W.	Kelly Industries

(2) 営業の販売システム

製品ID	製品説明	単位コスト	販売ユニット	販売領域	部門
60231	Bearing, 4"	5.28	900,245	Northeast	Parts
85773	SS assembly unit	12.02	992,111	Midwest	Parts

> 1. これらのデータを単一標準フォーマットで維持管理しない場合、どんな営業上の問題が発生するか。

現在は、データの内容が標準化されていない。したがって、営業と工場双方のデータの同期を維持するためには、多大な困難を伴う。

つまり、同じ製品IDでありながら、「製品説明」や「販売地域」、「単位コスト」には表記方法が異なった説明やコードが記入されているため、営業から工場への納期確認、注文変更などの場合などで、混乱や間違いが発生しうる。この種の間違いは、顧客との関係での深刻な問題を発生させる原因となる。

また、工場では受注時に営業からのデータを入力する場合、人手でのデータ変換作業を伴う入力が必要となり、時間のむだと入力ミスを誘発する（出荷時には逆の変換が必要）。データの整合性を保証するためには、二重のむだな管理コスト（労力・手間）がかかる。

> 2. 両方のシステムからのデータを保管することができる単一標準フォーマットのデータベースを作成することは、容易だろうか。考慮すべき問題点を明らかにしなさい。

部門間で異なったデータ書式を統合するためには、標準を制定し、標準への手作業での書式変換が必要になる。これは、データを日常的に使っている業務部門でしかできない作業である。しかも、人為的ミスの発生が懸念されるため、

業務部門では、日常業務だけでなく、データ変換の膨大な追加作業を覚悟しておく必要がある。

> 3. それらの問題は、データベースの専門家と一般のビジネスマネージャのどちらによって解決されるべきか。それはなぜか。

　データ管理は、非常に重要な組織機能であり、非常に大切な道具でもある。データ管理が重要であることから、できるだけ容易にデータを管理するために、統一化、標準化したデータ入力システムが必要となる。つまり、データを整理統合する単一標準フォーマットを作成する必要がある。こうしたデータ・ウェアハウスを設計するのは、データベースの専門家の仕事である。

　しかし、日常用いるデータ表現の統一は、業務の責任者であるビジネスマネージャの責任において解決されるべきである。解決方法のうち、ICT（情報通信技術）を用いることで容易になることがあれば、データベースの専門家がビジネスマネージャをサポートする。

　組織をとおして情報を共有・配布・標準化・分類・蓄積したりすることは、極めて重要である。したがって、情報の管理に関する規則としての**情報方針**[15]を作成することが必要である。この方針は、データベース専門家が起案し、ビジネスマネージャの承認を得て制定される。

> 4. データ・ウェアハウスにおいて情報を会社規模の統一フォーマットで一元管理するための権限は、誰が持っているべきか。

　データベースは、複数の部門で共通に利用される共有財産である。したがって、データベースの管理は、その専門の管理者であるデータベース・アドミニストレータ（データベース管理者）の責任において維持管理されるべきである。

【参　考】データの正規化技法

　データの繰り返しや重複などの冗長性を少なくし、矛盾が生じないようにデータ間の関係を設計することを正規化と言う。日常よく目にする表を、リレーショナルデータベースとして作成する手順について、説明する。この例は、学生の成

---

[15] 情報方針：どの組織単位が情報を共有するか、情報がどこに配信されるか、誰が情報を更新し維持することに責任を持つかに関する規定。

績表である。

学籍番号	氏名	所属	主任	履修科目	点数	教員
001	山田太郎	経済	鈴木	UNIX	88	大矢
			石田	C言語	53	堀内
			飯野	RDB	30	藤澤
002	上杉次郎	経営	上田	UNIX	92	大矢
			上田	C言語	78	堀内
			上田	RDB	72	藤澤
003	石川一郎	法律	林	OS	86	大矢

　テーブルの項目には、複数の値を入れることはできない。そこで、この表をつぎのデータ構造で再構成する。これを「第一正規形」と呼ぶ。

学籍番号	氏名	所属	主任	履修科目	点数	教員
001	山田太郎	経済	鈴木	UNIX	88	大矢
001	山田太郎	経済	石田	C言語	53	堀内
001	山田太郎	経済	飯野	RDB	30	藤澤
002	上杉次郎	経営	上田	UNIX	92	大矢
002	上杉次郎	経営	上田	C言語	78	堀内
002	上杉次郎	経営	上田	RDB	72	藤澤
003	石川一郎	法律	林	OS	86	大矢

　この表は、内容別につぎのグループに分けることができる。
- 学生データ「学籍番号」「氏名」「所属」「主任」
- 科目データ「履修科目」「教員」
- 成績データ「点数」

　これら3種類のデータの従属関係を調べ、データの種類を分類し整理することで、「第二正規形」が完成する。ここで「従属関係」とは、「あるデータ項目が分かれば、他の項目が自動的に決定される」という関係のことである。例えば上記のテーブルの場合、学籍番号（キー）が分かれば「氏名」「所属」「主任」（属性）が自動的に決定される。正規化では、この従属関係を1つのデータの種類として考える。

　従属関係を調べると、次の3種類のデータが存在していることがわかる。
- 学生に関するデータ：学籍番号 ← 「氏名」「所属」「主任」
- 科目に関するデータ：履修科目 ← 「教員」

●成績に関するデータ：学籍番号、履修科目 ← 「点数」

ここで、成績に関するデータで、「点数」が「学籍番号」「履修科目」に従属していることが分かる。この「学籍番号」と「履修科目」は先ほどのテーブルの主キーであった。つまり、「点数」が主キーに従属する形となっており、最も基本的なテーブルの構成を得ることになる。主キーと「点数」以外のデータは補足的なデータである。

第二正規形は、つぎの3つの表のように、この主キーに従属するデータ以外の補足データを別テーブルにすることである。

成績テーブル

学籍番号	履修科目	点数
001	UNIX	88
001	C言語	53
001	RDB	30
002	UNIX	92
002	C言語	78
002	RDB	72
003	OS	86

第二正規形は、主キーに対する従属関係を見つけ出し、それを別のテーブルに分割することであった。第三正規形は、第二正規化されたテーブル内の補足的なデータに対して従属関係を見つけ出しそれを別のテーブルに分割したものである。

学生テーブルを見ると、「主任」は、「所属」に従属していることがわかる。つ

学生テーブル

学籍番号	氏名	所属
1	山田太郎	経済
2	上杉次郎	経営
3	石川一郎	法律

成績テーブル

学籍番号	履修科目	点数
1	UNIX	88
1	C言語	53
1	RDB	30
2	UNIX	92
2	C言語	78
2	RDB	72
3	OS	86

所属テーブル

所属	主任
経済	鈴木
経営	上田
法律	林

科目テーブル

履修科目	教員
UNIX	大矢
C言語	堀内
RDB	藤澤

まり、経済学科には、複数の主任が所属している。そこで、つぎのように正規化を進め、テーブルを分割する。

この構造になると、データの修正は1カ所ですむようになり、あるテーブルと別のテーブルに同じ項目が存在することはなくなる（One fact in One Place）。

7.2.3 インターネット接続サービスの選択

あなたは、グラフィック・デザインの会社を経営している。従業員15人のこの会社は、合衆国内のいろいろな場所にある雑誌や単行本の出版社を顧客として、ページレイアウトやイラストの制作を請け負っている。あなたは、制作したイラストとレイアウトが入ったファイルを伝送してクライアントに確認してもらうため、さらに効率の良いネットワークサービスを利用したいと考えている。あなたが伝送するグラフィックス・ファイルの大きさは、平均4メガバイト（4MB）である。そして、1日平均25のファイルが、クライアントに伝送される。スケジュールはタイトであり、もしすべてのネットワーク資源がファイルを伝送できなくなったなら、仕事はストップしてしまう。予算は、非常に厳しい状況である。

表7.2.3 利用可能なネットワークサービス

オプション	伝送容量	コスト
ダイヤルアップ・サービス（各従業員に56kbpsモデム）	56 kbps	インターネットサービス（月 $40）＋電話基本料金（月 $35）
ISDN	128 kbps	月 $100 ＋初期費用 $300
ケーブルモデム	1〜2 Mbps	月 $75 ＋初期費用 $125
同期 DSL	512 kbps 双方向	DSL モデム $100 ＋月 $175
T1	1.5 Mbps	月 $1,200

あなたの地域では、表7.2.3のネットワークサービスが利用可能である。現在利用しているダイヤルアップ・サービスの通信速度では、1本の専用電話回線を共有するためのソフトウェアを用いて、最大で20人の従業員がインターネットを利用できている。

1. これらのオプションのそれぞれについて、あなたの会社がファイル伝送に使うと予想される平均時間の合計はどれだけか。

本文によれば、伝送するファイルは平均4MB、伝送数は1日平均25のファイルである。したがって、1日の伝送量は次のとおりである。

1日の平均伝送量 = 4MB × 25ファイル = 100MB = 100,000,000バイト

1日の平均伝送時間を計算するには、下記の単位換算が必要である。

容量：1MB = 1,000kB = 1,000バイト、1バイト = 8ビット

通信速度[16]：kbps = 1,000bps、bit／sec、容量／時間

時間：時分秒、1時間（hour）= 60分（min）、1分 = 60秒（sec）

表7.2.4　現時点のオプション別月間コスト

オプション	伝送容量	bps	byte	bit	sec	min	hour	コスト/月
ダイヤルアップ	56 kbps	56,000	100,000,000	800,000,000	14,286	238	4.0	$75
ISDN	128 kbps	128,000	100,000,000	800,000,000	6,250	104	1.7	$100
ケーブルモデム	1～2 Mbps	1,000,000	100,000,000	800,000,000	800	13	0.2	$75
		2,000,000	100,000,000	800,000,000	400	7	0.1	
同期 DSL	512 kbps 双方向	512,000	100,000,000	800,000,000	1,563	26	0.4	$175
TI	1.5 Mbps	1,500,000	100,000,000	800,000,000	533	9	0.1	$1,200

> 2. これらのオプションのどれが、あなたの会社にとって最適か。それは、なぜか。

表7.2.4には、計算結果に「コスト／月」を追加してある。この表では、月間コストはダイヤルアップとケーブルモデムが同じで、最も安い。通信時間は、時間換算（hour）で、ダイヤルアップが4時間かかるのに対して、ケーブルモデムは7分から13分であり、スピードの観点からは、ケーブルモデムが優れている。しかし、初期費用として、ケーブルモデムは$125必要である。

したがって、現時点では、ダイヤルアップの方が最適であると結論づけることができる。

> 3. あなたのビジネスが拡大し、従業員が60人になり、日々伝達すべきファイルが100になったなら、あなたはどのオプションを選択するか。

表7.2.5は、最初の問題と同様に計算したものである。

---

[16] bps ［bit per second］：1秒（sec）に伝送できるbit数。bps = bit/sec

伝送するファイルは平均 4MB、伝送数は 1 日平均 100 のファイルである。したがって、1 日の伝送量は次のとおりである。

1 日の平均伝送量 = 4MB × 100 ファイル = 400MB = 400,000,000 バイト

従業員数が 15 人から 60 人へという条件は、ダイヤルアップ・サービスの場合、1 回線当たりの上限が 20 人なので、3 回線の契約が必要になる。この場合、1 回線当たりの伝送量は、1 日の平均伝送量 400MB の 3 分の 1 になる。

表 7.2.5　ビジネス拡大時のオプション別月間コスト

		bps	byte	bit	sec	min	ohur
ダイヤルアップ	56 kbps	56,000	133,333,333	1,066,666,667	19,048	317	5.3
ISDN	128 kbps	128,000	400,000,000	3,200,000,000	25,000	417	6.9
ケーブルモデム	1～2 Mbps	1,000,000	400,000,000	3,200,000,000	3,200	53	0.9
		2,000,000	400,000,000	3,200,000,000	1,600	27	0.4
同期 DSL	512 kbps 双方向	512,000	400,000,000	3,200,000,000	6,250	104	1.7
T1	1.5 Mbps	1,500,000	400,000,000	3,200,000,000	2,133	36	0.6

表 7.2.5 を見ると、月額のコストはケーブルモデムが $75 で最も安く、ISDN が $100 でそのつぎに安い。そこで初期費用を見ると、ケーブルモデムが $125、ISDN が $300 である。したがって、コスト、スピードともにケーブルモデムに軍配が上がる。

つぎに、初期費用が不要なダイヤルアップとケーブルモデムを比較してみよう。ダイヤルアップは、3 回線分で月額 $225 となり、$150 の追加となる。この追加費用は毎月発生するが、ケーブルモデムの場合にはこれよりも安い $125 を初期費用として一度負担すれば済む。

したがって、ケーブルモデムが最良の選択となる。

7.2.4　エージェンシー・コストの削減

あなたの会社は、3,000 人の従業員を抱えており、営業経費を圧縮する方法

表 7.2.6　営業経費リスト

電話コスト	1 年に $750,000
従業員方針ハンドブック	ハンドブックの印刷と配布ごとに $8.75
従業員給付カウンセリング	1 時間のミーティングごとに $80

を模索している。そこで、あなたは、つぎの営業経費のリストを用意した。

あなたは、インターネット技術を使って会社のイントラネットを構築すれば、営業経費をいくらか減らすことができると期待している。

イントラネット[17]では、つぎの機能を提供する予定である。
- 世界全域での従業員間の電子メールコミュニケーションの提供
- 常に最新の状態に維持されており、従業員のデスクトップ・コンピュータからアクセスできる、電子的な従業員ハンドブックの提供
- 従業員自身の医療・生命保険案の、自分のコンピュータを通した、オンラインでの選択・修正

あなたは、従業員が電話で行ってきた通信の40％を電子メールに置き換えることができるはずだと信じている。すべての従業員は、自身の健康に関する給付について見直し、年1度、給付計画に再登録するよう要求される。新入社員用の従業員方針ハンドブックが、年に1度、それぞれの従業員に配られる。

イントラネットは、開発に$600,000、維持に年$100,000の費用がかかると予想される。従業員がすでにネットワークで結ばれたデスクトップのPCを使っているので、新しいハードウェアあるいは情報通信基盤は必要とされないであろう。

> **1.** イントラネットは、どのようにして、管理プロセスをより効率的なものにするのだろうか。

イントラネットは、中間管理業務と事務員の数を減らすことによってエージェンシー・コスト[18]を下げ、マネージャーがより多くの従業員を容易に監督できるようにする。

---

[17] イントラネット［intranet］：インターネットのメカニズムをローカルなLANにそのまま応用した情報システム。一般にイントラネットでは、社内の情報共有のためのWebサイトや、複数メンバに議論の場を提供する電子掲示板、電子メールなどを利用したり、WWWブラウザを利用して、社内データベースにアクセスできるようにしたりする。

[18] エージェンシー・コスト［agency cost］：利害が一致しないとエージェンシー（代理人。仕事を引き受ける人）はプリンシパル（依頼人、仕事を依頼する人）が望んだように行動しない。受託者のプロセスが不明確な場合、または委託者が受託者を監視するコストが負担できない場合など情報が非対称な状況でエージェンシー・コストが発生する。

> 2. イントラネットは、エージェンシー・コストをどの程度減らすことができるか。イントラネットは、構築する価値があるか。

下記の計算結果から、1年半程度で開発費の償却が完了するので、価値があると判断できる。できるだけ早く導入すべきである。

表7.2.7 エージェンシー・コストの計算

改善項目	費用		エージェンシー・コスト
電話コスト	1年に $750,000	$750,000 ×40％	$300,000
従業員方針ハンドブック	ハンドブックの印刷と配布ごとに $8.75	$8.75 × 3,000	$26,250
従業員給付カウンセリング	1時間のミーティングごとに $80	$80 × 3,000	$240,000
			$566,250

効果／年＝エージェンシー・コスト − 維持費（$100,000）＝ $466,250

開発費の償却年数 ＝ $600,000/$466,250 ≒ 1年半程度

> 3. 他にイントラネットによって産み出される利益があるか。イントラネットを使うことによる不都合はあるか。

イントラネットを利用することで得られる利点には、つぎのものがある。

- 連結性：ほとんどのプラットホーム（メインフレーム、UNIX、Windows、など）からアクセス可能
- 企業内部のシステムと連携し、基幹の業務データベースから必要な部分を切り出して利用することが可能
- マルチメディアを利用して、インタラクティブな（対話型の）適用業務システムを作成可能
- プラットホームの規模に合わせて構築可能（スケーラブル）
- 使いやすい万能のウェブ・インタフェース
- 比較的安価であり、コストダウンが容易
- 豊富で応答性も良い情報環境
- 情報配布などの経費節減が可能

イントラネットを使用することによる不都合はない。ただし、この技術が汎用的なものであることから、外部からの悪意ある侵入など、セキュリティには

7.2.5 知識イントラネットの生産性

あなたは、拡大しているが猛烈に競合している領域で、150人以上の従業員を抱えて成長しているeビジネス・コンサルティング会社を経営している。

あなたは、毎年多くの新人コンサルタントを、退社した従業員の補充として新しいポジションを埋めるべく、リクルートする必要がある。これまでは、1ヵ月の訓練プログラムに派遣することで、あなたの会社は新入社員を訓練してきた。プログラムを修了すれば、彼らはフルタイムでプロジェクトに取り組むことができるようになる。このプロセスは、非常に費用がかかるし、会社の資源を枯渇させる元凶であることが分かってきた。つまり、新人コンサルタントは、研修プログラムを終えるまで、クライアントへの請求の源であるプロジェクトに取り組むことができないということである。

そこで、2003年1月に、会社は、つぎのサービス機能を提供するイントラネットを導入した。

- 会社の業務と方法についてのオンライン訓練クラス
- 「ベスト・プラクティス（最優良事例）」のリポジトリ[19]とクライアントに提出する提案書モデルの検索機能
- 従業員の人名録、関与したプロジェクトの概要とそれに必要な専門技術やノウハウ

あなたは、イントラネットをインストールする前と後に、訓練時間とコストを示す表をまとめてみた（表7.2.8）。すると、イントラネットの利用について

表7.2.8　訓練時間とコスト

	2002	2003	2004
新しいコンサルタントを訓練する時間	20日	14日	12日
コンサルタントごとの毎日の訓練コスト	$2,000	$1,400	$1,000
コンサルタントごとの追加の売上	0		

---

[19] リポジトリ［repository］：データを格納した倉庫のこと。ソフトウェア開発において、設計情報や定義情報などの開発に関連する情報を格納し、一元的に管理するデータベース。また、データ・ウェアハウスにおいて、メタデータを集めたもの。

の会社の経験が増すにつれ、訓練時間が低下しているのが分ってきた。

> 1. イントラネットを利用することで、新人コンサルタントを以前より速く訓練でき、訓練されたコンサルタントがクライアントのプロジェクトで、1日当たり $1,700 を稼ぐことができるようになると仮定する。この新しいイントラネットの効果として、新たに訓練されたコンサルタントは、2003年と2004年には、収益をどれだけ増加させるべきか。ただし、あなたの会社は、各年平均40人の新しいコンサルタントを雇い、訓練するものとする。

収益増をコスト削減効果と売上増で計算する。コスト削減は、訓練時間の短縮と一日当たりの訓練コストの低下を考慮して算出できる。また、売上増は、短縮された訓練時間分だけクライアントのプロジェクトに参加できると考える。

【2002年から2003年】

コスト：20日 × $2,000 − 14日 × $1,400 = $20,400 （／人）
　　　　$20,400 × 40人 = $816,000 （年間）

売上増：$1,700 ×（20日 − 14日）= $10,200 （／人）
　　　　$10,200 × 40人 = $408,000 （年間）

収益増：$816,000 + $408,000 = $1,224,000

【2003年から2004年】

コスト：14日 × $1,400 − 12日 × $1,000 = $7,600 （／人）
　　　　$7,600 × 40人 = $304,000 （年間）

売上増：$1,700 ×（14日 − 12日）= $3,400 （／人）

表 7.2.9　訓練時間とコスト

	2002	2003	2004
新しいコンサルタントを訓練する時間	20日	14日	12日
コンサルタントごとの毎日の訓練コスト	$2,000	$1,400	$1,000
コンサルタントごとの追加の売上	0	$408,000	$544,000
収益増		$1,224,000	$440,000
収益増の累積		$1,224,000	$1,664,000

$3,400 × 40 人 = \$136,000（年間）

収益増：\$304,000 + \$136,000 = \$440,000

> 2. このイントラネットは、インストールされてからどれだけの知識労働生産性を引き出したか。これらのメトリックス[20]だけを使って、説明しなさい。

労働生産性とは、投入した労働量に対してどれくらいの生産量が得られたかを表す指標である。一定の労働時間当たりの生産量で表すのが一般的であり、下記の式で定義する。

労働生産性＝生産量／従業員数

年度ごとにイントラネットによって新たに引き出された労働生産性は、表7.2.10に示すとおり計算できる。

表7.2.10　労働生産性

年度	生産量＝売上増	労働生産性
2002	0	0
2003	\$1,224,000	\$1,224,000/40 人 = \$30,600
2004	\$1,664,000	\$1,664,000/40 人 = \$41,600
合計	\$2,888,000	\$72,200

> 3. コンサルタントの生産性をさらに向上させるためには、イントラネットにどのような能力を追加すべきか。それらの能力に基づく生産性の増加は、どのようにすれば測ることができるか。

現在進行中の新しい事例を登録し、類似の問題を抱えているクライアントに対するソリューションを複数のコンサルタントが並行して検討し、より良いソリューションとしてまとめ上げ、それを知識として共有できるようにすれば、クライアントへのサービスの質的向上が図れる。

換言すれば、知識リポジトリの共有とコラボレーション（ソリューションの共同開発・共同利用）のための機能を追加すべきである。

この機能による生産性の向上は、新規に作成された提案書を利用可能であっ

20　メトリクス［metrics］：評価基準、測定基準。

たクライアントの数がどれだけあったかを把握し、どれだけの時間を短縮できたかを推計することにより、測定することができる。

7.2.6 投資に関する意思決定

ウィルミントン・ツール＆タイ株式会社は、不良率が低く、生産効率が高い、新しい打ち抜き型を設計して生産性を向上させるために、4台の新しいCADワークステーション購入への合計 $250,000 の投資を検討している。あなたは、この投資による製造原価の減少効果で、これからの5年間に税引後利益が年 $60,000 増加すると信じている。なお、会社は、5年後に、ワークステーションを $50,000 で売却する予定である。

中古の設備を売却するときに会社が回収する総額は、設備の廃品価値（salvage value）と呼ばれる。あなたは、それが優良投資であるかどうかを見るためにこの支出を評価したいと考えている。投資に見合う価値があると思ってもらうためには、ある会社（例えば銀行）に事前に取り決めた利率で投資したのと同様に、投資金額に対して、少なくとも同率の利益を資本支出が産み出さなければならない。

表 7.2.11 のスプレッドシートは、新しい CAD 設備に関するウィルミントン社の投資検討に正味現在価値法[21]を用いた分析結果である。全体のキャッシュフローは、設備のすべての廃棄価値を加えた投資によって産み出される副次的な収入の合計である。今日のお金からのリターンを算定するためには、まず、借入金に対する現行利率で割引されたこの新 CAD 設備から全体のキャッシュフローの現在価値（PV）を計算しなくてはならない。次に、投資の正味現在価値（NPV）を算定するため、設備購入価格（初期投資額）が、投資からの全体キャッシュフローの現在価値（PV）から差し引かれる。もし正味現在価値が肯定的であるなら、それは価値ある投資である。もしそれが否定的であるなら、投資案は棄却されるべきである。

---

[21] 正味現在価値［NPV: the Net Present Value method］：投資期間中のキャッシュフローから投資対象の現在価値を算出。NPV が大きい投資ほど有利な投資と判定する（第2章2.5「投資の意思決定」参照）。

表 7.2.11　新しい CAD 設備に関する投資分析

条件

利率(%)	廃棄価値	年間の追加収入
8.0 %	$50,000	$60,000

投資分析

	A	B	C	D	E	F
1	年度	2003	2004	2005	2006	2007
2	年間の追加収入	$60,000	$60,000	$60,000	$60,000	$60,000
3	廃棄価値	$50,000				
4	年間キャッシュフロー	$60,000	$60,000	$60,000	$60,000	$110,000
5	キャッシュフロー合計	$350,000	年間キャッシュフローの合計			
6	現在価値	$273,592	= NPV（8.0 %,B4:F4）			
7	投資コスト	$250,000	4 台の CAD 購入費用			
8	正味現在価値	$23,592	=現在価値―投資コスト			

感度分析

		利率（%）				
		6.0 %	7.0 %	8.0 %	9.0 %	10.0 %
年間の追加収入	$40,000	-$44,143	-$50,343	-$56,262	-$61,917	-$67,322
	$45,000	-$23,081	-$29,842	-$36,299	-$42,469	-$48,369
	$50,000	-$2,019	-$9,341	-$16,335	-$23,021	-$29,415
	$55,000	$19,043	$11,160	$3,628	-$3,573	-$10,461
	$60,000	$40,105	$31,661	$23,592	$15,876	$8,493
	$65,000	$61,167	$52,162	$43,555	$35,324	$27,447
	$70,000	$82,228	$72,663	$63,519	$54,772	$46,401

表 7.2.11 中の**投資分析**は、利率を 8 ％に設定し、投資がリターン（年間の追加収入）として毎年 $60,000 を産み出すと仮定した場合の計算結果である。投資は利率の変更と経済状態に非常に敏感なので、この設備投資が異なった環境条件下でも優良投資であるかを見極めるために**感度分析**を加えた。この分析によって、利率と年間収入のそれぞれを変えた場合に、**正味現在価値**がどのような影響を受けるかが明らかになる。

1. 会社は、この投資案を採択すべきか、棄却すべきか。それは、なぜか。

感度分析からは、年間の追加収入が毎年 $55,000 以上で利率（割引率）が 8％以内であれば投資すべきだが、8％以上の場合は投資すべきでないことが読みとれる。これは、利率が 8％以上になると、マイナス成長になるからである。

また、年間の追加収入が $60,000 以上の場合には利率に関係なく投資すべきこと、$55,000 未満の場合には投資すべきでないことも読みとれる。

> 2. 利率（割引率）と新しい設備による追加収入以外の何が、投資に対するリターンに影響するか。

CAD の操作に習熟し使いこなせるようになるまでに、予想外の時間がかかることが危惧される。この場合には、結果として得られるリターンが低くなる。また、受注量に占める「設計すべき数」「再利用可能な図面の比率」などによって、CAD 利用の生産性が異なる。つまり、CAD 設備に対する投資が本当に効果的であるかが、現実のリターンを決定する。

また、適用する利率が、現実の市場動向を反映できているのか、疑問である（投資した後も現実の利率は常に変動する）。さらに、技術革新のスピードが予想外に速く、3 年後に CAD 設備を買い換えた場合のコスト・パフォーマンスの方が良くなっているという可能性もある。その場合には、5 年後の廃品価値は、極めて低いものになっているであろう。

> 3. 経営者は、投資に対する確かなリターンを保証するために、他のどんなアクションを採りうるか。

CAD 設備に限らず、道具やシステムは、それに熟練し使いこなせるようになるまで、効果を生み出すことができない。したがって、オペレータの教育訓練を重視すべきである。また、CAD は、ワープロ同様、すでに書き上げたものをテンプレートとして、これに手を加えることで、品質の高い新たな図面を素早く作成することができる。この機能を有効に活用するためには、CAD で作成する図面のリピート率（再利用率）が高まるような受注努力が必要である。

一般論として、他にもっと良い投資環境があるかどうかを確認する必要がある。また、この投資に関わる多方面のメリットとデメリットを詳しく考察していく必要がある。

7.2.7 ソフトウェアパッケージの価格

　急速に成長しているあなたの製薬会社は、販売員24人、年間2,000万ドルの売上、そして病院やヘルスケア施設などの市場向けの商品の大量の在庫を保有している。販売部は、商品に関する情報を顧客に提供するため、豪華なパンフレット、印刷済みのカタログ、パワーポイントのプレゼンテーションを使っている。しかし、あなたは、さまざまな販売の状況に合わせて準備しなければならない顧客からの引き合い（sales call）のために、顧客に合わせたカタログとパワーポイントのプレゼンテーション作成が可能であってほしいと思っている。

　あなたは、パワーセールス（PowerSales）という名のソフトウェアパッケージを見つけた。それは、あなたがほしいと思っていた機能を提供してくれる。そして、新製品に関する価格、利用可能性、諸々の変更が情報として蓄積されているERPシステムへと、自動的にリンクしてくれる。さらに、このソフトウェアは、それぞれの顧客への訪問計画案や詳細レポートを、セールスマネージャに提供してくれる。

　パッケージベンダーは、つぎの価格オプションを提案してきた。

ベース・ソフトウェア	
●1回限りの導入費	$115,00
●年間のライセンス料	$75,000
顧客別のコンテンツ（1回限りの課金）全営業部隊対象	
●商品プロモーションと商品紹介	$130,000
●商品ラインナップのプレゼン	$65,000
●販売スキル訓練	$57,500

　あなたの会社は、2年間、同じ構成のソフトウェアを利用しようと計画している。最初のソフトウェア構成を決定した後、パッケージベンダーは、テキス

22　コンテンツ［contents］：放送やネットワークで提供される動画・音声・テキストなどの情報の内容。

23　カスタマイズ［customize］：特別注文で作ること。また、アプリケーション・ソフトウェアの操作方法やいろいろな設定値を利用者が使いやすいように変えること。

ト、グラフィックス、アニメーション、オーディオ、ビデオなどのコンテンツ[22]をクライアントとともにシステムに準備しつつ、カスタマイズ[23]を指導するためのコンサルタントを派遣してくる。コンサルタントのコストは、1日当たり $2,000 である。あなたは、パッケージを導入して、カスタマイズ完了までに、およそ 50 日間のコンサルティングを要するだろうと言われた。

あなたの会社は、パッケージを稼働させる新しいハードウェアを購入する必要はない。しかし、パッケージの利用をサポートしてもらうために、情報システムの専門家を 1 ヵ月 20 時間、年間 $75,000 の給料で雇う必要がある。

> **1.** このパッケージを使うための、初年度での総費用はどれだけか。次年度以降はどうか。

初年度の必要経費は、つぎのとおりである。

ソフト 1 回限りの導入費	$115,000
年間のライセンス料	$75,000
商品プロモーションと商品紹介	$130,000
商品ラインナップのプレゼンテーション	$65,000
販売スキル訓練	$57,500
コンサルタント $2,000 × 50 日間	$100,000
情報システムの専門家	$75,000
年間総費用	$617,500

次年度以降に必要な経費は、ライセンス料と情報システムの専門家を雇うための費用である。

年間のライセンス料	$75,000
情報システムの専門家	$75,000
合　計	$150,000

> **2.** パッケージベンダーは、パッケージを導入した顧客が、2 年以上にわたって、販売を平均 10 ％増やしたと主張している。あなたの会社は、あなたがこのパッケージを導入するなら、どれぐらいの売上増を予想すべきか。

現在の年間売り上げは2,000万ドルである。2年間同じ内容を使うものとし、毎年10％の売上増を見込めるとすると、下記の計算になる。

2,000万ドル × 110％ + (2,000万ドル × 110％) × 110％ − (2,000万ドル + 2,000万ドル) = 4,620万ドル − 4,000万ドル = 620万ドル

3. あなたの購入意思決定を方向付けるためには、どんな追加情報が有用か。

業界、競合他社の利用実績、成功事例と成功要因、失敗事例と失敗要因などは知っておく必要がある。また、同じ内容を2年間使うとしているが、市場の変化への対応に必要なオプションとそのための追加費用は、意思決定を左右する要因となる。

7.2.8 ERPシステムの評価

あなたの会社オーディオダイレクトは、乗用車やトラックのオーディオシステムの部品を販売しており、急速に成長している。あなたのマネジメントチー

表7.2.12 スコアリングモデルによるERPシステムの評価

機能	ウエイト	ERP System A％	ERP System Aスコア	ERP System B％	ERP System Bスコア
1.0 オーダー処理					
1.1 オンラインオーダーエントリー	4	67		73	
1.2 オンライン価格設定	4	81		87	
1.3 在庫確認	4	72		81	
1.4 顧客クレジット審査	3	66		59	
1.5 送り状作成	4	73		82	
オーダー処理合計					
2.0 在庫管理					
2.1 生産予測	3	72		76	
2.2 生産計画	4	79		81	
2.3 在庫管理	4	68		80	
2.4 レポート	3	71		69	
在庫管理合計					
3.0 倉庫管理					
3.1 入庫	2	71		75	
3.2 品揃え／荷造り	3	77		82	
3.3 出庫	4	92		89	
倉庫管理合計					
総合計					

ムは、ERP システムを導入することで、顧客への納品スピードを上げ、在庫と顧客サポートのコストを下げることができると判断した。

2 つの ERP ソフトウェアベンダーは、あなたの提案要求（RFP：Request For Proposal）に応え、彼らのシステムであなたの会社のシステム要件の詳細リストのどれをサポートできるかを示すレポートを提出した。

オーディオダイレクトは、営業オーダー処理、在庫管理、倉庫管理を最重要視している。情報システムのスタッフは、これらの機能に対するベンダーの能力を比較するため、表 7.2.12 を用意した。この表は、各 ERP システムが提供できる個々の機能に対する要求の比率を示している。同様に、個々の機能に会社が付与するウエイト（相対的な重要性）をも示している。

1. 個々の機能の要求比率にその機能のウエイトを掛けて、各 ERP ベンダーのスコアを計算しなさい。
2. 3 つの主要機能（オーダー処理、在庫管理、倉庫管理）のそれぞれに対する各ベンダーの合計スコアを計算しなさい。つぎに、それぞれのベンダーの総合計を計算しなさい。

表 7.2.12 ように複数の代替案を評価する方法を、スコアリングモデルと呼ぶ。表 7.2.13 に、各 ERP ベンダーのスコア、合計スコア、総合計を示す。

3. 2 社のスコアをベースにして、あなたはどの ERP ベンダーを選択するか。

総合計がやや高いため、ERP ベンダー B を選択するのが妥当である。

4. 無形の利益も含め、あなたの決定に影響を与えるかも知れない要因が他にあるか。

- もっと良い ERP ベンダーが存在することもあり得る
- 他の金融関係者との比較が必要となる。また違った評価シートで考えてみる必要もある
- 現時点と異なる多様な評価システムで ERP ベンダーを評価した場合には、

表 7.2.13　各ベンダーの評価

機能	ウエイト	ERP System A %	ERP System A スコア	ERP System B %	ERP System B スコア
1.0 オーダー処理					
1.1 オンラインオーダーエントリー	4	67	2.68	73	2.92
1.2 オンライン価格設定	4	81	3.24	87	3.48
1.3 在庫確認	4	72	2.88	81	3.24
1.4 顧客クレジット審査	3	66	1.98	59	1.77
1.5 送り状作成	4	73	2.92	82	3.28
オーダー処理合計			13.7		14.69
2.0 在庫管理					
2.1 生産予測	3	72	2.16	76	2.28
2.2 生産計画	4	79	3.16	81	3.24
2.3 在庫管理	4	68	2.72	80	3.2
2.4 レポート	3	71	2.13	69	2.07
在庫管理合計			10.17		10.79
3.0 倉庫管理					
3.1 入庫	2	71	1.42	75	1.5
3.2 品揃え／荷造り	3	77	2.31	82	2.46
3.3 出庫	4	92	3.68	89	3.56
倉庫管理合計			7.41		7.52
総合計			31.28		33

　同じ結果が出るとは限らない
- 技術者など、人的資源の質は、このスコアでは判断できない

7.2.9　従業員のインターネット利用管理

　6人の従業員を抱える小規模の保険会社の社長として、社内の情報交換網（networking）と人的資源をいかに効率よくするかに腐心している。予算がきついにもかかわらず従業員が多くの残業を申請するので、給与の支払いに苦労している。

　あなたは、従業員がそれほど長時間の残業申請を正当化するほどの作業負荷があるとは思っていない。そこで、彼らがインターネットに使う時間を調査することにした。それぞれの従業員は、インターネットにアクセスできるコンピュータを使っている。あなたは、会社のウェブサーバから、従業員のウェブ利用についての表 7.2.14 の週次ウェブ利用レポートを入手した。

7.2 eビジネス

表7.2.14 週次ウェブ利用レポート (2003/1/12)

ユーザー名	接続時間（分）	訪問URL
Kelleher, Claire	45	www.doubleclick.net
Kelleher, Claire	57	www.yahoo.com
Kelleher, Claire	96	www.insuremarket.com
McMahon, Patricia	83	www.e-music.com
Milligan, Robert	112	www.shopping.com
Milligan, Robert	43	www.travelocity.com
Olivera, Ernesto	40	www.internetnews.com
Talbot, Helen	125	www.etrade.com
Talbot, Helen	27	www.nordstrom.com
Talbot, Helen	35	www.yahoo.com
Talbot, Helen	73	www.ebay.com
Wright, Steven	23	www.geocities.com
Wright, Steven	15	www.autobytel.com

1. 個々の従業員が、1週間に、会社のコンピュータを用いてウェブサイトで費やした時間の合計を計算しなさい。つぎに、オンラインで費やした時間の合計順に、従業員をランク付けしなさい。

表7.2.15 従業員別ウェブ接続時間ランキング

ユーザー名	接続時間（分）	ランク
Talbot, Helen	260	1
Keller, Claire	198	2
Milligan, Robert	155	3
McMahon, Patricia	83	4
Olivera, Ernesto	40	5
Wright, Steven	38	6
合計時間	774	

2. あなたの調査結果と報告書の内容は、従業員が作り出している倫理的問題を示しているか。会社が従業員のインターネット利用をモニタリングすることは、倫理的問題の対象となると思うか。

彼らが個人的な目的（会社とは関係が無い、仕事以外の用事）でウェブをサーフィン（ネットサーフィン）しているならば、会社の設備と時間を盗用（個人使用）していることになるため、従業員には倫理的問題が生じる。

従業員のインターネット使用状況を会社がモニタリングしていることを従業員に知らせなかったならば、自発的に売上を伸ばそうとする意欲を阻害したりプライバシー問題に抵触したりすることが考えられるため、信頼関係という観点から、会社側の倫理的問題が生じる可能性がある。

しかし、従業員のインターネット使用状況をチェックしていることを従業員に知らせたならば、インターネットを使用している従業員の行動を会社がモニタリングすることを、従業員たちは了解しているので、倫理的問題は生じない。

3.「倫理分析のガイドライン」を用いて、あなたが指摘した問題の解決策をまとめなさい。

> 「倫理分析のガイドライン」
> - 個々の従業員と話し合い、その目的がビジネスのためなのか、個人的な目的のためなのかを明らかにする
> - 経営目的に対しての矛盾あるいはジレンマがないかを確認する
> - 会社が業務の指針を新設あるいは変更する場合には、その理由、その目的を周知徹底する
> - 会社からの提案では、従業員からのフィードバックを得ることが大切である

ガイドラインにしたがって、この事例での問題解決法として、つぎの方法を実施すべきであると考えられる。
- 従業員がウェブサイトをサーフィンする理由を解明し、仕事との関連や有効性を分析する必要がある。個々の従業員と話し合い、彼らがウェブサイトでサーフィンすることの理由を聞き、事実確認する。サーフィンされるウェブサイトがビジネスのためなのか、個人的な目的のためなのかを確認する必要がある。
- 経営目的に対しての矛盾あるいはジレンマがないかを確認する。彼らの行

為が高付加価値を生み出す可能性の有無を調査する必要がある。ウェブ検索への時間の消費は、セールスのための正当かつ必要な作業である可能性がある。また、従業員は、彼らの超過勤務が売上高を伸ばすために有利である、と判断した理由を説明する必要がある。

- 会社は、残業代に関連して、当社の経営状況（予算が厳しいこと）を従業員に知らせる必要がある。そして、従業員に通常の労働時間でも、能率的に働くよう要請する。残業は、売上高の増加に見合うものでなければならない。
- 会社からの提案では、従業員からのフィードバックを得ることが大事である。それらの、提案に関して、従業員の反応を短期的および長期的に調査分析する必要がある。問題が生じた時には対応策も考える必要がある。また、従業員の反応に応じた対策も必要である。

第7章 eコマースとeビジネス

キーワード

eコマース、eビジネス、デジタルディバイド、顧客獲得コスト、バナー広告、ワン・ストップ・ショッピング、変換率、放棄率、クリック率、顧客満足、ワンツーワン・マーケティング、リピート率、トランザクション、企業システム、データ・ウェアハウス、リポジトリ、メタデータ、情報方針、データベース・アドミニストレータ（データベース管理者）、正規化、エージェンシー・コスト、イントラネット、プラットホーム、メトリックス、正味現在価値、スコアリングモデル、ERP、倫理問題（倫理的問題）

第 8 章
ERP システムの構築

学習目標

- 計画、製造、販売、財務のすべてを統合するビジネス管理システムのことを ERP と呼んでいる。このシステムの導入により、ビジネスのすべての場面で情報を共有できるようになり、ビジネス全体が上手く協調して機能するようになる。
  - 事例を通して、ERP の概念、構造、そして設計・開発から導入に至るプロセスを理解する。
  - 業務上の問題解決を目的とした「システム計画」の策定手順を学ぶ。
  - CBIS 構築プロジェクトを技術的側面と人的側面の双方から概観することで、CBIS 開発の概要を理解する。
- データ中心アプローチ（DOA）でのシステム設計技法の考え方と手順、その成果としてのデータ体系について理解する。
  - 長年にわたるデータ処理の歴史の中で発生するデータ環境問題について理解する。
  - データ環境問題の解決策としての、データベースの有効性を理解する。
  - 業務目的に沿った CBIS の構築の手順と方法を学ぶ。

第 8 章　ERP システムの構築

8.1　システム計画

　長期間にわたってコンピュータを活用していると、データ処理環境にさまざまな不具合が露呈してくる。本章では、30 数年にわたってコンピュータを活用してきたある総合機械メーカー F 社が、1985 年から取り組んだ CBIS の再構築について、遭遇した問題点とその対策を概説しながら、プロジェクトの発足から完了までを紹介する。

　表 8.1.1 は、F 社の業容を簡単に整理したものである。

表 8.1.1　F 社の概要

主要製品	工作機械、産業用ロボット、工具、ベアリング、など
資本金	約 100 億円
年商	約 1,000 億円
従業員	約 4,000 人

8.1.1　コンピュータ利用の歴史

　R.L.ノーランによれば、一般的なコンピュータ利用の発展は、開始期、成長期、統制期、計画期そして戦略計画期といった経過をたどるとしている。この説に従えば、F 社は表 8.1.2 に示すように、1955 年の PCS（Punch Card System）導入以来、その時のニーズに合わせて個別業務のコンピュータ化を行ってきており、1985 年頃には SIS[1] や CIM[2] などを念頭に置いた情報化のニーズが芽生え始めていた。ERP[3] は、こうしたシステムのすべてが統合された

---

[1]　SIS［Strategic Information System］：戦略的情報システム。第 6 章 6.3.2「戦略的役割」参照。

[2]　CIM［Computer Integrated Manufacturing］：コンピュータ統合生産。第 6 章 6.2.2「工場のデジタル化」参照。

[3]　ERP［Enterprise Resources Planning］：企業情報システム。本書では、企業システム［enterprise system］と同義。

[4]　ユーザー参加：技術的革新に対する組織の受入姿勢は、経営者層の関与とユーザー参加によって大きく左右される。これが不十分であれば、ユーザー抵抗が顕在化する。システム導入への参加は、システムとそれによる変化へのユーザー自身の好意的な態度を増幅させる。すなわち、BP の変革を比較的円滑に実施することができる。ユーザーの参加と十分な教育訓練を保証することで、システム導入のリスクを軽減することができる。つまり、参加することで、ユーザーは、システムを自身の所有物であると感じる可能性が高くなる。

第8章 ERPシステムの構築

```
エンドユーザーからの苦情
● 本稼働まで、2年も待てない
● この程度の変更に1ヵ月もかかるのか
● こんなシステムでは、使い物にならない
● 自分の部でコンピュータを持ちたい

役員からの苦情
● 人件費がかかりすぎる
● 時間がかかりすぎる
● 他社でできるのに、わが社ではなぜできぬ

開発者からの苦情
● この上、まだ開発しろというのですか
● 保守作業に追われているんです
● あと5人ください
● 新人が一人前になるまで、1年以上かかります
● もっとエンドユーザーも協力してほしい
```

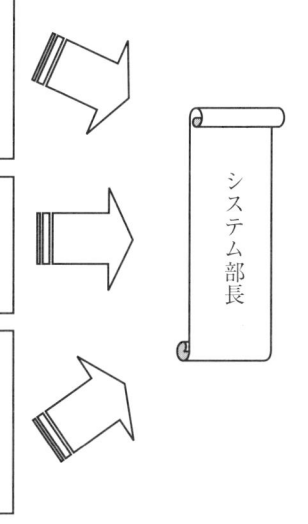

→ システム部長

出典：古川　勝、『CIM構築のためのシステム開発とソフトウェア技術』、日刊工業新聞社、1991

図8.1.3　システム部長の悩み

- 管理資料などで、データの整合性がとれない事態が頻発する
- プログラムの数が急激に増大する
- ファイルの数が急激に増大する

これらの状況は、情報部門が、「現有システムの改善、新機能の追加が困難」「ファイルとデータの関係が複雑であり、システムをコントロールできない」という状況に陥っていることを示しており、CBISが、"One Fact in One Place"を実現したデータベース環境になっていないことを意味している。

その原因は、「企業目的に合致したシステム計画がなかったから」という一言につきる。要するに、構築し完成させるべき目標としてのCBIS全体の鳥瞰図と、それを具現化するためのシステム計画が欠如していたということに他ならない。

一般に、コンピュータ利用の時間経過とともに、図8.1.2に示すように保守工数が増大することが知られている。このため、新規のCBISを開発するために要する工数が不足し、ユーザーからの新規開発とシステム保守の要求待ち行列（これをバックログと呼ぶ）を形成する。F社では、この保守に関わる工数

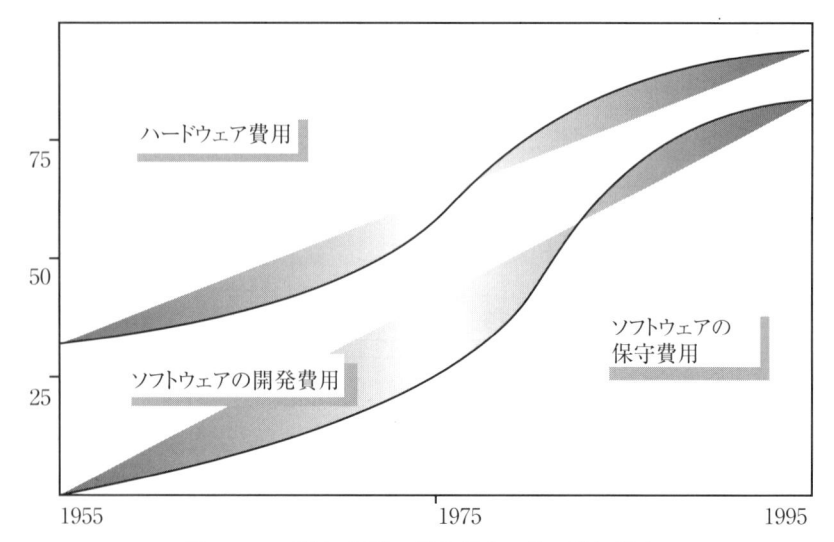

図 8.1.2　時間の経過に伴う保守工数の増加傾向
出典：Boehem, "Software Engineering", IEEE Trans. On Computers, December, 1976

務のオンライン・リアルタイム処理[7]への移行が趨勢となっていた。

　F社におけるオンライン・システムは、1970年前後から導入された比較的新しいシステムではあるが、諸般の理由からオンライン化が急がれたため、ユーザー・インタフェース[8]だけをオンライン化し、旧来からあるバッチ・システムは変更されなかった。このため、データ環境は、図8.1.1に示すようにバッチ用とオンライン用のデータを持つ二重構造になっている。

(2) CBIS[9] の問題点

　30数年にわたるコンピュータ利用のこうした発展の結果、F社のデータ処理システムは、つぎに示す問題を呈するに至っていた。

- 必要なデータがどこにあるかわからない
- データの共有ができない（特に業務間で）
- 同じようなデータがあちこちにある

---

[7] リアルタイム処理［real-time processing］：データが発生したとき、そのたびごとに処理を行う方式。

[8] ユーザー・インタフェース［user-interface］：コンピュータの入出力の内、利用者が直接接する画面や帳票などを意味する。

[9] CBIS［Computer Based Information System］：コンピュータを中核とした情報システム。

第8章 ERPシステムの構築

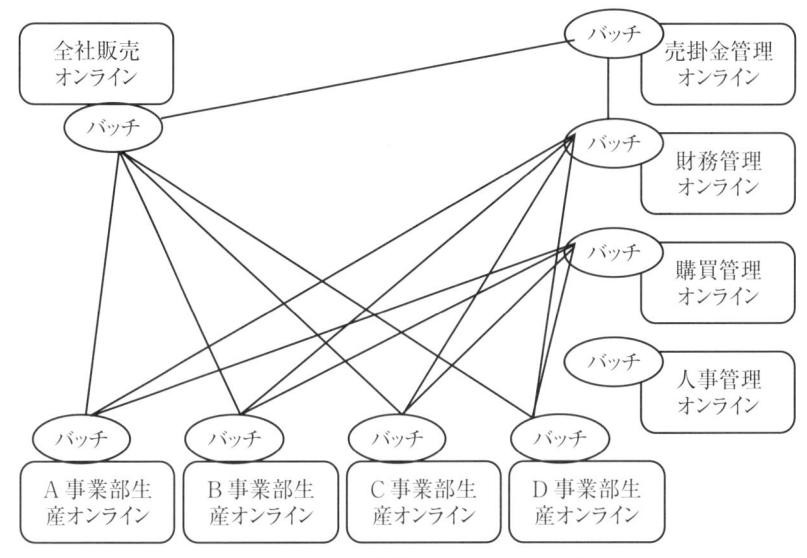

図8.1.1 二重構造によるデータ環境
（機能中心・処理形態別の開発結果）

システム形態として位置づけられる。

当時、F社では、情報化テーマへのユーザー参加[4]の必要性が強調されるとともに、戦略策定をも含めた非定型業務[5]のシステム化要求が増加しつつあった。

(1) システム開発の特徴

F社のコンピュータ化は、個別業務の効率化を目的に、バッチ処理でのシステム開発から始まり、順次、システム機能の追加拡充が行われてきた（表8.1.2）。

1965年から1975年頃にかけて、世の中は、コンピュータ・メーカの提供するハードウェアの処理能力増大と低価格化、データベースやオンライン・システム構築のための基本ソフトの充実が背景となり、バッチ処理[6]されていた業

---

[5] 非定型業務：定型業務とは、受注・出荷、生産、発注・検収など、取引（transaction）に関する日常の手続きが定められた業務を指す。これに対して、非定型業務とは、経営計画や投資意思決定など、その場その場で対応方法を決める必要のある業務を指す。

[6] バッチ処理［batch processing］：データを一定量あるいは一定期間蓄積し、まとめて一括処理する方法。

8.1 システム計画

表 8.1.2　F社のコンピュータ利用年表

	西暦	ホストコンピュータ			適用業務システム		システムの特徴	
		型番	OS,	MEM				
開始期	1955	IBM PCS			生産統計	日常業務処理	データ処理	定型業務処理中心
	1956				外注発注検収			
	1957				資材倉庫在庫管理			
	1958				販売統計			
	1959				給与計算			
	1960				株式計算			
	1961				固定資産			
	1962	IBM 1401	TOP	4K	減価償却計算			
	1963							
	1964		TOS	8K				
成長期	1965	IBM 1440			部品表管理	経営管理業務の登場	新規業務の開発	
	1965				生産計画			
	1966				部品所要量計算			
	1967				売掛金管理			
	1968	IBM S/360	DOS	64K	出荷管理（オンライン）			
	1969			128K	原価自動仕訳			
	1970				就業管理			
	1971				全社販売管理（オンライン）			
	1972	IBM S/370	DOS	192K	設計技術計算			
	1973			240K				
	1974							
	1975		DOS/VS		輸出関連業務			
	1976							
	1977							
	1978	IBM 3031						
統制期	1979				生産管理（オンライン）	経営管理業務の比率拡大		
	1980	IBM 3031AP	OA/MVS	8M	購買外注管理（オンライン）対話型作図・自動設計			
	1981				システムの分散化			
	1982		MVS/SP	16M	関連企業データ交換			
	1983				本社直営工場ネットワーク販売員行動管理			
	1984				財務管理（オンライン）電子メール			
	1985							
計画期	1986				高速デジタル回線導入	経営計画登場	ユーザーの直接参加	非定型処理中心
	1987				情報化ビジョン策定			
	1988				DOA, DBMS の研究			
	1989							
戦略計画期	1990				CIM SIS	経営計画比率拡大		
	1995				ERP			

DOA : Data Oriented Approach, DBMS : Database Management System

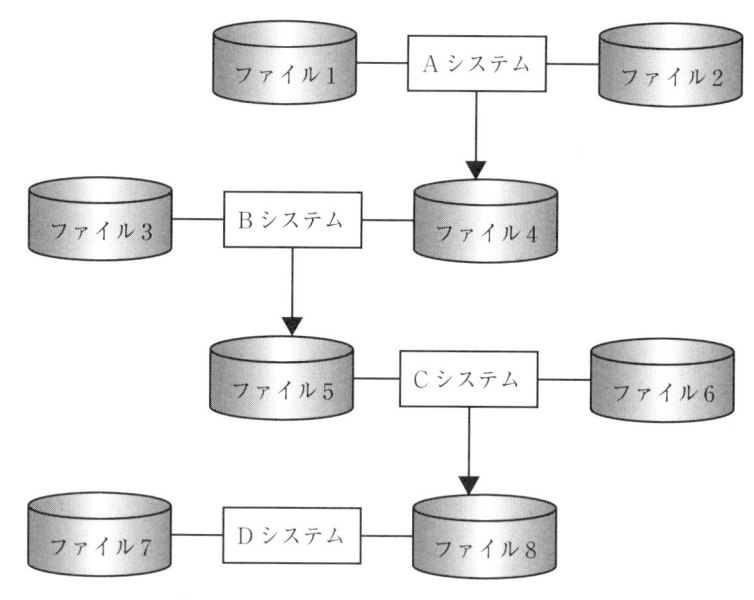

図8.1.4　ファイルベースのシステム環境

負荷が極限近くにまで増大し、情報部門の責任者は図8.1.3に示す状況、すなわち、多大のバックログによって、ユーザーニーズへの対応が困難な状況に陥っていた。

ここでいうユーザーニーズとは、つぎの内容を指している。
- 業務上の手続き変更があれば、業務運営に支障がないよう、データ処理システムを速やかに修正してほしい
- 要求されればいつでも情報提供できる体制をとってほしい
- その情報を経営・管理の水準向上、さらには戦略策定にも役立てたい

以上を整理すると、情報部門の抱える問題は、つぎの2点に集約される。
① 基幹システム[10]の変更要求が増加し、システムの維持に要する工数が、保有工数全体の過半数を占める。
② 増加傾向にある業務単位のファイルが、経営計画や管理のニーズに十分に応えていない。また、CBISが複雑化の傾向にあり、増え続けるユーザーニーズへの十分な対応が困難である。

---
[10] 基幹システム：受注・出荷、生産、発注・検収など、日常の取引処理を中心としたCBIS。

（3） データ環境とシステム保守

ここで、業務単位のファイルの増加が保守工数の増大を招来する理由について考えてみよう。

F社のシステムを、図8.1.4に示すように、仮にAシステム、Bシステム、Cシステム、……の順に開発してきたとする。いま、Bシステムに新たな機能を追加したいとすると、Aシステム、Cシステム、Dシステムが共通に使っているデータ項目の有無を調査する。そして、該当するデータ項目が存在すれば、データの整合性が保証できるように、そのデータ項目に関係するファイルおよびプログラムをすべて整合するように修正する必要がある。

したがって、コンピュータから出力される管理資料に「1項目追加するだけ」の、きわめて単純なシステム保守の場合においてさえ、1週間から数ヵ月といった修正期間が必要となる場合が往々にして発生しうるのである。

F社では、長い歴史の中で、個別業務の改善を目的としてCBISの開発が行なわれてきており、プログラムとデータの関係が非常に複雑になっている。このため、利用者である業務部門からの頻発するシステム変更要求への対応に、多大な工数を配分する必要があった。

参考までに、当時のF社のシステム環境におけるファイルとプログラムの本数を表8.1.3に示す。

表8.1.3　システム全体のボリューム

（F社 1981/3/30 現在）

部　門	プログラム本数	ステップ数	ファイル数
A事業部	4,220	1,813,541	588
B事業部	6,033	1,577,324	681
C事業部	2,325	784,745	238
D事業部	1,572	739,959	329
E事業部	2,299	404,300	177
F事業部	207	67,109	32
本　社	4,686	1,387,504	371
販売管理	2,308	941,953	230
営　業	497	167,073	108
システム管理	1,228	412,428	2,097
技　術	3,127	1,035,086	690
合　計	28,502	9,331,022	5,541

8.1 システム計画

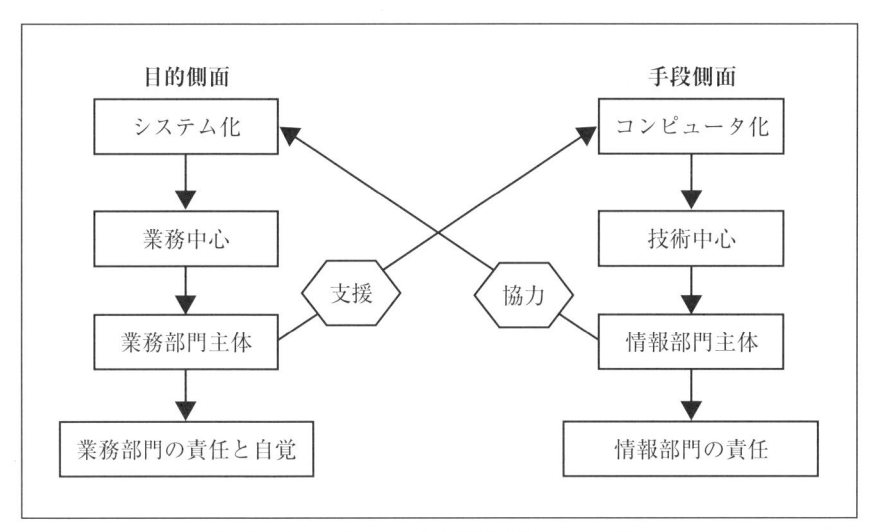

```
          目的側面                        手段側面
       ┌─────────┐                  ┌─────────┐
       │ システム化 │←──────┐ ┌──────→│コンピュータ化│
       └─────────┘       ╲ ╱       └─────────┘
            ↓             ╳             ↓
       ┌─────────┐       ╱ ╲        ┌─────────┐
       │ 業務中心  │      ╱   ╲       │ 技術中心  │
       └─────────┘     ╱     ╲      └─────────┘
            ↓       ◇支援◇ ◇協力◇        ↓
       ┌─────────┐                  ┌─────────┐
       │業務部門主体│                  │情報部門主体│
       └─────────┘                  └─────────┘
            ↓                            ↓
    ┌──────────────┐            ┌──────────────┐
    │業務部門の責任と自覚│            │ 情報部門の責任 │
    └──────────────┘            └──────────────┘
```

参考：前川良博、『システム的問題解決法』、オーム社、1984

図 8.1.5　業務部門と情報部門の役割分担（システム化とコンピュータ化の違い）

(4) システム課題

こうした状況を打開するための方策として、F社の情報部門ではつぎのように考えた。業務部門の役割は、CBIS を活用し、業務上の経済的効用を最大限に獲得することである。この観点から業務部門は、CBIS の利用部門として位置づけられる。他方、情報部門は、図 8.1.5 に示すように、業務部門を情報活用の観点から支援することを役割としている。

したがって、情報部門の最重要課題は、「利用部門における、経営資源としてのデータの活用度合いを高める」ということである。そのためには、つぎに示す要件を CBIS 自体が満たしている必要がある。

- データの共有性が高い
- データの保守性が高い
- 適用業務システム（Application System）の「開発・保守」の負荷が軽い
- ICT（情報通信技術）の資源効率が高い

現状の困難打開には、「既存 CBIS のサービス機能を維持しつつ、データ環境を整備する」必要がある。したがって、中長期的な視点で情報化ニーズを把握し、その対応の中で、データ基盤の整備という全社的かつ中期なシステム計

画の策定が必要であるとともに、日常的に発生する既存 CBIS の維持・保守への工数配分にも配慮していくことが求められていた。

8.1.2 システム計画の策定手順

(1) データ環境の整備

情報化に限らず、大きな仕事を成し遂げるためには、目標を明確にし、その目標に到達するまでの計画を策定し、計画と実績とを対比し軌道修正を繰り返しながらも、着実に目標に向かってスパイラルアップしていく必要がある。

「データ環境の整備」が情報部門にとっての大きな課題であるとしても、その経営上の効用について、経営者を含めた全社からの支持を得、設備投資など多くの投資案件の中から予算を獲得することは容易なことではない。

未だどんなデータもコンピュータで処理したことのない企業ならば、既存 CBIS との絡みによる複雑な問題が発生することもない。したがって、業務のあるべき姿を描き、それを実現するための正確かつ精緻なデータ体系を設計することも可能である。しかし、ほとんどの企業と同様、F 社においても、既存 CBIS のしがらみを引きずったまま、プロジェクトを推進せざるを得なかった。

こうした状況の中で、「データ環境の整備」を目的とした一大プロジェクト

表 8.1.4　情報化ビジョン

中期ビジョンとゴールイメージ
● 世の中の情報化の動向
● わが社の歴史と現状
● 情報化の狙い（情報の全社共有＝そのための ERP システム）
● 役割分担（情報部門と業務部門）…目的側面と手段側面
● 情報化ビジョンとゴールイメージ… ERP システムによって変わる業務
● 新システムの段階的導入
投資と効果
● 情報化によって得られる効用
● 開発予算についての基本方針…一般管理費から受益者負担へ
● 投資効果予想
情報化成功のためのシナリオ
● システム開発方法論（「プロセス中心」から「データ中心」へ）
● プロジェクトに必要な人材（質と量）
● プロジェクトの推進体制（情報部門と業務部門）…参加の重要性

8.1 システム計画

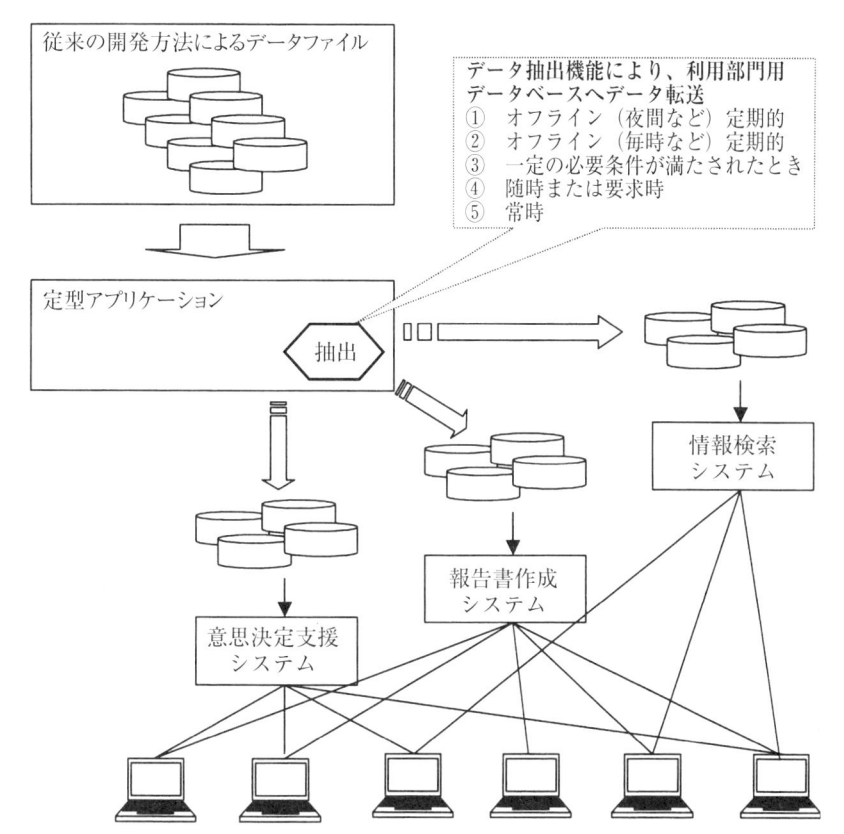

```
従来の開発方法によるデータファイル
        ↓
定型アプリケーション → 抽出 →

データ抽出機能により、利用部門用
データベースへデータ転送
① オフライン（夜間など）定期的
② オフライン（毎時など）定期的
③ 一定の必要条件が満たされたとき
④ 随時または要求時
⑤ 常時
```

情報検索システム
報告書作成システム
意思決定支援システム

参考：① Martin, J., "Managing The Database Environment", Prentice-Hall, 1983.【邦訳】坂本広他訳、J.マーチン、『データベース管理の実現と管理（下）』、日経マグロウヒル社、1987
② Martin, J., Information Engineering, Prenitice-Gakkm 1984.

図 8.1.6　情報提供機能の充実

を発足させるための準備作業は、情報部門が牽引役となり、つぎに示す手順で進められた。

① **情報化ビジョンの作成**

中長期の経営ビジョンをもとに、情報部門が中心になって表 8.1.4 に示す啓蒙資料としての「情報化ビジョン」をまとめる。これには、「情報が全社で共有化されたゴールイメージとしての ERP システム」の段階的な導入手順や効果目標などが記載されている。

② 社内の啓蒙

「情報化ビジョン」にもとづき、全社の利用部門に対して1年間にわたる啓蒙活動を行う。人や組織は、変化に対して抵抗感を持つ。啓蒙活動は、変化への組織抵抗の緩和策として、不可欠である。

③ 情報化ニーズの把握

啓蒙活動と並行して、利用部門の情報化ニーズを調査分析する。

④ 情報提供機能の充実とEUCの推進

情報化ニーズへの対応策として、図8.1.6に示すように、既存データ環境から利用部門が必要とするデータを抽出したデータベースを作り、情報検索システム、報告書作成システム、意思決定支援システムを新たに構築し、利用者が直接利用（EUC: End User Computing）できるように情報提供機能を充実させる。これは、バックログを解消し、新規開発のための工数捻出に有効である。

⑤ 開発工数の確保

情報部門がかかえるバックログを解消しない限り、データ環境の整備に要する工数を確保することは困難である。工数を確保するためには、社外から人的・技術的支援を確保（アウトソーシング）するだけではなく、新技術の導入や開発方法の標準化により、現行システムの運用・保守に要する工数の低減、低スキル化を図り、保守および開発の生産性を向上させる。

(2) システム計画の策定

CBISを有効に機能させるには、組織の情報活用能力を高めるとともに、情報を自在に活用できるデータ環境を整備し、ERPシステムの基盤を構築する必要がある。しかし、経営環境は日々刻々と変化する。それに伴い、業務手続の変更が発生し、既存CBISの改造が必要となる。

こうした日常の変更要求に対応しつつ、ERPシステム構築プロジェクトを推進するためには、中長期的視点での計画と短期的視点での計画とを組み合わせたシステム計画が必要となる。

F社では、製造業としてのゴールイメージをCIM、その中核が全社統合データベースを中核としたERPシステム、その構築手順を図8.1.7に示す概念としてとらえつつ、中期のシステム計画を策定した。

図に示すとおり、一般に、情報化要求は、つぎの3つから発生する。

8.1 システム計画

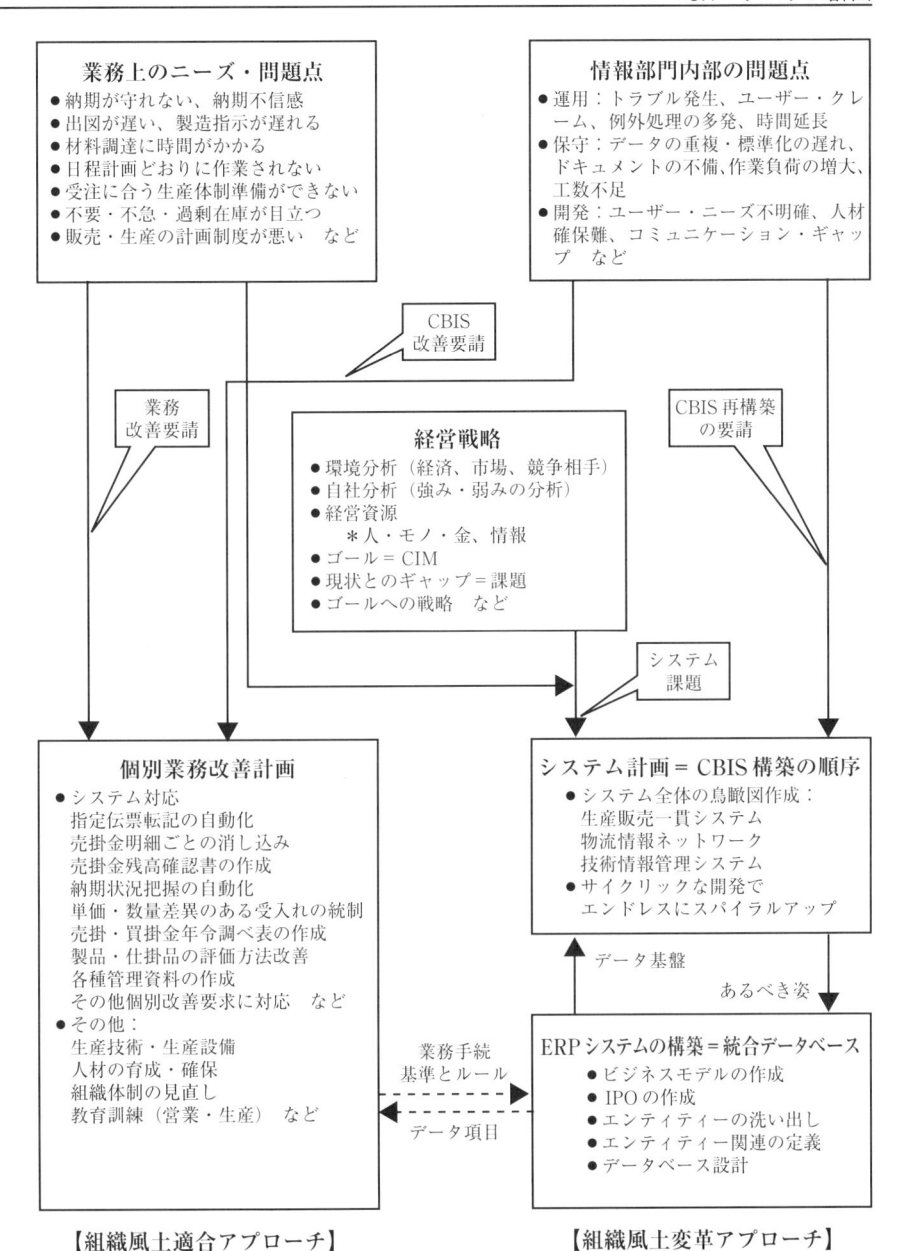

業務上のニーズ・問題点
- 納期が守れない、納期不信感
- 出図が遅い、製造指示が遅れる
- 材料調達に時間がかかる
- 日程計画どおりに作業されない
- 受注に合う生産体制準備ができない
- 不要・不急・過剰在庫が目立つ
- 販売・生産の計画制度が悪い　など

情報部門内部の問題点
- 運用：トラブル発生、ユーザー・クレーム、例外処理の多発、時間延長
- 保守：データの重複・標準化の遅れ、ドキュメントの不備、作業負荷の増大、工数不足
- 開発：ユーザー・ニーズ不明確、人材確保難、コミュニケーション・ギャップ　など

（業務改善要請）　（CBIS改善要請）　（CBIS再構築の要請）

経営戦略
- 環境分析（経済、市場、競争相手）
- 自社分析（強み・弱みの分析）
- 経営資源
  ＊人・モノ・金、情報
- ゴール＝CIM
- 現状とのギャップ＝課題
- ゴールへの戦略　など

（システム課題）

個別業務改善計画
- システム対応
  指定伝票転記の自動化
  売掛金明細ごとの消し込み
  売掛金残高確認書の作成
  納期状況把握の自動化
  単価・数量差異のある受入れの統制
  売掛・買掛金年令調べ表の作成
  製品・仕掛品の評価方法改善
  各種管理資料の作成
  その他個別改善要求に対応　など
- その他：
  生産技術・生産設備
  人材の育成・確保
  組織体制の見直し
  教育訓練（営業・生産）　など

システム計画＝CBIS構築の順序
- システム全体の鳥瞰図作成：
  生産販売一貫システム
  物流情報ネットワーク
  技術情報管理システム
- サイクリックな開発で
  エンドレスにスパイラルアップ

（データ基盤）　（あるべき姿）

業務手続基準とルール　　データ項目

ERPシステムの構築＝統合データベース
- ビジネスモデルの作成
- IPOの作成
- エンティティーの洗い出し
- エンティティー関連の定義
- データベース設計

【組織風土適合アプローチ】　　【組織風土変革アプローチ】

出典：古川　勝、『CIM構築のためのシステム開発とソフトウェア技術』、日刊工業新聞社、1991
図8.1.7　組織風土適合アプローチと組織風土変革アプローチの統合

① 業務上のニーズ・問題点
② 経営戦略
③ 情報部門内部の問題点

「業務上のニーズ・問題点」には、部分的なシステム修正で短期間に問題解決できるテーマと、大規模なシステム改造あるいは新機能の追加を要し、完成までに時間がかかるものがある。前者は、毎月あるいは四半期ごとに作成される「個別業務改善計画」によって対処する。後者は、「経営戦略」から目的展開されてきたシステム課題をもとに、CBIS 構築の順序を規定したシステム計画を策定する。この際、「情報部門内部の問題点」を技術面で生起する問題点の解消という観点から整理し、その観点から統合データベースを中核としたERP システム構築をシステム計画に組み入れる必要がある。この計画により、ERP システム構築の手順が明らかになるとともに、情報部門が抱える技術面での問題解消策が、システム計画に組み込まれることになる。

8.2 データ中心アプローチ（DOA）

8.2.1 プロジェクト体制

　ERP は、全社統合データベースを中核としたシステム機能である。この統合データベースは、全社のデータ体系に基づいて構築される。データ中心[11]の思想に沿ったデータ体系を作成するためには、膨大な工数を要する。そこでまず、プロジェクト・メンバーを選任し、チームを編成しなければならない。

　このデータ体系の作成には、利用部門の参加が不可欠である。むしろ、技術者よりも業務経験豊富な利用部門が中心になって進めるほうが、作業はスムーズに進む。これは、つぎの理由による。

- BP（Business Process：業務プロセス）の分析や、IPO（Input Process Output）の定義には、業務知識が不可欠である

---

[11] データ中心アプローチ（DOA: Data Oriented Approach）：データベースを中核としてシステムを構築することで、業務プロセス変更のためのシステム変更を最少にするための考え方。ビジネス領域が同じならエンティティは不変であり、これを鑑としてデータベースを構築すれば、システムの変更が少なくなる。

8.2 データ中心アプローチ (DOA)

表 8.2.1 システム計画の概略

	1988	1989	1990	1991	……
情報化長期計画	情報化ビジョン 社内啓蒙 システム計画				
情報提供	情報ニーズ分析 EUC 環境整備 DBMS 選定	EUC用DB構築 利用部門教育 運用開始			
データ体系	DOA 研究		データ体系作成		
A 事業部		改善プロジェクト発足 改善方針の明確化 改善計画策定	改善活動の実施 システム要件整理	システム開発	システム運用
B 事業部			改善プロジェクト発足 改善方針の明確化 改善計画策定	改善活動の実施 システム要件整理	システム開発
・ ・ ・ ・					
システム保守	指定伝票転記の自動化 売掛金明細消し込みの自動化	売掛金残高確認書の作成 単価・数量差異のある受け入れの統制	……	……	……
技術動向と対応策	…… …… …… ……	…… …… …… ……	…… …… …… ……	…… …… …… ……	…… …… …… ……

EUC: End User Computing, DOA: Data Oriented Approach, DBMS: Database Management System

- エンティティ概念の理解と抽出は、利用部門の人たちの方が早くて確実である
- 作成されるデータベースを最終的に利用するのは利用部門であり、利用部門がデータベースを参照する視点がエンティティ概念に近似していること

から、利用部門中心にエンティティ分析を行うことは、データベース完成後にEUCを行うための人的基盤整備となる

この事例では、CBISの開発経験3年から5年の技術者3名が事務局となり、外部コンサルタントの指導のもと、ロボット事業部管理部門の若手管理職5名が中心となってプロジェクト・チームが編成された。プロジェクトの期間はおよそ6ヵ月間であり、この間にエンティティの抽出と関連づけが行われ、以降、事務局中心にデータモデルの作成が行われた。

データモデルの作成にもおよそ3ヵ月を要しており、これと並行して、事業部の業務分析、システム要件の定義、ドキュメントやプログラミングの標準化などが、CBIS開発の準備作業として行われている。

表8.2.1は、システム計画の概略である。データ体系の作成は、この中に明確に位置づけられている。

8.2.2 エンティティ分析

ERPシステムの中核であるデータベース構築は、つぎの手順で進められた。

(1) 砂上の楼閣

図8.2.1の基底ブロック、すなわち、①企業モデル(戦略的情報計画を含む)、②エンティティ関係、③(特定の管理対象別データベースの詳細な)データモデル、が欠如している状態でデータ処理システムを構築することは、利用部門の要求を満足させるための、一見、非常に簡便で分かりやすく、そして有効な方法のように思える。しかも、データ処理のソフトウェアやデータベース管理ソフトウェアの機能が、より強力で使いやすくなれば、そうすることがさらに魅力的に感じられる場合が多い。しかし、そうした安易な手段を採りつつ、現在の利用部門からの要求を充足させていくことは、F社が過去30数年にわたって行ってきたことと同じであり、将来に禍根を残すことになる。

企業では、一部門で作成したデータを、ほとんどの場合、他部門でも必要としている。また、意思決定や経営管理に必要な情報を作成するためには、複数部門に存在するいくつかのデータをまとめなければならない。一人で勝手に独自の適用業務システムを作りたい人々が、規制を受けないままそれぞれ異なったデータ設計を行うことを、経営資源としてのデータを管理[12]すべき情報部

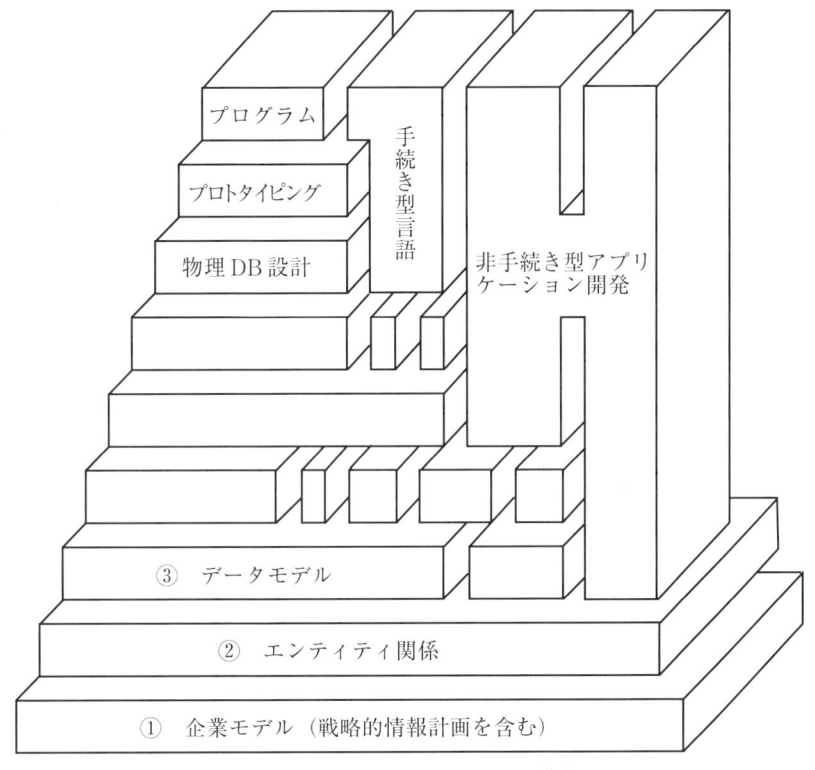

8.2 データ中心アプローチ（DOA）

図 8.2.1　構築すべきシステム構造

（注）業務手続き、管理資料などが変わっても、①企業モデル、②エンティティ関係、③データモデルは、安定している。

参考：① Martin, J., Information Engineering, Prentice-Hall, 1984.
② Martin, J., and Leben, J., "Strategic Information Planning Methodologies", 2nd ed., prentice-Hall, 1989.【邦訳】坂本　広、山崎五郎訳、『J.マーチンの情報システム計画方法論』、日経BP社.

門としては、傍観しているわけにはいかないのである。

　戦略的なデータ計画である統合データベース構築に要する費用は、実証済みの技術を用いて効率的に行えば、現在の混乱したデータ管理にかかっている目

---

[12] 情報処理技術者試験の「テクニカルエンジニア（データベース）」が担うべき役割。情報資源およびデータベースを計画・設計・構築・運用・管理する業務に従事し、次の役割を果たす。
　（1）データ管理者として、情報システム全体のデータ資源を管理する。（2）データベース管理者として、基幹データベースの構築と維持を行う。（3）個別システム開発の各工程（計画・分析・設計・運用・保守）において、データベース関連の技術支援を行う。

に見えないコストに比べてはるかに安い。その出費は一時的なものであり、更新費用としては、ほんのわずかなお金が追加されるだけである。全社のデータ体系を完成させてしまえば、それは決して個人単位のシステム開発を阻害するものにはならない。むしろ、適切なデータ環境が整えば、現在はシステム変更に要する費用がネックになって実施困難な企業の業務手順の変更が、はるかに容易になる。

データ処理システムの適切な基底ブロックは、定義されたエンティティ関連とそれにもとづく詳細なデータモデルから成り、これをF社ではデータ体系と呼んでいる。このデータ体系なしで最新のデータ処理システムを構築することは、砂の上に自分の家を築くようなものである。遅かれ早かれ混乱が生じ、再構築しなければならなくなる。多くの企業のデータ処理活動が保守で行き詰まっている原因の一つは、データ計画における基底ブロックの欠如にある。データ体系の作成を行なわなかったために保守にかかる費用は、データ体系の作成を行なった場合よりも、はるかに高くつく。

実際、多くの企業が、経営情報システム（MIS）を砂の上に築いてきている。これらの企業は、必要なデータの統合をやり終えていない。その原因は、その必要性や方法が理解されていなかったか、あるいは、企業の経営方針の前につぶされてしまったからである。つまり、適切な基底ブロックが築かれるか否かは、経営者の判断しだいということができる。そして、F社においても、データ体系の作成という課題が、現業部門における日々の生産や販売の活動以上に重要かつ緊急な課題であるとは、経営者以下誰も認識してはいないのである。

しかし、情報部門としては、将来にわたってその業務責任を果たすための必須課題であることは紛れもない事実である。すなわち、データ体系に限らず、基盤整備という課題は重要であるにもかかわらず、経営環境下では最優先の課題とはなりえない。このため、基盤整備の重要性を経営者層にアピールするとともに、情報化総費用の低減をはかるため、経営に対して貢献度の高い情報化のテーマの中に包含しつつ推進する必要があり、情報部門内で工数を捻出しながらでも基盤整備を推進する必要がある[13]。

---

[13] 第6章6.1.(1)「システムの4条件」参照。システム境界をどこに線引きするかは、この場面でも重要。

8.2 データ中心アプローチ（DOA）

図 8.2.2　エンティティ図の例

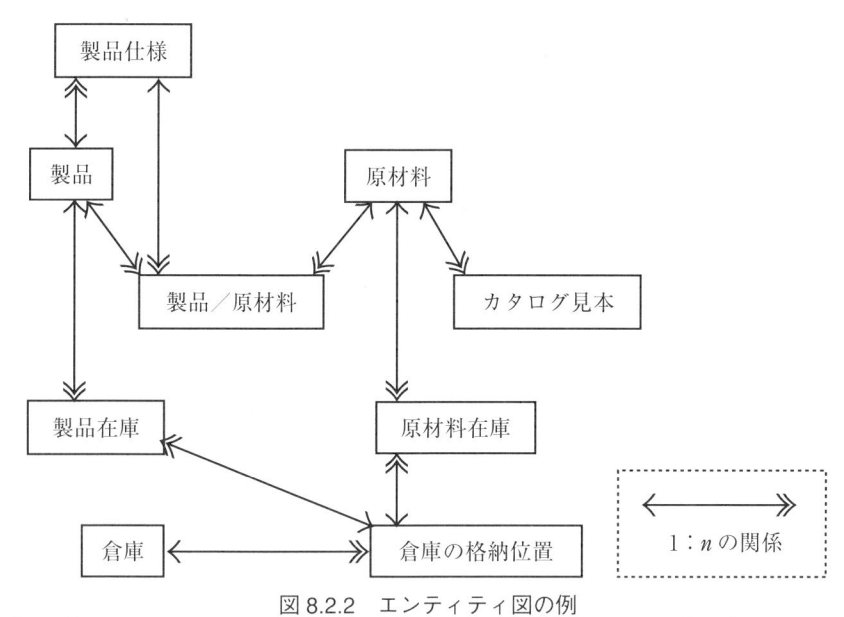

参考：① Martin, J., "Managing The Database Environment", Prentice-Hall, 1983.【邦訳】坂本広他訳、J.マーチン、『データベース管理の実現と管理（下）』、日経マグロウヒル社、1987

（2）　エンティティ分析の重要性

このデータ体系は、つぎの考え方と手順で作成された。

　一挙に企業全体に関わる完全なデータモデルを作成するのは、範囲が膨大であるが故に、現実的ではない。このためF社では、エンティティ分析は、特定部門を対象に、より簡潔に行うのが現実的であると考えた。ここでのデータモデル作成には、関数従属性についての検討が必要である。これは、第三正規型データ構造[14]を作り上げるためである。

　また、エンティティ分析とは、企業のエンティティを明確にし、エンティティ自身の冗長性を除く、つまり、クライアントとカスタマが顧客という同じエンティティであると判断することである。エンティティ相互間には、関連がある。例えば、1つの営業所にはたくさんの販売員がいて、1人の販売員は複数の顧客を持っている。これらの関連は、図 8.2.2 に示すように、単一矢線と二重矢線で描く。

---

[14]　第7章 7.2.1「生産と販売の業務統合」の中の「データの正規化技法」参照。

第8章 ERPシステムの構築

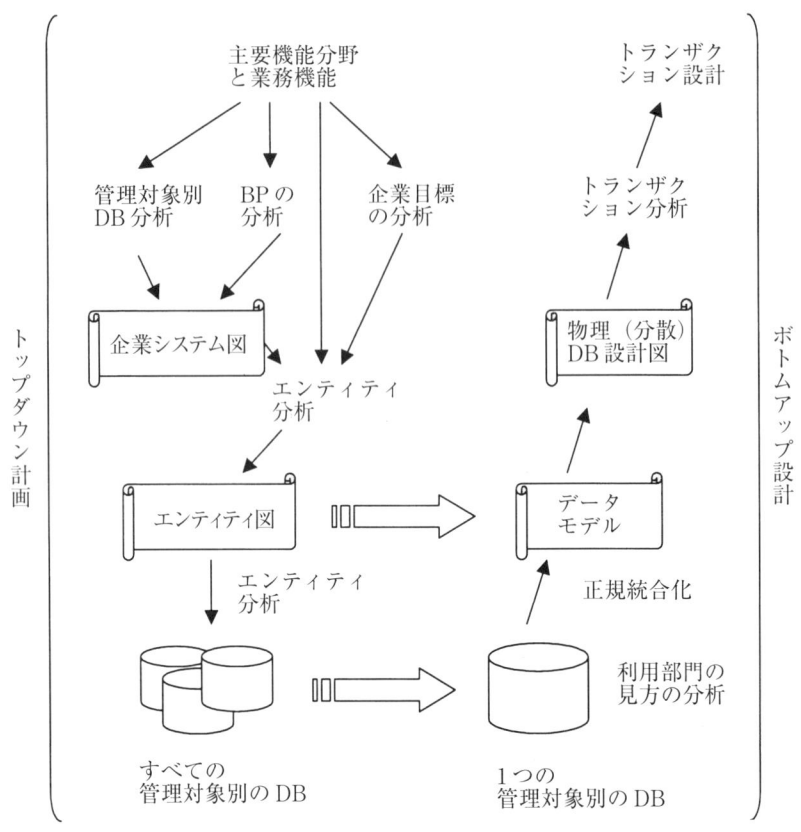

図8.2.3 トップダウン計画とボトムアップ設計

参考：① Martin, J., "Managing The Database Environment", Prentice-Hall, 1983.【邦訳】坂本広他訳、J.マーチン、『データベース管理の実現と管理（下）』、日経マグロウヒル社、1987

　データモデルは、エンティティ関連図と比べて、はるかに精度が高い。データモデルは、結果について実施する安定性分析と利用部門のデータに対する見方とを統合することによって作成される。反面、エンティティ関連図は、企業のエンティティを単に要約したものであり、複雑な連結キーを見落とすことが多い。しかし、エンティティ分析は、企業の真の情報ニーズを明確化することを目的としており、これによって情報化に対する上級管理者の関心を保ち続けることができるため、プロジェクトを継続していく上での重要な意味を持つ。よく見かける拙速なデータベース設計手法では、データを蓄積すべきエンティ

8.2 データ中心アプローチ（DOA）

ティを識別し、それに関係する属性を書き出す。各属性リストについて第三正規化が行われる場合もある。しかし、この手法は学校の教室などでの単純な環境でしか機能せず、企業や政府など現実の複雑な環境では、良い結果がでない。

安易な手法でエンティティ関連図を作って設計したデータ構造と、同じ環境下で正規統合化手法を手順に沿って設計した結果とを比較すると、その差は非常に大きなものになる。

優れたデータベース設計には、エンティティ分析とデータモデル作成の両方が必要である。図8.2.3に示すように、企業のエンティティ分析はトップダウン計画の一部であり、データモデル作成はボトムアップ設計の一部である。そして、この2つの手法は相互に検証しあうことになる。

8.2.3 データ体系の構築

(1) データモデルの設計手順

データ体系の作成という課題については、前述のとおり、F社においても、時間、工数ともに制約がある。したがって、少人数でしかも短期間にデータ体系を作成することが求められた。このため、ロボット事業部に密接な関係を持つ業務に対して詳細な検討を加え、その業務については、企業モデル、データ体系ともに大枠として捉えるにとどめ、早急にロボット事業部のシステム設計に着手することとした。その手順を図8.2.4に示す。

これは、まずデータ体系を作成し、これを鑑にして、まずロボット事業部、ついでその他の事業部というように、システム開発に順次着手するというものである。この簡便法を用いても、企業モデル、データ体系ともに、目標とするCBISの全体像を浮き彫りにするという目的達成には十分である。また、「情報の全社的な整合性の確立」という所期の目的達成にも適すると考えられる。

実際、ロボット事業部を対象として作り上げたデータ体系は、他の事業部でもほとんど変更することなく用いることができた。これは、複数事業部が同じ構造のデータベースを持つことが可能であることを意味しており、さらに事業部間で手続きの同じ業務に対して共通のシステムを用いることにすれば、2番目以降に着手する事業部のシステム開発期間が短縮でき、開発工数を大幅に節約することができる。

第 8 章　ERP システムの構築

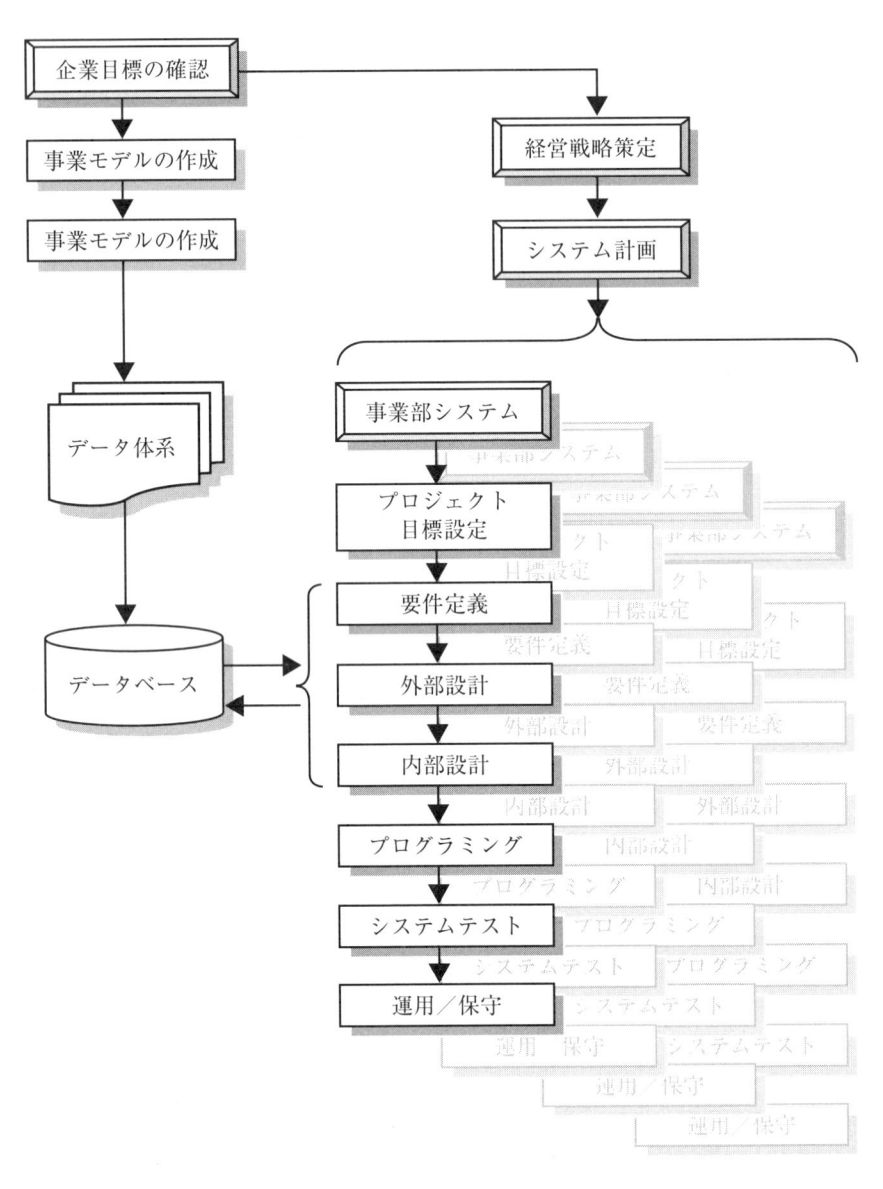

図 8.2.4　技術基盤整備（DOA）の手順

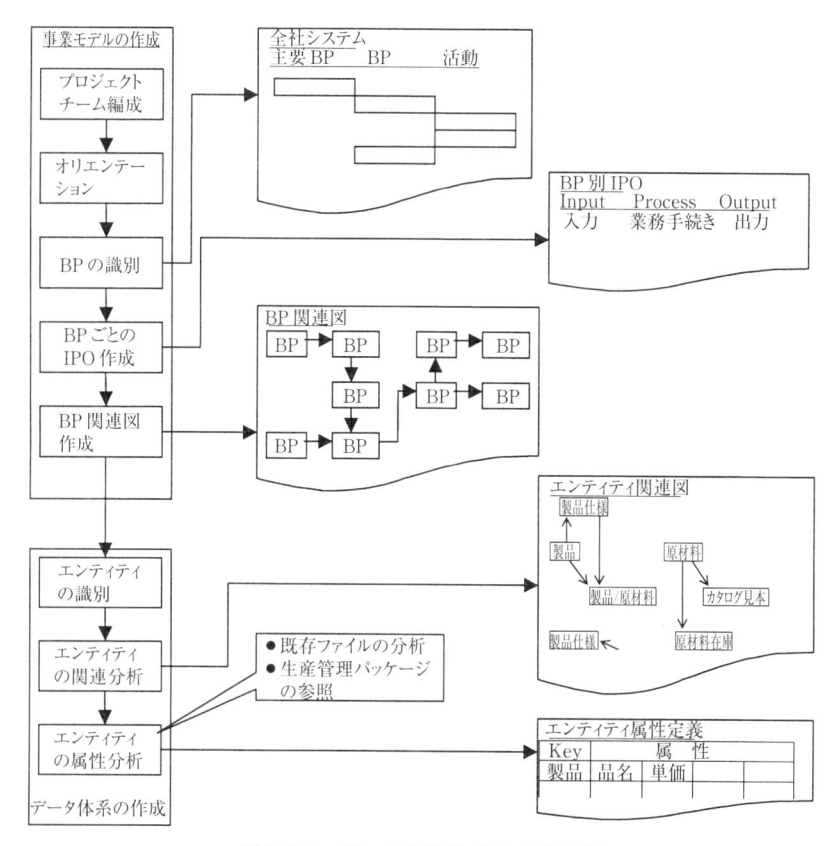

8.2 データ中心アプローチ（DOA）

図 8.2.5　データ体系作成までの手順

データ体系作成までの手順は、図8.2.5に示すように、BP（業務プロセス）の分析、その業務分析としてのIPOの定義、定義されたIPOの入力と出力を参考にしてエンティティを抽出し、さらにエンティティ間の関連を定義づけることでエンティティ関連図を作成する。そして、このエンティティのキーと属性を定義し、さらにキーの関連を詳細に定義し直すことで、データモデルが完成することになる。以下に、各作業とその成果物について例示する。

(2) BPの分析

BPの分析は、事業部で現在行われている業務だけでなく、本来行うべき業務をも洗い出すことから始める。このための参考資料としては、各種管理規定や業務手順書もしくは業務マニュアルが用いられる。抽出されたBPは、機

第8章 ERPシステムの構築

表 8.2.2 生産管理の BP

機能	サブ機能	主要業務
生産管理	大日程計画	新製品情報の収集 量産化計画の策定とフォロー 生産実施計画の作成
	内外製の決定	内外製決定基準の設定 新製品の生産拠点決定 内外製の決定 内外製工程区分の決定
	原単位・標準類の管理	工程手順表の維持・管理 各種マスタの維持・管理 作業標準などの標準類の作成・改訂
	在庫管理	在庫水準の設定 在庫数量の管理 停滞品の管理
	生産計画	中長期生産計画 基準生産数量の設定 中長期生産計画の作成 月度生産計画の作成 生産材調達計画の立案 外注計画の立案
	能力計画	期要員計画の作成 月度要員計画の作成
	材料調達計画	原材料調達計画の作成 調達実績の把握
	部品調達計画	中長期部品調達計画の作成 月度部品調達計画の作成 調達要求 調達実施把握
	外注計画	中長期外注計画の作成 月度外注（発注）計画の作成 外注発注実績の把握
	副資材調達計画	副資材調達計画の作成 副資材受入 副資材の払出し
	作業日程・時程計画	日程計画の作成 時程計画の作成 計画の進捗・調整

能・サブ機能・主要業務に分類し整理する。表8.2.2に、生産管理のBPを例示する。

(3) BP別IPOの作成

こうして整理されたBPをもとに、BPごとのIPOを作成する。これは、BPのサブ機能別に主要業務をプロセス（Process）として記述し、主要業務の各々の業務を行うための参照情報（Input）と作成情報（Output）を記述したものである。表8.2.3に、製造活動計画のIPOを例示する。

(4) エンティティの抽出

エンティティの抽出には、図8.2.6に示すように、つぎの2つの方法がある。
① 対象システムにおいて管理されている、具体的および抽象的なものの中

表8.2.3 製造活動計画のIPO

参照情報（Input）	データ処理（Process）	作成情報（Output）
・製造オーダ ・技術情報	1. 負荷山積 　工程展開 　負荷山積	・負荷 ・作業予定
・製造オーダ ・技術情報	2. 外注計画 　外注品目選択 　外注数量決定 　外注業者選定	・外注オーダ
・負荷 ・作業予定	3. 能力計画 　負荷調整 　能力調整	・負荷 ・作業予定
・負荷 ・作業予定	4. 負荷調整 　工程負荷の確認 　負荷調整 　工程能力の検討	・負荷 ・作業予定
・負荷 ・作業予定	5. 作業指示計画 　予定開始日の決定 　資材払出計算 　資材引当 　作業指示準備 　図面・治工具準備	・作業オーダ
・負荷 ・作業予定	6. 作業順序計画	・作業オーダ

第8章 ERPシステムの構築

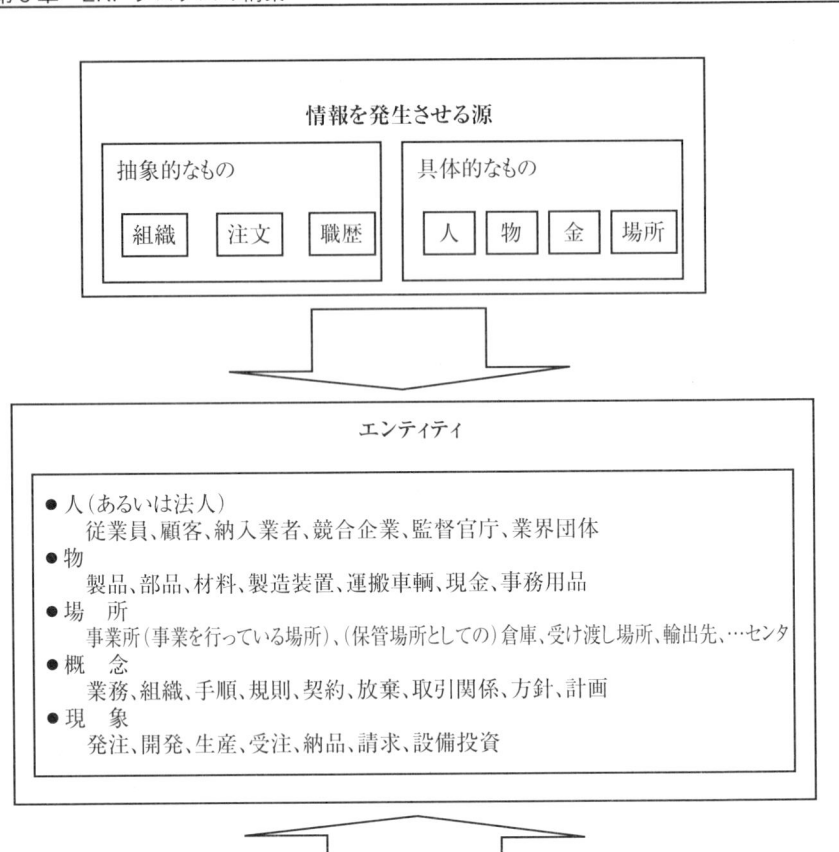

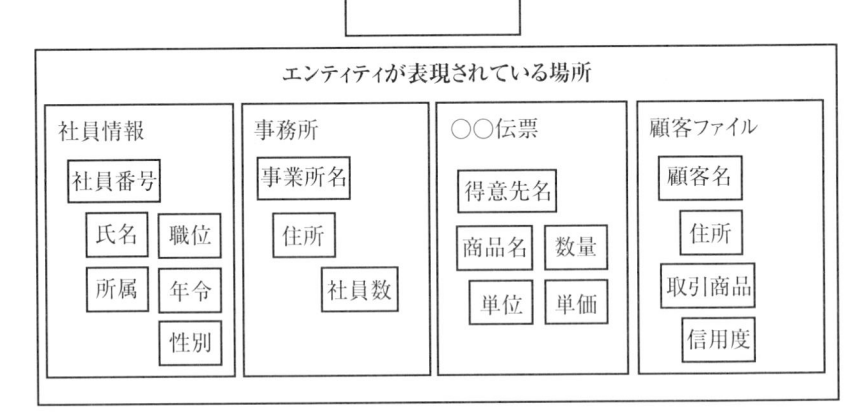

```
┌─────────────────────────────────────────┐
│           情報を発生させる源              │
│  ┌──────────────┐  ┌──────────────────┐ │
│  │ 抽象的なもの │  │  具体的なもの    │ │
│  │ ┌──┐┌──┐┌──┐│  │┌─┐┌─┐┌─┐┌───┐  │ │
│  │ │組織││注文││職歴││  ││人││物││金││場所│  │ │
│  │ └──┘└──┘└──┘│  │└─┘└─┘└─┘└───┘  │ │
│  └──────────────┘  └──────────────────┘ │
└─────────────────────────────────────────┘
                    ▽
┌─────────────────────────────────────────┐
│              エンティティ                │
│ ● 人（あるいは法人）                     │
│    従業員、顧客、納入業者、競合企業、監督官庁、業界団体 │
│ ● 物                                     │
│    製品、部品、材料、製造装置、運搬車輌、現金、事務用品 │
│ ● 場 所                                  │
│    事業所（事業を行っている場所）、(保管場所としての)倉庫、受け渡し場所、輸出先、…センタ │
│ ● 概 念                                  │
│    業務、組織、手順、規則、契約、放棄、取引関係、方針、計画 │
│ ● 現 象                                  │
│    発注、開発、生産、受注、納品、請求、設備投資 │
└─────────────────────────────────────────┘
                    △
┌─────────────────────────────────────────┐
│        エンティティが表現されている場所  │
│ ┌─────────┐┌─────────┐┌─────────┐┌─────────┐ │
│ │ 社員情報││  事務所 ││ ○○伝票││顧客ファイル│ │
│ │ ┌─────┐││┌───────┐││┌───────┐││ ┌─────┐ │ │
│ │ │社員番号│││事業所名│││得意先名│││ │顧客名│ │ │
│ │ └─────┘││└───────┘││└───────┘││ └─────┘ │ │
│ │ ┌──┐┌──┐││ ┌───┐ ││┌───┐┌──┐││ ┌────┐ │ │
│ │ │氏名││職位│││ │住所│ │││商品名││数量│││ │住所│ │ │
│ │ └──┘└──┘││ └───┘ ││└───┘└──┘││ └────┘ │ │
│ │ ┌──┐┌──┐││┌──────┐││┌──┐┌──┐││┌──────┐│ │
│ │ │所属││年令│││社員数│││単位││単価│││取引商品││ │
│ │ └──┘└──┘││└──────┘││└──┘└──┘││└──────┘│ │
│ │    ┌──┐ ││         ││         ││┌──────┐│ │
│ │    │性別│ ││         ││         ││ │信用度│ │ │
│ │    └──┘ ││         ││         ││└──────┘│ │
│ └─────────┘└─────────┘└─────────┘└─────────┘ │
└─────────────────────────────────────────┘
```

図 8.2.6　エンティティの抽出

から、情報を発生させる源となるエンティティを見つけだす方法。
② CBISで入出力に用いられている画面・帳票・ファイルなどのデータ項目の中から洗い出す方法。

BP別のIPOには、すでにCBISを運用している業務とそうでない業務とがある。前者では②を主体としてエンティティを抽出し、後者では①を用いる。

(5) データモデルの作成

データモデルは、おのおののエンティティにキーとそのエンティティの意味を読みとることができる程度の主要属性を定義し、これを正規化することによって作成される。こうして作成されたデータモデルは、事業部別のシステム開発でデータの論理構造を表す論理データベースとして参照されることになる。図8.2.7に、ロボット事業部生販一貫システムのデータモデルを例示する。

8.3 システム再構築

8.3.1 事業部の業務課題

事例として取り上げるロボット事業部の事業概要は、以下のとおりである。
- 主要製造品目：産業用ロボット
- 年商：約200億円
- 従業員：約500人

ロボット事業部は、市場での競合が激しく、収益性の悪さが経営上の問題となっていた。そこで、確実に利益が確保できる生産体制の構築を目的としたプロジェクト・チームが編成された。

収益性向上のための方策は、図8.3.1に示すように売上の増大とコストの低減である。事業部の関係する市場では、受注は拡大傾向にあるが、市場価格は年々低下していた。したがって、収益性改善策としてコスト低減に重点が置かれることになる。また、企業の業績は会計年度単位で評価されるため、改善の効果を1年以内に顕在化することが期待されている。このため、短期間に効果を上げるための方策として、直接費の低減が最重点課題として取り上げられることになった。図8.3.1に従えば、①原材料を安く買う、②単位時間当たりの

第8章 ERPシステムの構築

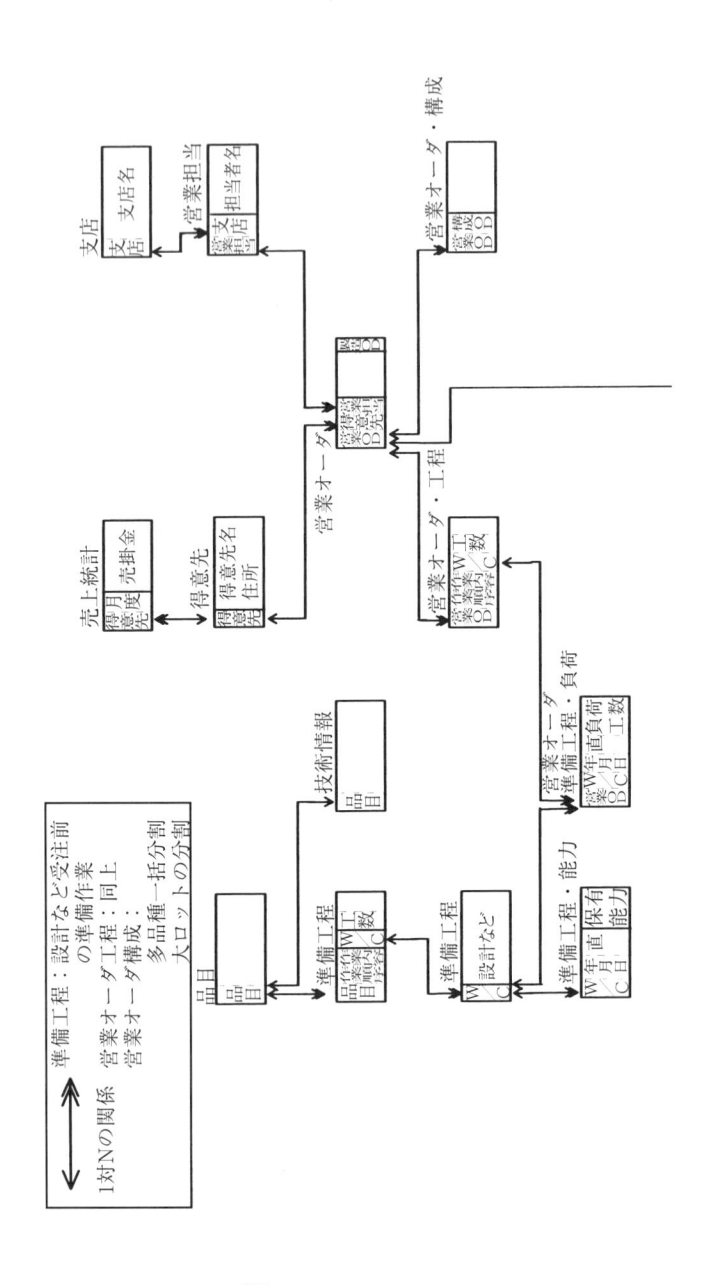

― 320 ―

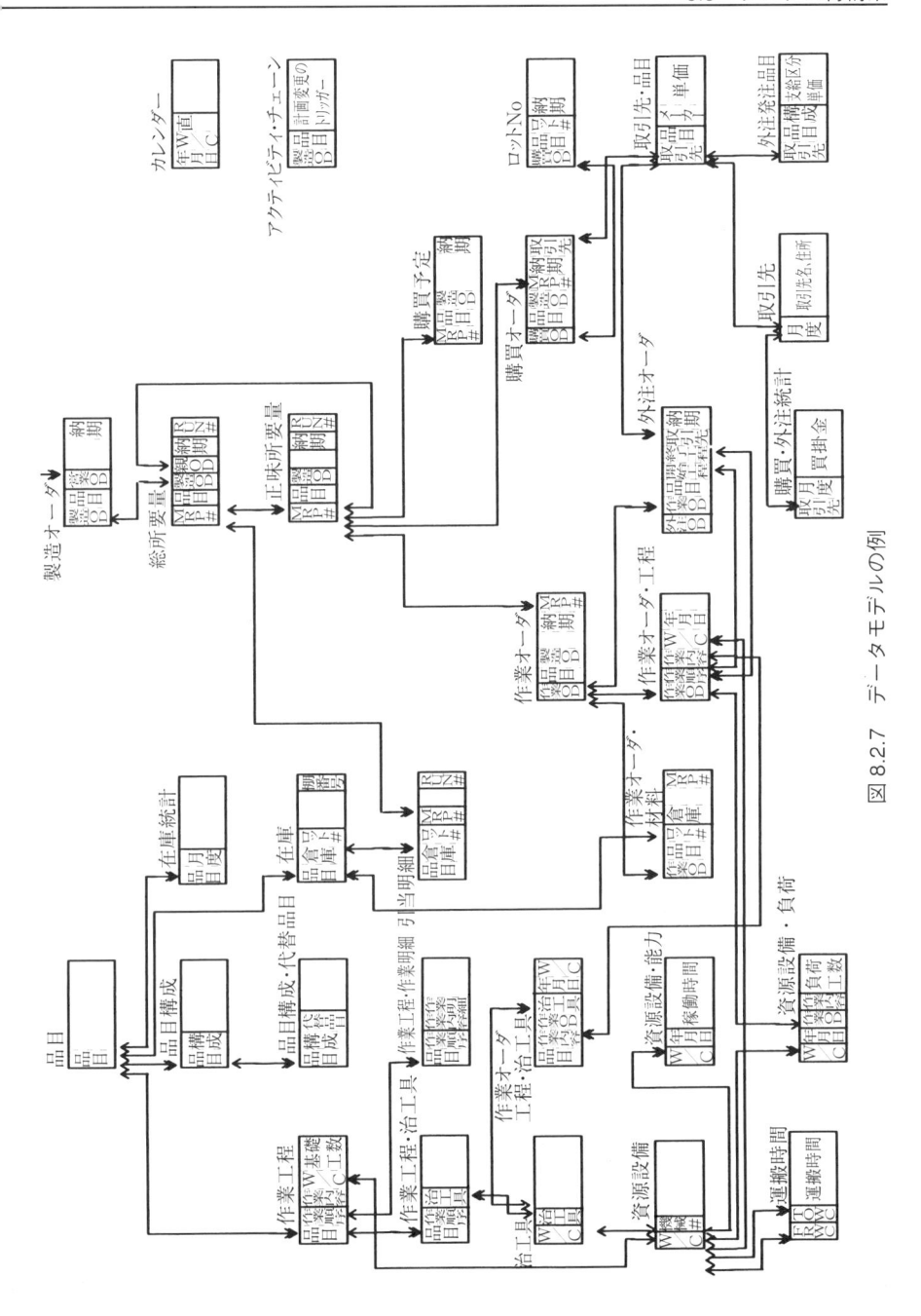

8.3 システム再構築

図 8.2.7 データモデルの例

第8章　ERPシステムの構築

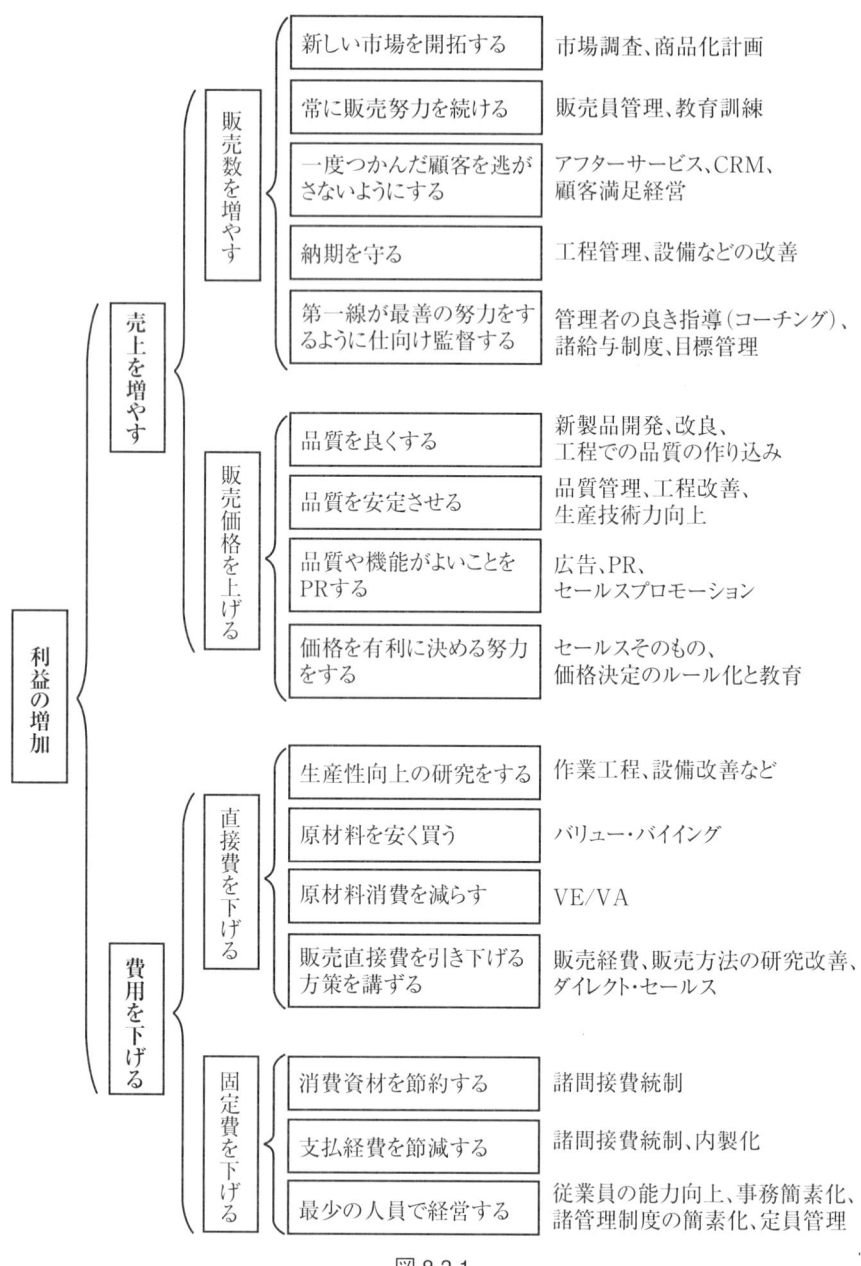

```
利益の増加
├─ 売上を増やす
│   ├─ 販売数を増やす
│   │   ├─ 新しい市場を開拓する ─ 市場調査、商品化計画
│   │   ├─ 常に販売努力を続ける ─ 販売員管理、教育訓練
│   │   ├─ 一度つかんだ顧客を逃がさないようにする ─ アフターサービス、CRM、顧客満足経営
│   │   ├─ 納期を守る ─ 工程管理、設備などの改善
│   │   └─ 第一線が最善の努力をするように仕向け監督する ─ 管理者の良き指導（コーチング）、諸給与制度、目標管理
│   └─ 販売価格を上げる
│       ├─ 品質を良くする ─ 新製品開発、改良、工程での品質の作り込み
│       ├─ 品質を安定させる ─ 品質管理、工程改善、生産技術力向上
│       ├─ 品質や機能がよいことをPRする ─ 広告、PR、セールスプロモーション
│       └─ 価格を有利に決める努力をする ─ セールスそのもの、価格決定のルール化と教育
└─ 費用を下げる
    ├─ 直接費を下げる
    │   ├─ 生産性向上の研究をする ─ 作業工程、設備改善など
    │   ├─ 原材料を安く買う ─ バリュー・バイイング
    │   ├─ 原材料消費を減らす ─ VE/VA
    │   └─ 販売直接費を引き下げる方策を講ずる ─ 販売経費、販売方法の研究改善、ダイレクト・セールス
    └─ 固定費を下げる
        ├─ 消費資材を節約する ─ 諸間接費統制
        ├─ 支払経費を節減する ─ 諸間接費統制、内製化
        └─ 最少の人員で経営する ─ 従業員の能力向上、事務簡素化、諸管理制度の簡素化、定員管理
```

図 8.3.1

生産量が増える生産方式を開発する、③仕掛を含む総在庫量を減らす、の3つがその方策である。そこで、事業部長をリーダとし、つぎの3つのサブプロジェクトで構成されるチームが編成された。
① 社外流出コストの低減
② 生産方式の改善
③ 生産管理方式の改善
それぞれの内容は、つぎのとおりである。

(1) 社外流出コストの低減

原材料を安く入手するための方策を具体的に検討し、実行に移すチームであり、直接費のうち外注費と材料費の低減を目的としている。業務改善の検討はつぎの手順で進められた。
① 購入資材と外注資材の金額、使用数、単価に関する分析
② 改善目標の設定
③ 使用数が多く単価の高いものの抽出（ABC分析でAランクのものから）
④ VA/VE[15]による部品の共通化
⑤ まとめ買いを条件とした取引先との値引き交渉

(2) 生産方式の改善

生産数量が増える生産方式、すなわち生産性の向上と、直接費（加工・組立）の低減を目的としている。業務改善の検討は、つぎの手順で進められた。
① 生産工程における作業分析
② 改善目標の設定
③ 物流の整流化と統制
④ 段取り作業の改善（治工具の改善、ユニット交換など）
⑤ 材料倉庫の整理整頓によるタイムリーな材料供給体制の確立

(3) 生産管理方式の改善

表8.3.1に示すように、生産管理方式には「製番（製造番号）管理」

---

[15] 価値分析（VA: value analysis; VE: value engineering）：製品や部品の本質的機能を得るための最小原価を求める手法。この本質的機能には使用上の機能だけではなく、顧客の要求する外観・魅力なども含まれる。価値工学（VE）。

[16] MRP [material requirements planning]：資材所要量計画。生産計画の在庫管理法の1つ。在庫と部品表（B/M）をもとに、部品や材料の所要量を算出するための方法。

第8章 ERPシステムの構築

表 8.3.1 生産管理方式の分類と特徴

	製番（製造番号）管理	MRP	かんばん方式
タイプ	個別順序計画に便利（縦の管理＝オーダ別管理）	期間計画機能に優れる（部品中心の管理）	工程進度制御機能に優れる（流れの制御）
特徴	・生産計画と部品手配がタイトにリンクしている。（構成部品との紐付けで管理されるのでの製品、最終製品の生産計画とその製品を作る構成部品との対応が明確） ・ヨコ（オーダ間）のつながりが弱いため、ある程度の量産体制になると、管理工数が増え、トータルな棚卸資産統制が困難である。 ・個別オーダの納期をスポット的に追うには便利である。	・生産計画から、在庫引当、発注残引当を行って、部品ごとの正味所要量を計算し、ロットまとめの後、部品表に基づいて部品展開することを繰り返す。 ・生産計画と部品手配がB/Mの構成を核としてリンクしている。ヨコのつながりは強く、トータルな見地からの在庫、リードタイム短縮を行う。ただしB/Mが常に最新に維持されており、リードタイムを遵守できる部品物流が確立されていることが前提である。	・引き取りかんばんで工程間の情報伝達と物の移動を制御する（ただし、かんばんだけでは生産活動を統制できないことに注意する必要がある）。 ・期間計画情報の機能がないため、MRP方式や定期発注方式で期間の正味所要量を求め、平準化を実施後、かんばん方式を運用することがある。 ・かんばん方式を運用するには、整流化、部品同期化された物流を、設備、手続きの両面から確立する必要がある。

受注オーダ → 製造オーダ Od.001 → 手配オーダ Od.001
製品 → 部品

受注オーダ Od.001 → 総所要量計算 → 正味所要量計算 → ロットまとめ
製品 → 部品

区分	引き取りかんばん		定量引取
	順序引取	定量引取	
意味	後工程の生産順序表に従い順番に引き取る。	後工程側の在庫が減ったら、定量を引き取る。	
記載	工程名、後工程名、前工程名のみが記載される。	引工程名、品番、品名、引き取り量、ロケーション	

— 324 —

8.3 システム再構築

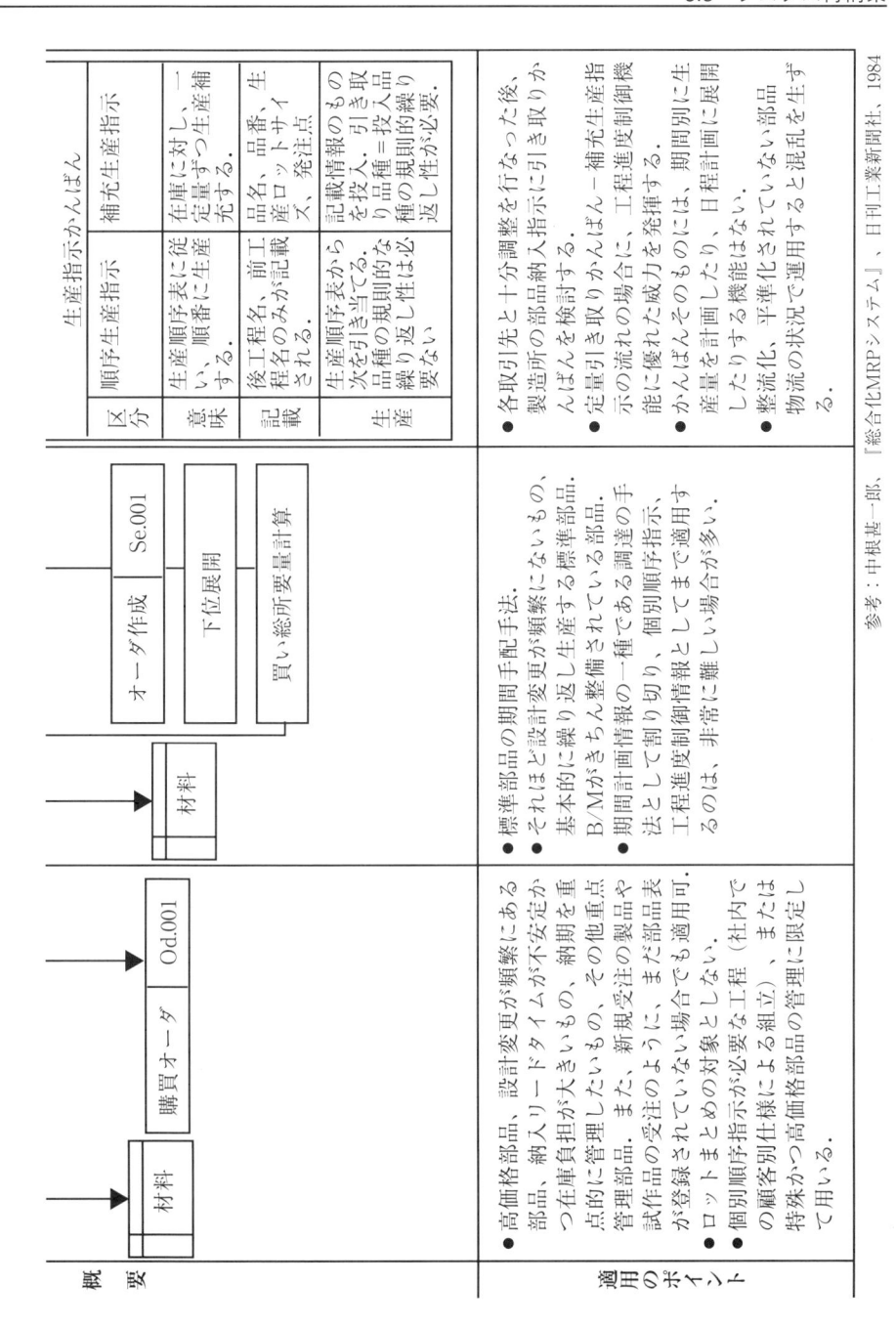

	購買オーダ	オーダ作成	生産指示かんばん	
			順序生産指示	補充生産指示
区分				
意味			生産順序表に従い、順番に生産する。	在庫に対し、一定量ずつ生産補充する。
記載			後工程名、前工程名のみが記載される。	品名、品番、生産ロットサイズ、発注点
生産			生産順序表から次引き当てる。	記載情報のものを取り込み、引き取り品種＝投入品種の規則的な繰り返し性は必要ない。

概要

購買オーダ Od.001 ↓ 材料	オーダ作成 Se.001 ↓ 下位展開 ↓ 買い総所要量計算 ↓ 材料	

適用のポイント

- 高価格部品、設計変更が頻繁にある部品、納入リードタイムが不安定かつ在庫負担が重いもの、納期を重点的に管理したいもの、その他受注管理部品。また、新規受注の製品品や試作品の受注のように、まだ部品表が登録されていない場合にも適用可。
- ロットまとめの対象としない。
- 個別順序指示仕様による（社内では）の顧客別特殊かつ高価格部品の管理に限定して用いる。

- 標準部品の期間手配手法。
- それほど設計変更が頻繁になく、基本的に繰り返し生産する標準部品。B/Mがきちんと整備されている部品。
- 期間計画情報の一種である生産の手法として割り切り、個別順序指示、工程進変更制御情報として適用するのは、非常に難しい場合が多い。

- 各取引先と十分調整を行なった後、製造所の部品納入指示に引き取りかんばんを検討する。
- 定量引き取りかんばん＝補充生産指示の流れの場合、工程進度制御機能に優れた威力を発揮する。
- かんばんそのものには、期間別に生産量を計画したり、日程計画に展開したりする機能はない。
- 整流化、平準化されていない部品物流の状況で運用すると混乱を生ずる。

参考：中根甚一郎、「総合化MRPシステム」、日刊工業新聞社、1984

「MRP[16]」「かんばん方式」などがあるが、ロボット事業部は受注生産を行っているため、従来から「製番管理」による生産管理が行われている。この「製番管理」によって発生するムリ・ムダ・ムラを排除し、結果として製造原価を引き下げることが、「生産管理方式の改善」の目的である。

「製番管理」とは、受注生産工場の基本的な管理方法であり、個別受注オーダによって、個別物件の引き合い[17]を受けてから、仕様打合せ、仕様決定、システム設計（ハードウェア・ソフトウェア）、制作、試験、納入、現地工事、納入調整・試験、引渡しなどの業務を遂行する上で、非常に理解しやすい管理方式であり、日本の製造業において古くから採用されてきている。これは、受注生産工場においては、受注生産物件ごとに、納期、コスト、損益、生産高などを把握し管理することが必要とされてきたからである。

しかし、この管理方式は、基本的に受注生産物件についての後追い管理であり、MRP など計画主導の生産管理方式と比較するとつぎの5つの大きな問題がある。当事業部では、これらの問題点の中でも特に「不要・過剰在庫の増大」が顕在化し、大きな問題となっていた。

① 不要・過剰在庫の発生
② リードタイムの増大
③ 督促作業、間接作業の増大
④ 過剰設備、能力不足
⑤ 問題点、改善点の埋没

業務改善の検討はつぎの手順で進められた。次項で、その概要および業務改善における CBIS の位置づけを明らかにする。

① 生産管理上の問題点の整理
② MRP やかんばん方式など、他の生産管理方式導入の検討
③ 製番管理、MRP およびかんばん方式の工程別運用方法の検討
④ 購入資材倉庫および外注資材倉庫の整理整頓
⑤ 購入資材および外注資材の受払管理および在庫管理の徹底
⑥ 新管理方式の手作業による業務運営
⑦ 新管理方式による適用業務システムの開発と運用

17 引き合い：売買注文。また、売買条件の問い合わせ。「新製品の引き合いが殺到する」

8.3 システム再構築

8.3.2　先行すべき改善活動

(1)　CBISへの過剰期待の排除

　第5章5.3.1で紹介した「リエンジニアリング」は、従来からのBPを抜本的に改革し、その具体的な管理統制方法を描くための方法論である。CBISは、こうして描かれた業務改善後の業務イメージを実現するための管理方式を組織に定着させるための仕組みとして導入するものである。

　ところが、現状のBPそのままにCBISを導入する場合には、一般的に、システム規模が肥大化するだけであり、業務上の効果がさほど期待できない。また、十分練り上げられた管理の基本フレームが組織に浸透していない状況でのCBISの導入は、非常に失敗の危険が大きい（第6章6.3.3「情報化の留意点」参照）。

　まずは、曖昧かつその場しのぎの管理方法を廃し、事業部全体が共通に認識できる具体的な管理方法のイメージを、事業部自身が描いてみる必要がある。

　要するに、生産コストを低く押さえるために、物流全体をいかに統制していくかを整理して、それを実践していくことが重要なのであり、CBISを使うか使わないかにかかわらず、こうした管理統制の行動は、人間が行うのである。

　システム開発期間を通して、こうした説明を機会あるごとに繰り返すことで、CBISへの過剰な期待を排除するとともに、改善の目的と手段についての共通認識を企業内に醸成し浸透定着させる努力が事務局を中心に行われた。

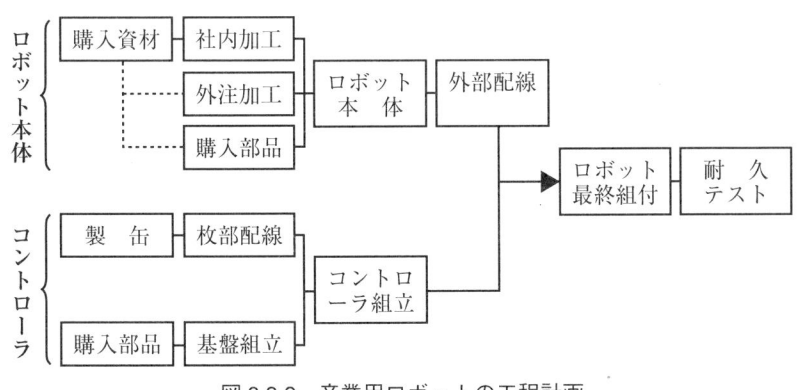

図 8.3.2　産業用ロボットの工程計画

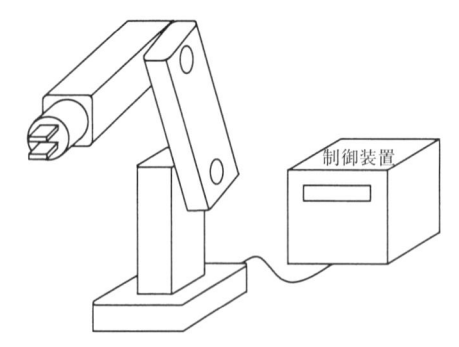

図8.3.3　産業用ロボットの構成例

(2) 改善に向けた人的環境づくり

ロボット事業部の生産品目である産業用ロボットは、図8.3.2に示すように組立主体の生産形態をとっており、部品がタイムリーに供給されないと組立作業ができなくなり死活問題となる。したがって、部品管理の基本フレームをしっかりと作り上げる必要がある。

改善のためになすべき事項を検討するに際し、製番管理、MRP、かんばん方式など、生産管理の基本理念を今一度理解し整理し直すために、勉強会が開催された。そして、主だったメンバーで、事業部としての部品管理のコンセプトを練り上げた。さらに、そのコンセプトの具体的なイメージを事業部全体に提示することで、事業部を構成する個々人の思惑を一定方向に収斂させ、「これから全員で業務を改善していくのだ」との雰囲気を盛り上げていった。

(3) ルールと基準づくり

管理のための道具としてのCBISは、業務遂行上のルールと、どの場面でどのルールを適用するかを判断するための判断基準から構成される。部品管理の枠組みづくりには、部品の物流タイプをいくつかに層別し、おのおのの部品について、関係部署や取引先と調整しながら、調達ルート、発注内示と納入指示、リードタイム、納期などの見直しが行われ、業務遂行上のルールと基準が事業

---

[18] B/M [Bill of Material]：部品表。製品を構成する部品や材料を一覧表やツリー図で表したもの。製品の設計情報が記載されているだけでなく、コスト計算や部品の手配などにも利用される。

部内で整備された。

さらに、VA/VE を行うことで、部品の共通化が推進できただけでなく、図面体系や設計変更の仕組みが体系化でき、技術 B/M[18] としての整備を徹底する必要性が強調された。そして、この技術 B/M に、業務遂行上のルールと基準（加工・組立の手段や手順など）を組み込みつつ、生産管理 B/M を維持していくべきことが共通認識された。

8.3.3　新システムの概要

ロボット事業部の生産品目である産業用ロボットは、図 8.3.3 に示すようにロボット本体とコントローラから基本ユニットが構成されており、受注時点でこの基本ユニットに付加される顧客固有のオプション仕様が定義されれば、個別受注オーダの仕様が確定する。

従来の「製番管理」では、3ヵ月先行生産計画をもとに、基本ユニットごとに「仕込み製番」をつけて先行手配し、受注時に「仕込み製番」を引き当てて「受注製番」とし、これに受注オプションを付加し、オプション部品やユニットは「受注製番」で手配し、組み立てて出荷していた。

ところが、管理の視点が部品ではなく製番であるため、製造過程で部品の余剰あるいは不足が発生しても、数量が管理できないという不具合があった。このため、新生産管理方式では、その解決手段として、基本ユニットおよびその構成部品を共通部品（製番なしの部品）とする部品中心の管理を行うこととし、3ヵ月先行生産計画をもとに共通部品として手配することとした。

新法式の狙いは、従来からの製番による「後追い管理」を「計画主導」に切り替え、余剰部品を資材所要量計画（MRP）で引き当てて、余剰な部品在庫を抱え込まないことである。

生産管理システムの機能は、「必要なモノを、必要な時に、必要なだけ作る」ということである。MRP システムは、これらの機能を達成するため、理論的に体系づけられたシステムである。そこで、組立工程での生産計画では、MRP を新システムの中核概念とした。MRP を中核とした生産管理システムの概念を図 8.3.4 に、システム化の対象範囲を図 8.3.5 に示す。

第8章 ERPシステムの構築

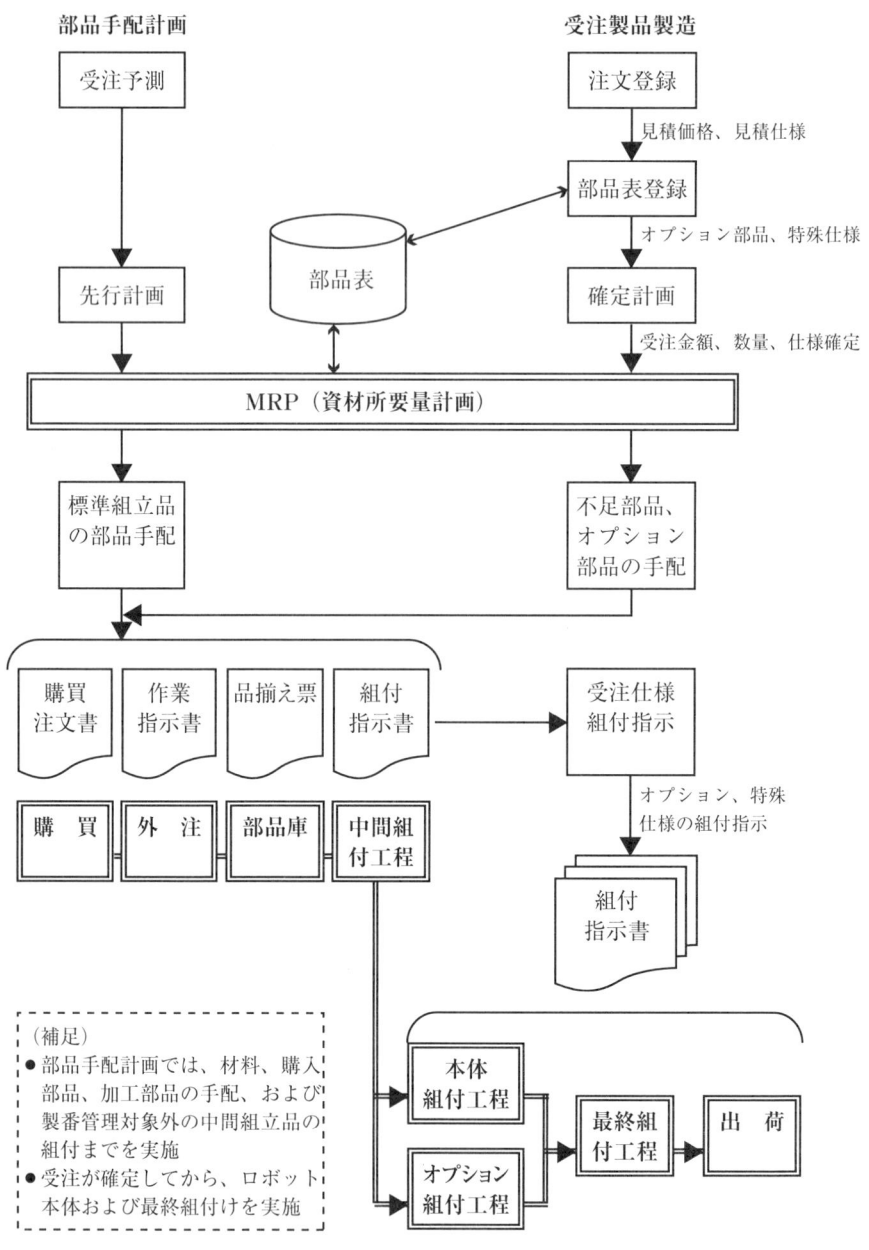

部品手配計画

受注予測 → 先行計画 → MRP（資材所要量計画）

受注製品製造

注文登録 →（見積価格、見積仕様）→ 部品表登録 →（オプション部品、特殊仕様）→ 確定計画 →（受注金額、数量、仕様確定）→ MRP（資材所要量計画）

部品表登録 ⇔ 部品表 ⇔ MRP

MRP →
- 標準組立品の部品手配 → 購買注文書／作業指示書／品揃え票／組付指示書 → 購買／外注／部品庫／中間組付工程
- 不足部品、オプション部品の手配 → 受注仕様組付指示 →（オプション、特殊仕様の組付指示）→ 組付指示書

中間組付工程 → 本体組付工程／オプション組付工程 → 最終組付工程 → 出荷

（補足）
- 部品手配計画では、材料、購入部品、加工部品の手配、および製番管理対象外の中間組立品の組付までを実施
- 受注が確定してから、ロボット本体および最終組付けを実施

図 8.3.4　新生産管理システムの概念

— 330 —

8.3 システム再構築

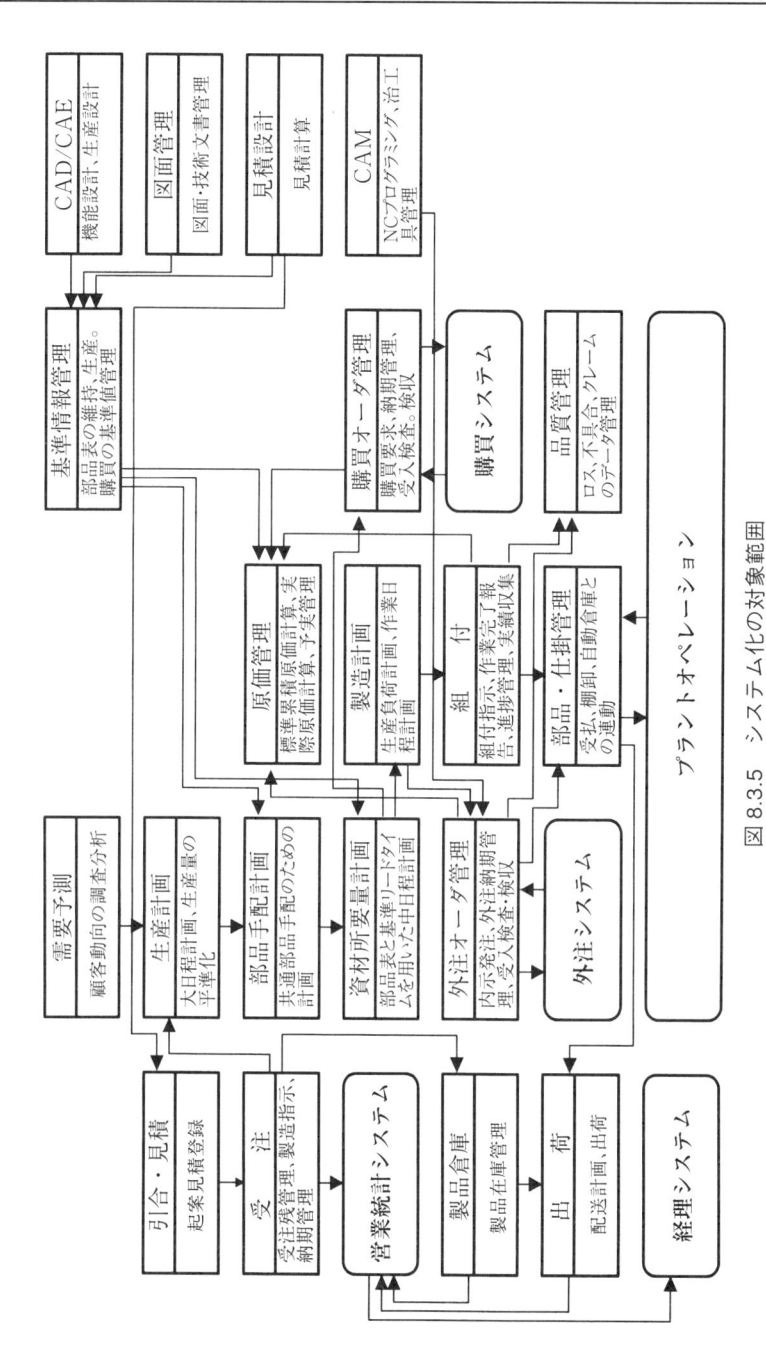

CAD/CAE
- 機能設計、生産設計

図面管理
- 図面・技術文書管理

見積設計
- 見積計算

CAM
- NCプログラミング、治工具管理

基準情報管理
- 部品表の維持、生産。
- 購買の基準値管理

購買オーダ管理
- 購買要求、納期管理、受入検査、検収

購買システム

品質管理
- ロス、不具合、クレームのデータ管理

原価管理
- 標準累積原価計算、実際原価計算、予実管理

製造計画
- 生産負荷計算、作業日程計画

組付
- 組付指示、作業完了報告、進捗管理、実績収集

部品・仕掛管理
- 受払、棚卸、自動倉庫との連動

需要予測
- 顧客動向の調査分析

生産計画
- 大日程計画、生産量の平準化

部品手配計画
- 共通部品手配のための計画

資材所要量計画
- 部品表と基準リードタイムを用いた中日程計画

外注オーダ管理
- 内示発注、外注納期管理、受入検査、検収

外注システム

引合・見積
- 起案見積登録

受注
- 受注残管理、製造指示、納期管理

営業統括システム

製品倉庫
- 製品在庫管理

出荷
- 配送計画、出荷

経理システム

プラントオペレーション

図8.3.5 システム化の対象範囲

第8章 ERPシステムの構築

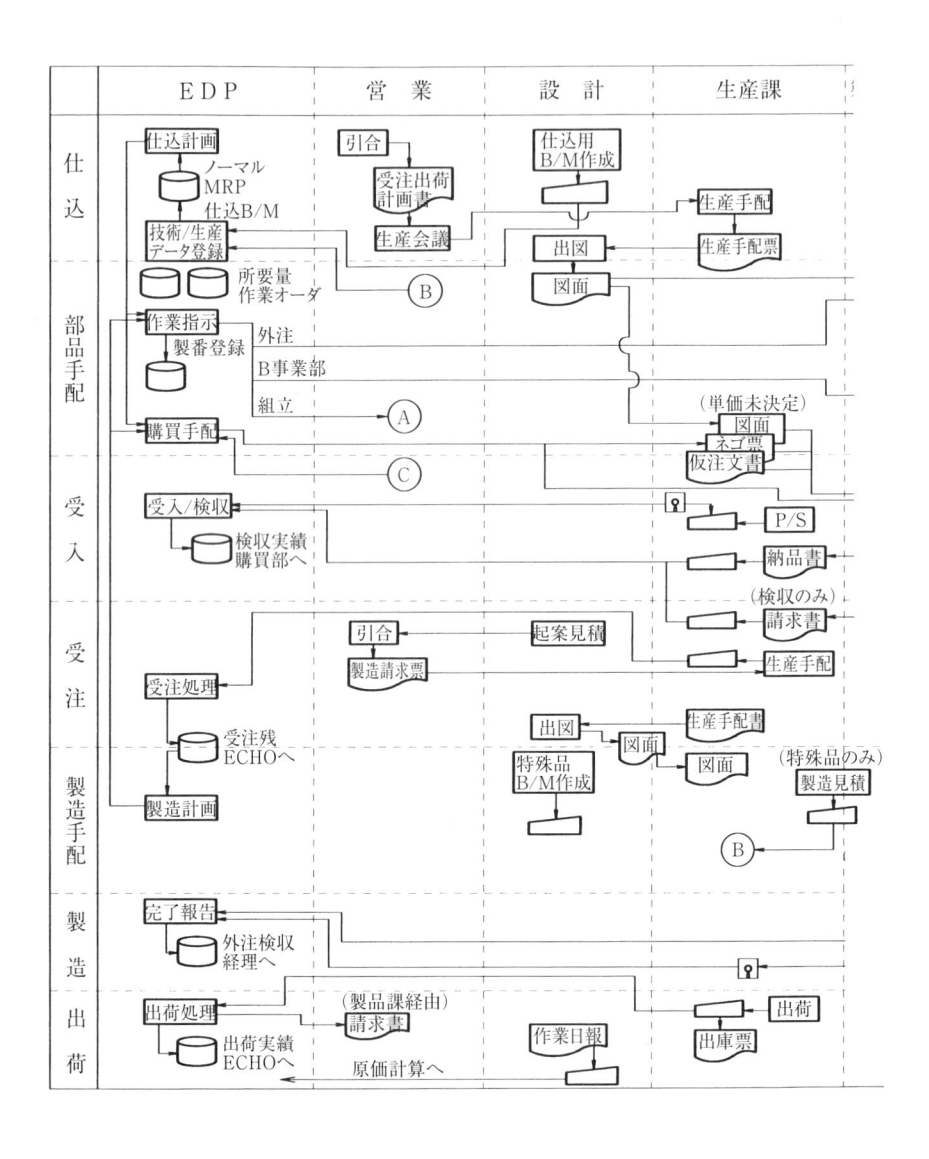

図 8.3.6 新生産管理システムの概念

8.3 システム再構築

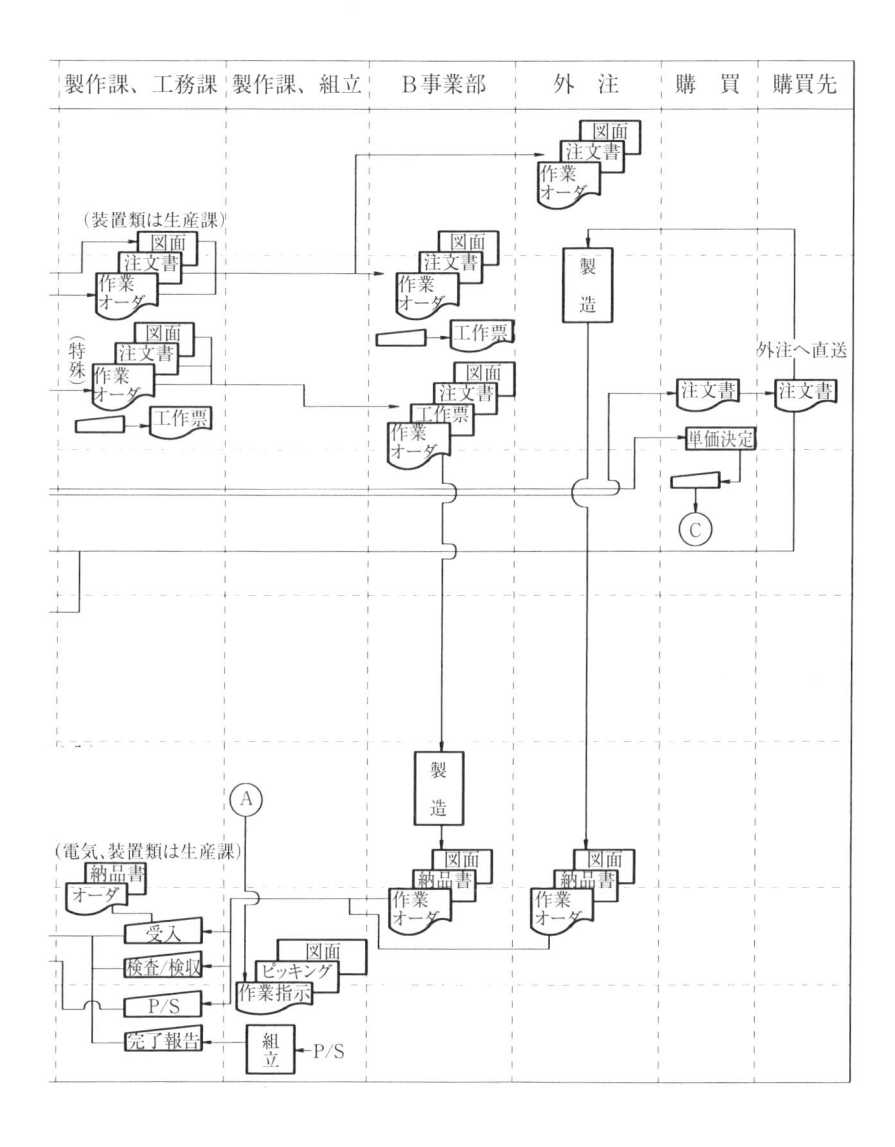

| 製作課、工務課 | 製作課、組立 | B事業部 | 外 注 | 購 買 | 購買先 |

(装置類は生産課)
図面／注文書／作業オーダ

(特殊)
図面／注文書／作業オーダ → 工作票

B事業部：図面／注文書／作業オーダ、工作票
図面／注文書／工作票／作業オーダ

外注：製造

購買：注文書、単価決定 ©
購買先：注文書
外注へ直送

製造

図面／納品書／作業オーダ

(電気、装置類は生産課)
納品書／オーダ

Ⓐ

受入
検査/検収
P/S
完了報告

図面／ピッキング／作業指示
組立 — P/S

図面／納品書／作業オーダ（外注）

第8章 ERPシステムの構築

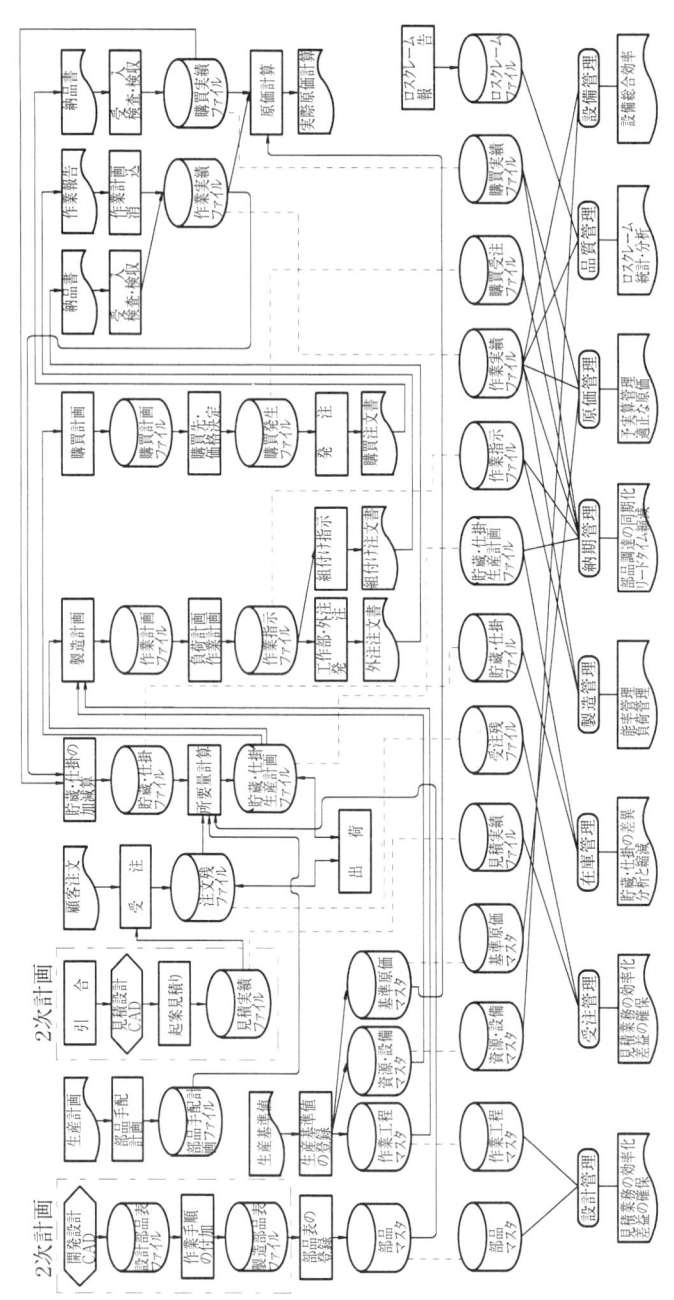

図 8.3.7 管理資料作成プロセス

― 334 ―

8.3.4 システムの設計手順

　システム化の対象範囲とその仕組みが決まれば、開発が始まる。システム設計の過程で作成される資料を図 8.3.6、図 8.3.7 に例示する。開発作業は、つぎの手順で行われた。

① 　ユーザー・インタフェースの設計：業務フロー分析、画面帳票イメージ設計、[利用部門レビュー]
② 　コンピュータ処理の設計：データ・フロー分析、IPO 設計、データベース設計、[デザイン・レビュー]
③ 　プログラム製造
④ 　システムテスト／利用部門教育

8.4 まとめ

　以上、全社統合データベースを中核とした ERP システムの構築計画と、そのサブシステムである事業部の CBIS 開発事例を紹介した。

　事業部では、新管理方式に基づく CBIS を組織に定着させるため、システム本稼動の前に、利用者に対する 3 ヵ月間にわたる教育訓練が実施された。新システムの効果が顕在化するまでには、さらに数ヵ月を要している。これは、組織が新しい業務の仕組みを吸収・同化するために要した期間である。

　データ環境の問題解決を目指して CBIS を再構築する場合には、中長期的な視点でのシステム計画が必要である。そして、この計画立案に際しては、CBIS をいかに構築するかという技術的な側面だけでなく、ICT や関連機器を用いて再構築された新しい業務の仕組みをいかにすれば迅速かつスムーズに組織に浸透させることができるのか、といった人間的側面をも考慮しなければならない。

　CBIS 導入の成否は、企業風土や企業組織を構成する人々の情報活用能力に大きく依存する。そして、この能力を向上させることが、ホワイトカラーの生産性を向上させる 1 つの有効な手段となる。

　「CBIS をいかにして構築すべきか」といった技術論議もさることながら、

第 8 章　ERP システムの構築

「いかにすれば、組織の情報活用能力を、そして知識創造能力を高めることができるのか」「そのためには、ICT をどう活用すべきか」について真剣に議論すべき時代に入って久しい。

［註］本章は、下記に掲載した拙著原稿の不備を修正し、本書の主旨に合わせて加筆修正したものである。
シリーズ経営情報システム第 3 巻『生産情報システム』, 1994.

キーワード

SIS、CIM、ERP、ユーザー参加、バッチ処理、リアルタイム処理、定型業務、非定型業務、ユーザー・インタフェース、バックログ、基幹システム、適用業務システム(アプリケーション・システム)、システム計画、エンドユーザー、EUC（エンドユーザー・コンピューティング）、アウトソーシング、組織風土適合アプローチ、組織風土変革アプローチ、適用業務システム、データ中心アプローチ(DOA)、業務プロセス(BP)、IPO、企業モデル、エンティティ、データモデル、トップダウン計画、ボトムアップ設計、データ体系、キー、属性、正規化、データベース、業務課題、VA/VE、MRP、かんばん方式、製番管理、B/M、業務フロー、データ・フロー

参考文献

第1章
[1] 稲盛和夫、『稲森和夫の実践経営塾』、PHP文庫、2002.
[2] 商業登記研究会、『株式会社の設立・増資 登記と実務（5訂）』、日本法令、2004.
[3] 『株式会社設立登記申請届出様式集（解説書・記入例つき）』、日本法令、平成16年10月改.（【注】最新のものを利用すること）

第2章
[1] 稲盛和夫、『稲森和夫の実学 経営と会計』、日経ビジネス人文庫、2000.
[2] 藤井智比佐、『SEとプログラマーが知っておきたい会計知識』、秀和システム、2003.
[3] 中沢恵、池田和明、『キャッシュフロー経営入門』、日経文庫、1998.
[4] 田中靖浩、『経営が見える会計』、日本経済新聞社、1999.
[5] ディスクロージャー実務研究会編、『有価証券報告書作成の手引き（連結財務諸表を作成していない会社用）』、亜細亜証券印刷、平成17年版.

第3章
[1] 山田日登志、片岡利文、『常識破りのものづくり』、日本放送出版協会、2001.
[2] E.ゴールドラット、『ザ・ゴール ― 企業の究極の目的とは何か』、ダイヤモンド社、2001.
[3] E.ゴールドラット、『ザ・ゴール2 ― 思考プロセス』、ダイヤモンド社、2002.
[4] E.ゴールドラット、『チェンジ・ザ・ルール！』、ダイヤモンド社、2002.
[5] E.ゴールドラット、『クリティカルチェーン ― なぜ、プロジェクトは予定どおりに進まないのか』、ダイヤモンド社、2003.
[6] 佐藤知恭筆、『顧客満足ってなあに？』、日本経済新聞社、1992.
[7] Y.カールソン、『真実の瞬間』、ダイヤモンド社、1990.
[8] K.アルブレヒト、『逆さまのピラミッド』、日本能率協会マネジメントセンター、1991.
[9] K.アルブレヒト、『見えざる顧客』、日本能率協会マネジメントセンター、1990.
[10] 村山徹、三谷宏治、『CRM 顧客はそこにいる』、東洋経済新報社、2001.
[11] 三谷宏治、『CRM マーケティング戦略』、東洋経済新報社、2003.
[12] 藤田憲一、『図解 よくわかるCRM』、日刊工業新聞社、2001.
[13] 藤野直明、『サプライチェーン経営入門』、日経文庫、1999.
[14] 森田道也、『サプライチェーンの原理と経営』、新世社、2004.

[15] D.J.パワーソクス、D.J.クロス、M.B.クーパー、『サプライチェーン・ロジスティクス』、朝倉書店、2004.

[16] 黒田充、『サプライチェーン・マネジメント』、朝倉書店、2004.

第4章

[1] A.H.マズロー、『人間性の心理学（モチベーションとパーソナリティ）』、産能大出版部、1987.

[2] 小笹芳央、『モチベーションマネジメント』、PHP研究所、2002.

[3] 小笹芳央、『モチベーションカンパニー』、日本能率協会マネジメントセンター、2002.

[4] 幸田一男、『目標管理の進め方』、産能大、1971.

[5] 金津健治、『目標管理の手引き』、日経文庫、1995.

[6] 五十嵐英憲、『新版 目標管理の本質』、ダイヤモンド社、2003.

[7] 佐野勝男、横田 仁、関本昌秀『新・管理能力の発見と評価』、金子書房、1987.

[8] 伊藤格夫、『企業の人材育成』、高文堂出版社、1995.

[9] 久保淳志、『成果主義を成功させる役割給と役割評価の実務』、中央経済社、2003.

[10] 二村英幸、『人事アセスメント入門』、日本経済新聞社、2001.

[11] 川上真史、『会社を変える社員はどこにいるか―ビジネスを生み出す人材を育てる方法』、ダイヤモンド社、2003.

[12] 菅原裕子、『コーチングの技術 ― 上司と部下の人間学』、講談社現代新書、2003.

第5章

[1] P.コトラー、『マーケティング・マネジメント（第7版）』、プレジデント社、1996.

[2] P.コトラー、『コトラーのマーケティング・マネジメント（第10版）』、ピアソン・エデュケーション、2001.

[3] P.コトラー、G.アームストロング、『マーケティング原理 第9版』、ダイヤモンド社、2003.

[4] P.コトラー、『マーケティング・マネジメント 基本編』、ピアソン・エデュケーション、2002.

[5] M.トレーシー、F.ウィアセーマ、『ナンバーワン企業の法則』、日経新聞社、1995.

[6] M.E.ポーター、『競争の戦略』、ダイヤモンド社、1982.

[7] M.E.ポーター、『競争優位の戦略』、ダイヤモンド社、1985.

[8] JB バーニー、『企業戦略論（上）基本編』、ダイヤモンド社、2003.
[9] JB バーニー、『企業戦略論（中）事業戦略編』、ダイヤモンド社、2003.
[10] JB バーニー、『企業戦略論（下）全社戦略編』、ダイヤモンド社、2003.
[11] G.ハメル、P.K.プラハード、『コア・コンピタンス経営』、日本経済新聞社、1995.
[12] P.F.ドラッカー、『ポスト資本主義社会』、ダイヤモンド社、1993.
[13] P.F.ドラッカー、『経営者の条件』、ダイヤモンド社、1995.
[14] P.F.ドラッカー、『マネジメント』、ダイヤモンド社、2001.
[15] R.M.スペンサー、S.M.スペンサー、『コンピテンシー・マネジメントの展開』、生産性出版、2001.
[16] M.ハマー、J.チャンピー、『リエンジニアリング革命―企業を根本から変える業務革新』、日経新聞社、1993.
[17] 野中郁次郎、竹内弘高、『知識創造企業』、東洋経済、1996.
[18] 野中郁次郎、紺野登、『知識経営のすすめ』、ちくま新書、1999.
[19] 野中郁次郎、紺野登、『知識創造の方法論』、東洋経済、2003.
[20] R.S.キャプラン、D.P.ノートン、『キャプランとノートンの戦略バランススコアカード』、東洋経済新報社、2001.
[21] 日経ストラテジー編、『バランス・スコアカード徹底活用』、日経BP社、2005.

第6章

[1] 古川　勝、『CIM 構築のためのシステム開発とソフトウエア技術』、日刊工業新聞社、1991.
[2] K. C. Laudon, J. P. Laudon, "Management Information Systems （8th Ed.）", Prentice Hall, 2004.
[3] J. パイン、『マス・カスタマイゼーション革命―リエンジニアリングが目指す革新的経営』、日本能率協会マネジメントセンター、1994.
[4] D.E. カーター、B.S. ベーカー、『コンカレント・エンジニアリング―顧客ニーズ対応の製品開発』、日本能率協会マネジメントセンター、1992.
[5] C.ワイズマン『戦略的情報システム―競争戦略の武器としての情報技術』、ダイヤモンド社、1989.
[6] P. F. ドラッカー、『チェンジリーダーの条件』、ダイヤモンド社、2000
[7] 依田 高典、『ネットワーク・エコノミクス』、日本評論社、2001
[8] ベリングポイント、『経営情報マネジメント』、生産性出版、2005.
[9] ビル・ゲイツ、『思考スピードの経営』、日経ビジネス人文庫、2000.
[10] D.レーン、『IT 経営を成功させる17の法則』、日経BP社、2005.
[11] リアルコム、『この情報共有が利益につながる』、ダイヤモンド社、2004.

[12] 出川通、『技術経営の考え方 MOT と開発ベンチャーの現場から』、光文社新書、2004.

第 8 章

[1] J.R.トニー アーノルド、『生産管理入門―ERP を支えるマテリアルマネジメント』、日刊工業新聞社、2001.

[2] J.ブラディ、B.ワグナー、E.モンク、『マネジメント入門―ERP で学ぶビジネスプロセス』、トムソンラーニング、2002.

[3] ERP 研究会、『SAP R 3 ハンドブック―具体的な導入作業からみたパッケージの全容』、日本能率協会マネジメントセンター、1997.

[4] 島田達巳、高原靖彦、『経営情報システム』改訂版、シリーズ・経営 CBIS、日科技連、2001, pp.10-17.

[5] Boehm, "Software Engineering", IEEE Trans. On Computers, December, 1976.

[6] 古川 勝、『CIM 構築のためのシステム開発とソフトウエア技術』、日刊工業新聞社、1991.

[7] 前川良博、『システム的問題解決法』、オーム社、1984.

[8] J.マーチン、『データベース管理の実現と管理（上）』、日経マグロウヒル社、1987.

[9] J.マーチン、『データベース管理の実現と管理（下）』、日経マグロウヒル社、1987.

[10] Martin, J., "Information Engineering", Prentice-Hall, 1984.

[11] 堀内 一、臼田 裕、久慈正一、「DOA に基づくリバースエンジニアリングツールの概念」、電子情報通信学会技術研究報告、Vol.90, No.27（DE 90 19-23），1990, pp.17-23.

[12] J.マーチン、J.レーベン、『J マーチンの情報システム計画方法論』、日経 BP 社、2000.

[13] E. Yourdon、『構造化手法によるソフトウェア開発』、日経 BP 社、1987.

[14] 椿正明、『データ中心システム入門』、オーム社、1994.

[15] C. McClure、『ソフトウェア開発保守の戦略 ― リエンジニアリング・リポジトリ・再利用』、共立出版、1991.

[16] 中根甚一郎、『総合化 MRP システム』、日刊工業新聞社、1984.

[17] 高木晴夫、小坂武、『SIS 経営革新を支える情報技術』、日本経済新聞社、1990.

索　引

【あ　行】

アウトソーシング　159, 305
アクセスタイム　263
アドホクラシー　231
アフィリエーション　207
暗黙知　161, 239
意思決定　180, 237
意思決定支援レベル（DSS）
　　　　　　　　226
インターネット　203
イントラネット　204, 276
ウォンツ　128
売れ筋　186
衛生要因　105
衛生理論　104
エコロジー　86
エージェンシー・コスト
　　　　　　　　275
エージェンシー理論　232,
　　　　　　　　234
エンティティ　217, 308, 313,
　　　　　　　　315
応答時間　260
オンライン・リアルタイム
　　処理　297

【か　行】

回収期間法　45
階層型組織　11
回転待ち時間　263
科学的管理法　57
カスタマイズ　285
価値連鎖　210
金のなる木　139
株式会社　14
株式譲渡制限会社　15

株主総会　16
環境　178
かんばん方式　323
管理　8
管理対象　217
管理の限界　9
キー　315
機会損失　184
機械的官僚機構　230
基幹システム　299
起業家構造　230
企業家賃金説　23, 24
企業モデル　308
技術革新説　23, 24
キャッシュフロー　37, 40
境界　178
競争地位　151
競争優位　212
京都議定書　89
業務課題　319
業務手続き標準（SOP）　230
業務フロー　335
極大利潤　24
グッドマンの法則　81
クリック＆モルタル　206
クリック率　255
繰延資産　35
経営計画　26
経営工学　58
経営資源　6
経営者支援レベル（ESS）
　　　　　　　　226
経営情報　7
経営情報システム　179
経験曲線効果　138
形式知　161, 239
決定段階モデル　239

減価償却費　30
権限　10
権限の委譲　10
現在価値　43
コア・コンピタンス　144
工程計画　192
行動学派　238
顧客獲得コスト　250
顧客獲得問題　251
顧客満足　78
顧客ロイヤルティ　81
コストリーダーシップ　149
コーチング　108
固定資産　34
固定費　26
古典派　238
コーポレートアルツハイマ
　　　　　　　　161
コンカレント・エンジニア
　　リング　194
コンテンツ　285
コンピテンシー　119
コンピュータ・リテラシー
　　　　　　　　221

【さ　行】

在庫管理　184
サイバネティックス　181
財務管理　33
財務諸表　34
逆さまのピラミッド　80
サブシステム　179
差別化　150
仕掛り在庫　195
時間研究　57
識知学派　239
事業部化官僚機構　231

— 341 —

索　引

事業領域（ドメイン）　135
シークタイム　263
自己実現の欲求　100
システム計画　304
システムの4条件　178
死に筋　186
資本　35
資本危険負担説　23
資本コスト　44
ジャストイン・タイム　214
従業員満足　61
集中　150
需要　129
消費者のニーズが多様化
　　　56
商品　129
商品市場マトリックス　140
情報アーキテクチャ　222
情報資源管理　214
情報システム・リテラシー
　　　221
情報方針　270
正味現在価値　43
正味現在価値法　281
職務充実化政策　109
職務設計　111
処理能力　260
人工知能　191
スケジューリング　200
スケールメリット　55,56
スコアリングモデル　286
スマイルカーブ　75
スループット会計　67,70
成果主義　116
正規化　270,319
生産性　54
成長の限界　86
製番管理　326
制約理論（TOC）　63
責任　10
センサ　188
専門的官僚機構　231
戦略的情報システム（SIS）
　　　227

属性　315
組織知　162
組織風土適合アプローチ
　　　305
組織風土変革アプローチ
　　　305
ソースマーキング　183
損益計算書　36
損益分岐点　31
損益分岐点分析　26,30

【た　行】

第4の経営資源　6
貸借対照表　34
ダイナミック・スケジュー
　リング　200
大量生産　56
多角化戦略　141
ターゲット史上　130
多種少量生産　56
タスク・フォース　12
多面評価制度　120
チェンジリーダ　159
定型業務　295
適正利潤　24
出来高刺激給　57
適用業務システム　182
デジタルディバイド　249
データ・ウェアハウス　268
データ体系　313
データ中心アプローチ　309
データ転送時間　263
データ・フロー　335
データベース　217,306
データベース・アドミニスト
　レータ　270
データベース管理者　270
データマイニング　187
データモデル　308,319
データワーカー　226
テレワーク　204
動因　98
動機づけ要因　105
投資判断　44

投資利益率　46
トップダウン　313
トランザクション　260
取締役会　15
取引コスト　186
取引コスト理論　232
取引処理　226

【な　行】

内部利益率　47
ナレッジ・マネジメント
　　　159
ナレッジワーカー　226
ニーズ　128
人間疎外　60
ネットサーフィン　290
ネットワーク組織　11

【は　行】

バーコード　183
バーチャルリアリティ　204
バックログ　298
バッチ処理　199,295
ハードディスク　263
花形　139
バナー広告　252
バランス・スコアカード
　　　165
バリューチェーン　210
パレードの法則　82,169
ビジネス・プロトコル　205
必要最低利潤　24
非定型業務　295
フィードバック　181
付加価値　25
負債　35
ブラウザ　204
フラット化　237
プラットホーム　277
プロジェクト・チーム　12
プロダクト・アウト　56
プロトコル　204
文鎮（フラット）　12
ベスト・プラクティス　278

342

索　引

ベルトコンベア方式　59, 61
変換率　254
変動費　26
放棄率　254
ポジショニング戦略　138
ホーソン実験　58
ポータルサイト　207
ボトムアップ　313

【ま　行】

負け犬　139
マーケター　129
マーケット・イン　56
マーケットバスケット分析　188
マーケティング　129
マス・カスタマイゼーション　56, 190, 222
待ち行列理論　264
マトリックス組織　12
マネジメント・レベル（MIS）　226
マルチメディア　204
満足利潤　25
メタデータ　268
目的　132
目標管理　102
モチベーション　98
問題解決能力　221
問題児　139

【や　行】

誘因　98
ユーザー・インタフェース　297
ユーザー参加　295

欲求段階説　99

【ら　行】

リアルタイム処理　199
リエンジニアリング　153, 216
利潤の発生源　22
リーダシップ　106
リーチ　207
リッチネス　207
リードタイム　195
リピート率　259
リポジトリ　268, 280
流動資産　34
倫理的問題　290
倫理分析のガイドライン　290
レスポンス　264
労働価値説　22, 23
ロボット　191

【わ　行】

割引率　42
ワン・ストップ・ショッピング　252
ワンツーワン・マーケティング　259

【欧　文】

AGV　182
B/M　329
BP　306
CAD　191
CAE　194
CALS　206
CAM　192

CIM　188, 195, 294
CRM　83
EDI　205
EMS　77
EOS　184, 185
ERP　222, 286, 294
EUC　304
eコマース　223, 248
eビジネス　223, 260
eマーケット　223
FA　188
FMS　188
GRM　187
GT手法　192
ICタグ　200
IPO　306
LAN　192
MIS　180
MRP　323
NC工作機械　191
PDCAサイクル　9
PDM　194
POS　184
PPM理論　136
QWL　202
SCM　72
SCPモデル　142
SECIモデル　163
SIS　294
SOHO　204
SWOT分析　141
VA/VE　323
VAN　203
WWW　237
X理論　100
Y理論　100